許慶雄 著

台灣建國學

推薦序
——撥開迷霧，才能看清台灣獨立建國的方向

廖宜恩

前台灣中社社長，中興大學資工系退休教授

今年2月24日俄羅斯入侵烏克蘭，引發歐美各國強力制裁俄羅斯，並以武器、物資等支援烏克蘭，台灣也和歐美國家站在同一陣線，支持原本對台灣不友善的烏克蘭。倒是中國雖不明確表態，但國際社會已普遍認定中國暗地支持俄羅斯，於是形成「自由世界」對抗「獨裁陣營」的戰爭。隨著俄羅斯入侵行動受到烏克蘭堅強抵抗，導致戰事拖長，台灣與國際媒體輿論也從「今日烏克蘭、明日台灣」轉變成「今日俄羅斯、明日中國」。然而，烏克蘭畢竟是一個主權國家，被俄羅斯侵略，乃是違反國際法主權平等原則的「國家的領土完整及政治獨立不受侵犯」，因而獲得國際社會的支援；反觀台灣，中華民國並不被國際社會承認為主權國家，當台灣（或中華民國、或中華民國台灣）面對中國武力侵略併吞時，有可能成為國際問題，而非中國的內政問題嗎？

「俄烏戰爭」也同樣引起關心台灣前途人士的討論，最近聯電榮譽董事長曹興誠接受訪問時表示，歷經香港反送中運動，眼見中共政府背棄《中英聯合聲明》所保證的「五十年不變」，因此他的論述由「兩岸和平共處法」轉變為「兩岸兩國論」，並認為「現在沒有兩岸，只有兩國」。曹興誠也撰文強調「保衛中華民國，需要兩國論」，他說：「如果大家認為台灣海峽兩岸只有一國（中華人民共和國），認為台灣不是獨立的國家，只是中國的一省，中國則可以宣稱兩岸爭議是內政問題，就可以阻止外國干預，關起門來對台灣人肆意凌虐，就像他們在西藏、新疆和香港可以倒行逆施一樣」。很顯然地，曹興誠認同「兩個中國：一個是中華民國，另一個是中華人民共和國」，只是以現在的國際環境，「兩個中國」可能嗎？

曹興誠的觀點，某種程度反映了一些藍營人士的轉變！至於民進黨對台灣前途的定位與主張，則需回溯民進黨黨綱的演變：一、民進黨的基本綱領於1991年10月第五屆第一次全國黨員代表大會修正增列「建立主權獨

立自主的台灣共和國」；二、1999年5月，第八屆第二次全國黨員代表大會制定《台灣前途決議文》，主張「台灣是一主權獨立國家，任何有關現狀的更動必須經由台灣全體住民以公投票的方式決定」，以及「台灣，固然依目前憲法稱為中華民國，但與中華人民共和國互不隸屬」。三、2007年9月，第十二屆第二次全國黨員代表大會制定「正常國家決議文」，主張「台灣是主權獨立的國家，與中國互不隸屬、互不治理」，但認為台灣有五大不正常：「國際關係不正常」、「憲政體制不正常」、「國家認同不正常」、「社會公義不正常」、「政黨競爭不正常」。因此要「積極推動正名、制憲、加入聯合國、落實轉型正義與建立台灣主體性等作為，以實現台灣為正常國家」。

民進黨的黨綱從「建立主權獨立自主的台灣共和國」轉變為主張「台灣是一主權獨立國家」、「依目前憲法稱為中華民國」。這個轉變雖然可能迎合一般人民的口味而贏得選舉，但卻鞏固了中華民國體制統治台灣的合法性，也讓轉型正義、司法改革、教育內容改革等喪失了急迫性，導致台灣人民的國家認同陷入集體的精神分裂！到底中華民國是不是一個主權獨立國家？台灣是不是已經獨立？這些問題持續困擾著台灣人民！

如果台灣已經獨立，為什麼三不五時就會有政府或民間的民調在問台灣人民支不支持台灣獨立？如果在台灣的中華民國是一個主權獨立國家，那麼根據《聯合國憲章》第23條，中華民國應該還是安全理事會常任理事國，為什麼不是中華民國總統蔡英文派代表去聯合國開會？一個頭腦清晰、邏輯清楚的人，應該很容易看出這些矛盾的現象！可惜台灣人民在中國國民黨長期的洗腦教育，以及民進黨為了執政的方便門，把台灣與中華民國互用等同，蔡英文甚至把李登輝的「中華民國在台灣」改為「中華民國台灣」！這些現象把台灣人民搞成精神分裂，弄不清楚自己有沒有國家？國號是中華民國？是台灣？是中華民國在台灣？還是中華民國台灣？

其實這些問題的答案，一部分來自於對國際法的認識，一部分則來自於對事實的了解，當然最重要的部分，還是來自於台灣人民是否有建立一個新而獨立國家的決心與意志！

許慶雄教授對我而言，是亦師亦友！從1990年台灣教授協會創會開始，我從他的文章與著作，學習抵抗權理論、憲法、國際法等知識，並和1990年代許多學生、教授一起並肩作戰，抵抗國民黨的霸權壓迫，終於幫助台灣人民衝破中國國民黨的羅網，獲得自由權的保障！

　　可惜的是，許教授念茲在茲的台灣獨立建國夢想，卻隨著民進黨的壯大與執政而逐漸幻滅！但是許教授仍然像一位苦行僧，於1997年出版了《聯合國與台灣共和國》、《加入聯合國手冊》等書籍，宣揚建立台灣共和國，並申請加入聯合國的重要性。1999年，出版「台灣建國的理論基礎」，將此書「獻給所有追求獨立建國的台灣人民」。2001年，出版《中華民國如何成為國家》，以破除「台灣已經獨立，國號叫中華民國」的迷思。可見許教授對台灣獨立建國的執著，猶如唐吉軻德，做一個不可能的夢，挑戰一座不可能打敗的風車！台灣的學術界很難得找到像他這樣的學者，明知不可為而為，只為了堅持知識分子的良知！

　　許慶雄教授的這本新書《台灣建國學》即是在解構「中華民國是一個主權獨立國家」、「台灣已經獨立」等迷霧，直指台灣人民需要以堅強的意志，主動自決，廢棄「中華民國憲法體制」，才能建國制憲，才能獲得國際社會的支持！期望本書的出版可以促成台灣的學界、政界、民間社會思辯台灣的現狀，進而以集體意志與行動，建立一個新而獨立的台灣共和國！

自序

目前是台灣建國運動最低潮的時期，所有媒體完全封鎖有關台灣建國的論述。因此本書的出版，可以說是期待在逆流中，能逆勢開創新局面。這樣的境遇在求學的階段就已經體驗，當時就讀臺灣大學、建國中學，自然而然對「台灣建國」有特別的感受，再受到自幼成長環境影響，有關台灣建國的求知慾與想法，與周圍的年輕人完全是逆勢而流，孤獨而格格不入。

海外留學的階段，開始能有系統地研究各式各樣的建國理論。當時遭遇的癥結是，爭取外國人士支持台灣建國運動時，反應並不熱烈。最後都被告知：「台灣的獨立建國問題在台灣內部，台灣人民自己沒有站起來主張獨立，外國如何支持？」從此認清，建國必需以台灣人民的意志為核心力量，切身體認建國的必要性才能成功。

民主化之後，台灣建國聲勢持續弱化消退的主要原因是，建國理論與對現狀的認識被誤導，所謂「台灣已經獨立」、「中華民國是國家」的主張，使中華民國體制正當化、合法化，社會主流全面認同中華民國，竟然把台灣前途與建國目標，完全寄託在中華民國這一個中國非法體制上，認賊作父使台灣建國喪失必要性。

台灣建國學必須一再說明，中華民國不但不是國家，而且是北京政府可以合法繼承的對象；維持中華民國體制，台灣不可能成為國家。台灣人民必須對相關的建國理論與現實有正確認識，台灣建國力量才能逐漸成長壯大，完成建國目標。

台灣建國必需以台灣人民的幸福與安全為基礎。中國國力已經強大，刻意刺激挑釁，等於提供其武力侵犯的藉口。烏克蘭是國家也是聯合國會員國，俄羅斯都可以武力入侵，何況中共對台灣動武？台灣建國學也認同台灣領導團隊謹慎防範中共武力犯台的用心，應該冷靜對應選擇在適當時機宣布獨立，這才是有使命感的領導者。然而，誤導台灣人相信，「中華民國是國家、台灣已經獨立、不必再宣布獨立」等等，不但會使台灣人民喪失危機意識，忽略被侵犯的危險性，不了解真相的結果，也會對台灣建國運動形成阻礙。特別是相信「中華民國是國家、台灣已經獨立」，則無法在時機成熟時或中共對台灣動武時，為了保障台

灣人民的幸福與安全，形成共識宣布獨立建國。所以台灣建國學不是認為應該立即宣布獨立，而是期待台灣人民，特別是領導階層、軍公教人員，能對建國理論與現實有正確的認識，可以逐漸成長壯大，最後在時機成熟時，團結一心完成建國目標。

　　台灣人民所熟悉的諸多前輩，都沒有親眼看到台灣完成獨立建國就離開我們，所以身為台灣建國打拚的老兵，沒有選擇退出戰場的權利，還是必須堅定向獨立建國這條道路邁進。今天在逆流中掙扎五十多年，還能出版《台灣建國學》，衷心感謝台灣人民的支持。同時本書在廖宜恩教授的推薦，秀威公司尹懷君女士、林哲安先生校對、規劃下，得以順利出版，在此深致謝意。

許慶雄　謹上

2022年5月15日

目次

第一章　如何提升台灣建國聲勢

一、台灣建國聲勢為何弱化消失

「台灣建國學」非常珍惜建國資源與舞台，雖然有來自各界的批評，還是忍辱負重的希望傳達正確的建國理論和觀念。台灣獨立建國理念很重要，很多重要的理論和觀念還是有必要一再的分析探討。例如，「台灣地位未定」、「台灣不屬於中國」、「台灣主權屬於台灣人」、「中華民國在台灣已經獨立」，這些說法就是其中之一。因此，只要有機會也應該繼續宣揚，台灣維持中華民國現狀的危害，面對現實的說明台灣尚未獨立，鼓勵台灣人民站起來，勇敢的宣布獨立，建立自己的國家。

早期，為了鼓勵台灣人民，我們常常會強調北京政權主張台灣是中國的一部分，各國並沒有積極的承認。台灣人民應該勇敢的站起來宣布獨立，追求建立主權國家。當時提出的口號就是，「追求台灣主權、建立新而獨立國家」。

民進黨承認中華民國體制是國家

1994年，民進黨施明德主席與高層開始強調，「台灣絕對不是中國的一部分」、「台灣主權屬於台灣人民」。企圖改變「追求」建立主權獨立的台灣共和國黨綱，轉化民進黨路線為：因為台灣不是中國的一部分，只要修憲、民主化、國會全面改選、廢省、總統直選，中華民國體制在台灣也可以成為獨立國家。如此就可以不必再背負建立台灣共和國的重擔，去除台獨黨的陰影，容易獲得更多的選票。

1996年5月10日，民進黨文宣部副主任周奕成、民進黨選舉對策委員會副執行長陳俊麟、外省人台灣獨立促進會祕書長田欣與民進黨國大代表鄭麗文、鍾佳濱、段宜康等人聯合發動一百多人連署，公布《台灣獨立運動的新世代綱領》，作為團結鞏固中華民國現狀的政治論述。綱領第五條指出：「台灣已經獨立，不必以『台灣』為國家的名稱。國號、國旗、國歌的變更，不是台獨運動的主要目的。台灣成為一個獨立的國家，最好能

名實相符，以台灣為國家的名字。但是當國際現勢不允許時，應當接受暫時以中華民國名稱，維護實質獨立的成果」。台灣的名稱，事實上也不能令「台灣」人民接受。不要以為用台灣的名字，就可以解決所有問題。民進黨即使立刻執政，也不可能立刻宣布台獨。第一，黨綱規定要經公民投票，如果公投否決，民進黨即使是執政黨，也要接受現有中華民國國號。第二，國際局勢不可能允許台灣立刻宣布獨立。第三，台灣獨立是一個不需要宣布的事實，主張宣布獨立才能建國是無知。因此，1996年民進黨開始宣稱，台灣已經成為主權獨立的國家，不需要再宣布獨立，遵守《中華民國憲法》，國號為中華民國，這既是歷史事實也是現實狀態。

　　當時為了使民進黨能醒過來，因此我們開始在建國陣營內部與學界，論述「台灣地位未定」、「台灣不屬於中國」、「台灣主權屬於台灣人」，這些說法是有問題，會被惡用成為維護中華民國體制的護身符，欺騙台灣人中華民國已經在台灣獨立。建國陣營必須強調，只要中華民國體制繼續維持，台灣不可能成為獨立國家。

「台灣共和國加入聯合國」運動受阻

　　1996年將舉行第一次總統直選之前，在1995年初筆者曾經參與民進黨候選人彭明敏的選舉策略會議，主張選舉勝敗選票考量在其次，應該以向台灣人民宣傳：「為何必須廢棄中華民國體制，才能使台灣成為獨立國家」，作為選舉運動的核心。然而，幾乎所有在場人士都反對，這種以否定中華民國是國家為主軸的選舉策略。結果失去一次全面性宣揚台灣尚未獨立，鼓勵台灣人民站起來，勇敢的宣布獨立，建立自己國家的機會。

　　1997年之前，香港與九龍界限街以南的主權是屬於英國，所以1997年才會使用「香港主權移交中國」這樣的稱呼。1842年中英《南京條約》將香港永久割讓給英國，1860年中英《北京條約》又將九龍永久割讓給英國。所謂1997年的歸還九十九年租借地，應該只是1898年中英《拓展香港界址專條》所租借的九龍界限街以北、深圳河以南地方及附近兩百多個離島，到1997年6月30日屆滿，應該歸還中國。

　　但是在英中談判1997年6月30日租借地屆滿問題時，基於英國與中國之間的利益交換，英國竟然完全忽視香港民意，決定把永久割讓的香港島與九龍半島南端的主權移交中國。英國既然會把永久割讓的香港島與九龍

半島南端的主權移交中國，那麼即使「台灣地位未定」，國際社會也可以把「地位未定」的台灣移交中國。

1997年7月1日香港移交北京時，為了警惕台灣人，「今日香港、就是明日台灣的命運」，應該早日廢棄中華民國體制，建立台灣共和國。因此「台灣建國學」結合有志之士發起「台灣共和國加入聯合國」運動。

但是運動受到中國國民黨李登輝政權的扭曲，民主進步黨與台灣獨立建國聯盟又同時在1997年6月28日，舉辦「628反對中國併吞大會」，只是消極的反對中國併吞，沒有積極的主張建國，分散「台灣共和國加入聯合國」運動主張建國的焦點。民進黨領導人與許信良、陳水扁又在會中強調：「台灣完成了總統選舉，所以台灣已經獨立是一個主權國家，所以中華人民共和國政府收回香港主權，不等於可以併吞台灣主權」。他們完全無視英國把永久割讓的香港島與九龍半島南端的主權移交中國，也忽視維持「中華民國」體制下，還沒有建立台灣共和國的情況下，即使「台灣地位未定」，國際社會也可以把「地位未定」的台灣移交中國。

結果使台灣尚未獨立，鼓勵台灣人民站起來廢棄中華民國體制，勇敢的宣布獨立，建立自己國家的機會又再次受阻。

2000年5月20日，陳水扁在中華民國第十任總統就職演說中宣示四不一沒有：「只要中共無意對台動武，本人保證在任期之內，不會宣布獨立，不會更改國號，不會推動「兩國論」入憲，不會推動改變現狀的統獨公投，也沒有廢除《國統綱領》與國統會的問題」。民主進步黨再一次公開宣布，放棄建立台灣共和國的目標，開始主張「中華民國」是國家，台灣已經獨立，反對獨立建國運動。

21世紀開始，許多台灣民眾已經被中華民國病毒感染。民進黨完全不提「獨立建國」才是台灣的有效藥方，反而只會反對北京政府消滅中華民國，還要繼續捍衛中華民國。中國國民黨的學者專家，也因為感染中華民國病毒，也附和主張捍衛中華民國這個國家的主權，假裝不知道如果這樣就是主張「兩個中國」，根本與主張「一個中國」矛盾，整天胡說八道、不知所云。

中華民國病毒遍及台灣

21世紀開始，台灣各政黨已經使中華民國正當化、合法化，在國家

認同方面，目前對中華民國在台灣是國家的認同度高達84.7%。因為認定台灣已經獨立，所以不需要獨立建國運動，台灣建國聲勢當然弱化消失。一方面，中華民國在台灣既然是國家，所以推動與中國和平交流，投資中國，喪失敵我意識，所謂的兩岸一家親等，也就理所當然。

2020年的總統候選人韓國瑜高喊捍衛中華民國、中華民國萬歲，宋楚瑜說台灣獨立不可能，只能靠中華民國保護台灣，蔡英文說愛中華民國，她現在就是中華民國第十四任總統，現在參選中華民國第十五任總統，所有候選人都宣布要繼續維持中華民國體制。

這些總統候選人都被中華民國病毒傳染，完全不知道維持中華民國體制，台灣共和國就無法建立，台灣根本不可能已經獨立。同時北京政府也很希望在台灣內部繼續維持中華民國體制，因為聯合國自1971年的2758號決議案後，已經確認北京的中華人民共和國政府是唯一代表中國的合法政府。一直到目前，《聯合國憲章》還保留「中華民國」（The Republic of China）的名號，《聯合國憲章》第23條有關安全理事會常任理事國，仍用「The Republic of China」；憲章第110條創始會員國也一樣保留「The Republic of China」的國名。「中華民國」在聯合國與國際社會並未消滅，而是被北京政府所繼承與代表。因此只要是中華民國的一切，北京政府就有權利繼承，屬於中華民國的台灣就是北京政府的台灣。

國際社會認定的事實是，台灣維持中華民國現狀，北京政府就有權合法主張領有台灣，我們一再主張台灣就是中華民國，台灣就是中國的一部分。中國北京政府從來不是要消滅中華民國，而是要繼承中華民國。這些由聯合國與世界各國的對應都證明，北京政府可以合法代表與繼承中華民國。事實上，中華民國名號對北京政權並非禁忌，依據《聯合國憲章》第23條，中華民國仍為中國之國號，北京政權在聯合國就是堂堂正正代表中華民國出席開會。中華民國的一切，包括國旗，國號，外匯，大使館及財產，北京政府都有權繼承使用，當然也包括中華民國的台灣。

因此，只要中華民國體制繼續維持，台灣會處於被北京政府併吞繼承的危險狀態，也不可能成為獨立國家。目前竟然有85%的台灣人認同中華民國，各政黨也都喊出捍衛中華民國。2020年的選舉過程有支持中國國民黨的550萬人，拿著中華民國國旗上街頭，企圖利用中華民國體制維持「台灣屬於中國」。如果無法改變550萬人與維持現狀817萬人的想法，台灣內部是有一顆危險的傾中未爆彈。若是無法拆除中華民國在台灣的引

信，台灣隨時會引爆的危險如何能化解，這是台灣建國陣營必須面對的重要課題。

　　由此可知，台灣建國聲勢弱化與建國運動出現錯誤的認知和主張有關，尤其是控制媒體話語權的政客與各政黨，都製造錯誤理論、訊息，誤導台灣人相信「中華民國是國家」。加上長久以來台灣內部，為了強調台灣本土意識，從歷史、語言、文化，甚至包括血統、種族等，說明台灣和中國沒有關係、台灣不屬於中國。這些有助於台灣意識與民族形成，但是並非現代國家組成要件，也不能直接等同於「台灣必然是國家」。

　　以上結果導致許多台灣人，將中華民國政府與台灣是國家混在一起，相信繼續維持中華民國體制，也可以使台灣獨立，不需要獨立建國運動。中華民國的正當化、合法化，使台灣人誤認中華民國在台灣是國家，認為「中華民國」是國家的結果，台灣就被認為已經獨立，當然就不需要獨立建國運動。

　　台灣社會完全沒有免疫力，一旦被中華民國病毒傳染立刻精神錯亂，明明「不是國家」，卻說成只是稍微不正常的「國家」。如此的演變、發展，都與獨立建國運動一再強調「台灣地位未定」、「台灣不屬於中國」、「台灣主權屬於台灣人」這些說法有密切關係。因此，台灣建國聲勢是否能再次壯大，對於台灣地位未定問題，維持中華民國現狀問題，都有再分析檢討的必要。

　　以下將陸續探討：「台灣地位未定問題再分析」、「台灣地位未定之後的發展與事實證據」、「如何從現狀的台灣地位獨立建國」，繼續論述台灣建國理念。

　　最後常有人會問，到底有多少人真正了解、支持許教授的建國理論和觀念？過去李鎮源院士與台灣基督長老教會高俊明牧師，都曾經在熱心的討論之後認同我的說法：「中華民國的正當化、合法化，會使台灣人誤認中華民國體制在台灣已經變成國家，台灣已經獨立」。但是他們在經過多次與建國陣營其他領導人與學者爭論後，也無法再繼續傳達這些理論。

　　然而，反對的雖然占多數，但是都沒有指出，「台灣建國學」建國理論和觀念的錯誤之處。特別是都沒有針對1990年代修憲、國會全面改選、廢省、總統直選之後，為何中華民國體制在台灣已經變成是國家，台灣已經獨立的說法，提出有效的理論論述。「台灣建國學」因為了解、支持者很少，又沒有機會與反對者辯證，所以至今對於主張的建國理論和觀念還

是很無奈。因此也無能為力一再指出，建國陣營、民進黨內部與學界，誰的建國理論和觀念有問題，誰應該負起台灣建國聲勢弱化消失的責任。

二、「台灣地位未定」問題再分析

中華民國體制下主張「台灣地位未定」是自我矛盾

　　目前如果仍然主張「台灣地位未定」，這種說法是否能成立？長久以來傳統獨派，大部分都是提出「台灣地位未定」，來推動台灣的建國運動，主張台灣不是中國的一部分、中國沒有資格以武力併吞台灣等等。認為這樣，才能安全的獨立，世界各國才會支持台灣獨立。雖然這樣一套理論或理由，過去是有道理也有依據，但是對照現狀卻有明顯的矛盾。

　　在此首先說明，「台灣地位未定」的說法：第一，在1945年至1952年期間，當時的戰勝國確實有處理「台灣地位」的「未定」主張。當時台灣人民主張「台灣地位未定」是有理由與依據，但是「未定」的時期並未持續很久。

　　第二，1990年代台灣解除戒嚴之後，台灣人可以自由主張「台灣未來地位」時，或許還是有主張「未定」的正當性，但是台灣的政客卻毫不留情的放棄，繼續維持中華民國體制在台灣。

　　所以說「台灣地位未定」，這種說法在時間推移上，早期某種程度是有其依據，但是隨著時代、國際環境的變化，這些說法是否得以持續，問題很多。事實是，隨著時代、國際環境的變化，這些說法已經無法理直氣壯。特別是台灣內部的演變與自我主張，更與這些說法完全背道而馳。台灣人再如何宣傳台灣不屬於中國，對照維持中華民國體制的現狀，真的是很無奈與矛盾。

　　因為台灣人以民主方式，自願支持的中國國民黨、民進黨政權，一再主張台灣就是中華民國、中華民國體制合法統治台灣。台灣社會完全沒有免疫力，一旦被中華民國病毒傳染立刻喪失判斷力，中華民國台灣明明「不是國家」，卻說成是不正常的「國家」。

　　台灣人搖著中華民國國旗吶喊，台灣插滿中華民國國旗，就是向全世界證明，台灣不是國家，與香港一樣只是中國的一部分。因此台灣人自我維持中華民國現狀下，再主張「台灣地位未定」、「台灣不屬於中國」，

實在自我矛盾，無法說服海內外。

此外，「台灣地位未定論」，還有以下觀念是背離現代國際法理論。依據國際法法理與目前的國際社會法秩序，只有國家才能主張台灣這塊領土的領有權、所有權。從國際法觀點來看，如果「台灣地位未定」，台灣這個島嶼的歸屬地位未被確定，那麼唯一的可能性就是，有兩個以上的國家同時主張台灣是其所擁有的領土，有爭端無法確定歸屬哪一國。

但是，傳統獨派的「台灣地位未定論」卻是相反，他們主張當初日本放棄對台灣的領域主權後，台灣就是屬於台灣人的領土。問題是，依照國際法理論，只有國家才能擁有領域，只有國家才能主張台灣是其所有的領域。不是國家的一群人或是任何政治組織、團體，都不能主張擁有領域，主張台灣是屬於他們的領土。

更何況，即使可以主張台灣是屬於台灣人的領土，「台灣地位未定」的情況下，唯一可以由台灣人主張的是，殖民地人民的「人民自決原則」。結果台灣政權與各政黨卻一直反對人民自決投票，不想獨立建國。台灣社會至今仍然搖著中華民國國旗吶喊，自願成為中華民國體制下的台灣，這樣的現狀下如何主張「台灣不屬於中國」。所以說，台灣人「維持現狀」（Maintain the Status quo），繼續中華民國體制，必然造成現狀之下，無法使「台灣不屬於中國」。

「台灣地位未定」出現於戰後初期

事實上，不管是1972年以前，代表中國的中華民國政府，或是現在的中華人民共和國政府，中國這個國家從未間斷的主張，台灣是其所擁有的領域。試想，包括和日本有糾紛的釣魚臺，中國都不放棄爭取了，更何況是台灣，中國怎麼會不主張台灣是其所擁有的領域。

退一步，如果台灣是未定的「無主地」，則除了中國以外，其他國家也會主張領有才對，怎麼沒有任何國家主張領有，這是不可能的狀況。也因為中國之外，沒有任何其它國家主張領有台灣，所以不可能是有爭端，是無法確定歸屬哪一國的「台灣地位未定」。

目前提出「台灣地位未定」主張，都是以當時戰勝國沒有處理日本殖民地台灣的歸屬，所以戰後的處理未定。如果要堅持這樣的未定，也只能將時間點定在，自1945年日本戰敗至1952年《舊金山和約》確定日本放棄

這段期間。當時出現一些不一定把殖民地台灣歸還中國的聲音，但是當時台灣人的大多數，完全沒有獨立建國的意願，所以不歸還中國的未定論並未形成。

之後國際局勢轉變，中華民國政府繼續統治台灣，美國政府或國務院就沒有再提出這種「台灣地位未定」的主張。國際社會與國際組織也沒有出現「台灣地位未定」的討論或主張。因此，1952年《舊金山和約》確定日本放棄對台灣的領域主權後，只有中國這個國家，或代表中國的兩岸新舊政府，主張台灣是中國的領域，其他國家並沒有爭論台灣地位的問題。「台灣地位未定」的主張要成立，當然更加困難。

回顧當年「台灣地位未定」形成的時代背景，是出現於戰後初期，首先由美國駐台新聞處處長羅伯特於1946年提出該論述。之後美國國務院政策規劃局長喬治·凱南與副手保羅·尼采、美國國務院特別政治事務辦公室主任迪安·魯斯克等人，在1948年提出過「台灣地位未定」的議論。但是他們只是美國國務院的中階官員，並無政策決定權與代表性。1949年3月由駐日盟軍總司令麥克阿瑟表示：「在對日和約簽定之前，台灣仍屬於盟軍總部管轄」。但這也只是強調當時盟軍總部對台灣有管轄權，主要目的是告知中華民國政府，尚未擁有台灣領域主權。

之前，1945年盟軍最高統帥麥克阿瑟，依美國總統杜魯門指示發布《一般命令第一號》，要求日軍向代表同盟國的軍事將領投降，並協助同盟國軍隊占領日本及其控制地區，命令中同時授權蔣介石委員長在中國（東三省除外）、台灣和越南北部接受日軍投降。由此可知，中國的東三省除外、台灣和越南也並列，都證明軍事占領與中國領域主權的歸屬不同。所以二戰結束當時，台灣仍屬於盟軍總部管轄，台灣的歸屬是「未定」。

1947年二二八事件發生後，同盟國都對於「台灣地位未定」發表聲明：台灣割讓給日本乃是依據中日《馬關條約》，國際法認定台灣是日本領土。《波茨坦宣言》有台灣返還中國之內容，但日本之接受該項宣言只是一種投降承諾，與戰後和平條約之締結顯然有別，在條約未締結以前，中華民國在台灣的管轄，事實上只是占領性質，國際法上之領域主權變更手續尚未完成，故在國際法上不能認為台灣已經是中國領土。例如，英國外交部：「日本先前所擁有或依據條約合併的領土台灣，必須等到最終的對日和平會議，締結條約之後，才能正式進行領土主權的移轉」。因此這

時期，台灣的歸屬是暫時的地位未定。

　　海外台灣人獨立組織知道之後，開始主張國際託管，台灣不應該歸還中國，使台灣地位未定論出現最大聲勢。遺憾的是這樣的主張卻無法在台灣內部出現，使台灣有機會脫離中國。

三、「台灣地位未定」只是暫時的未定

美國阻止蔣介石遷台的暫時未定論

　　戰後美國對中國的政策，因為國共內戰而多次轉變，對台灣地位的處理也因此搖擺不定。1949年4月15日，美國國務院新聞事務特別助理麥克·德莫特，公開表示台灣與戰時的日本庫頁島一樣，「其最後地位將由一項和約決定」。麥克·德莫特之發言是美國官方首次公開表明「台灣地位未定」。

　　1949年美國為何開始表明台灣地位未定論，主要原因是，隨著1948年底國共內戰情勢逆轉，美國對於可能被中共占領的台灣重新做政策檢討。因為美國以外交與經濟手段，保衛蔣介石政權的結果均告失敗，美國決定從國共內戰中脫身不再介入，也認為如此台灣終將落入中共之手。因此提出「台灣地位未定論」，或許可以避免台灣落入中共手中。

　　1948年秋，節節敗退、每況愈下的蔣介石政權及中國國民黨高層開始將資產、人員、家屬等撤退至台灣，準備在失守中國大陸時撤往台灣，將台灣當作最後的反共基地。至此，美國開始對蔣政權不滿，並認為蔣介石及其政府部門遷台，必將連累台灣落入中共手中。所以美國為了阻止蔣介石遷台，自1948年底開始，美國政府內部陸續出現有關台灣地位「究竟誰屬」的議論，最後提出「台灣地位未定論」的主張。這項論調隨著國共內戰局勢的惡化，終於使美國政府首次公開表明「台灣地位未定論」。

　　「台灣地位未定論」也使蔣介石緊張，蔣介石在1949年1月12日發文警告台灣省主席陳誠，不可以強調台灣成為反共堡壘：「須知此時何時，台灣何地，尚能任吾人如往日放肆無忌，大言不慚乎。台灣法律地位與主權在對日和會未成以前，不過為我國一託管地之性質，何能明言作剿共最後之堡壘與民族復興之根據地，豈不令中外稍有常識者之輕笑其太狂嚷

乎。」所以當時，「台灣地位未定論」是美國與國民黨政府都有認知的暫時未定論。

美國本來是為了防止台灣落入中共之手，所以提出「台灣地位未定論」。一方面，因為已經無法阻止蔣介石撤往台灣，只能以「台灣地位未定」警告蔣介石政權。一方面，美國內部也出現能與中共政權和解的想法，所以「台灣地位未定論」，也成為「袖手旁觀政策」的暫時未定論，並未積極強調。原因是總統杜魯門與國務卿艾奇遜，都試圖打開與中共談判之大門，準備放棄蔣介石政權，承認中華人民共和國新政府。

因此1950年1月5日，杜魯門出面發表聲明：「為實踐《開羅宣言》與《波茨坦宣言》，台灣移交給蔣介石四年以來，美國及其它盟國均接受中國在台灣行使權力。該項權力與該項占領從未發生疑問，當台灣被納為中國的一省時，也未發出法律上的質疑，因為我們認為那是合法的。」如此，美國及其它盟國等於認為，台灣移交給中國是沒有疑問的，「台灣地位未定論」只是對日和約簽訂前的暫時未定。

同時，美國國務卿艾奇遜在1950年1月還聲明「美國太平洋防線」不包括朝鮮半島和台灣，表明美國沒有介入台灣的政策，美國不會在這些地區而採取軍事行動。

美國轉而支持中華民國政府占有台灣

改變美國不介入中國內戰的「袖手旁觀政策」，轉而支持中華民國政府占有台灣，主要原因是史達林的蘇聯政策改變所造成。一開始蘇聯為了遵守與美國之間的雅爾達協定，不同意北韓入侵南韓「統一朝鮮」的計劃，也不同意毛澤東攻占台灣，以避免與美國勢力直接對抗。

但是在杜魯門、艾奇遜聲明發表美國不介入台灣的政策之後，史達林認為，美國既然願意放棄雅爾達協定劃定的勢力範圍主動撤退，因而決定軍事援助「統一朝鮮」，以及支持中共攻占台灣的計劃，雙軌齊下可以形成蘇聯在亞洲的勢力的擴張。

同時，美國國務卿艾奇遜企圖接近中共政權，「離間蘇聯與中共」的計畫也前功盡棄。這種接連的局勢變化，使美國軍方分析台灣及附近島嶼（包括澎湖群島），一旦被蘇聯史達林所操控的中國共產黨占領，將對美國的安全戰略形成嚴重威脅。因此美國參謀首長聯席會議與國防部立即建

議美國政府，應該對期待中共政權的中國政策從新評估，並認為台灣不能淪陷於中國共產黨手中。

　　面對亞洲這樣的情勢發展，使美國政府愈發認識到，台灣一旦受中共統治，成為蘇聯軍事基地之可能性提高，後果堪慮。美國政府立即開始加強軍備，準備採取更為強硬之全球性的戰略布局，展開積極圍堵政策。其中陷入國共內戰下的台灣地位，是圍堵政策重要的一環，美蘇的競逐對抗情勢下，中共必然傾向蘇聯，所以導致美國開始轉向支持國民黨占有台灣。

　　美國積極介入台灣地位的決定性原因是，1950年6月25日韓戰爆發，為了堅守西太平洋的反共防線，美國政府一改先前的消極態度，杜魯門於兩天後立即發表「韓戰聲明」（Korean War Statement），其中宣布「台灣海峽中立化」，派遣第七艦隊協防台灣海峽。美國總統杜魯門同時表示：「台灣若遭中國共產勢力占領，將會對太平洋區域及美國在此地區之防衛造成直接威脅。台灣未來的地位，必須等待太平洋地區的安全恢復，以及對日本的和平條約成立，或經過聯合國討論後，再作決定。」因此被稱為是「台灣海峽中立化」，此即為「台灣地位未定論」的起源。「未定」是指，戰勝國與日本的和平條約成立之前，或未經過聯合國討論之前，台灣地位是暫時的未定。

　　杜魯門當時向聯合國安全理事會成員國說明，宣布「台灣海峽中立化」，派遣第七艦隊協防台灣海峽的立場是：「美國的行動對台灣未來的政治地位之解決，沒有預設立場。台灣目前的地位是，盟軍在太平洋地區獲勝而從日本取得的領土。如同其他類似的領土一樣，台灣的法律地位在所有國際決定之前，其未來都無法定案。中國政府被同盟國要求接受日軍在台灣島嶼的投降，這是中國政府現在在台灣統治的原因。」

　　美國國務卿艾奇遜指出，因為以下變化而宣布「台灣海峽中立化」：第一、蘇聯對《開羅宣言》及《波茨坦宣言》的有關承諾，如朝鮮獨立，及支持中國國民黨政府等，皆已棄置不顧；第二、在日本投降後接下管理台灣之責任的中國國民黨政府不夠稱職，造成二二八事件；第三、把台灣交給《開羅宣言》時期的中華民國是一回事，把它交給支持莫斯科及與自由國家為敵的北京政權又是另一回事；第四、因為中國政局劇烈改變，滿懷敵意的專制政權在北京建立，難道民主國家不能質問？為什麼不與台灣人民協商，或不採用適用於殖民地人民的《聯合國憲章》的「人民自決原則」，便把台灣交給專制的北京政權。

　　值得注意的是，美國國務卿艾奇遜對「台灣海峽中立化」的宣言中，台灣人民應該擁有「人民自決原則」公開被提出。但是在中國國民黨政府專制統治下的台灣人民，卻完全被封鎖資訊，也無法表達自決主張。

喪失人民自決原則建國的良機

　　美國宣布「台灣海峽中立化」有兩個重點：一是，台灣當時的地位是，盟軍在太平洋地區獲勝而從日本取得的占領地。在對日本的和平條約成立之前，或經過聯合國討論之前，暫時的「台灣地位未定」。

　　二是，美國主張依據《聯合國憲章》，殖民地「人民自決原則」，必須充分尊重台灣住民的意願，與台灣人民協商，避免把台灣交給專制的中國北京政權。

　　因此，美國宣布「台灣海峽中立化」，只是認定在對日本的和平條約成立之前，或經過戰勝國討論之前，台灣地位是暫時性的未定。一方面，雖然提出台灣人適用《聯合國憲章》殖民地人民的自決原則，也是台灣地位選擇之一，但是並未明確排除台灣歸屬於中國。

　　美國背後最主要的目的是，避免台灣立即陷落中國北京政權手中。美國主張依據《聯合國憲章》，台灣人適用於殖民地人民的「人民自決原則」，是對抗中國北京占領台灣的一張牌。但是這張牌，後來被支持中華民國政府占領台灣所取代，主要是因為聯合國的中國代表權爭議。

　　由此觀之，如果時空倒轉，當時台灣人民有所作為，可以利用「台灣地位未定論」，主張依據「人民自決原則」建國。如果1945年或二二八事件之後，台灣人有足夠勇氣站起來，那麼可以主張「台灣地位未定」，要求獨立建國。那麼台灣這個國家就是在「地位未定」的狀態下，由台灣人依據「人民自決原則」，建立台灣共和國，建立一個和中國無關的國家。

　　當時台灣人可以因為時空環境因素，在日本撤退紛亂的世局下，或在「地位未定」的狀態下，站起來主張殖民地「人民自決原則」，把握時機獨立建國，但是完全沒有發生。非但沒有主張自決獨立建國，還要重回祖國懷抱。例如，林獻堂領導台灣文化協會，一輩子都在想方設法對抗日本的殖民統治。好不容易日本戰敗，戰勝的同盟國派員前來徵詢台灣人意見，他和台灣的代表幾乎都眾口同聲：「台灣要重回祖國懷抱」，讓台灣失去一次託管或獨立機會。

　　這就是我們一再指出1950、1960年代當時，確實有主張「台灣地位未定」的時期。當時主張「台灣地位未定」是有理由與依據，但是「未定」的時期並未持續很久，結果是台灣人民第一次喪失建立台灣共和國的機會。即使當時是在中國國民黨政府戒嚴統治下，台灣人也應該有勇氣站起來，向國際社會表明獨立建國的意志，但是這個事實並未發生。

　　因此，美國與國際社會後來也只能在《舊金山和約》中，避開明文規定把台灣交給中國的條文，卻無法在《舊金山和約》中，主張必須充分尊重台灣住民的意願，尊重台灣人擁有殖民地「人民自決原則」。

　　「台灣地位未定」的事實是，在對日本的和平條約成立之前，或經過聯合國討論之前，暫時的「台灣地位未定」。這與宣布「台灣海峽中立化」之後，「台灣地位一直未定」、「台灣從此不屬於中國」、「台灣主權屬於台灣人」，不能劃上等號。由後來的發展與事實證據，結果是由中華民國政府占領台灣至今，「台灣屬於中華民國政府之下的中國」。這也說明當時的「台灣地位未定」，並非一直維持未定，只是暫時性的「台灣地位未定」，也就是在對日本的和平條約成立之前，或經過聯合國討論之前，暫時的「台灣地位未定」。

四、「台灣地位未定」之後的發展與事實證據

聯合國「中國代表權」影響台灣地位

　　探討有關「台灣地位未定論」的起源和由來之後，其後的發展與事實是，中華民國政府占領台灣至今，「台灣屬於中華民國政府之下的中國」。美國與西方各國後來為何支持中華民國政府繼續占有台灣，這麼一來等於是承認中國擁有台灣的領域主權。為何如此決定的主要原因是，為了掌控「中國代表權」。1945年10月24日通過的《聯合國憲章》第23條規定，安理會五大常任理事國是（法蘭西共和國、中華民國、蘇維埃社會主義共和國聯邦、大不列顛及北愛爾蘭聯合王國和美利堅合眾國），常任理事國擁有否決權，是聯合國的核心決策國家。中國代表權若是由北京政權取得，在當時會對西方各國形成很大的威脅。

　　中華民國政府繼續代表安理會常任理事國的中國，對西方各國掌控安理會非常有利。但是，蔣介石的中華民國政府當時只有統治台灣，西方各

國如果主張「台灣地位未定」、「台灣不屬於中國」,等於直接否認蔣介石的中華民國政府代表中國的正當性,也無法擁有代表出席安理會常任理事國的合法性。

任何人想也知道,代表中國的政府,怎麼會是設在「地位未定」,不屬於中國的台灣,而且是由台灣派出代表,出席聯合國安理會?同時,美、日、法等西方各國的駐中國大使館,竟然也是設在「地位未定」不屬於中國的台灣、台北,這也太荒謬了!

美國政府期待台灣的軍事力

其次,1950年代美國政府改變對蔣介石的中華民國政府來台後的態度,也是影響「台灣地位未定論」與台灣命運的原因。1948年開始蔣介石及國民黨高層,開始將資產、人員、家屬等撤退至台灣,主要部隊也撤往台灣,軍民合計約一百二十餘萬人。當時美國已不再拒絕,撤台灣的國民黨政權,把台灣定位為中國的台灣省。美國及各國也對這些自稱中華民國政府的軍民,無法採取任何驅離行動,或是排除中華民國政府遷台的既成事實。

當然,美國若是主張台灣人有殖民地「人民自決原則」,支持台灣人獨立建國,主張「台灣不能歸屬中國」,更是與當時沉默的台灣人與台灣社會的現實狀況不符合,如此必將危及台灣的穩定。

一方面,美國軍方與盟軍最高統帥麥克阿瑟也都認為,中華民國政府在台灣的軍力,雖然無法反攻大陸,但是在軍事上牽制北京政權的東南沿海,具有實際效果。

因此,1950年7月8日,美國第七艦隊司令亞瑟・史樞波到訪台灣,1950年7月31日麥克阿瑟以盟軍最高統帥的身分訪台,都是與在台灣的中華民國政府,進行雙方軍事合作,加強軍事聯繫。蔣介石也公開強調,希望不久的將來,也就是和平條約簽訂,台灣地位確定屬於中國之後,他們訪台時不會再感覺是身處中國之外的領土。

美國不再否認「台灣歸屬中國」

1954年12月3日簽訂的《中美共同防禦條約》(Sino-American Mutual

Defense Treaty），正式名稱是《中華民國與美利堅合眾國間共同防禦條約》（Mutual Defense Treaty between the United States of America and the Republic of China），這是中華民國與美國在台灣簽訂的國際條約。

該條約公開承認中、美兩國對於，台灣、澎湖及美國管理下的西太平洋諸島安全保障，是共同防禦的範圍。條約第2條及第5條所規定的適用範圍，也就是「領土」及「領域」，中華民國是指台灣及澎湖，美國是指在其管轄下的西太平洋諸島。

中、美兩國的這些軍事合作與條約證據，都證明美國已經不再否認「台灣歸屬中國」的既成事實。由台灣派出的中華民國代表，出席聯合國大會與安理會，也只是引起中國代表權的爭議，聯合國從來沒有對台灣地位是否確定屬於中國，或是主張「台灣地位未定」的論爭。1960年代之後，聯合國、國際社會與各國，也從來沒有提起台灣是否屬於中國的質疑。

未定的論爭中台灣人民是有機會建國

1960年代之前，台灣人民是有機會在「台灣地位未定」的論爭中建立新國家。這跟殖民地獨立有關，戰後日本放棄其所屬殖民地，除了台灣之外還有韓國，或是第二次世界大戰以後，歐洲各國殖民的東南亞地區，都是當地的大多數人民，勇敢站起來宣布獨立，才能完成獨立建國。例如印尼，以及其他亞洲、非洲許多殖民地，這些地方都在戰後依據聯合國殖民地「人民自決原則」，建立自己的國家。

如果當時的台灣人有足夠勇氣站起來，主張建立新國家，應該有機會依據殖民地「人民自決原則」，建立台灣共和國，建立一個和中國無關的新國家。但是這個事實，在中華民國統治下的台灣並未發生。

雖然當時曾有廖文毅等少數人，因為在台灣的建國運動失敗而跑到海外，並開始在國際社會上高喊「台灣地位未定」，台灣人應該建立台灣國等主張。但是最後也是因為台灣內部，當時台灣人的大多數，完全沒有獨立建國的意願，沒人支持而告失敗。

另一方面，在台灣內部則有中國國民黨代表的中華民國政府在統治台灣，至今仍然沒有其他國家主張台灣是其所屬，因此台灣不屬於中國、台灣地位有爭議也就很難成立。民主化之後，中國國民黨至今也仍然主張，

當初中華民國政府是合法統治台灣，民進黨政權也主張，繼續維持中華民國體制統治台灣。所以說現在還主張「台灣地位未定」、「台灣不屬於中國」，已經不合時宜。

解嚴後再一次放棄建國的良機

前面提過，主張「台灣地位未定」、「台灣不屬於中國」，主張獨立建國、宣布獨立的時機，一是《舊金山和約》前後，一是解嚴前後。

第一次，我們或許還可以說，台灣人是因為受國民黨迫害，失去言論自由，無法主張獨立建國。可是台灣人現在言論自由了，選舉自由投票，政權也移轉到民進黨。結果現在還是維持，台灣屬於中國的中華民國體制，主張代表中國的外交政策。再一次放棄主張獨立建國、宣布獨立的時機。

目前台灣民眾仍然不敢談論獨立建國的意願，逃避主張獨立建國、宣布獨立的問題。如果還迷失在「台灣地位未定」、「台灣不屬於中國」的主張，這樣有意義嗎？完全把現狀的中華民國體制認為與中國無關，主張「台灣不屬於中國」，這樣有道理嗎？

再一次提醒，隨著時代、國際環境的變化，「台灣地位未定」、「台灣不屬於中國」，這些說法已經無法理直氣壯。特別是現狀下台灣內部所維持的中國體制，更與這些說法完全背道而馳。

「台灣地位未定」理論上的其他問題

由國際法觀點，所謂的「台灣地位未定」理論上仍有許多問題待釐清。例如，主張《開羅宣言》、《舊金山和約》只有提到日本放棄台灣，未指定歸還中國等。

首先，《開羅宣言》是戰後各國首腦開會後的宣言，不是國家間的合意條約，所以並沒有任何法效力。這是簡單的國際法常識，根本不須要找證明或證據。可是卻有很多人花心血找證據，為了說明《開羅宣言》中的台灣歸還中國是沒有法效力。並因此推論「台灣地位未定」、「台灣不屬於中國」、「台灣主權屬於台灣人」。

事實是，這些推論與《開羅宣言》是不是條約，有沒有任何法效力，可以說是完全無關的推論。《開羅宣言》中的台灣歸還中國沒有法效力，

並不能否定之後所有的事實證據，而推論出台灣一直不會歸還中國。

其次，不少人也提出1952年《舊金山和約》，日本聲明：「日本茲放棄其對台灣、澎湖之所有權利、權源（title）與請求權。」（Japan renounces all right, title and claim to Formosa and the Pescadores，注意其中沒有主權一詞）。日本只是放棄對台灣的一切權利、權利根據與要求，並未指定台灣歸還中國。

所以又有「台灣地位未定」、「台灣不屬於中國」、「台灣主權屬於台灣人」的理論。「台灣地位未定」的法源依據，都是以1952年《舊金山和約》為基礎，但是這樣的依據，其實會產生主觀推論問題。

因為，國際社會都清楚明白，台灣地位是否未定、台灣是否不屬於中國，並不能只是依據《舊金山和約》中，日本聲明放棄，未指明台灣歸還中國，就可以使「台灣地位未定」，台灣絕對不屬於中國。

前面已經說明，美國在1950年6月25日，朝鮮戰爭發生後發表「台海中立」，其中提到台灣地位暫時尚未確定。那時《舊金山和約》並未簽訂，當時因為美國國務院怕中國共產黨取得台灣，為了避免台灣落入共產陣營，可以使台灣人日後留下自決空間才提出的主張。

但是，國際局勢安定，中華民國政府繼續統治台灣，台灣人也沒有自決獨立意願之後，美國政府或國務院就沒有再提出這種主張。因此，如果要說「台灣地位未定」，只能將時間點定在，自1945年8月15日日本戰敗，至1952年《舊金山和約》確定日本放棄這段期間。其後則只有中國這個國家或代表中國的兩岸政府，主張台灣是其領域的一部分，其他國家並沒有爭論台灣地位的問題。台灣人也沒有自決獨立的意願與行動，台灣地位如何能說是未定。

最後必須說明，即使曾有未定主張，或是最近有未定主張，也不代表可以一直維持未定。美國國務院曾有未定的主張，但是我們不能因為當時的時空環境所發出的聲音，而且並不是國際社會的主流聲音，我們卻一直擴大解釋，甚至主張台灣地位可以一直維持未定。

基本上我們不能因為某一個時間點，有這樣的主張，即認定台灣地位將因此一直可以維持未定，現在還等著看哪個國家想要台灣，或等著台灣人是否建國。「未定」並不是指永遠未定，只是因為時空環境因素，造成暫時性的未定，或是有未定的主張。

但是之後台灣地位很清楚是已確定，五十多年來除了中國，沒有其他

國家主張台灣是其一部分,台灣人也確定支持中華民國的台灣。有關未定論主張,基本上這些專家學者所依據的國際法條約等,並無太大問題,只是忽略其暫時性、時間性。

因為其後中國新、舊政府,都主張台灣是中國領土,更無奈的是台灣人也接受中華民國體制統治台灣。甚至自由民主之後,或是最近有未定主張出現,民進黨政權或總統也繼續強調,自己是中華民國的總統,必須效忠《中華民國憲法》等等,在這種情況下再主張「台灣地位未定」、「台灣不屬於中國」等,很明顯與現狀是矛盾的。

五、「台灣地位未定」與「獨立建國」的探討

一般國際社會中,有關領土問題的探討,都是「領土紛爭」,比較少出現有「領土未定」的問題。特別是國際法實例上,只有國與國之間的「領土紛爭」,才有「未定」問題。「無主地」也就是沒有任何國家主張擁有的無主地,這種型態的「未定」也不符合邏輯,因為沒有任何國家主張擁有,當然不會有紛爭或如何決定的問題。

國際法上,目前任何土地都不可能沒有國家要,只要用人造衛星查看就可以知道,連一個小島大家都搶著要,甚至依據國際法不能成為領土的島礁(islet),中國都要以人工填海砂造島,違反國際法規定,非法主張領土主權。因此根本不可能有一塊土地空著沒有國家要,而等著住在這上面的人自己建立國家。這種「無主地未定」的建國理論非常奇怪。

當一塊土地有很多國家都想要時就成為「領土紛爭」,而有爭議的土地才可能形成「未定」問題。台灣這塊土地只有中國想要,並沒有其他國家想要,所以沒有所謂的「未定」的問題。

例如,日本與韓國的竹島問題就是「領土紛爭」問題。這不是指竹島是個國家的問題本身「未定」,而是探討這個島到底屬於日本或韓國的問題是未定。

國際法上所稱的「未定」並不是指,這個島的住民想要建立國家,而這個島卻有另一個國家主張是其領土的一部分,這種情況是分離獨立的問題,不是土地未定的問題。

人類社會也不可能出現有一塊未定土地上的人民想要建立一個國家,而突然有一個國家主張這塊土地是他的,主張這不是一塊未定的土地,想

要阻止原來居住在上面的人建國，沒有這種「未定」理論。如果有一個國家主張這塊土地是他的，怎麼會是未定？

何況我們一再強調，建立新國家不需先證明「台灣地位未定」。建國本來就是從一個國家的土地，強硬的要分離獨立出來，這才是建國。現在的國際社會已經找不到，原本不屬任何國家的「未定」無主土地，可以建國的情況。

因此，各國之間對台灣屬於誰的並無爭議，目前只有中國主張台灣是其一部分，其他國家並沒有與中國爭台灣。而且中華民國這個中國舊政府一直有效統治台灣至今，可見台灣人對台灣屬中國也沒有意見。

「台灣地位未定」與現狀之對比

在此必須再說明，傳統獨派的「台灣地位未定」理論並非完全錯誤，而是需要依據時代、國際環境的變化，及台灣人一再自我主張台灣屬於中國，來判斷這些說法是否已經無法再有效的主張。

「台灣地位未定」說法，第一，在1945年至1952年之前，在當時的國際環境下，是有理由與依據。第二，或許在解除戒嚴之前，台灣人還無法自由主張時期，還是有其正當性，可以提出「台灣地位未定」的說法。

但是在此特別再度強調，最無法面對的事實是，目前台灣內部一再維持中華民國體制，這樣的中國舊政府現狀，根本已經與「台灣地位未定」說法完全背道而馳。目前再主張「台灣地位未定」、「台灣不屬於中國」等，實在與台灣人主張維持的現狀矛盾，無法說服國際社會支持。

目前主張「台灣地位未定」、「台灣不屬於中國」，是認為「台灣若是地位未定」，這樣可以比較容易建國。很遺憾，今天台灣人如果無心建國，即使地位未定，結果也不一定會建國，使台灣成為國家。

七十年來中國政府一直主張台灣是中國一省，而1945年10月25日，台灣人也是以歡欣鼓舞的心情迎接中國占領台灣。1990年代自由民主化之後，三十多年來中華民國這樣的中國舊政府體制，是台灣人自願維持的，台灣人至今未企圖將這個中華民國體制廢棄或推翻。

10月10日是完全繼承中國法統的革命紀念日，每年滿街的國旗在慶祝中國舊政府的國慶日。政客競選中國舊政府的中華民國總統、立委，台灣人也熱烈參與。中國台北、中國石油、中國航空、中國的名稱在台灣到

處都可見。各國轉播運動比賽，提到台灣隊時，字幕就直接打上「台灣」（Taiwan），而不是「Chinese Taipei」（中國的台北），直接用台灣，不用中國、中華。但是中華民國台灣的政府卻強力抱住「中華台北」，還打壓改名台灣的公投運動。當全世界開始幫台灣人正名為台灣時，中華民國台灣政府卻不斷的強制執行中華民國體制，企圖排除台灣。

由此可見，台灣人對中國擁有台灣，完全沒有意見。真不知道「台灣屬於中國」，中國主張台灣是其領土，怎麼還會有爭議。沒有爭議當然就沒有所謂的未定問題，其實「台灣地位未定」也只是韓戰時，美國惟恐中國共產黨接收台灣的一種，暫時的權宜之計而已。今天台灣人若再強調這個主張，其心態的矛盾令人百思不解。

台灣建國不一定要地位未定才能建國，因為就算台灣是屬於中國也是可以建國。所以台灣建國不需要以「地位未定」做為理論基礎。台灣人辛辛苦苦證明「台灣地位未定」，但是如果台灣人無心建國，就算證明地位未定又如何？台灣人如果無心建國，即使地位未定，結果也不一定會建國，台灣還是屬於中國。所以強化台灣人民的建國意志才是核心，證明台灣地位未定，並非建國的前提要件。

台灣人接受中國體制如何建國

台灣人目前願意接受中國體制，願意任由中華民國政府統治台灣，還聲稱我們的國名叫中華民國、我們的憲法和護照上都有中華民國，我們選的是中華民國總統，就連大家所期待的民進黨掌握政權後，蔡英文也自稱是中華民國第十五任總統，完全延續繼承中國法統。這種情形下就算「未定、不屬於中國」，也等於立刻自我否定。

總之，如果自己無心建國，即使是「未定」也沒有用。相反的，台灣即使是中國的土地，是中國的一省，例如現在中國的廣東、福建，或是香港，如果這些地方的人民很勇敢，有意志要獨立建國，就可以站起來建國。

人民無法主張領土主權

國際法上只有國家才可以主張領土主權，人民是沒有權利主張領土主權。人民除了19世紀的無主地（賴比瑞亞），那時各殖民帝國尚未占據整

個非洲，留了一塊空地，而美國黑人回到這一塊無主地建立新國家以外。進入20世紀之後，全世界連一個小島都被搶光了，絕不可能有一塊沒人要的空地或未定的土地，不屬於任何國家，而讓一群人以無主地建立新國家。

有人認為二次世界大戰後日本放棄台灣，所以台灣人有權擁有台灣這塊「未定」土地的主權，這是錯誤的觀念。基本上，無論多少人都無法主張擁有主權，國際法上只有國家才可以主張擁有領域主權。因此，台灣即使是「地位未定」，但是一群人如果無心建立台灣共和國，則無法主張擁有台灣主權。

這些都是矛盾的主張，違反人類社會「國家論」、國際法、政治學的理論，是錯誤的說法。所以，一群人如果沒有堅強意志、沒有意願要建國，即使「日本放棄台灣」、「台灣主權屬於人民」等主張正確也沒有意義，一群人沒有資格擁有「台灣主權」，因為一群人是不能擁有主權。

只有建立台灣共和國，台灣人民才能主張台灣這塊土地，是我們的領域主權，台灣共和國主權屬於台灣人民。台灣維持中華民國體制現狀，再怎麼愛台灣護主權，談主權與國家都是欺騙。台灣與台灣共和國完全不一樣，台灣只是中華民國的自由地區，愛台灣與建立台灣共和國完全不一樣，台灣共和國才是國家，才有國家可以捍衛，建立台灣共和國才有主權可以護。

六、維持中華民國體制與「台灣地位未定」之矛盾

台灣獨立建國面臨的瓶頸

台灣人必須面對現狀的「台灣地位」是屬於中國的事實，我們必須由屬於中國的現狀站出來建國。我們不能再主張「台灣地位很早之前即未定」的說法。

從日本簽訂《舊金山和約》之後的各種事實發展，中華民國來統治台灣，或台灣人目前願意接受中華民國這樣的中國體制，願意維持由中華民國政府統治台灣，都是確定台灣是中國的一部分。這就是目前全世界（包括聯合國、中國北京政府）所主張的「一個中國」原則，維持中華民國的台灣，台灣就是中國的一部分。

一方面也是由於台灣人，自己維持中華民國體制，才會導致台灣屬於

中國這個已確定的事實。台灣人如果一方面主張「未定論」，另一方面又要維持中華民國體制，這就是我們常說的「中華民國害台灣」。

過去，台灣人好不容易曾經有「未定」的機會，曾經有獨立的空間，但是中華民國來統治台灣就是「害台灣」，因為它使台灣的地位成為「已定」的事實。過去的中國國民黨如此，現在的民進黨也維持中華民國體制，同樣是危害台灣。如同上述，1952年以前或是1990年代解嚴前後，「台灣地位未定」可能有運用的空間。但是從台灣內部來看，特別是1990年代解嚴之後，台灣人對中華民國統治台灣並沒有反對，甚至是支持，更是落實台灣屬於中國。

國際社會雖然有時會發出「未定」的聲音，但是1952年台灣地位確定之後，全世界由於東西冷戰因素、朝鮮半島上發生韓戰，因此美國及其他西方國家決定，支持在台灣的中華民國政府。

例如，《中美共同防禦條約》，或是之後日本與中華民國簽訂的《中日和約》，其內容就是確定台灣是中國的一部分，否則這些國家怎麼可能和一個建立在「未定」或無主地上面的中國政府訂條約？

甚至，世界各國的駐中國大使館，例如美國大使館、法國大使館、日本駐中國大使館等都設立在台北。台灣如果不是中國的，各國怎麼可能將駐中國大使館設在不是屬於中國領土一部分的台灣。由此可知，世界各國即使未積極主張台灣地位已屬於中國，卻以實際的條約、外交行為承認台灣屬於中國。

台灣人主張台灣不屬於中國，那麼如何說明代表中國的政府要去聯合國開會，可以從「未定」不屬於中國的台灣搭乘飛機出發。在台灣的中華民國政府，有二十多年派代表出席聯合國，每次開會也都從台灣的台北出發，這是全世界都知道的事實。當時聯合國各會員國與國際社會，也從來沒有提出台灣是否屬於中國的質疑。

以上所舉實例，在國際法上都已相當清楚，台灣已經屬於中國，而我們也無法否認這些歷史實事。

代表中國政府的中華民國在台灣與美國的關係

美國總統艾森豪曾訪問台灣。1960年6月18日，艾森豪與蔣介石會面，還發表了《聯合公報》，重申落實《中美共同防禦條約》。艾森豪表

示：「此次訪問台灣與中華民國元首和政要的會談，證實了中、美兩國的信念相同，更加深中、美兩國深厚永恆的友誼。」

蔣總統也發表談話，「認為艾森豪總統此次的訪問中國的台灣，更加深了中、美兩國的關係，同時也期望兩國能共同合作，達到中國民主自由與世界和平的目的」。甚至中華民國政府也為艾森豪的訪問中國，發行了中華民國郵票。那時的報章媒體標題也是「美國總統到中國的台灣訪問」。

艾森豪總統與美國政府如果發現，美國竟然是主張台灣這塊土地不是中國的。果真如此，真不知美國歷史該如何記載，美國總統艾森豪訪問中國台灣這件事，根本是違反美國「台灣地位未定」的政策。所以事實應該是，美國承認當時在台灣的中華民國政府代表中國，美國也視台灣屬於中國，這都與傳統的「台灣地位未定論」明顯衝突。

更早在1953年11月8日，美國副總統尼克森也以總統艾森豪特使身分訪台，受到中華民國總統蔣介石熱烈歡迎，除受特殊禮遇進住台北士林官邸外，並與蔣介石共同校閱「中國陸軍」。這兩位美國現任的正、副元首訪問中國的台灣，美國還可以主張台灣這塊土地不是中國的嗎？

長久以來的「台灣地位未定論」，事實上是在否定歷史的說法，無法推翻上述這些事實，沒有能力說服國際社會，台灣地位應該是「未定」。這些都是歷史發展的事實，也是一般國際社會的認定，並不是我們所能推翻的。

主張「台灣地位未定」與維持中華民國體制之矛盾

其實除了台灣內部有部分人主張「台灣地位未定」、「台灣不屬於中國」外，台灣大部分人都認同中華民國台灣、中國的台北，全世界也沒有國家明確主張「台灣地位未定」。

或許我們可以換個角度來看會更清楚些，有些人無視事實和理論，提出「台灣地位未定」的說法。但是，我們要使台灣將來成為國家，我們就應該正正當當，要根據事實、理論，前後不可以相互矛盾。

探討「台灣地位未定」，首先必須面對的是，台灣內部的中國國民黨或是捍衛中華民國的人，甚至最近國民黨召開的中常會上也找來中國的歷史學家，證明中華民國擁有台灣的「所有權」（無知才會把主權說成所有

權）。這些人當然沒有資格說「台灣地位未定」，因為他們主張台灣是中國的，甚至找來許多證據，證明台灣是中國的。

其次，除了堅持中國法統的國民黨外，例如參選中華民國總統，各式各樣職位的候選人及其所屬政黨，也都以實際行動來證明台灣是中華民國的，中華民國的台灣不就是中國的一部分，中國的自由地區。因此這群人及其背後的支持者，當然沒有資格主張「台灣地位未定」。

剩下的就是一些已經掌握中華民國政權的當權者，基本上這些人也沒有資格說「台灣地位未定」。特別是在中華民國體制內，主持例如中華民國的國慶日，高喊中華民國萬歲，自稱是中華民國官員的這些人。因為中華民國就是中國舊政府，這些中國的舊政府官員在管台灣這塊土地，這些人當然也沒有資格說「台灣地位未定」。

真不明白為什麼有所謂的中華民國大小官員，或中華民國立委會主張「台灣地位未定」，他們難道不知道這個中華民國政府目前是在管哪塊土地。如果「台灣地位未定」，他們的很多主張都無法說清楚，也會出現很多矛盾。

主張「未定論」建國的矛盾

一方面，傳統主張從「台灣地位未定論」建國，卻又接受中華民國體制，這種相互矛盾的說法，常被國民黨、親民黨的支持者批評。因為，既然已經當上中華民國體制的當權者取得政權，經常主持中華民國體制的活動，舉辦或參加中華民國的選舉，當然沒資格主張中華民國沒有土地。中華民國政府目前統治的台灣，如果是一塊國際法上未確定的土地，這當然是相互矛盾的主張與說法。特別是做過中華民國總統或官員，或是現任中華民國的官員或民意代表，或是到目前為止沒有反對中華民國體制，主張中華民國是非法統治台灣的人，當然都沒資格說「台灣地位未定」、「台灣不屬於中國」。

當然，有些獨派人士並未進入中華民國體制，這些人或許有資格可以主張「台灣地位未定論」。但是基本上這些人的說法也是矛盾的，因為他們也是支持必須取得政權，在中華民國體制下也必須選總統。他們也不會堅持或主張，因為中華民國沒有土地，因此我們沒有權利選總統，積極的抗拒中華民國體制下的選舉與官位等等。

　　何況有些獨派人士主張，台灣早就是主權獨立國家，不必再宣布獨立。試想，如果台灣早就是一個國家，台灣地位又怎麼會「未定」。以上這些都是矛盾的說法，很多「未定」的理論，所謂的獨派也根本沒立場主張。

　　其實幾乎所有台灣人都沒資格說「台灣地位未定」，因為台灣人七十年來繳稅給中華民國政府，維持這個體制，又要選中華民國立法委員、選中華民國總統，每天拿著中華民國國旗，拿著中華民國的鈔票花用，其他還有拿中華民國護照等等，大家對這些都沒有積極反對。就算我們沒有捍衛中華民國，但是至少我們是默認、容忍，沒有人勇敢站出來指正錯誤。雖然有少數人說中華民國非法占領台灣，但是因為人數很少，並無法發揮效果，因此只有這些人還算有資格主張「台灣不屬於中國」、「台灣地位未定」。

七、如何從現狀的台灣地位獨立建國

　　很多人反應，因為不甘願承認台灣是中國的一部分，所以才會提出「台灣地位未定」的理論。雖然台灣人民會不甘願，情感上不願承認台灣是中國的一部分，認為與其主張必須從中國獨立，倒不如提出一個「台灣地位未定」的理論比較好、比較容易獨立建國，感情上也比較能接受。但是獨立建國主要的問題，並不是「台灣地位已定或是未定」，這是我們一再強調的。為何一直分析「台灣地位未定」的矛盾，因為這是事實現狀，是希望能面對現狀，重新思考如何從現狀的台灣地位獨立建國。

　　台灣人民不要認為誠實面對台灣現狀是中國的一部分，就是反對台灣獨立建國或是無法建國。我們一再強調，「台灣地位未定」也不能保證台灣能夠建國，最後也是要靠建國的意志，宣布獨立及台灣人民建立國家的決心。如果不是這樣，即使「未定」又如何，「未定」的結果若是繼續維持中華民國體制，也是會被中國併吞統治。所以說「未定」也不能保證台灣能夠建國，重要的是要靠建國的意志，宣布獨立及建立國家的決心。台灣人民必須認清事實，「台灣地位未定」和「確定」並不是問題，不要浪費那麼多精神和資源去爭論這些問題。

　　前面一再說明很多歷史事實，都不是我們可以否認，無論是國際的情勢，台灣人自己的所做所為，台灣內部的許多事實與過去的歷史，我們自

己做過的決定、簽過的條約、「一個中國」的外交政策，各國的中國大使館曾經設在台灣台北。這些事實我們都不能否認，而我們卻還企圖用這麼多精力來否認這些事實。

就算「未定」，但是台灣人若是不敢建國也是沒有用，也是會被中國併吞統治。相反的，台灣人民如果有意志建國，「台灣地位未定」或是「確定」並不是建國的主要或必要條件，甚至與建國完全沒有關係。台灣人民認清這一點之後，希望以後獨立建國的力量或是資源不要用在這上面，甚至請學者研究或是開會討論這些問題。這樣浪費辛辛苦苦發出聲音的舞台，爭論「台灣地位未定」實在很可惜，建國其實跟已定、未定無關。

總之，目前再主張「台灣地位未定」，能說服現在進入中華民國體制掌權，認為中華民國是國家的那些人嗎，能說服民進黨與各黨派，認為台灣已經獨立的那些人嗎。「台灣地位未定」與他們的認定，根本是互相矛盾。

或許有資格主張「台灣地位未定」的，是五十幾年來都一直反對中華民國體制占領台灣的人，他們才有資格，但是這種人只是少數，不能代表台灣的民意。台灣的民意，事實上已經確定台灣屬於中華民國體制下的中國，台灣的地位已經確定。但是要提升台灣建國聲勢還是有機會，只要台灣人民能面對現狀事實，認清台灣維持中華民國體制現狀，台灣就不是國家，了解主張中華民國是國家、台灣已經獨立都是欺騙。愛台灣與愛台灣共和國完全不一樣，建立台灣共和國才是國家，台灣共和國才有主權可以捍衛。台灣人民必須重新思考，如何提升台灣建國聲勢，如何從現狀的台灣地位獨立建國。

第一、宣布獨立，並不是指有沒有正式發表宣言或寫成文字，而是重視有沒有堅定、明確的向國際社會表達獨立建國意志。因此任何方式對外表達獨立建國的行動，就是宣布獨立。

第二、現行的《中華民國憲法》，台灣和中國就是同屬「一個中國」，分成兩個地區。所以廢棄《中華民國憲法》，就是表達獨立意願，就是宣布獨立。

第三、廢棄「漢賊不兩立」的「一個中國」外交政策，就是表達獨立意願，就是宣布獨立。

第四、申請加入聯合國，就是表達獨立意願，就是宣布獨立。這樣的行動，才是建立台灣共和國的正確方向。

第二章　建國的爭議與阻礙

一、從國際法觀點探討台灣的「統獨」問題

　　台灣的「統獨」問題不要再迷失於「領域論」、「條約論」的爭議。以下的分析希望能與國際社會接軌，從國際法觀點探討台灣的「統獨」問題。以下兩點重要的國際法基本觀念，希望能做為思考台灣法地位問題時之基礎：

　　（一）國際法的「統一」與「獨立」。

　　（二）「國家論」、「領域論」和「條約論」三者之間的差異。

「統一」與「獨立」的意義

　　長期以來，台灣內部經常使用的「統獨」爭論，從國際社會、國際法觀點來看，其實是錯誤、矛盾的說法。國際法如果要協商統一（統合）的問題，參與的主體必定是國家。例如：歐盟即是歐洲二十多個國家協議統一的過程，歐盟的成員法國、義大利等，都是主權國家。國際法上主張統一的前提就是，各個成員國必須是獨立國家，如果不是獨立國家就不可能談論統一的問題，或是有統一的問題。

　　反觀在台灣所謂的統一派，是否有主張兩岸是國與國的關係？是否認為對岸的中國是一個國家，台灣或中華民國也是另一個不同的國家，台灣和對岸將來要邁向統一，所以稱為主張統一派。

　　其實大家都知道，在台灣所謂的統派並沒有這樣的主張或認知，反而認定兩岸是「一個中國」，雙方處於內戰對抗狀態，要求和談完成中國內部的大一統。

　　一方面，在台灣主張獨立必須主張，台灣不是中國的一部分、台灣不屬於中國，否則就不是獨派，這樣對嗎？國際法如果論及獨立的問題，一定是一個國家內部有一部分要求分離獨立。但是在台灣所謂的獨立派，卻一再主張台灣已經不屬於中國，架構出不符合國際法學理的台灣已經「事實獨立」等奇怪的說法。如果台灣已經不是中國或任何國家的一部分，那

麼還有什麼獨立的必要，需要獨立組織或運動嗎？

　　因此，在台灣內部所謂統獨的用語或觀念，都與國際社會脫節、甚至相反，都無法套用國際法的理論說明。因為，無論是國際法或國際社會的國家理論，必須是由兩個以上的獨立國家，有意願走向統合，才會出現「統一」的問題。

　　反之，至今全世界只有中國這個國家（包括中華民國及中華人民共和國的中國前後兩政府），主張台灣是其一部分，也因為目前的台灣就是中國的一部分，所以我們才需要追求獨立，如此才能符合國際法上的「分離獨立」理論。

「國家論」、「領域論」、「條約論」之間的差異

　　接下來探討國際法「國家論」、「領域論」、「條約論」與台灣法地位問題的關係。這些是國際法最傳統、最重要、最基本的部分，是從17世紀開始發展形成的理論。

　　「國家論」探討有關成為國際法上國家的理論，成為國家的核心是建立國家的意志，也就是人民有建國的意志，再來是主權、土地、政府等的基本條件。還有國家承認、政府承認等理論，也是屬於「國家論」探討的課題。這些都是「國家論」的理論，簡單的說就是：如何成為國家，或國家是如何建立的，人類的歷史上國家應該是這樣才能形成的。

　　其次，國際法上的「領域論」和「條約論」，必須是主權國家，才能成為參與論議的主體。因此，如果談論戰後的《舊金山和約》，日本放棄台灣領土之後台灣領土歸屬的問題，這些都是「領域論」的問題。只有國家才有資格主張領有或參與，不是國家的台灣、台灣人或是稱為台灣島的地方，是無法主張擁有這塊領土或爭取台灣領土。

　　屬於「條約論」的《舊金山和約》，是由當時的日本向四十多個國家承諾，不再主張台灣是日本領土。傳統獨派也依此提出，台灣主權屬於台灣人的主張說法。然而一群台灣人不是國家，不可能擁有領域主權，所以這是錯誤的說法。

　　國際法上的「領域論」和「條約論」，必須是主權國家才能主張與談論，這是很關鍵的部分。至於台灣人民可不可以自決獨立，當然可以。這是「國家論」人民自決原則，不必尋求條約依據，也與領域歸屬於哪一國

無關。

　　「條約論」、「領域論」等國際法理論，都是在處理國家和國家之間的事務或爭議。因此，如果以「條約論」、「領域論」探討台灣問題，因為台灣不是國家，無法主動爭論，那麼台灣地位就會成為由國際社會其他國家之間決定，台灣人民處於被動的狀態，無法成為有主導性的主體。

　　唯有「國家論」才能使台灣人民成為主體，有主導權可以處理獨立建立國家的問題。今天屬於中國領土的福建省當地住民，他們希望自中國獨立，也是可以依「國家論」人民自決原則追求獨立，何況是長期不被北京統治的台灣。這就是國際法理論所重視的「人民自決權」。

　　台灣人民研究國際法，不要再迷失於「領域論」、「條約論」的爭議，因為台灣還沒有國家地位，沒有主體性可以處理這些必須是國家才能談論的問題。台灣必須以「國家論」為理論基礎，以「人民自決權」宣布獨立建國，才是重點。

二、「台灣已經獨立」與「新而獨立的國家」

　　台灣獨立建國運動，即使是在戒嚴體制的威脅之下，無論是從海外的台灣獨立聯盟，還是台灣內部，彭明敏教授的《台灣自救運動宣言》、長老教會的「建立新而獨立國家」、民進黨的《台獨黨綱》，甚至，鄭南榕為此殉道，都為台灣獨立運動注入許多勇敢台灣人的歷史記錄。奇怪的是，戒嚴體制的威脅排除之後，台灣人已經可以自由表達意願，獨立建國運動卻停頓倒退，獨立建國的聲音卻愈來愈弱。特別嚴重的是台派團體內部，還出現不少「台灣已經獨立」、「中華民國在台灣已經是主權獨立的國家」的聲音，使獨立建國運動幾乎瓦解。

　　所以「台灣建國學」必須進一步探討，「主張台灣已經獨立」是嚴重的誤導，提出為什麼台灣還沒有獨立、還不是國家的理論與證據，以及台灣應該如何成為國家最重要關鍵與步驟。首先提出有三個誤導，一再消弭建國意志。

　　台灣要成為國家，最核心的重點，是台灣人民要獨立建國的意志與行動，並非以「台灣不屬中國」為前提要件，也無關世界各國是否承認台灣是中國的一部分。蒙古人民共和國曾經屬於中國，但是1924年宣布獨立，證明只要有意志就可以分離獨立，建立屬於自己的國家。同樣的，台

灣人民只要有堅定意志，決心廢棄中華民國體制，也可以建立屬於自己的國家。相反的，即使找出各種證據、理論，證明今天的台灣確實不屬於中國，但是台灣人仍然願意維持著中華民國體制，繼續容忍中國的舊政府統治著台灣，台灣也仍然無法獨立，而且事實就是屬於中國的一部分。

三個誤導妨礙台灣獨立建國

因此，浪費人力、資源，去主張、申論與尋求沒有國際法學理依據的「台灣法（主權）地位未定論」、「台灣不屬於中國」等，極可能導致三個安於現狀的危機：

（一）誤導台灣人民以為中國無權併吞台灣。

（二）誤導台灣人民以為國際社會都必須支持台灣獨立於中國之外。

（三）誤導台灣人民相信「維持現狀就是獨立」的謬論。

因為這三個誤導，對台灣人民的建國意志，或爭取國際社會支持台灣獨立建國，都沒有任何決定性作用，反而會誤導台灣人民安於現狀自以為已經獨立，或消極的只是依賴、等待國際社會幫助台灣建國。因此可以說，這三個誤導，不但無法達到建國目的，甚至會成為妨礙獨立建國的阻力。

首先，台灣地位真的未定嗎？果真如此國際社會為何七十多年來放置不處理？中華民國政府對台灣的統治是非法，為何戰勝國一再容許、默認？

台灣獨派理論一直以「台灣法地位未定論」，作為台灣脫離中國獨立的前提要件，甚至認為台灣不屬中國所以才能獨立。反之，誤導成如果「台灣是中國的一部分」就獨立無望。因此想盡辦法要找出第二次世界大戰後，台灣並未歸還給中國的條約證據，並提出台灣主權屬於「台灣人民」的主張。

但是，這樣的論述在國際法理，以及現實台灣人民的實際作為，對於獨立建國都是沒有意義，且徒增誤導台灣人民對事實真相的了解，阻礙獨立建國。

首先，必須理解的是，條約無法使台灣成為國家。條約的成立，是建立在兩個或以上國際法主體（國家、國際組織）之間，相互達成合意的基礎上。因此條約的效力，亦僅存在於參與合意的國家之間，才能適用條約、主張條約效力。

有關台灣法地位、主權歸屬的條約，無論如何，當時的台灣並不是國家，台灣也不是參與條約合意的當事國，因此台灣是無法主張適用或享有相關條約的權利。

以下分別由國際法理論、歷史事實及「台灣人民」的自主決定等角度，分析兩個命題；台灣法（主權）地位是否未定？台灣是否為中國的一部分？

傳統的台灣獨派理論，以所謂「台灣在戰後歸還中國」是依據《開羅宣言》，然後論證《開羅宣言》並不是條約，所以不具備法效果。當然，《開羅宣言》並非條約不具法拘束力，這是國際法上的常識。所以，台灣不可能是因為《開羅宣言》的效力而歸還中國。

基本上，論及「台灣法地位未定論」時，台灣已經喪失做為「國家」的主體性，可能淪為被其他國家或是國際社會決定歸屬的客體。如此反而使台灣人民喪失主導性。例如，美國若把台灣當籌碼與中國交換利益，台灣人又如何？

所以，當我們探討台灣「地位未定」，或該不該屬於哪一國的問題時，台灣就已經不是國家，不是國際法上的主體，而只是一個客體。因為台灣不是國家，所以才會有屬於哪一國的問題。台灣人將被動的任由他國決定命運。由此觀之，台灣人如果有意志獨立，就有權自決獨立，何必期待地位未定？何況下面分析台灣是否為中國的一部分，也使未定論很難成立。那麼台灣「地位未定」或台灣是否為中國的一部分，應該如何理性分析。

理性分析台灣地位

中國取得對台灣的領域主權，最主要就是依據1951年《舊金山和約》，日本放棄對台灣的領域主權，而在日本放棄對台灣的領域主權之後，代表中國的中華民國政府，就一直有效統治著台灣，主張擁有台灣領域主權。此後，除了中國以外，並沒有其他國家主張擁有台灣，或是認為台灣的歸屬有爭議。所以，台灣歸屬中國，依國際法來說並無爭議。以下，再由後來的歷史事實分析，國際社會也都未否認台灣歸屬中國。

例如，1952年，日本與當時代表中國統治台灣的「中華民國政府」，簽定《中日和約》第3條、第10條，都出現「台灣及澎湖群島」的文字，

顯示日本認定「台灣地區」屬中國。

又例如，在東西冷戰時期，美國也曾經與中華民國政府簽訂「《中美共同防禦條約》」，而此條約適用的範圍就是中國的「台灣地區」。

所以，就國際法而言，美國「現在」承認唯一合法代表中國的「中華人民共和國」政府，它也可以根據這個條約主張：「過去美國也曾經與統治著台灣代表中國的政府，簽訂《中美共同防禦條約》，可見美國也承認台灣是中國的一部分」。

當時，只統治台灣，政府設在台灣的「中華民國」，被聯合國及世界上大部分國家承認是代表中國的合法政府，實際有效的統治台灣。中華民國主張擁有台灣主權，各國也都未否認。當時，中國代表團是從台灣出發，前往聯合國開會。美國、日本及世界主要國家的駐「中國」大使館，也都設置在「台灣地區」的台北。如此，怎能說台灣歸屬中國還有爭議？或台灣不是中國的一部分？如果說，當時的台灣不屬於中國、不是中國的一部分，難道各國的承認是：只有統治金門、馬祖的中華民國政府代表中國嗎？各國的駐中國大使館，都設在中國領土之外的台灣地區，這不是很荒謬嗎？

由此可知，主張日本放棄台灣之後，台灣屬於中國的說法有爭議，或是台灣歸屬未定的說法，都不符歷史事實的發展過程。

為何台灣是中國的一部分、台灣為什麼不是一個國家

「台灣是中國的一部分」，最殘酷的事實證據，是來自於台灣內部的自我主張。首先，台灣內部的中國國民黨政權，或是捍衛中華民國的人，都主張台灣是中國的一部分，甚至找來許多證據證明台灣是中國的一部分。台灣人民選出的馬英九總統反覆重申，中華民國在1945年恢復擁有對台灣、澎湖主權，台灣屬於中國。《中日和約》在國際法上最重要的意義，就是確認日本將台灣歸還給中華民國。

其次，中華民國政府的官員或民意代表，主持中華民國的國慶日，高喊中華民國萬歲，立法院制定中華民國的法律時，也都以實際行動，來證明台灣是中國的一部分。因為，中華民國就是代表中國的政府，中華民國的政府官員與民意代表，所統治的台灣，當然是中國的一部分。如果台灣不是中國的一部分，這個中國的政府，目前是在統治哪一塊土地？

　　半世紀多以來，台灣人接受代表中國的中華民國政府統治，維持「中華民國憲法體制」，默認、容忍台灣是中國的一部分，也都是事實。即使民主化之後，台灣人民及各黨各派，也都自主的決定延續著「台灣是中國的一部分」的中華民國體制，拿著中國（CHINA）護照，依照中國的舊憲法選出中國舊政府的（中華民國）總統、立法委員、縣市首長。

　　這些明確無法否定的事實及現狀，都一再的證明「台灣是中國的一部分」，台灣人仍支持中國舊政府繼續統治台灣，如此怎能說台灣不是中國的一部分。台灣人自己主張、默認、支持，台灣領域主權屬於中國的這些事實證據，並不能用《開羅宣言》是一部無效的條約，就可以否認的。因為台灣人每天繳稅給中華民國政府，維持這個體制，又要選中華民國立法委員、選中華民國總統，每天拿著中華民國的紙幣花用，大家對這些都沒有意見。部分台派朋友就算沒有捍衛中華民國，但是至少是默認中華民國，容忍這個代表中國的政府統治著台灣。

　　台灣人不但不敢對抗中華民國體制、不敢廢除這個來自中國的叛亂體制的憲法統治，甚至還主張「台灣的國名叫作中華民國」，那麼如何能夠說服國際社會相信台灣不屬於中國？如何能夠說服國際社會相信，台灣已經分離獨立，已經建立了一個與中國無關的國家？如何能以國家身分加入國際組織？

　　台灣不是一個國家主要的原因就是，既然目前台灣還是在中華民國這個中國的一個舊政權的統治之下，在「一個中國」的非法體制的統治之下，那麼台灣要如何成為一個國家？

建國關鍵是認清現狀與建國的意志

　　只要台灣人民有建國意志，那麼應該認清「台灣屬不屬於中國」，並不是建國的前提條件或必要條件，甚至與建國條件，完全沒有關係。相反的，即使證實「台灣不屬於中國」，但是台灣人仍然不敢建國，甚至主張要與中國大陸統一，那也是無法使台灣成為國家。台灣人民必須面對國際法理論與事實真相，「台灣屬不屬於中國」對台灣建國而言並不是問題，條約無法使台灣成為國家，所以也不是問題。當然，條約也無法阻止台灣成為國家，不要再浪費精神和資源，去爭論這些無謂的問題。所以，去除中華民國體制，就成為台灣要獨立建國、要成為一個國家的前提要件。如

果我們自己沒有認清中華民國只是叛亂體制，而不是國家，不廢棄在台灣
的中華民國體制，不敢主張我們要從中國分離獨立，建立一個與中國無關
的國家，那麼我們就不可能建立屬於自己的「新而獨立的國家」。

「新而獨立的國家」的真知灼見

　　台灣基督長老教會於1977年8月16日發表〈新而獨立的國家〉人權宣
言：「為達成台灣人民獨立及自由的願望，我們促請政府於此國際情勢危
急之際，面對現實，採取有效措施，使台灣成為一個新而獨立的國家。」
唯有這種明確廢棄中華民國體制，建立新而獨立的國家的主張，才能使台
灣成為國家。

　　但是四十幾年前「新而獨立的國家」的真知灼見，如今何在？我們看
看今天台灣各黨派的主張，新黨主張要捍衛中華民國，國民黨認為在台灣
的中華民國是一個國家，民進黨則是半推半就承認中華民國是國家，認為
暫時使用中華民國這個國名也不錯，並多次於各種場合，公開聲明台灣早
已獨立，不必再追求獨立，不必再建立「新而獨立的國家」。

　　1999年5月8、9日，民主進步黨第八屆第二次全國黨員代表大會制定
《台灣前途決議文》，開始容忍、承認中華民國體制。決議文中宣稱：台
灣「事實上」已成為一個主權獨立的民主國家，台灣依目前憲法稱為中華
民國，但與中華人民共和國互不隸屬，既是歷史事實，也是現實狀態。民
主進步黨的主張，2021年4月25日蔡英文總統，出席台灣國家聯盟舉辦的
「海內外台灣國是會議」致詞時還是公開堅持：「中華民國台灣是一個主
權獨立的國家」。卻無法說明中華民國台灣何時獨立、何時建國？既然是
主權國家為何反對申請加入聯合國？

　　如此一來，一般的民眾根本就不會關心獨立建國的問題，也相信中華
民國是一個國家。如果台灣真的已經是一個獨立的國家，那麼陳水扁有必
要向北京、向美國保證不會宣布獨立，發表「四不一沒有」嗎？陳水扁保
證任期內「不會宣布獨立、不會更改國號、『兩國論』不會入憲、不會推
動改變現狀的統獨公投，沒有廢除《國家統一綱領》的問題」。如果已經
獨立，這不是自欺欺人嗎？

　　例如，政治大學選舉研究中心公布「台灣民眾統獨立場（1994.12-
2020.12）」：其中「偏向獨立」從8.0%上升到25.8%、「盡快獨立」從

3.1%上升到6.6%；「偏向統一」從15.6%下降到5.6%、「盡快統一」從15.6%下降到5.6%；「維持現狀再決定」則從38.5%持續下降28.8%；無反應的則從20.5%下降到6.8%。如果台灣已經獨立，何必常常調查台灣人是不是支持台灣獨立？如果台灣已經獨立，為什麼在每次與台灣獨立議題相關的民意調查中，總是有那麼多的人反對或不支持台灣獨立？已經獨立成為國家，而生活在這個國家的人，竟然還在反對或支持台灣成為獨立的國家？可見，台灣還沒有獨立建國，所以才要進行民意調查，看看有多少人支持台灣獨立建國；調查台灣民眾是否因為害怕中國的武力威脅，所以才不敢追求台灣獨立。

　　基於以上種種的理由，都使得「台灣已經是一個國家」的說法，怎麼講都講不通。台灣如果已經是一個國家，而先後在這個國家執政的國民黨和民進黨，何必一再宣示反對台灣獨立，或聲明不會獨立，甚至有人說台灣獨立是一條死路？如果台灣已經是一個獨立的國家，那麼美國為什麼不支持或反對台灣獨立，甚至歐巴馬還公開指出是台灣自己不想獨立；前美國國防部長辦公室中國科科長包士可說，如果中國對台灣發動攻擊，美國要立即支持台灣獨立；國家情報首長海恩斯也指出，台灣有可能會進一步邁向宣布獨立。難道美國的情報管道那麼沒有用，美國的通信科技那麼不發達，不知道台灣已經獨立了，所以還在支持、不支持或反對台灣獨立？奇怪！大家不是都主張台灣已經獨立，中華民國是主權獨立國家。北京政府竟然不知道台灣已經獨立，還不斷的警告台灣，如果台灣獨立將武力犯台，恐嚇台灣「宣布獨立等於戰爭」。美國及盟友也不知道，還要向北京宣示「戰爭等於促使台灣宣布獨立」。難道一個「新而獨立的國家」台灣，可能這樣靜悄悄地、偷偷地獨立嗎？

三、「台灣地位未定」與「台灣不屬於中國」

　　台灣不少人窮盡精力，證明「台灣地位未定」的論述，特別是1951年《舊金山和約》日本宣布放棄台灣，並未言明放棄給中國，一般都以為這證明了「台灣不屬於中國」。

　　但是這些「未定論」並不符合國際法法理，更重要的是，台灣屬不屬於中國，對台灣建國而言，並非前提要件或必要條件。換言之，即使證實「台灣主權不屬於中國」，如果台灣人仍然不敢邁出建國之路，也無法使

台灣成為國家，結果一樣是繼續由中國體制統治台灣，使北京政府可以主張併吞台灣。

此外主張「台灣主權屬於台灣人民」的論述，並不符合國際法的主權定義，國際法的主權是指「領域主權」，而非現代立憲主義下，憲法學上的主權屬於國民的「國民主權」。國際法認定，國家才能擁有「領域主權」，一群人或國際組織，不能擁有領域主權。因此，所謂「台灣領域主權屬於台灣人民」的說法，在國際法法理上是無法成立的。

國際法處理領土爭議與歸屬的問題，基本上，必須先由領土主權屬於哪一個「國家」來對應處理。因為根據現代國際法的「國家論」，只有國家才能夠擁有領土主權，任何的個人或團體，都不可能擁有領土主權。

例如，一個富商或一個公司可以買下一座小島，這只是擁有該島在國內法上的土地所有權，卻不可能擁有對該島的領土主權。在一座島上生活的一群人，也不可能擁有對該島的領土主權。除非，他們宣布脫離該島的母國，分離獨立建立一個國家，這個國家才能擁有對該島的領土主權。

由此來看台灣這塊土地，目前有哪些國家主張擁有對台灣的領土主權？自第二次世界大戰結束，日本在《舊金山和約》放棄對台灣的領土主權之後，只有中國這個「國家」，主張對台灣的領土主權。

無論是目前受國際社會所承認、唯一合法代表中國的「中華人民共和國」政府；或是過去代表中國、目前繼續在台灣統治的「中華民國」政府，兩者都是代表中國這個「國家」的政府，或是與中國有關的政權。因為，世界上只有中國，主張對台灣的領土主權，並沒有其他國家，主張對台灣的領土主權，因此在國際法上，台灣領土主權歸屬並無爭議空間。

台灣領土主權爭議是國家生死存亡的問題，在談到台灣的法律地位時，必須要認清以下兩種狀況：

第一種狀況是，有權擁有台灣者，必定是一個國家。目前除了中國之外，沒有其他國家主張，台灣是其領土的一部分，所以「台灣問題」，並不是所謂的「領土爭端」問題，不適用國際法上，國與國之間「領土爭端」的理論。

第二種狀況是，即使台灣共和國建立之後，台灣的領土主權爭議，也不是領土爭端的問題，而是中國侵略台灣共和國的違反國際法爭端，是國家生死存亡的問題。所以，不能以國際法上，有關領土爭端的理論或處理「台灣的法律地位」問題，例如以條約、歷史主權等來爭論。必須以「國

家論」的非法侵略他國處理。

此外，中國的歷史主權主張是不對的。中國以歷史主權主張台灣是其領土，這一說法完全錯誤。歷史主權，又稱「歷史性權利」，或「固有領土說」，是指國家並非以一般國際法規則，來取得領域之權利，而是以國家在歷史發展過程中，所取得領土來主張。照此邏輯，現在所有美洲的領域，都是屬於西班牙的。因為那裡是該國航海家哥倫布，在1492年發現取得的領土。

「南海爭議」中，2016年7月12日海牙仲裁庭裁決：「歷史性權利」並非國際法上權利，除非是條約規定。此即「南海仲裁案」否定中國所謂的「歷史性權利」。

建交公報「承認」台灣屬於中國的爭議

有關台灣的主權歸屬問題，台灣的學者專家也常提出，各國與中華人民共和國政府的建交公報中，對中國所列入的「台灣是中國領土不可分割的一部分（歷史主權）」各國並未承認，只是採用留意（take note）、認識到（acknowledge）的方式處理。依此，已經可以證明各國並未「承認」台灣屬於中國。

這樣的主張以國際法學理分析是：重點在，各國採取這樣的立場，認為沒有必要正面承認中國的要求是一回事，這與各國否認台灣屬於中國又是另一回事。

沒有錯，中國要求世界各國承認台灣是中國的一部分，世界各國對此並未做出正面的回應，這是一個事實。但是單以此就主張台灣不屬於中國，則未必是如此。中國要求世界各國承認台灣是中國的一部分，雖然美國、加拿大等世界各國不願做承認，但是國際法上並不能單以此就可以證明台灣不是中國的一部分。

原因在於：世界各國之所以不願意承認，是因為世界各國認為，依據國際法承認理論，中國沒有權利以歷史主權，要求他國承認台灣是中國的一部分，世界各國沒有必要介入與他國領土相關的事務，世界各國也沒有義務做出，他國擁有哪些領土的承認。

於是面對中國的此種無理要求，加拿大、日本等國只是表示「理解」，美國等國則是表示「注意到」中國有這樣的主張，但是各國依國際

法法理及國格，都不願意簽字或是對於「他國擁有某些領土」的主張作出明確的承認。各國敷衍的原因在此。然而，即使有這樣的敷衍事實存在，也不能只依此而論證，台灣是不是中國的一部分。

舉例說明：路人甲走在路上，根本不必介入、也沒有必要去承認路旁的房子是誰的，這些所有權爭議與路人甲無關，他何必去介入、承認他人的房子所有權。反而是要求他承認的主人更無知。

譬如，現實上山東是中國的一部分，夏威夷是美國的一部分，難道美國也得簽字承認山東是中國的一部分？難道中國也得簽字承認夏威夷是美國的一部分？萬一有一天山東爭取分離獨立建國成功之時，中國再拿出文件說明山東是中國不可分割的領土，美國不能承認山東是國家，否則就變成是美國違反條約，干涉了中國的內政。所以中國要求他國承認台灣是中國的一部分，做出這樣的要求與主張，根本是無理取鬧。

因此為了避免爭議，各國都不會做「多此一舉」的承認，以免承擔國際法上不必要的「義務」。世界各國也就是因為這樣的原因，所以對中國要求各國承認台灣屬於中國的主張，都不願做出積極正面的回應。

相對的，這並不表示，世界各國認為台灣屬不屬於中國。因為依據國際法，台灣是不是中國的，是中國自己的事，中國沒有資格要求他國介入、干涉中國的領土有多少的問題，或做什麼承認。同理，海南島是不是中國的一部分，那也是中國自己的問題，不能要求各國承認海南島是中國的一部分。

由此看來，世界各國只是因為在國際法學理上、程序上認為沒有必要，所以拒絕對某一塊土地是否屬於中國做出承認。

但這並不表示各國是因為該土地不屬於中國，所以不做出承認。相反的，也從來沒有一個國家曾經發表聲明，指稱由於台灣不是中國的一部分，所以該國才不願對中國的要求承認作出正面回應；也從來沒有證據可以說明，因為台灣不是中國的一部分，所以世界各國不願意承認「台灣是中國的一部分」的中國主張。

獨立建國不必以台灣不屬於中國為前提要件

依國際法法理，不會因為各國承認或是不承認，中華人民共和國政府「台灣是中國領土不可分割的一部分」的主張，產生任何國際法的效果，

影響到台灣人民追求獨立建立國家。只能說各國的承認與否，多少會在心理上、事實上顯示出，各國支持或是不支持台灣宣布獨立的態度立場。

由此可知，依國際法理論，國家對其所擁有之領域應自行處理解決，無權要求無關的第三國協助其領有或「承認」其領有。第三國沒有權利也沒有義務去承認，某領域是否該國所擁有之領域，甚至應避免去介入、承認。

因此，各國面對中華人民共和國政府提出「承認台灣是中國領土不可分割的一部分」的要求，也就以知道、理解等方式草草對應，不可能也沒有權利用「承認」的方式對應。

但是如果有學者將這種情形引申為各國「不承認」台灣屬於中國，這會造成台灣人誤解，以為各國認定台灣領域主權未定或反對台灣屬於中國，這並不妥當，也無國際法學理上的依據。

最核心的重點是，台灣人民要獨立建國，並非以台灣屬不屬於中國為前提要件。蒙古雖然曾屬於中國，但只要有意志就可以由母國分離獨立，建立屬於自己的國家。同樣的台灣人民只要有堅定意志，決心脫離中國獨立，也可以建立屬於自己的國家，這與台灣屬不屬於中國無關，也與各國認為台灣應不應屬於中國無關。

相反的，即使找出各種證據、理論，證明今天的台灣確實不屬於中國，但是台灣人仍然維持著中華民國體制，繼續容認中國的舊政府統治著台灣，甚至公開主張回歸中國，台灣也仍然會是屬於中國的一部分。

因此，尋求很難有國際法學理上依據的「台灣地位未定論」、「台灣不是中國的一部分」等說法，會使台灣人誤以為中國無權併吞台灣；誤以為國際社會會支援台灣獨立於中國之外，反而會使「維持現狀就是獨立」的說法被信以為真。

如此的安於現狀不但無法達到建國目的，甚至會成為妨礙獨立建國的阻力。所以浪費人力、資源去主張或申論「台灣法（主權）地位未定論」、「台灣不屬於中國」、「台灣已經獨立」等，對於台灣人民建國的意志，或爭取國際社會支持台灣的獨立運動，並無任何決定性作用，反而會誤導台灣人民安於現狀或消極的依賴、等待國際社會幫助台灣建國。

申論「台灣法（主權）地位未定論」、「台灣不屬於中國」、「台灣已經獨立」等，對台灣建國的另一個影響是：當我們在探討台灣屬於哪一國的問題時，台灣就已經不是國家、不是國際法上的主體，而只是一個客

體；因為台灣不是國家，所以才會有屬於哪一國的問題。

　　一方面，台灣人會有錯誤的國家觀念，認為如何都無所謂，只要安定、只要不發生戰爭就好。台灣人甘願接受中國舊政權中華民國政府的統治，這樣的狀況下，台灣如何能不屬中國？接受中華民國體制卻主張台灣不屬於中國是互相矛盾的。日本戰敗後唯一主張對台灣擁有主權的國家只有中國，而台灣人也從未主張要從中國分離獨立，所以中國自然擁有台灣的主權。

　　面對中國一再認為台灣是其叛亂一省的主張，台灣人也一直默默地做叛亂體制的一分子，沒有主張要從中國分離獨立。台灣人不但不敢對抗中華民國體制、不敢廢除此一來自中國的叛亂體制的憲法統治，甚至還主張台灣的國名叫作中華民國，那麼如何能夠說服國際社會相信台灣不屬於中國？如何能夠說服國際社會相信，台灣已經分離獨立，建立了一個與中國無關的國家？如何能以國家身分加入國際組織？希望台灣人民深入思考！

四、維持現狀阻礙台灣成為國家

　　自從「維持現狀」（Maintain the Status quo）成為選舉口號之後，好像已經變成台灣各界認同的主流。但是，事實上不可能維持現狀。當年，中華民國政府代表中國是聯合國常任理事國，美、法、日本等主要國家都在台灣設大使館，目前的現狀又如何？由此可知，所謂維持現狀根本不可能，而且中國的滲透、追殺、封鎖持續強化，繼續維持現狀將使台灣陷入香港化。

　　所以現狀的中華民國是不是國家，台灣是否已成為獨立國家等問題，台灣人民都必須明確地依國際法理論自我反思。更重要的是，一個國家對自己的國家地位、主權本質，都必須「一貫持續不斷的堅持」。否則，偶然提一下「兩國論」、一邊一國，立刻又自認為是經貿體而非國家，面對中國恐嚇，又立刻說不會宣布獨立，如此，則不可能成為國家，無法以國家身分加入國際組織。

　　為什麼台灣目前維持現狀的中華民國體制，就不是一個國家？為什麼說台灣一方面堅決反對「一個中國」、「九二共識」，但若是維持現狀，事實上就是維持「一個中國」？以下由歷史證據與事實分析，維持現狀就是維持「一個中國」：

　　1912年的中華民國，與1949年中華人民共和國，都自我主張是中國的新政府，並非新國家，中華民國是五千年中國歷史改朝換代的「國號」之一。「建立新政府」與「建立新國家」之間的關係為何？這可從歷史證據與經驗來分析。

　　中國，是幾千年前即存在於人類社會的古老國家，我們所受的教育也已充分說明。因此1912年發生在中國的，是推翻腐敗滿清政府，建立民主的、國民的、共和體制的中華民國政府。這只是中國這一個國家的改朝換代，中國這個國家並未被消滅，當然也不是在亞洲誕生一個新國家叫作中華民國。

　　法理論上，1912年中華民國的建立，是打倒了中國舊滿清政府的一個新政府，而不是脫離中國獨立，更不是消滅大清皇朝所代表的中國，建立一個名為中華民國的新國家。事實上、法理上，也不可能建立新國家，因為中華民國從來沒有主張分離獨立，武昌起義是獨立運動嗎？何況，也沒有留下任何一塊土地讓大清皇朝的中國，得以繼續進行統治而存在分離獨立的事實。

　　例如以伊朗、加拿大說明：伊朗伊斯蘭革命是要「建立新政府」，所以不能容許巴勒維王朝繼續存在。加拿大的魁北克是要「建立新國家」，所以不會消滅加拿大這個國家。

　　國際法上，如果是分離獨立建立新國家，原本的國家必然是繼續存在。在歷史上從來就不曾出現一個國家被消滅後，於該國的土地上，以其原有的人民土地再建立一個新國家的例子，國際法上也沒有這種建立新國家的理論。

　　中華民國推翻滿清的型態，並不是建立新國家，而是改朝換代，是政權的變動、是新舊政府的更換。自從中華民國名稱出現以來，目的一直是要成為中國的「新政府」，繼承腐敗的滿清政府，而非從中國分離獨立建立「新國家」。換言之，原來即有國家存在的中國地域及人民，並不是建國、也沒有必要建國，只是推翻原有的舊政府，建立新政府，中華民國即是屬於此種型態所建立的中國歷代的一個政府。

荒謬、矛盾的邦交國爭論

　　曾經在東吳大學國際法講課的馬英九說：「毛澤東在1949年10月1日

於北京天安門宣布改國號為中華人民共和國後很後悔」。這種說法根本是與事實不符。馬英九認為，人與國家都會在改姓改名之後，成為不同的人與國家。因此，改國號使中華人民共和國成為新國家，造成了中華民國與中華人民共和國，兩個國家隔海分治的局面。那麼馬英九是認定兩岸關係成為兩國關係？這根本違反他一向主張的「一個中國」，可以說在東吳大學教國際法的馬英九又自我矛盾，也不了解改國號與成為新國家根本無關。

　　因為大清帝國、中華民國與中華人民共和國，在法理上，都是中國這一個國家，在不同時期的政府名號，1949年中國不會因為改了國號，就變成不同的新國家。

　　一般認定中華民國是一個國家，常提出的論證是：如果不是國家怎麼會是聯合國的安理會常任理事國；中華民國現在還有十多個國家承認是國家。最近大家也擔心邦交國歸零使中華民國變成不是國家，是這樣嗎？這根本是荒謬、矛盾的邦交國爭論。

　　一方面，民進黨政府認為維持邦交國，台灣才有國際地位，才能維持國格，證明台灣是國家，要努力以赴維持邦交國。一方面，親中國主張兩岸一家親的親中集團與媒體，也假裝邦交國歸零會使中華民國沒有國格，指責民進黨政府外交失敗會亡國。

　　奇怪了，為什麼主張「一個中國」、「九二共識」的馬英九政府，要鞏固邦交國，為何希望「一個中國」的國民黨政權，會每年編五百多億外交預算，用來維持中華民國的國格？奇怪了，如果把台灣的邦交國歸零，全部奉送北京，這不就是實現他們的「一個中國」嗎？為何馬英九、親中集團與媒體會憂慮、警告新政府必須維持邦交國。這不是很荒謬、矛盾嗎？

　　到底邦交國是使台灣有國際地位，維持國格，還是邦交國是維持「一個中國」、「漢賊不兩立」的模式。馬英九、親中集團與媒體才會又愛又恨？政客學者的說法都一再把台灣人當傻瓜玩弄？

　　一般說中華民國是一個國家，荒謬、矛盾何在？所謂中華民國是一個國家，實際上都是在說中國是一個國家，沒有錯，聯合國曾經由中華民國政府代表。但是，絕不能以此誤以為中華民國「政府」就是與中國無關的國家。中國是國家，而某一時期是由中華民國「政府」代表出席聯合國，故兩者重疊，但並不因此就使中華民國成為與中國無關的新國家。「中華民國」只是中國歷史上，不同時期的「國號」、政權、政府。

　　雖然，中華民國政府自1949年起敗退到台灣，但其在聯合國的席次，

卻是代表當時「全中國」七、八億人民，代表在「全中國」這塊土地上的
政府。所以當時繳交聯合國會費是以全中國七、八億人的國民所得加算，
所繳交的會費非常巨額！

　　中華民國政權敗退到台灣後，世界各國只是繼續承認，在台灣的中華
民國政府代表「中國」這個國家，承認它是代表中國大陸這塊土地及中國
人民的一個政府；絕非承認中華民國是代表「台灣地區」這塊土地或台灣
人民的國家。所以，中華民國政權敗退到台灣，並不是成為與中國分裂的
一個國家，它只是一個敗逃的「中國前政府」，台灣成為中國前政府統治
的叛亂地區。

為何各國繼續承認在台灣的中華民國政府

　　為何世界各國繼續承認中華民國，與在台灣的中華民國政府維持邦
交？根據國際法，一個舊政府遭受到新政權的革命或叛亂時，若是舊政府
尚未被完全消滅，處在還據有一部分領土及人民的過渡時期，尤其是像東
西冷戰的國際情勢下，美、日等世界各國為了該國的政治利益，知道於理
不合，硬要心虛地支持敗退到台灣的中華民國政府，承認它是中國的合法
政府並無不當。

　　西方國家明知北京已經成立新政府，且有效統治著中國大部分的土地
與人民，卻硬要和中華民國政府的國民黨政權，同聲地指其為叛亂體制、
匪偽政權，認定北京新政府不能代表中國，根據國際法亦屬可行。這也因
為韓戰、文化大革命的影響而持續二十多年。

　　在東西冷戰的時期，各國很勉強地繼續承認在台灣的中華民國政府代
表中國，又適逢中國發生文化大革命，北京新政府未能在國際社會上廣泛
的被承認，所以西方國家才勉強承認一個幾乎要被消滅的、敗退到台灣，
繼續與北京對抗的中華民國政府可以代表中國。

　　當時的國際社會，就是基於這樣的原因，而承認中華民國政府代表中
國。但是，並不能以此認定中華民國政府敗退到台灣後，或1990年代之後
可以自然的成為一個與中國無關的國家。何況，在台灣的中華民國政府外
交政策，至今還是維持「漢賊不兩立」的模式，自稱代表全中國。

　　目前中華民國在世界上的幾個邦交國，他們對於中華民國的「承
認」，是承認中華民國是合法代表中國的政府（包括中國大陸及十三多億

人民），而非承認中華民國是與中國無關，是在台灣的另一個國家。而且這是台灣自己的要求，很荒謬、矛盾不是嗎？

換言之，自兩蔣以來，陳水扁、馬英九政府與目前的蔡英文政府，在邦交國眼中仍是代表全中國的合法政府，陳、馬、蔡都是中國及中國廣大土地、人民的國家元首。所以北京才要抗議，也有權抗議。這些邦交國才會要求金援，否則要轉為承認北京才是中國合法政府，習近平才是中國國家元首。所以，兩岸的外交戰，仍然是停留在中國這一國家內部，「合法、非法」政府之爭的「一個中國」、「漢賊不兩立」的模式。

另一方面，中華人民共和國也從未主張，要從中華民國政府統治下的中國分離出去獨立建國。就國共內戰的歷史來看，共產黨執政下的中華人民共和國政府，並非主張分離獨立，所以中國並未分裂。如果，中華民國政權不能夠反攻大陸，不能取代北京政府掌控的中國大陸統治權，中華民國體制就變成是「一個中國」之下的叛亂體制。

台灣人接受中華民國體制的統治，就代表台灣人自願繼續在台灣叛亂，暫時不接受合法的北京政府統治，偏安台灣等待不得已時只好投降。台灣只要維持中華民國體制的現狀，台灣就不可能是國家。

此外，中國共產黨從一開始就是要成立一個新政府，從來就沒有主張要從中國分離獨立，也從來不是要建立一個新國家。每年10月1日中華人民共和國政府明白指出是慶祝「建政（建立新政府）紀念日」，並非「建國紀念日」。馬英九說，毛澤東很後悔改國號，造成了中華民國與中華人民共和國，兩個國家隔海分治的局面，根本是誤導。事實是兩岸雙方至今仍然繼續爭奪「一個中國」之下的合法政府，中國從來沒有分裂，一直是「一個中國」。只是國家內部有一部分被「非法政府」統治。

所以，合法政府（中華人民共和國）才要壓迫中華民國這個非合法政府快投降，也有權利阻擾中華民國非法政府參加國際組織，警告各國不可以介入兩岸問題、台灣問題，因為這是中國的內政問題。

第三章　國際法的國家承認、政府承認與加入國際組織

　　前面的部分已經說明，為什麼世界各國，在跟中國建交的建交公報上，都拒絕「承認」台灣是中國一部分的主張，而是用認知、留意、聽到了。但是必須注意在國際法上，各國在建交公報上，「沒有承認」，並不能等於「否認」，也不能引伸推論出，各國認為「台灣不屬於中國」。就好像夏威夷是不是美國的領土；福建是不是中國的領土，本來就不是各國在建交公報上，所能承認的問題或談論的問題。這些都是國際法的「承認理論」法理。

　　因此，再怎麼努力說服國際社會，認同或支持「台灣未定論」，並不會解決台灣屬不屬於中國的問題。最重要的關鍵，還是回到如果台灣自稱中華民國，維持中華民國體制，在國際社會的眼中，就是「台灣自己主張台灣是中國的一部分」。由此可知，即使要求各國認同或支持「台灣未定論」，還是毫無意義，也不能讓台灣自動成為國家。

一、「國家承認」與「政府承認」之差異

　　國際法上，有關「承認」的理論，「國家承認」與「政府承認」是很重要的概念。國際法的「政府承認」和「國家承認」，其適用的區別就在於，新政權革命時的意圖，是要建立一個新政府還是要建立一個新國家。

　　如果，革命運動所欲追求的，是推翻舊政府，建立新政府，那麼世界各國所給予的，就是政府承認。例如，伊朗的伊斯蘭政權。

　　如果，革命運動所欲追求的是建立新國家，那麼世界各國就會認識到，該革命運動的主張，是想從母國分離獨立，基於客觀的事實認定，而給予「國家承認」。例如，美國的獨立建國。

　　必須強調的是，「國家承認」不能撤銷，但是「政府承認」可以撤銷。例如，英國與阿根廷為了福克蘭群島而發生戰爭，英國宣布與阿根廷斷交，並關閉大使館召回大使。但是，英國對阿根廷這個國家的「國家承認」是無法撤銷。國際法上，並不能因為兩國之間的關係突然惡化，就可以撤銷對對手國的「國家承認」。國家對他國作出「國家承認」之後即不

能撤銷，受到承認的國家即永遠存在，除非這個國家瓦解或被他國消滅，否則國家承認關係永遠存在。

「政府承認」是在一個國家內部，發生政變或動亂，而有新舊政權並存，各國為了政治經濟社會往來的需要，思考要承認哪一個政權，是代表這個國家的政府，而決定給予此政權「政府承認」的情況下使用。所以，國際法上的承認，建立新國家就是使用「國家承認」；如果是建立「新政府」，就是使用「政府承認」。

說到這裡，前面提及前總統馬英九，在東吳大學開講「台灣的國際法地位」時，曾經跟一位中國留學生爭論，1949年成立的中華人民共和國，是「新國家」還是「新政府」。那位中國留學生堅持是「新政府」，但是馬前總統堅持是「新國家」，並且以改了名就是新國家為理由，還強調「聽說毛澤東也很後悔更改國號」。這件事在台灣媒體都有大幅報導，但是因為不了解國際法理論，結果都認為那位中國留學生的說法是錯誤的。依據現場錄音影片，1949年10月1日15:00，毛澤東於北京天安門宣布：「中華人民共和國中央人民政府今天成立了！」，其內容簡單清楚，並沒有「建國」，反而有「政府」。所以認為毛澤東於北京天安門宣布「建國」，10月1日是「建國紀念日」，完全違背事實。北京政府也認定，每年10月1日是「建政紀念日」，建立新政府紀念日。何況，中華人民共和國是要建立「新國家」，還是要建立「新政府」，只有北京政府才能決定，根本輪不到馬英九代為定義。馬英九是哈佛大學國際法博士，是國際法的學者專家，卻連1912年的中華民國，跟1949年的中華人民共和國，究竟是建立新政府，還是建立新國家，都搞不清楚，還在媒體面前，跟中國的留學生爭辯，只是凸顯自己對國際法基本理論的錯誤認知。

事實上，無論是1949年中華人民共和國，還是1912年的中華民國，都是建立新政府，不是建立新國家。這可從歷史證據與事實理論來分析。中國這一個國家是幾千年前即存在於人類社會的古老國家，我們所受的教育也已充分說明。因此1912年發生在中國的革命是推翻腐敗的滿清「政府」，建立民主的、國民的、共和體制的中華民國「政府」。這只是中國這一個國家的改朝換代，中國這個國家並未被消滅，當然也不是誕生一個新國家叫作中華民國。法理論上與中華民國的自我主張都是一樣，1912年的中華民國是新政府打倒了中國的舊滿清政府，而不是脫離中國分離獨立，更不是消滅大清皇朝所代表的中國，建立一個名為中華民國的新國

家。依據法理與事實證據，也不可能建立新國家，因為中華民國從來沒有主張分離獨立，留下任何一塊土地讓大清皇朝的中國得以繼續進行統治而存在；國際法上如果是分離獨立建立新國家，原本的國家必然有一部分是繼續存在。

孫文領導國民黨的革命，從來沒有主張是分離獨立的建國運動，都是自我主張要建立新政府，所以世界各國對中華民國的承認就是「政府承認」，承認中華民國「新政府」取代滿清政府，成為代表中國的政府。就歷史事實來看，中華民國本身從來未曾向世界各國宣布，要建立一個新國家，所以也沒有任何一個國家給予中華民國「國家承認」。

從外交部等官方文件，1912年以來，世界各國對中華民國的承認，都是承認中華民國是代表中國的「新政府」，國際社會所給予的，是「政府承認」而非「國家承認」。

之後，當北京政權出現，並實際有效地統治中國後，國際社會便撤銷對中華民國的「政府承認」，轉而承認中華人民共和國為代表中國的新政府，這就是「政府承認」的變動。如果，各國對中華民國的承認是屬於「國家承認」，依據國際法「國家承認」是不能撤銷，應該至今還存在，然而事實並非如此。

二、中國一直是一個國家、只有「一個中國」

中華民國與中華人民共和國都是幾千年延續而來的中國的一個新政府，只是改朝換代的政權、政府，中國一直是一個國家，沒有分裂、沒有出現兩個中國的事實。

國際社會的國家，都承認中華人民共和國是中國的「新政府」，並且絕大部分的國家，都撤銷了對中華民國的「政府承認」，那麼台灣自稱中華民國，在國際法上，就是中國的一個非法的叛亂團體，是一個「內戰狀態下的「地方性事實政府」，或者像國際法院2016年7月12日在南海仲裁案裡指出的「中國內部的台灣當局」。

外交方面，1949年敗逃到台灣的中華民國外交部，一直到現在，仍然維持與各國的「政府承認」關係，維持「一個中國」的「漢賊不兩立」政策。同時在外交上當然也必須耗費龐大的預算，來維持代表全中國的虛偽體制。

簡單說，世界各國都是依據國際法所確認的各項原理與北京政府的要求，來認定中華人民共和國才是代表中國的新政府，而非新國家。如果，當年世界各國對中華民國的承認，是對一個有別於中國或滿清的另一個新國家，也就是「國家承認」，那麼今天中華民國的領土即使只剩下台灣，依據國際法理論，雙方即使發生斷交甚至交戰，也不能撤銷對中華民國的「國家承認」。

因此，事實上美國1979年跟中華人民共和國建交以後，是否還承認中華民國是一個國家，答案當然是否定的。中華民國在台灣的外交部自己也宣布，與我們有邦交，「承認」我們的邦交國，只有十幾國，為什麼只有十幾國？為什麼承認我們的國家會從一百多國減少？只有「政府承認」才會減少，「國家承認」是不可能減少的，這也證明對中華民國的承認是「政府承認」。

美國、日本、歐洲及其他曾經與中華民國有過邦交的國家，對中華民國的承認，都是「政府承認」不是「國家承認」，所以可以撤銷對中華民國的「政府承認」。

事實上，至目前為止，我們政府的外交政策，一直是自我主張維持「漢賊不兩立」的「一個中國原則」，外交部也一直是要求世界各國，承認中華民國是合法代表全中國的政府，要求承認蔡英文總統，是十幾億中國人，包括蒙古人民共和國國民的國家元首。世界各國無法支持台灣，對台灣都無可奈何的最重要原因，就在於這是台灣自我主張，一直維持代表全中國的中華民國體制，這是台灣維持現狀必然孤立無援的結果。台灣自我維持中華民國體制，就是使各國被迫，在中華民國政府與中華人民共和國政府之間做一抉擇，承認何方為代表全中國的唯一合法政府。

我們的外交部，一直要求邦交國承認「中華民國」是代表全中國的唯一合法政府，認定「中華人民共和國」不是中國的合法政府，而是非法政府。過去國民黨政府是如此，民進黨執政之後，也是如此。民進黨口口聲聲反對「一個中國、九二共識」，為何民進黨政府的外交部，又要花人民的稅金，收買小國來維持「一個中國」，承認在台灣的中華民國是代表全中國的合法政府，實在令人扼腕！

三、國家承認、政府承認也與《聯合國大會第2758號決議文》有關

聯合國處理「中華民國（中國）代表權」的方式，也可以證明中華民國的成立，是新政府不是新國家。國民黨欺騙台灣人民說，中華人民共和國申請加入聯合國，也是等了二十二年。但是新國家才有「申請加入」的問題，中華人民共和國根本就沒有「申請加入聯合國」，北京堅持的是要求合法取代「中國代表權」（也就是中華民國代表權）及其席位。

1949年成立的中華人民共和國「政府」，是推翻腐敗的國民黨「政府」，建立屬於人民的「新政府」，並不是主張由中華民國（中國）分離獨立，建立「新國家」。中華人民共和國政府對外，也都一直是要求各國對中國新政府的「政府承認」，從未要求新國家的「國家承認」。

同樣的，中華人民共和國對聯合國，也是主張要取代中華民國舊政府的代表權，從來沒有提出申請書，主張中華人民共和國是一個新國家，要以新國家的身分申請加入聯合國。中華人民共和國政府要求的是，合法取代聯合國創始會員國及安理會常任理事國的中華民國（當時中國國號）的「新政府」身分，並要求聯合國將中華民國代表權及席次，交予中華人民共和國政府。因為國民黨的中華民國政府，已經是被中華人民共和國政府推翻、取代，是一個不能合法代表中國的舊政權。

中華人民共和國明確要求以代表權的方式進入聯合國，要求國際社會給予「政府承認」，認定中華人民共和國是唯一合法代表中國的政府。聯合國於1971年，也就是《聯合國大會第2758號決議文》，已經作出認定中國代表權的決議。

反過來說，如果當時聯合國《第2758號決議文》認定的是，中華民國是一個國家，中華人民共和國又是另一個國家。那麼中華人民共和國當年就應該以新國家的身分，申請加入聯合國，而不是認定其為代表中國的唯一合法政府，取得中華民國代表權。如果，中華人民共和國是以新國家的身分，申請加入聯合國，聯合國就應該是依照一般新國家申請加入的程序，由安理會來審查，而不是以大會討論中華民國代表權的方式處理。

聯合國之所以會認定，中華人民共和國是唯一合法代表中國的政府，就是因為中華人民共和國的成立，並不是一個新國家，而是中國改朝換代

的新國號、新政權與新政府。當一個舊政府喪失其原有的土地與人民，而由新政府實際有效地統治其原有的土地與人民時，國際社會當然認定新政府才是代表該國的政府。

過去，在中國國民黨政權的「中華民國退出聯合國」欺騙下，台灣人民常常誤解，以為中華民國被聯合國驅逐出來，事實上，被驅逐的，並不是中華民國，而是非法代表中華民國的蔣介石集團。必須強調的是，聯合國自成立以來，從來沒有開除過任何會員國的紀錄。不但沒有這種紀錄，即使是伊拉克入侵科威特，聯合國也未開除伊拉克的會籍，伊拉克到今天都仍然是聯合國的會員國。

一個對抗聯合國，與聯合國作戰的會員國，都沒有被開除，更何況當時還是一個標準會員國的中華民國，怎麼可能會被開除？中華民國根本就沒有被開除，聯合國《第2758號決議文》中並沒有驅逐中華民國的內容，而是驅逐被認定為叛亂體制的「在台灣的蔣介石集團代表」，認定其不能夠再繼續代表中華民國。中華民國政權敗退至台灣，理所當然的，就成為中國的一個叛亂體制，國際法上亦稱交戰團體或是叛亂團體。對於所謂的兩岸問題，世界各國不願意也不能介入，因為北京平定在台灣的中華民國政府叛亂，是屬於一國內戰的問題，是中國的內政問題。

中華民國沒有退出聯合國，中華民國至今還是聯合國安理會的常任理事國，只是已經由北京政府取代。很遺憾的是，台灣內部各政黨、媒體、學者、專家，還是以「中華民國退出聯合國」、中華民國退出聯合國之後還是國家，還是在台灣活得好好的，繼續欺騙下一代！

四、為何無法面對中華民國在台灣是叛亂團體

資訊自由開放的現在，說中華民國在台灣是叛亂團體，相信會有兩極的反應，一直相信國民黨說法的人，就會很不以為然。即使是台灣派的朋友，也有人無法接受。他們認為，台灣自己選總統、有政府、行使行政、立法、司法權，有領域、有人民、有軍隊，所以是國家，怎麼會是叛亂團體。關於這一點，必須進一步來補充說明。

在各方面，包括人民、領土、政府、軍隊等等，台灣擁有許多符合成為國家的客觀條件。問題是，台灣至今堅持套著中華民國外衣，維持「一個中國」的憲法，堅持代表全中國「政府承認」的外交，如此所謂台灣的

中華民國政府，在國際社會就成為一個非法政府、叛亂團體，台灣不可能成為國家。

對比1950年代，我們稱當時的中華人民共和國政府（統治中國大陸、有能力與聯合國打韓戰的政府），也是有人民、領土、政府、軍隊等等，是叛亂的朱毛匪幫，所有的報紙跟教科書，都稱他們是「匪偽叛亂政權」。拜東西對立的國際局勢之賜，聯合國及美、日、法等一百多個國家，也認定當時的中華人民共和國政府，是中國的非合法政府、叛亂團體。

所以目前還自我主張維持「一個中國」體制的中華民國在台灣，被認定是中國的叛亂團體，就如同過去中華人民共和國被認定是「匪偽叛亂政權」一樣，這是必然的結果。如前所述，「政府承認」是可以改變撤銷的，台灣維持現狀，延續中華民國體制，在「一個中國」的原則下，現在就反過來變成是中國的叛亂地區，被認定是中國的非合法政府、叛亂團體，這是無可奈何也是理所當然。

這就是台灣人為什麼沒有國家的身分地位，為什麼在國際社會上，不能參與國際組織的原因，以及為什麼台灣只好不斷面對中國武力威脅的原因。這並不是因為國際社會沒有原則、沒有正義，畏懼北京政府而忽視台灣，而是台灣自己要維持中華民國體制，使台灣在國際法上的地位，變成是中國的一個叛亂地區，並非國家。何況，台灣也從未爭取成為國家、宣布獨立。

看看國際社會如何關注南斯拉夫境內的科索沃爭取獨立？南斯拉夫政府對科索沃實施種族淨化、大規模屠殺阿爾巴尼亞裔住民時，世界各國都投注相當的關心，北大西洋公約組織也出兵制止南斯拉夫的暴行，聯合國安理會也積極介入。一個在南斯拉夫境內的科索沃，人口也只不過百來萬而已，而且仍未脫離南斯拉夫的統治，為何有此待遇。再看看，美國對於以色列與巴勒斯坦（還不是國家）和談，所付出的種種代價，再來看兩岸問題，為什麼美國不能積極介入？

因為台灣自稱中華民國，自己主張是中國的一部分，自己否定要成為國家。台灣有兩千三百萬人口，世界各國卻不承認我們是國家，不關心我們被北京恐嚇威脅，而且要兩岸進行各種對話、協商、和談，要中國人的事由中國人自己解決，不要製造麻煩，難道台灣真的這麼被人看輕，世界各國都不願意對台灣加以關心？

民進黨、獨派的學者、專家，若是認為台灣已經獨立、是一個國家，

為什麼民進黨執政之後，不改變政策，至少可以下令外交部爭取邦交國改變承認，承認在台灣的中華民國是一個與中國無關的新國家的「國家承認」。但是，我們的政府官員、政黨、政客、所謂專家，都欺騙台灣人。所以台灣人都不知道在台灣的「中華民國」一直是中國的非法政府，不是一個國家。外交部每年編列三百多億外交預算，一百七十幾億元的祕密外交預算，都是用來維持「一個中國」的外交政策，收買這些國家承認在台灣的中華民國政府是代表全中國的合法政府。

　　所以不應該再任由政客、官員繼續騙下去，如果繼續「一個中國」、「漢賊不兩立」的外交政策，那麼外交部不應該只是休兵，而是應該關閉，三百多億外交預算用在福利、教育方面還比較有意義。

　　從以上論述就可以知道，繼續維持現狀的中華民國體制，台灣就不是一個國家，也不可能成為一個國家。台灣人民如果認定台灣已經是獨立的國家，應該勇敢的站出來宣布獨立，告訴中國與國際社會台灣共和國是國家，並申請加入聯合國。台灣人民自己站起來主張建國，國際社會才可能積極支持。

五、中華民國現狀無法加入國際組織

　　台灣對外維持中華民國的「政府承認」，也就是「一個中國」的外交政策，是台灣無法走入國際社會的致命關鍵。一方面，必須認清申請加入聯合國之後，才能加入各式各樣的國際組織，這也是台灣建國最有效的捷徑。

　　加入聯合國，對台灣的生存發展來說，目的與效果都是多重的。首先，當然是跟一般國家加入聯合國的目的一樣，要加入聯合國才能在國際安全防衛體系之中獲得保障。

　　目前數千個國際組織之中，地位最重要者即為聯合國（UN），其他重要之國際組織也多屬聯合國傘下的「專門機構」。例如一般熟知的世界衛生組織（WHO）、國際勞工組織（ILO）、教育科學及文化組織（UNESCO）、世界銀行集團、國際貨幣基金（IMF），國際法院（ICJ）等。其他糧食、航運、郵政、通訊、氣象、智慧財產、農業、工業等有關的核心組織，也都是聯合國傘下的「專門機構」。因此，可以說國際組織是以聯合國為中心所形成的一個巨大集合體。

　　這些以聯合國為中心的重要國際組織，都在憲章規定，「凡屬聯合國會員，均當然有權成為本組織之會員」。若非聯合國會員，則需經由執行理事會推薦及大會三分之二表決通過才得成為會員。由此可知，只要是聯合國會員國，欲申請加入其他國際組織，即便是與聯合國無關之國際組織，都不成問題。

　　更重要的是，以目前台灣的國際法地位，要個別加入其他重要國際組織，其困難度皆高於加入聯合國。所以，台灣要加入國際組織應全力以聯合國為總目標，不應分散力量去要求加入其他國際組織。

　　其次，加入聯合國，對台灣的另一個重要之處，是可以因此而取得世界各國對台灣的「國家承認」。

　　由傳統國際法與國際社會觀之，一個新國家必須各別爭取其他既存國家的「國家承認」，才能確立其國家地位，從此成為國際法上之國家。然而，自從聯合國成立之後，基於《聯合國憲章》的規定，各會員國都是主權獨立的國家，相互之間必須尊重其他會員國的主權獨立及平等。所以一個新國家成為聯合國的會員國，等於同時獲得各會員國的「國家承認」。依現代國際法理論，當一個新國家加入聯合國時，其他會員國除非投票反對其加入，且特別聲明不給予國家承認，否則視同「默示承認」該國是國家。

　　更重要的是，即使是對於那些表明不予承認的會員國，在該新國家加入聯合國之後，將會在雙方同為會員國的效果下，除非其中一方退出聯合國，否則雙方之間的實際關係，即為國與國的關係，幾乎與國家承認有同樣的效果。例如，北韓是聯合國會員國，因此美國雖然沒有給予「國家承認」，雙方之間的實際關係，事實上是國與國的關係。

　　由此可知，台灣若能加入聯合國，將等同於立即獲得聯合國逾一百九十個會員國的「國家承認」，對提升台灣的國際地位將產生無可比擬的效果。目前外交部對個別國家爭取承認的努力，只能算是個別的運作，而且是爭取代表中國的「政府承認」，在成效上絕對無法與加入聯合國相比。何況，個別國家對中華民國的承認，在國際法上是隨時可以斷交也可以撤回的「政府承認」，其所代表的意義及穩定性更是無法比擬。

　　因此台灣宣布建立新國家，即使剛開始世界各國，沒有給予台灣這個新國家「國家承認」，一旦台灣申請加入聯合國，等於同時可以取得一百九十多個會員國的「國家承認」。

六、如何正確申請加入聯合國

　　說到台灣申請加入聯合國，很遺憾這些年來所採取的方式都是騙局，過去台灣曾經很多次去敲聯合國的大門，但是事實上從未申請加入聯合國。國民黨時期，花許多錢請邦交國在聯合國大會發言，要求中華民國「重返」聯合國的主張，根本被國際社會認定是無理取鬧。至於，陳水扁總統在2007年7月曾經向聯合國祕書處，提出「加入聯合國」的申請書。因為陳水扁是以「中華民國」總統的名義，提出加入聯合國的申請書，結果被祕書處直接退件。問題就出在「中華民國」由北京政府代表，已經是聯合國會員國，不是「新國家」，不符合申請加入聯合國的要件。

　　台灣有人抗議聯合國祕書處，違反聯合國的相關規定，因為《聯合國憲章》規定，只有聯合國安理會及大會，才有權審議及決定新會員國入會申請案，聯合國祕書長或祕書處並無篩選、過濾申請案之權限。

　　對此，時任聯合國祕書長的潘基文表示，聯合國祕書處在「法律上」不能接受中華民國（台灣）申請加入聯合國，因為1971年聯大決議（指2758號決議案），由中華人民共和國取得中華民國在聯合國席次，成為中國唯一合法代表。潘基文強調，據此，聯合國祕書處在法律上，無法接受同為中華民國之名的國家，申請加入申請案。

　　申請加入聯合國，必須是獨立國家才具備基本的「法律上」要件，祕書處以中華民國已經是聯合國創始會員國，目前由北京政府代表，在台灣的「中華民國」不可能是國家，台灣也從未宣布獨立，因此未依照憲章規定，送交安理會討論直接退件，是有其法理依據。聯合國會員國及國際社會，也都默認祕書處的作法，並未引起爭議，主要也是認定在台灣的「中華民國」不可能是國家。

　　在此必須釐清的是，美、澳、加、日、紐等國後來抗議聯合國祕書處的案外案，主要是針對潘基文在直接退件理由中提及「台灣是中國的一部分」，這並不是聯合國的認定。

　　潘基文在2007年7月27日，媒體詢及台灣入聯被拒問題時，指稱鑑於聯合國大會《2758號決議文》，聯合國認為台灣為中華人民共和國之一部分，他無法受理任何人，以代表中華民國（Taiwan）的加入申請書。美、澳、加、日、紐等國在聯合國的常駐代表團，因此分別向聯合國質疑潘基

文的發言。潘基文於是承認他的公開發言「太過分」，他也確認聯合國
《第2758號決議文》沒有「台灣是中國的一部分」的內容，並承諾未來不
再使用這樣的說法。

　　事實指出，美國等國家抗議聯合國祕書處的行動，是因為祕書處發
言「太過分」自作主張，說出「2758號決議案」已經認定台灣是中國的
一部分，事實上2758號決議案並無此內容，故各國指出祕書處不可自行加
油添醋作這樣的解釋。美國等國家並沒有提及或認定「台灣不是中國一部
分」，如果是如此，台灣政府應該站出來大聲宣傳，那必定成為國際社會
的大事件，怎麼會就此草草結束。美國等大國在聯合國，若提及或認定
「台灣不是中國一部分」，台灣人就可以出頭天了。

　　今天國際社會的認知，就是台灣政府企圖「捏造身分」假冒中國。
陳水扁總統以中華民國名義提出加入聯合國的申請書，祕書處以在台灣的
「中華民國」是假冒中國舊國號，也不是國家為由，而未依照憲章規定，
送交安理會討論直接退件，是有其法理依據。台灣內部大多數人都認為，
台灣是國家或中華民國是國家。但是，中華民國、台灣都不是國家，這在
國際社會是事實與常識。為何內外有此落差，以下僅就其中兩點簡單說明。

　　首先，中華民國是聯合國創始會員國，同時也是安理會常任理
事國，目前由中華人民共和國代表出席，在名稱上雖使用中國或英文
的「CHINA」，但是在憲章第23條及正式名稱仍延續使用中華民國
（Republic of China）。事實上，由英文觀之，中華人民共和國（People's
Republic of China）也可直接意譯為「人民的」中華民國。北京政府自認
為是以中國人民的革命，取代腐敗的國民黨的「中華民國」，故在中華民
國之前加上「人民的」中華民國形容。北京政府認為繼續在聯合國使用
「中華民國」名稱並無不妥，所以延用至今未要求更改，以北京政府的影
響力隨時都可以修改憲章第23條，為何五十多年來都繼續使用「中華民
國」，不修改聯合國憲章？因為北京政府以繼承「中華民國」、代表「中
華民國」來主張可以併吞台灣的「中華民國」，同時也可以打壓台灣在國
際社會不可使用「中華民國」。

　　因此，聯合國祕書處據此認定，台灣目前自稱是中華民國，企圖矇騙
以「中華民國」身分，申請加入聯合國是於法不合、是冒名頂替，祕書處
有權不予受理申請加入案。台灣政府目前對內、對外，都一再無理的使用
「中華民國」名號，是國際社會眾所周知的事實。因此，申請加入聯合國

案被任意退件，也是理所當然。

其次更重要的，台灣要成為國家，必須要向國際社會「宣布獨立」。國家必須具備領域、人民、政府等要素。相反的，支配某些地域、人民、有政府的組織型態的政治體，卻不一定是國家。因為即使具備成為國家的要素，如果人民沒有積極主動的建國「意志」，持續不斷向國際社會「宣布獨立」，表明建國的決心，就不可能成為國家。雖然，陳水扁之前曾說過台灣是國家，但是並沒有持續堅持下去，甚至立刻又否認，就任總統時更公開提出「不會宣布獨立、不會更改國號、『兩國論』不會入憲、不會推動改變現狀的統獨公投，沒有廢除《國家統一綱領》的問題」（四不一沒有）。2007年7月，陳水扁以中華民國總統名義申請加入聯合國之前，也不曾宣布獨立。如此，當然沒有國際法上宣布獨立的效果。

世界上有不少古老的國家，未必有發表過獨立宣言，或何時宣布獨立已不可考。但是，這些國家必定會一再宣布自己是獨立國家。事實上，世界各國在宣布獨立之後，仍然必須繼續不斷的宣布、宣稱、主張自己是獨立國家，維護自己的國格。這就是國際法上「宣布獨立」的真正意義與重點所在，不能只是一時的宣布獨立。

台灣從未主動、積極、持續的宣布獨立或主張是新國家，所以世界各國及國際組織（如WHO）依國際法法理，當然不可能承認台灣是國家讓台灣加入，這與中國的反對，並無必然關係。

台灣政客、學者常主張「已經事實獨立，尚未法理獨立」，或是「已經宣布過獨立，不必再宣布獨立」，為何錯誤。「建國」與「宣布獨立」為何很重要也必須說明。台灣政府與人民必須堂堂正正公開的宣布「獨立」，每一分每一秒持續堅持著獨立國家意志的表明，積極、持續的維護自己的國格，如此才有國際法上宣布獨立的效果。民進黨主流所謂「已經事實獨立，尚未法理獨立」，或是李登輝陣營所謂「已經宣布過獨立，不必再宣布獨立」，自以為中華民國是主權獨立國家，認為再宣布獨立的主張者是傻瓜，這些都是逃避追求獨立建國或堅持台灣已經獨立的錯誤說法。因為，做為一個獨立的國家，在必要時每一分、每一秒，都要不斷堅稱是獨立的國家。特別是有否定其國格的情況下，更必須一再的宣布獨立。實際的政策、行動，更必須言行一致，具體的顯示出已經是獨立國家的國格。

一方面中華民國政府，如果要主張「台灣是主權獨立國家，國號叫中

華民國」，雖然更加困難，但是外交部必須明確的要求僅有的邦交國，承認台灣與中華人民共和國（或中國）是不同國家，要求各國對台灣作國際法上的「國家承認」。《中華民國憲法》也應該廢棄「一個中國」，規定「在台灣的中華民國是主權獨立國家，領土只有台灣」。但是，中華民國政府的最大問題，就是外交部仍然要求各國承認，「中華民國政府」是代表全中國的政府，亦即國際法上代表中國的「政府承認」。外交上自己主張是政府，不是與中華人民共和國（或中國）不同的國家，怎麼能自欺欺人說台灣已經是獨立的國家！

　　《中華民國憲法》也指出領土包括中華人民共和國，以及蒙古人民共和國，台灣只是中國的自由地區，這樣如何證明台灣已經是獨立的國家！更令人遺憾的是，台灣加入世界貿易組織（WTO）及亞太經合會（APEC），都是事先聲明自己不是國家，而是以經濟體（與香港一樣）的身分加入。因此外交政策必須要求改變，主張台灣是國家的身分，才能符合台灣是獨立國家的要件。

　　由此可知，台灣應該如何申請加入聯合國，必須依據國際法與《聯合國憲章》規定慎重檢討。很遺憾，過去到現在的政府從未以國家身分「申請」加入聯合國，當然註定失敗，連進入審查討論的機會都沒有。未來蔡英文政府準備好了嗎？台灣人民必須站起來，勇敢的宣布獨立，才能實現建立自己國家的心願。

七、誤導人民「台灣已經獨立」阻礙加入聯合國

　　台灣的政府與人民必須堂堂正正，明明白白的公開宣布「獨立」，每一分每一秒持續堅持著獨立國家意志的表明，積極、持續的維護自己的國格，如此才有國際法上宣布獨立的效果。

　　所謂「事實台獨」、「法理台獨」的說法，還有前總統李登輝與民進黨前主席施明德，所說「台灣已經獨立，不必再宣布獨立」，顯然是完全錯誤的主張。所謂台灣已經分幾個階段漸漸獨立，所謂已經事實獨立尚未法理獨立，所謂已經宣布過獨立不必再宣布獨立，這都是逃避追求獨立建國的誤導。台灣已經獨立與台灣共和國已經獨立的意義，也完全不一樣。

　　獨立建國最重要的是，實際的政策、行動必須言行一致，必須明確的要求各國承認，台灣共和國與中華人民共和國（或中國），是完全沒有關

係、是不同的國家，要求各國對台灣共和國作國際法上的「國家承認」。

如此，當台灣以新國家身分，向聯合國祕書祕書長提出「申請加入」時，祕書長或祕書處就沒有退回的理由與權限，必須依規定送交安理會及大會審查討論。即使，中國在安理會審查階段行使否決權，只要台灣共和國繼續堅持是獨立國家，外交部繼續表明將再度「申請」加入聯合國的意志，台灣共和國才能成為「已經」是一個宣布獨立的國家。

現階段台灣參與各式各樣的國際組織時，不可以再為了參與，而一再自我主張不是一個國家，或使用不是國家的名稱。目前已經以不是國家參與的國際組織，一旦有機會參與時，必須經常抗議要求取得國家地位。

目前台灣加入WTO及APEC，都事先聲明不是國家，根本是以「非主權國」（如同香港）加入國際組織。因此，自然不能與其他會員國相提並論，涉及國家主權問題必然受到歧視打壓。所以從今以後，必須努力要求以國家身分加入國際組織，才能符合台灣共和國是獨立國家的要件。

例如，香港在加入WTO時，很清楚的是以英國的一個經濟體身分申請加入，現在則是以中國的一個經濟體地位繼續成為會員。再看看台灣的情況，政府說為了台灣的經濟，為了台灣的貿易不能不加入WTO。但是，難道為了加入WTO就可以否認自己是一個國家，對世界各國宣布台灣不是一個國家？如果我們的政府只是對內認定台灣是一個國家，卻對國際社會宣布台灣不是國家，那麼這樣有資格成為一個國家嗎？世界各國有哪一個國家，為了加入一個國際組織，而宣稱自己不是國家？

但是，台灣自己卻在申請的時候，宣稱自己不是國家，要求國際組織讓我們跟香港一樣，以經濟體的名稱加入。更嚴重的是，被北京政府認為是中國的經濟體之一，也不敢出聲否認。

每年APEC高峰會，馬英九、陳水扁、李登輝、蔡英文為什麼不能以國家元首的身分出席？這不是因為中國的打壓，也不是因為APEC的會員欺負台灣，而是因為我們當初就是以一個經濟體地位申請加入，不是以國家的身分加入APEC。既然不是以國家身分加入，既然只是一個經濟體，怎麼可能會有國家元首，馬英九、陳水扁、李登輝、蔡英文又怎麼能夠以國家元首的身分出席呢？

因此，其他會員可以由元首代表國家參與的高峰會議，只是經濟體的台灣，因為不能有國家元首，所以只能由民間人士出席。既然不是國家，當然台灣的外交部長也不能參加APEC外交部長級會議，因為我們只是一

個經濟體不是國家，不允許有外交部長。

　　另一方面，學者主張以觀察員身分參與國際組織的主張或策略，也必須廢棄。所謂觀察員（observer）主要是針對非國家的政治經濟體或國際民間團體參與國際組織時，列席提供建議的制度。目前聯合國的觀察員中，只有梵諦岡教皇國是國家，其他都是非國家的各種團體，例如，紅十字會、加勒比海共同體、歐洲聯盟、非洲統一機構、伊斯蘭國家組織、阿拉伯聯盟、大英國協事務局、巴勒斯坦解放組織等。巴勒斯坦在1988年宣布獨立以後也曾申請加入聯合國，但是因為領土還被以色列占領未能確定，所以被聯合國拒絕，只能成為「觀察員國」，但是被認定是「國」。

　　台灣要成為聯合國觀察員與申請加入聯合國，困難度是一樣的，但是成為會員國，就等於得到國際社會承認是一個主權國家；成為觀察員卻仍姿身不明。甚至會被認為與巴勒斯坦解放組織一樣，是個沒有資格成為國家的地區。因此，台灣若放棄申請成為國際組織的會員國，只申請成為觀察員，等於是先行自我否定是國家，放棄爭取使台灣擁有國家地位的機會。

　　由此可知，台灣若經常以非國家的「經貿體」、「衛生體」等參與國際組織，且選擇非會員國的觀察員方式，一旦成為國際常例，那麼台灣未來必然被定位為跟中國香港一樣，成為不是國家的中華台北、中國台灣。

第四章　「一個中國」與消滅中華民國

一、聯合國的「一個中國」共識

當台灣內部每天忙著討論誰參選中華民國總統，當各政黨為「一個中國、九二共識」爭論不下，當中華民國外交部忙著捍衛「一個中國」的外交政策，當民進黨蔡英文政權使中華民國體制在台灣合法化、正當化，結果使台灣成為中國的一部分的現狀下，台灣如何能「建立新而獨立的國家」？因此有必要再分析，使台灣人民認清「一個中國」是什麼？「一個中國」是否已經是聯合國與國際社會的共識？台灣的各政黨、政治人物都主張捍衛中華民國，參選中華民國總統，已經使中華民國這一個非法政府體制在台灣固定化，這不就是兩岸「一個中國」嗎？再爭論是不是「一個中國」還有意義嗎？

再說，民進黨越來越中國國民黨化了，無論傳統民進黨基層是多麼討厭「中華民國」這四個字，多麼不爽那面車輪牌旗，然而環境變化下，民進黨的政治板塊竟然挪移到「中華民國守衛者」的位置，與過去比較真是黑白不分、顛倒是非。更覺得殘酷與失望的是，台灣人民其實也不太在乎台灣地位的未來發展，自始自終搞不太清楚自己的現狀，不知道現今中華民國只是一個政府，已經淪為一個代表中國的「地方性事實政府」。結果造成台灣人不願意被併吞，一方面卻又不知道必須建國才能避免被併吞。

「一個中國」不是消滅中華民國，「一個中國」是認定由中國北京政府代表與繼承中華民國。

1971年10月25日聯合國大會第1976次全體會議，《2758號決議文》決議：由中華人民共和國取得創始會員國，也就是中華民國在聯合國的席次，北京政府成為中國唯一合法代表。《2758號決議文》是：「恢復中華人民共和國在聯合國的合法權利，大會回顧《聯合國憲章》的原則，考慮到中華人民共和國的合法權利的恢復，不論是對《聯合國憲章》的保護，還是在《聯合國憲章》下聯合國必須從事的服務都是一定要做的，承認中華人民共和國政府的代表是中國在聯合國唯一的合法代表，而且中華人民共和國是安全理事會五個常任理事之一，決定恢復中華人民共和國所有的

權利，同時承認它的政府的代表，是中國在聯合國的唯一合法代表，同時把蔣介石的代表，從聯合國和它所屬的所有機構中非法占據的席位上，立刻毫不猶豫地驅逐出去。」

《2758號決議文》文中完全未提及中華民國或驅逐中華民國。但是當時國民黨的中華民國政府，將此決議案稱為「排我納匪案」，至今在台灣的中華民國政府和御用學者，甚至台灣派學者，還是以「中華民國退出聯合國」，這種說法繼續欺騙台灣人。該決議案對海峽兩岸政府的國際地位、外交關係產生重大影響，中華民國政府外交部再也無法維持邦交國，然而這種捍衛「一個中國」、「漢賊不兩立」的外交政策，民進黨政權竟然維持至今，實在令人心寒。

《2758號決議文》也成為今日，中華人民共和國政府主張「一個中國」的重要依據，因為這是國際社會認證「一個中國」的事實。台灣內部主張「一個中國、各自表述」、中華民國在台灣是主權獨立國家，這些說法都是無法欺騙國際社會的謊言。

二、中華人民共和國從未申請加入聯合國

中華民國體制的政客、官員、學者都欺騙台灣人，中華人民共和國申請加入聯合國等了二十二年，我們現在也不必急，要耐心等待朝向進入聯合國努力。但是聯合國處理中國代表權問題的方式，可以充分證明中華人民共和國從未申請加入聯合國，中華人民共和國不是國家而是政府，它是繼承中華民國席次進入聯合國。

中華人民共和國政府一直是要求，要以代表聯合國創始會員國及安理會常任理事國的中華民國（當時中國國號）身分、以中國新政府的身分，要求聯合國將中華民國代表權，以及中華民國在聯合國之席次交由中華人民共和國政府代表出席。因為國民黨的中華民國政府，已經是一個被中華人民共和國政府所推翻、所取代，是一個不能合法代表中國與中國人民的舊政府。

反過來說，當時聯合國如果認定中華民國是一個國家，中華人民共和國又是另一個國家，那麼中華人民共和國當年就應該是以新國家的身分申請加入聯合國，而不是爭取代表中國的唯一合法政府，要取代中華民國代表權。如果中華人民共和國以新國家的身分申請加入聯合國，聯合國又怎

麼可以不依照一般新國家申請加入的程序，由安理會來審查，而是由大會採用討論中華民國代表權的方式，由大會決議將原來由中華民國代表的中國席次交予中華人民共和國。所謂中華人民共和國要申請加入聯合國，等了二十二年，這種說法根本就是欺騙台灣人。中華人民共和國從來沒有提出加入聯合國的申請。

三、中華人民共和國代表中華民國

　　聯合國正式網站可以查到中華民國是聯合國的創始會員國，中國、中華民國從未退出或離開聯合國。聯合國之所以會認定中華人民共和國為唯一合法代表中國的政府，就是因為中華民國從來就不是一個國家，只是一個代表中國的政府。當一個舊政府喪失其原有的土地與人民，而由新政府實際有效地統治其原有的土地與人民時，國際社會當然認定，新政府才是代表該國的政府。

　　聯合國創始之初，中國是使用中華民國國號，且憲章至今一直未更換，在聯合國正式網站即可查證。依據《聯合國憲章》第23條，「中華民國」仍為中國之國號，北京政權在聯合國是代表中華民國出席，目前依憲章及法理就是使用中華民國此一國號出席。因為聯合國有「一個中國」共識，因此聯合國「2758號決議案」才決定，由中華人民共和國代表聯合國的創始會員國、聯合國安理會常任理事國的中華民國（當時中國國號），也就是中國這一個國家的新政府。

　　若是依據中華民國體制的官方說法，說成中華民國是自動退出聯合國，還主張中華民國要「重返」聯合國，更是莫名其妙。事實上，聯合國從成立之後從來沒有開除過任何會員國，從來沒有開除過任何國家的紀錄。不但沒有這種紀錄，譬如伊拉克入侵科威特，與聯合國對抗，聯合國也未開除伊拉克的會籍，伊拉克到今天都仍然是聯合國的會員國。一個與聯合國對抗的伊拉克，與聯合國作戰的會員國，都沒有被開除，更何況當時還是一個好好遵守憲章的中華民國，怎麼可能會被開除？其實中華民國根本就沒有被開除，聯合國大會《2758號決議文》中，並沒有驅逐中華民國，而是驅逐被認定為叛亂體制的蔣介石政府代表，認定其不能夠再繼續代表中華民國。所以必須讓出中華民國的代表權，必須讓出中華民國在聯合國的席位，讓出中華民國在安理會的席位，轉由新政府中華人共和國政

府來代表。

聯合國大會《2758號決議文》早已認定，在台灣的中華民國政府為中國的叛亂政府，但是台灣內部還是沿用中華民國的憲法制度，包括選總統、外交政策，連民進黨政權都還繼續維持中華民國體制。目前在台灣指出事實，稱中華民國是非法政府的言論，至今還被打壓，甚至很多台灣人也反對。欺騙者可以掌權，指出事實者被封殺，真是沒有是非。

聯合國並未驅逐中華民國，中華民國對國際社會而言，只是中國這個國家某一個時代的一個國名、一個政權而已，並非一個不同於中國的國家。所以，世界各國對中華民國的認定是：中華民國不是一個國家，中華民國只不過是存在於中國某一個時代的政府的名稱（國名）而已，中華民國政權敗退至台灣繼續叛亂，世界各國對於兩岸問題不願意也不能介入，因為北京平定叛亂是屬於一國內戰的問題，是中國的內政問題。換言之，當中華民國體制成為中國的一個舊政府，國際社會都承認中華人民共和國才是唯一合法代表中國的政府時，在台灣的中華民國體制，理所當然的就成為中國的一個叛亂體制，國際法上亦稱交戰團體或是叛亂團體。中華民國體制成為危害台灣人民生存的中國叛亂體制，但是台灣內部還是在選中華民國總統，外交部還忙著捍衛「一個中國」的外交政策，民進黨政權還繼續維持中華民國體制在台灣的現狀。一般台灣人還是不知道，中華民國不是國家，維持中華民國體制在台灣的現狀，北京政府就有權繼承包括國旗、國號、外匯、大使館及財產與主張占領台灣。

中華民國是由北京政府代表與繼承，聯合國處理中國代表權問題的方式，證明中華民國在聯合國席次，是由北京政府代表與繼承。如果1971年，中華民國退出聯合國是正確的事實，那麼今天在聯合國安理會開會的中國是如何出現的？《聯合國憲章》第23條，至今還是規定中華民國是安理會常任理事國，由中華人民共和國代表出席，這就是聯合國的「一個中國」共識，也是國際社會的共識。這不是比「一個中國」、「九二共識」更嚴重嗎？為什麼各政黨為「一個中國」、「九二共識」爭論不下，對聯合國的「一個中國」共識，完全視若無睹。

台灣人搖著中華民國國旗吶喊，台灣插滿中華民國國旗，就是向全世界證明，主張台灣是中國的一部分。民進黨政府的外交政策，不能再維持「漢賊不兩立」的「一個中國」原則。中華民國的邦交國把「駐中國大使館」設在台灣，也證明台灣就是中國的一部分。民進黨應該向台灣人民

說明，中華民國的一切，包括國旗、國號、外匯、大使館及財產，北京政府都有權繼承使用。更嚴重的是，在台灣維持中華民國現狀，北京政府就有權繼承台灣，主張有權占領台灣。民進黨政權一再主張台灣就是中華民國、中華民國就是台灣，如此台灣就是中國的一部分，等於是幫助北京政府看守住台灣，使台灣不會脫離中國，落實台灣是中國的一部分。所以使台灣成為中國一部分的，就是中華民國體制。

四、「一個中國」的正確意義

　　「一個中國」、「九二共識」是台灣海峽兩岸關係的政治術語，兩岸各自以口頭方式表述海峽兩岸均堅持「一個中國」的共識，因此台灣人民應該認清「一個中國」的正確意義。

　　前面提出聯合國的「一個中國」共識，國際社會都認定「一個中國」，必定使反對「一個中國」、「九二共識」的台灣人民不以為然。遺憾的是，台灣人雖然認為根本沒有「九二共識」，所以反對有理，但是對「一個中國」卻不知道為何反對。「一個中國」的正確意義何在，台灣人民為何反對，有必要再分析，使台灣人民認清，「北京政府併吞台灣」與「一個中國」沒有必然的關聯。北京政府的「一個中國」、「九二共識」認為，「一個中國」一定由北京政府代表，「一個中國」一定包括併吞台灣，所以台灣不可以脫離中國獨立。台灣人民對此當然應該反對拒絕。但是，聯合國與國際社會都認定的「一個中國」，只是決議中華民國應該由北京政府繼承。並未認定中國一定包括台灣，或是台灣不可以脫離中國獨立。

　　過去，中國國民黨自命為中國的法統，在台灣以維持「一個中國」，以反攻大陸為理由，實施戒嚴與威權統治。事實上，中國國民黨早已與美國約定，以放棄反攻大陸換取可以在台灣繼續威權統治。國、共兩個中國黨，都用「一個中國」概念洗腦人民，要使兩岸人民誤以為「統一台灣」是「一個中國」必然的結局。「一個中國」一定包括台灣屬於中國，一定包括台灣不可以脫離中國獨立，把「一個中國」與「反對台灣獨立」劃上等號。事實上，國、共兩黨以「一個中國」反對台灣獨立，完全缺乏正當性，「一個中國」根本與台灣人民獨立建國的目標無關。沒有蒙古、缺少蒙古地區，「一個中國」還是好好的。同樣，台灣成為獨立國家，沒有台

灣、缺少台灣地區，「一個中國」還是好好的。台灣人民獨立建國與「一個中國」完全無關。聯合國大會《2758號決議文》確認「一個中國」，國際社會認定「一個中國」都是事實。但是並沒有認定，「一個中國」不可以缺少台灣地區，不可以缺少蒙古地區。當然聯合國更沒有認定，台灣人民不可以獨立建國。

北京政府與中華人民共和國從未申請加入聯合國，反而是一直在爭取中華民國在聯合國的會員國席位，也就是中國代表權。聯合國大會《2758號決議文》中，完全未提及中華民國或驅逐中華民國。但是國民黨的中華民國政府，還是以「中華民國退出聯合國」這種說法繼續欺騙台灣人。任何人說出「中華民國退出聯合國」就是扭曲事實，企圖偽裝中華民國在台灣還是國家，或是欺騙台灣人中華民國退出聯合國還是活的很好，掩蓋中華民國已經被北京政府繼承的事實。中華民國從來沒有退出聯合國，中華民國是聯合國創始會員國及安理會常任理事國，目前由中華人民共和國代表出席，一般在名稱上雖使用中國或英文的「CHINA」。但是在憲章及正式名稱仍延續使用中華民國（Republic of China）。事實上，由英文觀之，中華人民共和國（People's Republic of China）也可直接意譯為「人民的」中華民國。北京政府自認是以中國人民的革命，取代腐敗國民黨的「中華民國」，成立「人民的」中華民國。因此繼續在聯合國使用「中華民國」名稱並無不妥，所以北京政府使用中華民國席位，至今未要求更改。聯合國大會《2758號決議文》是確認中華人民共和國繼承「中華民國」，沒有「排我納匪」，也從未驅逐「中華民國」。中華民國一直在聯合國，沒有退出聯合國，只是不再由台灣的中華民國代表，而是由中華人民共和國代表「中華民國」。

最近美國國會與學界持續主張，美國政府的「一個中國」政策，不等於北京政府的「一個中國原則」，呼籲美國政府應挑戰中國的「一個中國原則」。他們的主要依據也是與聯合國、國際社會認定的「一個中國」意義相同。北京政府的「一個中國」認為，「一個中國」一定包括台灣，所以台灣不可以脫離中國獨立。但是聯合國、國際社會認定的「一個中國」，美國政府的「一個中國」政策，都認為中國不一定包括台灣，也與台灣是否可以脫離中國獨立無關。最重要的是，台灣不要再自稱「中華民國」，以免自我認同北京政府的「一個中國」，使中華民國台灣成為中國可以繼承的一部分。

　　兩百多年前，世界上只有一個英國，至今也沒有兩個以上的英國。但是美國人民卻可以脫離英國獨立建國，印度、加拿大、澳洲也都可以脫離英國獨立建國。美國自己可以獨立建國，不會牴觸一個英國原則。所以聯合國、國際社會、美國的「一個中國」政策必然是認定，世界上只有「一個中國」，世界上不能有兩個以上的中國。但是台灣是否可以脫離中國獨立，與美國政府的「一個中國」政策無關，也不會違反美國政府的「一個中國」政策。

五、台灣陷入「一個中國」困境的原因

　　聯合國大會《2758號決議文》確認的「一個中國」，國際社會認定的「一個中國」，都沒有認為中國一定包括台灣，也與台灣是否可以脫離中國獨立無關。由此可知，台灣內部各政黨主張「一個中國」、「九二共識」，繼續使用中華民國國號，維持「中華民國憲法體制」，中華民國外交部「一個中國」的外交政策，民進黨蔡英文政權主張，台灣就是中華民國、中華民國就是台灣，使中華民國體制在台灣合法化、正當化，這才是台灣陷入北京政府「一個中國」困境的原因。根本是自願進入北京政府「一個中國」的圈套。因為聯合國與國際社會認定的「一個中國」，中華民國應該由北京政府繼承。中華民國體制在台灣繼續存在，不但北京政府可以繼承台灣，也可以阻擾台灣進入聯合國與國際社會，世界各國也愛莫能助。

　　因此有必要再分析，使台灣人民認清，「中華民國」是什麼？「一個中國」與中華民國是什麼關係？台灣的各政黨、政治人物都主張捍衛中華民國，參選中華民國總統，已經使中華民國非法體制在台灣固定化，這不就是使兩岸必然是「一個中國」嗎？如果沒有主張脫離中國獨立，一再反對「一個中國」有何意義？是否捍衛中華民國也是拿來判斷檯面上這些政治人物，對國家認同到底清不清楚，或是有模糊說謊的依據。

　　首先，「中華民國」是什麼？1949年，國民黨政權被中共推翻，敗逃到台灣，中國國民黨政權仍自命中國「法統」，對外主張「中華民國」領土包括全中國大陸，要反攻復國。對內在台灣用「一個中國」的憲法架構統治，把在中國選出的中央民意代表轉移到台灣。主張不可以改選萬年國代與立委，這樣才能代表完全的「一個中國」。1990年代解嚴修憲時期，

要求國會全面改選，國民黨要維持它的「一個中國」概念，和保障「中國各省籍」代表參政的機會，還堅持設所謂「代表中國大陸」的「全國不分區」立委，同時要總統「委任直選」，而非直接民選。國民黨至今還是死抱「中華民國」與「一個中國」，完全接受北京政府「一個中國原則」的主張，反對台灣脫離中國獨立。根本無視聯合國與國際社會，中華民國應該由北京政府繼承的認定。還繼續捍衛中華民國體制在台灣，危害台灣、欺騙台灣人，使台灣陷入北京政府「一個中國」的困境。

很遺憾的是，民進黨蔡英文政權主張，台灣就是中華民國、中華民國就是台灣，使中華民國體制在台灣合法化、正當化，也使台灣陷入北京政府「一個中國，中國一定包括台灣，台灣不可以脫離中國獨立」的困境。台灣人搖著中華民國國旗吶喊，台灣插滿中華民國國旗，根本就是向全世界表明，台灣接受北京政府「一個中國」的主張，使中國可以併吞台灣。所以維持「中華民國」體制就是維持「一個中國」的法統，如果國民黨政府主張算了，連民進黨政府現在也是如此，就太令人遺憾了。完全陷入北京政府「一個中國，中國一定包括台灣，台灣不可以脫離中國獨立」的圈套。由此可知，反對「一個中國」、「九二共識」的台灣人民，更應該反對中華民國體制在台灣。台灣人民必須勇敢的站起來，廢棄中華民國體制，才能使「一個中國」不會危害台灣，台灣才能成為國家。

六、台灣建國不必反對「一個中國」

1975年，福特總統訪問北京之前，國務卿季辛吉對他獻策，美國可以開始聲明「一個中國」的立場，因為那是表達不支持「兩個中國」。這樣做會降低美國支持的「中華民國在台灣」，也使中華民國在台灣不能成為「另一個中國」。但這是無可奈何的結局，因為聯合國與國際社會已經認定「一個中國」，除非美國與中華人民共和國爆發激烈對抗（massive confrontation）時，無法再主張「兩個中國」，才會較為不利。因此美國承認「一個中國」的立場，雖然使中華民國在台灣不能成為另「一個中國」。但是一開始就排除美國承認的「一個中國」，不一定包括台灣，或台灣不可以脫離中國獨立的部分。現在美國國會認為美、中關係與美、台關係應該脫鉤，不論美國與中國關係如何，美國都應該保留，尊重台灣人民的自由選擇，也應該支持台灣的防衛力。

　　有關「一個中國」意義的結論是必須釐清以下兩點：

　　第一、聯合國與國際社會認定的「一個中國」，是否認「兩個中國」的空間，是中華民國應該由北京政府繼承。這是台灣人民無法反對的「一個中國」。所以中國國民黨主張接受「一個中國」、「九二共識」，依據聯合國與國際社會認定的「一個中國」，就是完全否認台灣的生存空間，容許北京政府繼承台灣。中國國民黨主張「一個中國」、「九二共識」，是自我毀滅、自取滅亡。一方面民進黨蔡英文政權主張，維持中華民國體制的現狀。然而聯合國與國際社會已經認定，中華民國應該由北京政府繼承，沒有「兩個中國」的可能。所以中華民國不能在台灣成為國家，中華民國在台灣獨立（華獨）也不可能，中國與國際社會都不可能接受「兩個中國」。主張台灣已經獨立，國號是中華民國，更是與國際社會認定，中華民國應該由北京政府繼承矛盾對立。

　　既然，聯合國與國際社會認定的「一個中國」，是中華民國應該由北京政府繼承。自我在台灣維持中華民國體制，就是使北京政府有權併吞台灣，這根本是引狼入室的做法，鼓勵北京來併吞台灣。中華民國體制在台灣，當然無法參與聯合國與國際社會，世界各國也愛莫能助。

　　第二、聯合國與國際社會認定的「一個中國」，根本與中國一定包括台灣，台灣不可以脫離中國獨立，完全無關。否則世界上有一百多個新國家，當初都不可以脫離母國獨立，成為獨立國家。事實顯示，聯合國與國際社會不會去保證一個國家，內部不可以有分離獨立運動，或禁止一個國家內部成立新國家。所以國際社會認定的「一個中國」，根本與台灣人民獨立建國主張無關，不必反對。只要台灣人民廢棄中華民國體制，主動、積極、持續的向國際社會宣布獨立，建立新國家。台灣就與中國無關，不會受「一個中國」的干擾，中國也無權干涉。這就是「一個台灣」、「一個中國」。

　　台灣維持中華民國體制的現狀，只是反對「一個中國」，又不敢主張「兩個中國」有何意義。何況主張「兩個中國」，根本無法對抗或改變聯合國與國際社會認定的「一個中國」。因此台灣維持中華民國體制的現狀下，反對「一個中國」對台灣根本沒有意義，根本是自我矛盾，自己跳入圈套還反對圈套。台灣只要成為獨立國家，台灣政府與人民就可以堂堂正正，公開的申請加入國際組織，這才是正確的方向。

七、「必然是國家」與「可以成為國家」的差別

一般民眾最常問的一個問題是，「為什麼我們有土地、人民、政府與軍隊這些國家的要素，卻仍然不是一個國家？」這個問題沒有解決，會成為阻礙台灣建國的原因。

中華民國體制在台灣，具備這些成為國家的客觀條件，而且不受唯一合法代表中國的中華人民共和國政府所統治，這的確都是事實。但是這和台灣是不是一個國家，能不能成為國家完全是兩回事。兩者不可以劃上等號。因為，有土地、人民、政府與軍隊，卻不一定是國家。

譬如，過去中國共產黨叛亂時，1931年11月7日在瑞金，就宣布成立「中華蘇維埃共和國政府」，毛澤東是他們的領袖，與當時中國的南京國民政府分庭抗禮。他們有一支稱為「人民解放軍」的軍隊，軍力約十萬人，還有二十多萬人的赤衛隊。領域有江西、福建、閩贛、粵贛四個省和瑞金直轄縣，總面積約八萬四千平方公里，是台灣的兩倍多。總人口四百五十三萬，並且也向該地區的人民徵稅，統治該地區的人民，組織各級政府、建設該地區，但是這是國家嗎？當然不是，而且在當時還繼續被國際社會認定為是中國的叛亂團體，是一個與合法的南京政府對抗的叛亂團體，這是大家都很清楚的歷史。但是，為什麼中華蘇維埃共和國政府有土地、人民、政府與軍隊，卻不是國家？因為中華蘇維埃政府，並不是要分離獨立建立國家，他們自己主張是要叛亂，要取代南京的中華民國政府，成為唯一合法代表中國的政府。甚至在1949年之後，中華人民共和國統治著中國大陸廣大領域及人民，有政府及軍隊，人民解放軍還曾經在韓戰中與聯合國軍隊對抗。但是1972年之前，卻一直被美國及很多國家認定為是叛亂團體、非法政府。因此，有土地、人民、政府及軍隊的中華人民共和國，因為不是要建立新國家，而是要建立新政府，所以即使有土地、人民、政府及軍隊，也不是國家。可見有土地、人民、政府，不一定就會成為國家，還有其他成為國家的要件。

反過來看1971年以後的中華民國體制，看今天在台灣的中華民國體制，就是和當年的中華蘇維埃政府，或1949年之後的中華人民共和國政府一樣的狀況。在台灣的中華民國體制本來就是要反攻大陸，推翻目前唯一合法代表中國的中華人民共和國政府，想取而代之成為唯一合法代表中

國的政府。在台灣的中華民國體制，從來不想成為國家，形成「兩個中國」。因為是如此自己定位，《中華民國憲法》與外交政策，及整個中華民國體制都一樣，從來不想成為國家。所以「中華民國在台灣」雖然有土地、人民、政府與軍隊，但是這個政府從未表示要分離獨立成為一個獨立國家，甚至拒絕要成為獨立國家，反對獨立，一心一意只是要在「一個中國」之內解決內戰問題，當然無法成為一個主權國家。

譬如美國各州，都稱為「state」，其字義也是「國家」，都有土地、人民、政府與軍隊，有州政府、州政府軍。但是美國的各州也都不是國家，是地方政府。所以，有土地、人民、政府與軍隊，未必就是主權國家。相反的，做為一個主權國家，就必須有自己的土地、人民、政府與軍隊。這兩者之間並不是等號，就像有四個邊的四邊形未必是正方形，而正方形必定是有四個邊是一樣的道理。

八、建國意志是國家的主觀要素

台灣地區雖然具備建國應有的客觀要素，土地、人民、政府與軍隊，卻沒有建國意志這個主觀要素，一天到晚只想和中國和談、想著與中國統一、維持中華民國叛亂體制現狀、還主張自己是中國人。完全沒有想從中國分離獨立的意志，反對宣布獨立，還為了加入國際組織、世界貿易組織、為了參加運動比賽、為了與中國一家親，而自我否認台灣是國家，自稱是中國的台灣、中國的台北。這樣即使具備國家應有的客觀要素，也不能成為國家，只是中國的非法政府。

台灣從未主動、積極、持續的向國際社會宣布獨立、主張是新國家。所以當然不能建國成功。因為台灣人根本沒有建國的意志，台灣人不想建立自己的國家，台灣人自己不知如何建國、不敢建國、所以不能建國，必須有喚醒台灣人民的聲浪傳出去，大家繼續默不作聲，才是台灣建國最大危機。站起來做建國行動，是全體台灣人民的共同義務！

中華民國或是台灣，目前要成為國家，必須要持續向國際社會「宣布獨立」。若台灣自己都不能確定，是否要成為獨立於中國以外的國家，不敢向國際社會「宣布獨立」，各國如何承認台灣是國家，要如何申請加入聯合國、參與國際社會？蔡英文總統一再對內表示，中華民國是主權「國家」，台灣不是中華人民共和國統治下的一省，無法認同也不會接受

一國兩制。但是如果有勇氣想要建國，那麼蔡英文總統應該立即召開國際記者會，對外告知國際社會，中華民國或是台灣，是獨立於中國之外的主權「國家」，廢棄《中華民國憲法》，「宣布獨立」，領土是台灣，國民兩千三百萬人，並以此新國家身分申請加入聯合國。這樣才能顯示出是有土地、人民、政府與軍隊，再加上有建國的意志，才能建立自己的國家。「台灣建國學」一直努力以赴告訴台灣人，台灣還沒有獨立，繼續鼓勵台灣人民要勇敢的站起來「宣布獨立」，建立自己的國家。

　　台灣具備前所未有的建國條件，如果由獨立建國的條件來看，台灣人實在是很幸運，人類歷史上，沒有一個國家在追求獨立建國的過程中，有像台灣這樣好的條件，有屬於自己的精良軍備的軍隊，有各種管道可以取得先進的武器，有強盛的經濟力，有台灣海峽作為天然的屏障。台灣沒有受到中國政府的實效統治、中國人民解放軍也沒有在台灣本土巡邏、警戒或鎮壓我們。台灣具備了人類有史以來最好的建國條件，但是為什麼不能形成建立國家的意志，為什麼願意繼續做「一個中國」之下的非法政府、叛亂團體？

　　這些問題其實就是我們台灣人自己所應該反省的。世界上許多建國條件比我們差的人民都建國成功了，而我們有這麼好的條件，竟然因為害怕中國恐嚇武力犯台，害怕美、日不支持台灣獨立建國，害怕發生戰爭。因為這樣的心理因素，所以遲遲不敢獨立建國，只想維持叛亂偏安的現狀。有這樣好的條件都還不獨立建國，台灣人還在等待什麼？難道要等世界各國拜託我們獨立？等國際社會簽約保證讓台灣獨立，中國不會武力犯台？等中國發公文核准台灣獨立？這樣的事可能發生嗎？台灣有這樣好的條件都還不敢獨立，當然就不可能成為國家。沒有建國的意志、不敢用台灣共和國的國名申請加入聯合國，不敢主張、宣布自己是要從中國分離獨立建立新國家，也不敢清楚向國際社會表明台灣與中國是國與國的關係，是兩個不同的獨立國家。當然就不可能建國，台灣也就無法成為國家。

　　更何況，台灣人還自己騙自己，台灣已經獨立，中華民國是一個國家。如果台灣已經是一個國家，「台灣建國學」也不需要在這裡否定台灣是一個國家，否定也沒有意義。在此說明，主張台灣不是一個國家並不是要滅自己威風，而是陳述事實，希望台灣人不要沉迷在，繼續維持危險的中國非法政府、叛亂現狀中，早日形成建國的意志，勇敢的站起來「宣布獨立」，建立自己的國家。

九、獨立建國不是要消滅中華民國

　　泛藍的民眾常常認為「台灣獨立建國就是要消滅中華民國」，讓他們無法接受，並鼓勵台灣人捍衛中華民國體制。然而，台灣獨立建國不是要消滅中華民國，也與消滅中華民國無關。很多人認為，台灣獨立就是要消滅中華民國，完全是誤解中華民國的意義，中華民國不是國家，而且是中國舊政府、中國的非法政府。中華民國不必任何人消滅，中華民國現在是由北京政府繼承，且在聯合國使用的國號。渲染台灣獨立建國是要消滅中華民國，一方面也是要誤導民眾相信，中華民國在台灣還是國家，欺騙民眾站出來反對台灣獨立建國，捍衛中華民國體制。但是台灣維持中華民國現狀的嚴重後果是，中國北京政府從來不是要消滅中華民國，而是要繼承中華民國。這些由聯合國與世界各國建交後的事實對應都證明，北京政府可以繼承中華民國的席位和財產。中華民國的一切，包括國旗，國號，外匯，大使館及財產，北京政府都有權繼承使用。更嚴重的是，在台灣維持中華民國現狀，北京政府就有權合法主張併吞台灣，我們一再主張台灣就是中華民國，台灣就成為中國併吞的對象。北京政權根本不怕中華民國，而是禁止台灣在國際社會上代表中華民國。北京政權甚至很歡迎台灣對內，繼續維持中華民國體制，因為只要是中華民國的一切，北京政權就有權利繼承，屬於中華民國的台灣就是北京政權有權併吞的台灣。

　　所以台灣獨立建國不是要消滅中華民國，中華民國由北京政權代表，是聯合國、世界各國的「一個中國」共識，都是決議中華民國應該由北京政府繼承。但是並未認定中國一定包括台灣，或是台灣不可以脫離中國獨立。台灣獨立建國不是要消滅中華民國，而是要脫離中華民國。不要再迷信、相信中華民國在台灣還是國家，不要因此而反對台灣獨立建國。台灣獨立建國是台灣人民生存、要有一個國家，必須開拓的希望之路。

十、「錯誤的前提導致錯誤的結論」

　　有關「台灣建國學」強調，依據國際法「中華民國是非法政府叛亂團體」的說法，常受到各界與一些獨派團體的攻擊，這是來自「錯誤的前提導致錯誤的結論」。不少人認為，主張中華民國是非法政府叛亂團體，等

於是使北京政權有併吞的依據相當危險，同時也失去自己的立場。他們認為，台灣有政府、人民、土地、軍隊，為何不是國家？為何是中國的非法政府叛亂地區？特別是民進黨掌握政權後，反而發展出「中華民國是一個國家」，不再是過去中國的非法政府。中華民國已經民主化改頭換面，不再是反攻大陸、動員戡亂時期的中華民國，這樣的誤導更迷惑很多台灣人。

其實今天來談這些問題，比研究憲法、國際法更頭痛，因為很難對這麼簡單的觀念再進一步詳加說明，有時甚至三更半夜想到一些說明方法，都必須馬上錄音做記錄，再思考一些如何導正錯誤觀念的簡單例子。「台灣建國學」一直認為，如果中華民國是國家，我們就不需要推動台灣建國運動。台灣建國不是厭惡中華民國，而是因為中華民國不是國家，是北京政府可以主張併吞、繼承的對象。所以「台灣建國學」認為，探討中華民國到底是不是國家，是建國運動相當重要的課題。如果真的現狀的中華民國已經在台灣成為國家，反對認定中華民國是非法政府叛亂團體的當權者，事實上也不用指責「台灣建國學」，應該將精力放在說服歐美各國、日本、北京。民進黨政權更應該發表白皮書，並發表國際宣言，讓國際社會知道中華民國在台灣早就是一個國家，世界上有兩個中國，兩岸是兩國關係。那麼以後台灣不會再有台獨運動或建國運動，因為我們既然有國家了，何必再獨立或建國。

「中華民國到底是不是國家，是建國運動相當重要的課題。」一般主張中華民國是國家、捍衛中華民國體制的人，在理論上搞混了「政府」與「國家」，及「政府承認」與「國家承認」的相關理論。「台灣建國學」要請主張中華民國是國家的人，將其理論說明清楚。國防部的主要將領幹部一再表示，他們只要效忠中華民國，中華民國是他們的國家，這些話聽起來很有道理，也很感動這些軍人這麼愛國。但是如果有一天他們了解事實真相，發現所謂「中華民國」根本不是國家，只是中國的非法政府叛亂團體，則心防的瓦解將導致軍事防衛意志的崩潰，如何維護台灣安全？所以，如果中華民國可以在台灣成為國家，中華民國是國家，實有必要清楚告訴台灣人與國際社會，中華民國從何時成為國家？如何建立的？國家領域範圍、國民在哪裡？和中國的關係是兩國關係嗎？聯合國的中華民國，為何由北京政府代表？為什麼是兩岸關係？為何是大陸委員會？

「台灣建國學」有關中華民國不是國家，是中國非法政府叛亂團體，都已經一再清楚論述，在此不再深入探討。但是主張中華民國是國家的

人，卻無法將中華民國是國家的理論說明清楚。而是以「錯誤的前提（中華民國是國家）」導致「錯誤的結論（中華民國不是中國非法政府）」。

　　如上所述，如果中華民國是國家，則「台灣建國學」不須再探討建國的基本理論。「台灣建國學」所以一再探討這些理論，就是因為中華民國不是國家，它只是被拒絕承認的中國舊政府，「漢賊不兩立」下中國的非法政府。從國際法的觀點來看，中華民國就是中國的叛亂團體，台灣則是受其統治的叛亂地區，這樣的現狀維持下去很危險。

十一、「兩國論」的誤導

　　大多數的台灣民眾認為不需要再宣布獨立，因為中華民國在台灣已經是國家。這源自1999年，當時李登輝總統所提出，兩岸關係定位在「特殊的國與國關係」，所謂的「兩國論」論述上。然而「兩國論」亦需一套理論基礎，也需要實行落實才能成立。兩國是兩個中國嗎？憲法與外交政策的「一個中國」有廢棄嗎？否則只是一個突發性、不負責的名詞。

　　「兩國論」突然出現，是1999年7月9日德國之音記者訪問李登輝時問到，你們做為中國叛亂的一省有何感覺？宣布台灣獨立似乎並非實際可行，而北京「一國兩制」模式則不為台灣大多數人民所接受。在以上兩種路線間，是否有折衷的方案？如果有，其內涵為何？當時李登輝竟然不知道中華民國1912年並不是建立國家，而說出：「中華民國從1912年建立以來，一直都是主權獨立的國家，所以兩岸關係是兩國關係」。又說在1991年修憲後，兩岸關係定位在特殊的國與國關係，所以並沒有再宣布台灣獨立的必要。「兩國論」就是在這樣的狀況下突然出現，並沒有提出相關的理論基礎。

　　然而，1912年中華民國是建立國家嗎？為何1991年修憲後會變成兩國？只是這兩點就與事實矛盾，中華民國是國家的說法與修憲後如何產生「兩國論」，德國之音記者與國際社會還是聽不懂。雖然李登輝為了想要建立一套理論基礎，事先曾經派遣蔡英文遠赴美國、日本、義大利等地，訪問知名國際法學者，想建立一套理論基礎。但是結果是完全沒有提出一套理論論述，「兩國論」不到三天就消失無蹤，沒有任何政黨與政治人物再提起。「兩國論」之所以無法持續堅持、推論，各政黨不敢再提及，是讓中華民國無法成為「真正」國家，並無法成功與說服國際社會兩岸是兩

個國家最主要的原因。

從許多歷史文件和中華民國政府的所做所為，也都證實中華民國是政府。中華民國未曾「宣布獨立」建立國家，孫中山1912年就任臨時大總統時，也沒有任何宣布建立新國家的證據、文件。1912年中華民國外交部照會各國，只稱「推翻專制政府，建立民國」，是成立新政府取代清朝舊政府，並不是宣布從大清帝國獨立，完全沒有宣布獨立，宣布建立新國家的證據、文件。臨時政府外交總長王寵惠向美國與各國，也只要求盡快承認「我們的政府」。

之後，中華民國政府在台灣，完全是實施反攻大陸的「一個中國」內戰政策。即使依據1991年修憲後的條文，兩岸關係也是定位為中國的自由地區與大陸地區，根本沒有定位在國與國的兩國關係。中華民國在台灣的外交政策目前還是「一個中國」原則，自稱是代表全中國的政府。

如果中華民國是一個新國家，這些理論都必須交待清楚。今天台灣的領導人、各黨派、學者專家，都惡用「兩國論」，認為中華民國是主權國家，甚至包括一些獨派的學者專家都不再否定中華民國是國家，如果連政府和國家都分不清楚，那麼獨立建國怎麼可能成功，外國又怎麼能接受「兩國論」？在這種情況下，國際社會也不知中華民國在台灣在主張什麼獨立，到底是地方政府的獨立呢，還是其他奇奇怪怪的什麼政治實體在獨立，當然北京政府也無所謂中華民國在台灣的獨立，完全不當一回事。

目前有十四個國家和中華民國建立外交關係，是否表示承認中華民國是一個「國家」？新國家的成立與政府的變動完全不一樣。我們可以這麼說，有國家必然有中央政府，但是一個政府背後不一定有一個國家。因為這個政府可能是被推翻的舊政府，也可能是個地方政府，也可能是像過去共產黨在江西建立的「叛亂的中華蘇維埃政府」。所以，我們不能說中華民國政府背後一定有一個國家，那可不一定，因為這個國家可能已被另一個政府所代表、所取代。所以，中華民國這個地方性政府、非法政府，或是被拒絕承認的舊政府，雖然有總統、國會議員、軍隊，也還能在台灣內部使用聽起來像是國家名稱的「中華民國」。但是事實上它只不過是一個被廢棄的、叛亂的政府，而其背後並無一個國家實體存在。雖然目前有十七個國家承認中華民國，但這是承認代表全中國的中華民國「政府」，並非承認中華民國是一個在台灣的「國家」。中華民國政府背後的國家是中國，這就是「一個中國」。這種承認在國際社會上，並無任何台灣是主權

國家的意義，對台灣的國家地位一點幫助都沒有。甚至台灣的元首外交出訪邦交國，都是浪費稅金，根本是在為「一個中國」宣傳。

　　這是我們一再強調的政府承認和國家承認不同之處，有關這些問題，在「台灣建國學」其他部分也都有清楚說明。我想再次強調，如果連中華民國是政府或是國家都分不清，請台灣的領導人、各黨派，不要再欺騙台灣人，更不可能進一步欺騙國際社會，或想在國際社會使中華民國成為主權國家。台灣的領導人、各黨派的理論專家至今仍分不清國家和政府的區別，也不了解分離獨立建國和政府變動之間的差別，無法提出理論。那麼國際社會實在不知道為什麼，中華民國在台灣已經是國家，也不知道台灣人民是否要建國？

　　其次，國際社會與國際法理論，一個國家的分離獨立運動，就是要和原來的國家分離，建立另一個新國家，而原來的國家則依舊存在，不可能被消滅。一方面，新政府的成立，則是為了取代原來的中央政府，如果是選舉等合法變動，就是政權交替。如果是非法推翻政變等，就是革命新政府。因此，建立新國家和建立新政府是完全不同的主張。

　　例如，伊朗的柯梅尼推翻巴勒維王朝，就是建立新政府而非建立新國家。如果當初柯梅尼主張分離獨立，建立一個新的伊斯蘭國家，則他必須留下一片生存的土地給巴勒維王朝，繼續維持原有的伊朗國家。如此主張分離獨立才能建立新國家，如果只是將原政府推翻，則只是建立新政府，就不可能是建立新國家。

　　反之，加拿大的魁北克、以色列的巴勒斯坦，則是要建立新國家，所以加拿大的魁北克不會主張消滅加拿大國，因為他們的訴求是分離獨立，建立一個和加拿大不一樣的國家，而其母國加拿大則必須仍然存在。巴勒斯坦的情形也一樣，以色列這個國家仍然應該存在，而巴勒斯坦則是要建立一個巴勒斯坦國。因此，一個新的政治力量出現，其主張到底是要建立新國家，或是要取代舊政府建立新政府，其訴求必定相當清楚。巴勒斯坦建國不會消滅以色列，魁北克建國不會消滅加拿大，同樣的台灣獨立建國，與消滅中華民國或是消滅中國完全無關。

　　「兩國論」沒有提出一套理論基礎，面對事實也無法明確指出，兩國是「兩個中國」或是「一台一中」。如果是「一台一中」，事實上就是「台灣建國」，使用「台灣建國論」很明確清楚，何必提「兩國論」。

　　「兩國論」如果是指兩個中國，一般所謂中華民國台灣是國家就是兩

個中國。這樣的主張最大矛盾是：中華民國從來沒有退出聯合國，中華民國是聯合國創始會員國及安理會常任理事國，目前由中華人民共和國代表出席，一般在名稱上雖使用中國或英文的「CHINA」。但是在憲章及正式名稱仍延續使用中華民國（Republic of China）。所以聯合國、國際社會已經認定只有「一個中國」，「中華民國」已經由北京政府繼承。這是兩個中國或「中華民國」要在台灣成為國家的最大障礙。

　　「台灣建國學」一再說明，「兩國論」的中華民國型獨立建國，也必需宣布獨立，同樣會引起中國的反對、鎮壓，面對中國的武力威脅，台灣人民也必須勇於抵抗，中華民國型的獨立建國才有可能成功，否則還是無法建國。何況建國成功後，又會面臨必須處理中華民國國名的爭議，比台灣建國倍增困難！

第五章　台灣建國的核心問題與策略

　　「台灣建國學」說明了有關台灣要獨立建國，必須釐清的許多國際法方面的知識。但是台灣如果要獨立建國，目前面臨的主要障礙是什麼？台灣人民應該怎麼樣來尋求突破？

　　首先最大的困境，就是套在台灣人民身上的「中華民國憲法體制」。其次，就是對外自稱「中華民國」，讓國際社會認為，「台灣自我主張台灣是中國的一部分」。「中華民國憲法體制」下，定位台灣是中國的自由地區，因此維持現狀事實上就是使台灣成為中國的一部分。造成對外被視為台灣人民自己主張是中國的一部分，自願成為中國的非法政府；對內也造成各種阻礙改革的藉口。

　　依據憲法學理，《中華民國憲法》是1946年由包括中國大陸人民與蒙古人民在內的憲法制定權力所制定。這一部憲法與這些人民是不可分割的，這些人民有權制憲，當然有權廢除這部憲法，實際上中國人民也早已宣布廢除。當1949年，中國人民建立新政府，並於1954年制定《中華人民共和國憲法》之後，依憲法學理，《中華民國憲法》即自動被廢棄。

　　當時在台灣的中國國民黨政權雖然勉強解釋為，因中國人民一時受北京政權壓制與欺騙而非法的制憲，所以這是短暫的現象，並以《動員戡亂時期臨時條款》凍結憲法，主張《中華民國憲法》仍應好好保存，以備將來反攻大陸之後再帶回中國實施。

　　然而，中國人民六十多年來，已一再的行使憲法制定權力，制定過四次新憲法，北京政權穩定有效統治中國，已被國際社會普遍承認，成為代表中國的唯一合法政府。在台灣的中華民國也已經放棄反攻大陸。

　　在此前提下，即使再完整保存過去中國人民所制定的《中華民國憲法》，事實上也不可能使這部憲法死而復生，或否認其被廢棄的事實。任何一部憲法都必須有生命力，唯有與賦予憲法生命力制定的人民同時存在的憲法，才有實質的意義，才是活生生有效的憲法。憲法並非只因為其內容、理想完整而得以存在。憲法是因為有實際與其存在的憲法制定權力，這一個有生命的人民意思主體，不斷的對憲法加以解釋、形成判例而注入生命力，使其有適用運作的空間，使其成長且維持效力，這才能證明是實際存在的憲法。

　　台灣如果繼續實施《中華民國憲法》，還依據《中華民國憲法》進行違法的修憲或憲改，就是維持一部中國的舊憲法體制，不只是矛盾錯誤捨本逐末，更是容許舊勢力可以假借《中華民國憲法》的規定，阻礙改革、轉型正義，使台灣永遠不會成為國家，台灣也永遠不會是有憲法的國家。

　　無可奈何的是，維持「中華民國憲法體制」，竟然是二千多萬台灣人自己的選擇，選擇繼續維持中華民國體制的現狀，這就是為了選票號召主流多數維持現狀的惡果。

　　因此，台灣如果再不強調自己是主權國家，追求獨立自主，反而繼續實施《中華民國憲法》，繼續使用中華民國國名、國旗，或是企圖形成中華民國「第二共和」，就無法明確界定主權成為國家。由此可知，台灣要成為國家，最基本的前提要件是，必須廢棄《中華民國憲法》，向國際社會「宣布獨立」，確定主權範圍僅及於台灣，絕對不包括中國與蒙古兩個主權國。

一、自欺欺人的已經獨立不必再宣布獨立

　　台灣的政府、政黨、法政學者都自欺欺人自認為是國家，一方面又以代表中國的中華民國政府自居，兩者根本是自我矛盾。

　　台灣要成為國家不能再自認為代表中國，故不可使用北京政府才能使用的中華民國或與中國有關的國名，當然也不能偽裝中國繼續施行「中華民國憲法體制」。如此，台灣人民才能以憲法制定權力制定新憲法，建立新國家。以上論述已經指出，維持現狀的「中華民國憲法體制」，就是維持「一個中國」。一方面反對「一個中國」、「九二共識」，一方面又維持現狀的「一個中國」憲法體制，這是什麼原理原則，根本自我矛盾。

　　台灣的政府、政黨無視以上這些維持現狀的「一個中國」憲法體制。自然而然台灣的民眾、立委民代及政府官員也有樣學樣，到中國時不拿所謂中華民國外交部所核發的護照，而是拿由中華人民共和國公安部所核發的台胞證。既然連台灣人自己都認為台灣不是國家，那麼台灣就只有成為「一個中國」之下叛亂地區的命運了。因為，不論是從國際法或者是從歷史上來看，一個國家之內一個政權不是這個國家合法政府的地位，那麼它必然是一個地方政府、叛亂團體或者非法政府的地位。台灣自稱中華民國的現狀，在國際社會是被認定為非法、不正當、冒名行騙，所以維持現狀

必然阻礙台灣成為國家。

　　但是，很現實的是，長期執政的國民黨就不多說了，問題是兩次執政的民進黨，陳水扁總統也是維持「中華民國憲法體制」現狀，蔡英文總統更是一再強調維持現狀。另外，台派團體裡面也常有所謂「台獨只能做不能說」的主張，表示應該給陳水扁總統或蔡英文總統一些空間。所謂「台獨只能做不能說」，如果是指獨立建國的準備過程應多做少說，以免橫生枝節增加困擾，待時機成熟一舉宣布獨立，這是可以理解，也可以接受的。

　　但是，如果認為獨立建國可以在國際社會都不知道的情況下偷偷獨立，那就違背國際法法理與常識。國家不可能在神不知鬼不覺之中完成獨立建國，如果台灣已經成為獨立國家，但全世界都不知道，只有台灣人民自己知道，可能嗎？

　　國家必須具備領域、人民、政府等要素，相反地像中華民國在台灣這樣具備支配某些地域、人民，且有政府的組織型態，自行選舉總統，卻不一定是國家。因為即使具備這些成為國家的要素，如果欠缺人民主張建國的先決要素，沒有「意志」建國，積極主動持續向國際社會「宣布獨立」（Declaration of Independence），表明建國的決心，就不可能成為國家。台灣人民站起來主張建國，才是台灣成為國家必須具備的要素。美國與國際社會即使要承認台灣是國家，實際上不可能也做不到。因為台灣自己從未主動宣布獨立或積極主張是國家，所以美國及世界各國依國際法法理，不能主動、積極的承認台灣是國家（這與中國的反對完全無關）。

　　更嚴重的是，台灣至今仍然維持「一個中國」，在外交上以「中華民國政府」與「中華人民共和國政府」爭中國合法政府代表權。台灣的外交部，至今仍要求世界各國與邦交國，做代表一個中國合法政府的外交上之「政府承認」，而非要求世界各國與邦交國，做台灣是國家的「國家承認」。

　　想想看，台灣內部維持中華民國政府體制的「一個中國架構」，又在外交上要求代表全中國，美國可以用承認台灣是國家的方式，喧賓奪主的替台灣人建國嗎？同理，世界各國也同樣不可能，主動、積極的承認台灣是國家。

二、國際社會的常識與台灣政府的謊言

英國劍橋大學國際法學者詹姆士・克洛福（James Crawford）教授，在國際法教科書與論文中一再指出：「雖然台灣事實上已具備，除了國家承認以外的其他一切國家成立要件，但因為台灣政府從來沒有對外明確表示『台灣是一個有別於中華人民共和國的獨立國家』（宣布獨立），造成世界各國也普遍不能承認台灣是一個主權獨立的國家，所以台灣並不是一個國家。」這些都是國際法學界與國際社會眾所周知的常識，各國的學者、政要都一再指出的事實。世界各國權威國際法學者論述：「台灣政府與人民從未宣布是獨立國家」，請參考黃居正教授在《自己的臺灣自己救》（臺灣人權文化協會編著）的「占領論」。

目前台灣對內「中華民國是國家」、「台灣已經是獨立國家」的說法，不但不能提出法理依據，說服各國支持與承認台灣獨立，對外也不能言行一致的宣布獨立，使主張與實際做為完全矛盾。

一方面，台北、北京兩岸政府的外交政策，都繼續維持「一個中國」原則，互爭合法政府的代表權，國際社會當然沒有積極主動對台灣做「國家承認」的權利，也沒有積極支持台灣以國家地位加入國際組織與聯合國的權利。可見，台灣不能獨立建國，主要並非中國打壓，也不是國際社會不支持、不承認，反而是因為台灣人繼續維持現狀的中華民國體制，認為「中華民國是國家」、「台灣早就獨立」、「台灣不必再宣布獨立」等等自以為是的主張，所造成的後果。

最嚴重的是，至今還存在著中華民國是國家的錯誤觀念，說出「除非瘋了才搞台獨」、「已經獨立不必再台獨」等等否定台灣建國的主張，以為中華民國與中華人民共和國是一邊一國。甚至自我陶醉，認為北京畏懼中華民國的存在，要北京正視中華民國在台灣的存在。事實上，中華民國名號對北京政權並非禁忌，依據《聯合國憲章》第23條，中華民國仍為中國在聯合國之國號，北京政權在聯合國就是堂堂正正代表中華民國出席。

蔡英文與各黨各派一再向中國喊話，呼籲北京政府正視中華民國存在的事實，習近平可以輕鬆回答：「我們北京政府非常重視中華民國，目前就是以中華民國國號，派出代表出席聯合國」。北京政權甚至很歡迎台灣繼續維持中華民國體制，只要是中華民國的一切，北京政權就有權利繼

承，中華民國的一切，就是北京政權的。因此在台灣內部捍衛中華民國，就是幫北京政權看守台灣，北京政權求之不得。一方面中華民國體制的現狀，也可以阻擋台灣成為國家、參與國際組織，只要台灣使用中華民國，北京政權就有權利阻止台灣參與國際組織，也可以要求視同港澳一樣，認定是中國台灣、中華台北。

　　因此，如果台灣不再思考以堅定意志宣布獨立，讓各國的支持有所依據，當然台灣也就不能成為國家。那麼台灣人團體去各國宣達，要求各國支持台灣加入聯合國或國際組織有何意義，只是浪費資源不是嗎？所以台灣要成為國家，主要問題在台灣的內部、台灣人民的意志，其次才是國際社會的支持。

三、對比「巴勒斯坦」與「台灣」的建國意志

　　談到人民的建國意志，我們想到，目前國家條件還有許多問題的巴勒斯坦，在2015年的9月，巴勒斯坦的國旗在美國紐約的聯合國大廈前廣場被升起來，相信很多台派朋友都看到這個訊息，也很敬佩巴勒斯坦人民的建國意志與成果。台灣人民跟巴勒斯坦人民的差別在那裡？如果以「巴勒斯坦」與「台灣」做比較，確實更能瞭解其中的差異與問題所在。

　　巴勒斯坦目前尚未擁有成為國家的要素領土，但卻是一再宣布獨立建國，並且要求世界各國給予「國家承認」。以色列戰車在巴勒斯坦的土地上威嚇，但巴勒斯坦人仍不畏懼的高喊獨立建國，青少年甚至以石頭攻擊戰車以顯示建國意志。

　　反之台灣有強大軍力，人民解放軍也不像在香港一樣，在街道巡邏威嚇，但是台灣政府與人民卻畏首畏尾，不敢堂堂公開的「宣布獨立」。不少人認為恐懼使台灣人不敢建國，但是一方面卻有絕對大多數的台灣人主張「中華民國是國家」或「台灣早就獨立」。可見恐懼並非台灣人不敢建國的核心。不知道國家理論、建國理論，不知道如何建國才是主要原因。因此台灣要成為國家，目前最重要的是台灣人民應詳細的理解，中華民國危害台灣的理論，特別是如何獨立成為國家的種種理論與必要性。

　　如何傳播這些理論，使軍人、警察、各級公教人員、各行各業人士理解，主張廢棄中華民國不是討厭或是情感上不喜愛中華民國，而是中華民國「不是國家」，中華民國已經危害到台灣的生存，威脅到下一代的前途

與希望。必須讓台灣人了解，維持現狀就是讓中國有合法性、正當性來併
吞台灣，台灣「尚未獨立不是國家」，無法成為國際安全保障的對象，所
以中國可以武力威嚇台灣。

　　如此台灣人的建國意志自然就會展現出來。解決這些台灣內部的問題
之後，才能詳細的規劃，如何爭取國際社會支持，一步一步向獨立成為國
家的目標前進。目前內部宣傳的問題比爭取國際社會支持嚴重，必須先
處理。

四、廢棄「中華民國憲法體制」才能建國制憲

　　現實上，台灣確實面臨許多來自內部阻礙建國的問題，例如觀念釐
清，統派勢力阻擾等困境；還有來自外部的，例如中國的打壓，國際社會
也可能觀望等困境。因此，在具體操作方面台灣應該如何進行獨立建國的
工作，怎麼樣才能達到目標？

　　首先就是必須宣布廢棄「中華民國憲法體制」，讓台灣人民認清《中
華民國憲法》沒有正當性、合法性、《中華民國憲法》從未在台灣具體實
施、甚至《中華民國憲法》已經危害台灣。廢棄《中華民國憲法》，在完
成制憲之前，台灣現行的民主體制，人權保障，依舊可以維持，也就是
1990年代以來，由台灣人民力量所建立的民主憲政體制。這方面，我們在
民視「台灣憲法學」，已經有更清楚的說明。

　　這裡要強調的是，長久以來中國統治者以虛假法統的《中華民國憲
法》，號令台灣人守法服從其統治，只會假借憲法條文打壓人民公投、
抵抗權、建國制憲、國民主權等等運動。事實上，制憲不需要中華民國立
法院同意或提案，若是如此則非新國家的制憲，仍然是受限於中國的舊體
制。台灣人民直接站起來制憲，才能澈底廢除舊體制，開創改革進步新局
勢。若陷入《中華民國憲法》的荒謬框架，重蹈覆轍的修憲或憲改，不僅
矛盾錯誤、捨本逐末也讓國際社會誤解，更是縱容支持中國的舊勢力得以
假借憲法規定，架設重重障礙輕易阻撓制憲，將使台灣難以脫離中國魔掌
成為國家，永遠不會有一部保障自由人權與民主法治的憲法。

　　1990年代台灣制憲運動萌芽時期，雖然集結不少力量追求建國制憲
目標，卻過分依賴民進黨的所謂「制憲國大」。結果這些國大代表進入體
制後，有些擁抱現實，積極參與體制內補破網式的修憲；有些基於政治利

益，企圖促成中華民國「第二共和憲法」，幾乎完全放棄繼續宣揚制憲理念、追求制憲的目標。修憲的惡果是正當化《中華民國憲法》與體制，引導下一代認同中華民國，誤以為捍衛中華民國非法體制等於保護台灣。

目前台灣進行憲改或修憲，都是主張必須遵守中華民國體制，在各種不合法、不正當規則下進行修憲，要依照反對改革勢力所設計的層層障礙、規則修憲，難道過去的失敗還要繼續錯亂下去嗎？過去遭到政治短視者封殺的制定憲法主張，已經被時間證明是真正且唯一的解決台灣問題之道，為何不能再次以人民抵抗權、制憲權制憲，反而要依照反對改革勢力所設計的《中華民國憲法》與體制規定修憲。

廢棄《中華民國憲法》的台灣才能民主化，虛化《中華民國憲法》不必理會其規範，甚至要主張違反《中華民國憲法》（因為這不是憲法）並無不當違法。如此立即可廢監察院、考試院、蒙藏委員會，並落實總統制。

此時此刻舊勢力還假借《中華民國憲法》規定，企圖阻撓台灣民主改革轉型，可見這部憲法之惡質性。台灣人民廢棄《中華民國憲法》，早已廢棄《中華民國憲法》的北京政權根本無話可說，更不會影響台灣的人權保障與民主制度。

同時，制憲建國與建國制憲基本上有很大的差異。一般國家都是先建國後制憲，原因是建國之初無法周全規劃憲法架構，所以都經過一段時期以後再制憲。反之，台灣卻有以制憲形成建國的空間，原因是台灣實際上已經有符合民主國家的條件，領土、人民、有效統治的政府。若是將沒有正當性、合法性的《中華民國憲法》，虛化並排除其適用，成為沒有《中華民國憲法》的台灣，實行類似英國的不成文憲法，時機成熟再以制憲宣誓獨立建國，也無可厚非。

突破現狀才能開創新局，唯有建立新憲法體制，才能維繫台灣的自由民主，否則任何原本追求進步改革的力量，即使選舉勝利掌握政權，都是暫時、虛幻的假象。結合建國制憲運動的力量，不要再誤認中華民國是國家，迷失在「中華民國憲法體制」下自我拘束的去修憲，更不能把此重擔丟給下一代。因此，如何直接向台灣人民宣揚憲法理念，使全民廣泛參與制憲運動，才是當前建立憲法新秩序的重大課題。

五、台灣建國的對外策略

　　台灣建國的對外策略最優先，也最簡單可行的，是廢除「一個中國」的外交政策。但是最關鍵、長遠的，是以新國家的名義，申請加入聯合國，這些完全操之在我們自己手中。目前外交政策仍然是以維持「一個中國」、「漢賊不兩立」為最高指導原則，每年外交部的龐大預算仍繼續的用在，要求各國承認中華民國政府是中國合法政府的政府承認。

　　「一個中國」的外交政策，實際上就是要求邦交國承認，「中華民國在台灣的政府是代表全中國的合法政府」、「台灣總統是十四億中國人的國家元首」等等矛盾的外交政策。相反的，任何可能形成台灣成為獨立國家，甚至是主張台灣是跟「中華人民共和國」沒有任何關係的獨立國家，卻完全不存在於台灣的外交行動中。

　　事實上以目前北京政府的外交關係與國際影響力，要使中華民國十幾個邦交國更少或歸零並非做不到，北京之所以容認是因為，繼續維持「一個中國」、「漢賊不兩立」的局面，才能消耗台灣龐大稅收預算，也可以阻礙台灣成為國家，真是一舉兩得。目前這種維持十幾個政府承認的邦交國，推動以觀察員加入國際組織，支持民間參與NGO，推展國民對外活動等外交部的例行工作，完全無助於確立國家地位或突破外交困境。

　　由此可知，政府及各政黨對內一再向人民宣稱自己是國家，中華民國或台灣是主權國家，但是外交預算卻用來維持「漢賊不兩立」的「一個中國」政策，自稱是代表全中國的合法政府，基本上這是相互矛盾，浪費人民納稅錢的外交政策，當然應予廢棄。

　　外交部必須明確的要求各國，特別是針對十幾個邦交國，要求承認台灣是與中華人民共和國（或中國）不同國家，要求對台灣作國際法上的「國家承認」。其次，有關「台灣申請加入聯合國」這個目標，應該是台灣參與國際組織的核心策略。中國可以向國際社會主張台灣是中國的叛亂一省，要求各國不可以介入中國內政，封鎖台灣以國家身分加入國際組織。最主要的原因是，台灣繼續維持中華民國體制的前提下，這些都是北京得以依據國際法法理的合法主張，絕非世界各國「畏懼」中國或者因為中國是強國等原因。

　　所以如果台灣主張是獨立國家，要求加入國際組織的立場堅定、論理

正確，則中國的阻擾將事倍功半，若再配合中國本身的矛盾及內部動亂，則中國的阻擾或引發兩岸衝突的可能性將大為降低。過去在1970年代文化大革命時期、天安門事件時期、九七香港回歸前後時期、2008年北京奧運時期，都是有利於台灣的時機，但是台灣都沒有準備好，未曾事先把握機會採取行動。

當然未來中國也會有，諸如經濟發展上的困境、內部民主化運動、奪權鬥爭、政局動亂、被國際社會孤立等各種問題發生，這些時期都是台灣可以採取行動的機會。目前的武漢肺炎；美、中對立、香港危機、打壓維、蒙、藏族群，都是中國不斷面臨的困境。但是台灣必須事先規劃、準備好，才能適時採取行動。台灣如果要成為國家，取得各國承認，那麼以申請方式加入聯合國是最柔性可行之策略。

六、加入聯合國與台灣建國

為何要把台灣加入聯合國，列為台灣參與國際社會最核心的策略與目標，為何已經獨立而且世界各國也都承認的國家，若是有沒有加入聯合國，在國際社會的參與方面，實際或實務上有很大差異。

首先，先談已經是主權獨立且世界各國承認的國家，加入聯合國後有什麼差別的實例。譬如過去歐洲有三個小國家，分別是列支登斯敦（Liechtenstein）人口約三萬八千人，聖馬利諾（San Marino）人口約三萬三千人，摩納哥（Monaco）人口約三萬八千人，在歐洲各國籌組歐盟過程時，不被當作國家看待，無法參與歐盟的運作。這些小國在體認到只有參與國際組織才能維護國家利益並發揮影響力之後，分別於1990年、1992年與1993年申請加入聯合國，之後包括歐盟與其它歐陸國家就不能再認為他們不是國家。

1999年南太平洋的小國，人口只有一萬多人的諾魯共和國，以及人口只有八萬人的吉里巴斯共和國，也申請加入聯合國，並於同年九月正式成為聯合國的會員國。由此可知，加入聯合國是一個新國家取得各國承認最有效、最直接的方式。甚至在表明加入聯合國的時刻，一般而言各國就會以國家地位與之往來。

這也說明台灣要成為一個國家，要最有效、最快速獲得國際社會的承認，最好的方法就是申請加入聯合國。因此，台灣要成為國家的第一個階

段，就是要明確地宣布從中國分離獨立；第二個階段，就是以新國家的身分，向聯合國提出加入聯合國的申請書。入會案能不能通過是另一回事，單是向聯合國提出新國家加入的申請，就足以證明台灣已經是一個國家了。

過去台灣要加入聯合國已推動數十年，外交部所採用的手段及目的都是錯誤的，不但於事無補，反而對台灣的國際地位造成困擾。例如，要求邦交國在總務會提案，與過去爭論中國代表權類似，或是要求成為觀察員，等於自行否認是獨立國家身分。

事實上，依《聯合國憲章》規定，新國家要加入聯合國必須向聯合國祕書長提出加入的「申請書」，經由安理會審查通過之後，交由大會表決通過。當台灣外交部以新國家身分向聯合國祕書長提出「申請加入」的時點，就是台灣向國際社會「宣布獨立」的一種有效方式。即使中國在安理會審查階段否決，只要台灣繼續堅持是獨立國家，外交部繼續表明將再度「申請」加入聯合國的意志，台灣就「已經」是一個宣布獨立的國家。所以以新國家的身分、用申請方式、要求加入聯合國，是台灣成為國家的最有效手段。

當然，台灣對外也應向友好國家及邦交國，提出給予「國家承認」的要求，放棄要求「承認是代表中國合法政府」的政府承認，如此才能符合台灣是獨立國家的要件。

七、人民主動自決才能獲得國際社會支持

長期以來，台灣自稱中華民國，堅持「一個中國」的外交政策，因此被國際社會認為，台灣自己主張是中國的一部分，也阻礙各國與台灣的往來。例如美國軍售台灣，就經常被中國指為干涉內政。當然，台灣邁向獨立的行動，在尋求國際社會支持的過程中，中國一定會提出的，就是「干涉內政」的藉口。但是一個國家的行為是否涉及干涉他國的內政，首先要看追求獨立是否屬當地人民主動的行為，如果是就不構成干涉內政。

譬如加拿大魁北克省的獨立運動，假設魁北克省的人民一向樂意作為加拿大聯邦的一省，並不想獨立，而法國政府為了要使加拿大政府無法順利統治國家內部，故意運用某些資源，主動煽動魁北克人獨立，並提供金錢、武器等各方面的援助，使部分魁北克人從事分離獨立運動，在這樣的狀況下，加拿大及其他國家就可以指責法國干涉加拿大的內政。

　　但是如果今天的事實是，居住在加拿大的法裔魁北克人，其本身的意願就是要從加拿大分離獨立，自己主動自主地推動獨立運動，進行自決投票。如果法國表示聲援魁北克獨立運動，主張應該尊重魁北克人的意願，那麼加拿大也不能指責法國干涉內政。因為魁北克獨立運動是魁北克人所自動自發進行的，並非受到法國的煽動，法國只是表明應該尊重魁北克人的意願，所以這就不是干涉內政。因為所有人民都有自決的權利，這在《聯合國憲章》、《賦予殖民地及人民獨立宣言》、《友好關係原則宣言》（全名《關於各國依聯合國憲章建立友好關係及合作的國際法原則宣言》）中，均清楚揭示此一「人民自決原則」。依此，各國支持獨立運動，主張應該尊重人民的意願，是正當合法的行為。

　　由此觀之，一個國家是否構成干涉他國內政的關鍵，在於該地區人民的意志。譬如過去香港並沒有從中國分離獨立的意願，如果英、美等國主動提供各項支援煽動香港獨立，才有可能構成干涉他國內政的狀況。但是目前香港人民的自決意願積極表達，中國北京政府不可干涉內政的說法已經不再有效。

　　因此，要認定一國支持獨立運動的行為是否干涉他國的內政，首先要看該行為是否是當地人民主動的行為，如果是就不構成干涉內政。其次就是要看該行為是否只是支持人民自決，如果是就不構成干涉內政。當然，還有其他並不構成干涉內政的行為，譬如宗主國違反國際法上所禁止的集團虐殺、人權侵害等強行法規對付獨立運動，此時世界各國所作出的制裁，便不構成干涉內政。北約空襲南斯拉夫，各國出兵科威特均屬此例。

　　台灣人自己若沒有主動展現要從中國分離獨立的建國意志，這樣的狀況下，則各國憑空支持台灣獨立，會因此而背上干涉中國內政的指控。如果台灣人民站起來，主動、積極的從事獨立建國運動，則世界各國的支持就不是干涉中國內政。

八、恐懼「中國武力犯台」不敢建國

　　台灣親中政黨、學者、媒體經常以「中國武力犯台」恐嚇台灣人，阻礙台灣建國，台灣社會應該以理性分析化解恐懼。

　　首先，以理性分析現狀，不少人認為恐懼使台灣人不敢建國，但是一方面卻有絕對大多數的台灣人主張「中華民國是國家」或「台灣早就

獨立」。可見恐懼並非台灣人不敢建國的核心。不知道國家理論、建國理論，不知道如何建國才是主要原因。因此台灣要成為國家，目前最重要的是台灣人民應理解「中華民國不是國家」，中華民國體制危害台灣的理論，以及了解如何獨立成為國家的種種理論與必要策略。

台灣只要一貫堅持宣布是獨立國家，事實上要取得國際社會支持並不困難，各種策略方法都會有事半功倍之效果。目前甚至野生動物、森林環境都予以保護重視的國際社會，怎麼可能縱容中國武力犯台，任意殘殺台灣人民。

《國際刑事法院羅馬規約》，或稱《羅馬規約》，於2002年7月1日生效，第八條之二規定侵略罪——一國的武裝部隊對另一國的領土實施侵略或攻擊——無論其規模大小或如何短暫，都是違反國際法的犯罪行為，應受國際刑事法院追訴。台灣建國之後，立即適用不受武力侵略或攻擊的國際法保障，國際社會必然支援台灣抵制中國侵略。台灣要成為國家、要推動建國運動，最重要的是讓人民了解，中華民國或是台灣的現狀都不是國家，台灣的中華民國體制已經是中國的叛亂體制，維持現狀就是讓中國有正當性來併吞台灣，如果正確了解，台灣人的建國意志自然就會展現出來。台灣人民的堅強的建國意志，就是最佳的防衛，中國動用武力必然會危及，世界經貿體系、共產黨專制統治等基礎。

何況台灣地區並沒有人民解放軍，台灣人要表達建國意志很簡單，只要勇敢地對國際社會說出來就可以。建國有愈多人支持當然愈有力量，事實上台灣沒有人不願意有一個國家，過去國民黨、親民黨、民進黨都認為中華民國是國家，台灣已經是獨立國家，可見台灣人要有一個國家的意願是占極大多數，只是沒有認清楚，中華民國體制是叛亂體制的事實而已。

由此可知，我們為何必須一再強調建國的理念宣揚做得還不夠，這才是重點。一般而言，台灣人民只要有堅定的建國意志，建國就可以成功。因為台灣早已擁有土地、人民、政府、軍隊，也有台灣海峽隔離，不像南北韓、中東等領土連接地區，也是高科技產業不可缺的供應鏈，還有世界各國的台灣僑民，可說是具備人類歷史上最強的獨立條件。當年印尼只憑幾百支步槍就脫離荷蘭獨立建國，如果像今天台灣這樣的條件都無法建國，那麼過去與現在世界上其他地區的建國運動根本不可能成功。

台灣要獨立建國加入聯合國，自己也應該先有詳細的準備與規劃，才能步步向目標前進。只要台灣準備好了，事實上也是隨時有機可乘的。例

如，2011年9月巴勒斯坦申請加入聯合國爭議時，美國及以色列的各式各樣支持勢力，為了平衡中國批判美國企圖使用否決權的聲音，就拿台灣加入聯合國作對比。他們認為台灣有自己的領土、繁榮的經濟，而且是個充滿活力的民主社會，比起巴勒斯坦更有資格加入聯合國。此時台灣若是準備好了，就能夠發揮影響力爭取國際支持，突顯出中國使用否決權阻止台灣加入的矛盾，這就是台灣爭取各國支持，加入聯合國的機會。

因此，如何運用更多的人力與資源來說明、分析台灣目前的困境及危機，促使台灣人民思考台灣及子孫未來前途，共同形成堅決的建國意志。這些在台灣內部都準備好了，就可以做出宣布獨立建國的明確決定，這是有志於建國之力量必須承擔的責任與使命。

第六章　解讀統獨各派的立場與觀念

　　台灣長久以來一直存在的統獨爭議，大多數人都認為越爭論越模糊，因此如何釐清統獨爭議正確的觀念，是台灣建國理論的重要部分。

　　台灣各界對一般所謂的統獨問題，因為忽略學理上的理性分析，也缺乏國家、政府的基本觀念等理論基礎，又夾雜情感因素與特定的意識形態，因此出現「統中有獨、獨中有統」的矛盾情形。後來又引申出「不統不獨」、「永遠維持現狀」這種怪論，使矛盾更嚴重。

一、釐清統一的正確觀念

　　過去主張捍衛中華民國的人，一直被認定為統一派（例如中國國民黨與一些學者）。但他們卻又引用國際法理論企圖證明中華民國是國家，指責台獨分子不愛這個國家。他們主張中華民國是主權獨立國家，所以不應該主張台獨來危害這個國家，因此反對分離獨立，他們當然不是獨派。

　　但是，如果依照在前面我們已經提過，國際法對統一、獨立的定義，其實這些中國國民黨人士應該是屬於獨派，而不是統一派。我們說過，只有兩個以上的國家才有「統一」的問題。兩個分別獨立存在的國家，因為種種理由要合併成一個國家，一般稱此為國與國的「統一（統合）」，例如，歐盟各國就是邁向統合。既然，中國國民黨人士認為中華民國是主權獨立國家，主張與中華人民共和國「統一」，那麼兩岸關係現在應該是兩個獨立國家才有「統一」的問題，目前是一邊一國，如此他們應該是所謂的獨派。

　　但是，事實是一個國家內部的對抗，爭奪政權或合法的政府代表權，是屬「內戰」、「戡亂」、「平亂」的問題，根本與「統一」無關。所以中國國民黨人士主張兩岸是「一個中國」、「一個國家」，就不可能有統一的前提或追求統一的空間，只有「漢賊不兩立」的對抗，一般使用「統一派」稱之並不妥當，應稱之為「反攻大陸派」或「投降北京派」，是以結束「中國內戰」為目標的主張。

　　另一方面，主張台灣是中國叛亂的一省，台灣目前是中國的一部分之人士，也被誤認為是「統一派」。例如「台灣建國學」，認為台灣目前是

中國的一部分，只要在中華民國體制下必然淪落為中國叛亂的一省，這是不能否定的事實。台灣尚未脫離中國成為主權國家，因此才需要努力追求獨立建國。試想，如果台灣早有主權也已經是獨立國家，又如何推動獨立建國運動？但是，因為主張現狀下台灣是屬於中國，因此被認為是與統一派或北京說法相同，常常被批判根本就不是獨派而是統派。由此可見，若依一般模糊的統獨觀點，真正追求獨立的建國派，也會被認為是統一派。

二、釐清獨立的正確觀念

　　另一方面，學理的「獨立」，理論上一定是目前屬於某一國家的一部分人，在一部分領域上要求獨立，才會有分離獨立的問題。如果像有些獨派所主張的：「台灣不屬於中國，或是主張台灣已經是獨立國家」，則根本不存在追求獨立的問題，理論上不可能有這樣的獨派，他們怎麼會被稱為獨派？

　　可見，依某些獨派的說法，其實他們不是分離獨立派；因為要分離獨立一定是「台灣是屬於某一國家」的前提下，才可能存在追求獨立的運動，台灣要從這個國家獨立，才可能有「分離獨立」的主張，才是建立新國家運動、獨立運動。

　　由以上分析可知，主張統一者若依學理而言，他們一定是認清或主張兩岸現狀是國與國之間的兩國關係，如此才會有統一的問題，故實際上他們應該是一般所謂的獨派，因為只有兩個以上國家之間才有統一的問題。例如，過去的東、西德與南、北韓，或是歐盟各國所談的才是統一的問題。

　　相反的，某些主張獨立的獨派，根本認為台灣不屬於中國，或是認為台灣已經獨立。然而獨立的前提，應該是台灣屬於某個國家才可能有獨立運動，那麼台灣是要從哪一國分離獨立？何況，既然認定台灣已經是獨立國家，那麼還需要獨立運動，還維持著獨派組織團體做什麼？所以，獨派應該不能稱為獨派，所追求的也不是分離獨立。如果獨派的目的只是要打倒國民黨政權，要改國號、換國旗，那麼應該是一國（中華民國在台灣國）之內的反體制派或是改革派。

　　經由前面說明統一、獨立的定義之後，相信會明白，統一、獨立的觀念若是沒有釐清，會有相反的統獨矛盾的說法。所以應該以正確的統一、獨立定義，再明確區分統獨立場或主張，才能有正確的台灣建國方向與形

成壯大的建國運動。

　　以下對這些分析做結論，則是以不同的角度，進一步細分各種不同的統獨族群。希望能藉由這樣的分析，讓台灣民眾了解，為什麼有那麼多的獨派團體，卻遲遲無法達成共識，完成獨立建國的目標，主要原因其實就是「統中帶獨、獨中否認分離」的矛盾，使台灣必須建國的宣傳沒有邏輯，無法產生效果所致。

分析統、獨派別的認定基準

　　首先，若是由對中華民國體制的認定基準來區分，就有一個客觀的主軸可以區別出「政府派」與「國家派」。其次，若只是由對台灣前途未來追求的目標，則又有一個主軸基準可以區別出「投降派」（回歸祖國派）與「獨立建國派」。

　　但是，若由各種派別的理論、策略、目標觀之，當然又會有矛盾之處，所以必須再加以分析，才能釐清其真正的統獨立場是什麼。一是，主張中華民國是政府，反對建國的立場（即我們常聽到的「一個中國」、「一國兩府」、「漢賊不兩立」）。一是，主張中華民國是國家，反對建國的立場（即我們常聽到的「中華民國在台灣」、「台灣已經獨立」）。以下便是以上述的這些主軸來做區分的各種派別。

三、主張中華民國是政府反對建國的派別

　　我們又可將做此主張的人細分為：

「真正統派」的投降北京派

（一）此派人士認識到中華民國已淪為叛亂政府的事實，並認為應儘早與北京政府談（投降）條件，完成中國的統一大業，不要成為民族罪人，使中國不能強大站起來。此派是真正主張中國大一統的集團，但是因為是向北京政府輸誠、互通聲息，故也可以定位是同意被併吞的投降北京派。

（二）此派主張之特徵是認為，中華民國是叛亂政府體制（偏安台

灣），應該縮減國防費用，因為兩岸都是中國軍、兩岸一家親不能對抗。反對與國際社會交往，不要親美、日或民主國家，以免刺激中共危害雙方的互信基礎。

（三）此派在國際事務方面則與北京站在同樣立場，例如反對日本教科書問題，反對美國進出亞洲等。此外，積極主張應加快並擴大兩岸交流的速度及幅度，促使兩岸統一儘速完成。

由以上可知，此派終極目標為向中國中央政府投降、早日完成中國大一統，也期望可以先施行一國兩制使台灣香港化。從觀察可以發現，中國國民黨、新黨、親民黨、民眾黨的大部分、和統會、統促會等，皆是屬於同意和平統一被併吞的投降北京派之主要組織。

「繼續叛亂的統派」

此派人士表面上主張「一個中國」，反對獨立建國、反對兩個中國、反對一中一台，不斷地表示堅決捍衛中華民國政府體制，維護《中華民國憲法》法統、中國文化歷史傳統等，卻又不願認輸向北京臣服，這點與投降北京派不同。

但在另一方面卻放棄反攻大陸、終止動員戡亂，所以目前只能消極的等待共產政權內亂，再從中決定如何對應兩岸關係，可見其對於未來所要追求的目標根本不清不楚。此派的主張特徵為：

「捍衛中華民國體制」、「反對獨立建國」。國防上則認為仍要強化軍備，預防中共打過來；外交上應該不斷努力說服世界各國認識中國是一國兩府。在兩岸關係方面，贊成未來可能的統一，但又害怕目前被統一，所以只能循序漸進。主要成員包括：中國國民黨（本土派）、親民黨一部分、民進黨一部分、台商與一些兩岸交流團體可歸屬此派。

此派人士拒絕投降，明知不可行卻仍對外宣揚「一國兩府」的論調，並向中國表態強調「未來可以統一」，也一再支持「一個中國」的立場。

四、中華民國在台灣是國家的維持現狀派

接下來是要說明台灣人在主張台灣獨立，反對統一的這一邊，也有不同的立場與派別，這是追求台灣建國者特別要注意的問題。

首先是，主張中華民國是國家、「維持現狀」（Maintain the Status quo）台灣已經是國家，反對統一。此派人士主張「兩國論」、「兩個中國」或改國號為「中華民國第二共和」、say no to China等等。我們又可將類似主張的人士，主要分為以下兩派：

主張「中華民國是國家派」

現狀的中華民國是國家，理論上認為此國家是自1912年獨立的國家。原則上認定中華人民共和國是於1949年分裂國土，獨立出去的「另一國」。但是卻未明確說明事實與學理何在。例如，對中華人民共和國常以「中共」稱之，並未稱「貴國」或「另一國」。

此派在外交上雖然努力要突破困境，但是基於承接中華民國體制，只能維持「漢賊不兩立、爭中國代表權」的「一個中國」模式外交。因為與中國法統連結，所以延續對於中國人、中國文化的認同。雖然不排斥本土化、台灣化，但反對積極除去中國色彩。此派人多勢眾、是過去黨國體制下的既得利益階級，擁有資源非常豐富，北京與統派也未將之當成主要打擊對象。

自以為中華民國是主權獨立國家，不排除承認中華人民共和國是獨立的另一個中國。但是為了安定和平，完全沒有積極推動中華民國國家化的策略，或做出使中華民國成為國家的具體事實。

如此發展下去，其實此派根本就是放棄「使台灣成為國家」的目標，其結果將淪落為不統不獨派，或維持現狀拖下去的偏安台灣派。每天都是我國、國家大聲喊，但是完全不知道什麼是國家，如何建立國家，也反對宣布獨立，只是自己騙自己是獨立國家。

這是許多支持本土政黨，台灣人口中常說的「維護中華民國獨立派」（又稱華獨派）。這些人好像是主張台灣獨立的獨派，但他們卻又不知或不願意承認自己是獨派，而且也最反對宣布獨立，認為宣布獨立是不必要是自找麻煩，憲法修改就可以，反對制憲。華獨派有時也不排除，未來與中國的和平統一。

這一派主要包括：一部分國民黨本土派、民進黨的大多數、台聯與李登輝派、似乎有台灣意識的各行各業人士，幾乎皆屬此派。這一派自1990年代台灣解嚴民主化之後，許多長期對國民黨不滿的民眾，或是加入民進

黨，或是組成周邊社團投入本土陣營。因此華獨派的人數快速成長，並成為目前中華民國體制下，人數最多的一派。

　　華獨派因為對中華民國的定位、主張有所不同，所以我們又可將類似主張的人細分為維持現狀派與改革派。

五、華獨維持現狀派

　　首先是強調中華民國是國家，努力以赴企圖使中華民國在台灣合法、正當化成為國家。一方面切割中國國民黨時代的中華民國，認為這是過去對台灣獨裁統治的中華民國，現狀的中華民國已經不一樣。常常引導台灣人向前看，不要追究過去的責任，反對真正的轉型正義。

　　此派在目前的中華民國體制下是主流，幾乎涵蓋各種黨派組織、各式各樣人士，以及大多數的台灣民眾。他們在威權體制的兩蔣政權瓦解之後，才敢公開主張放棄反攻復國、反對「一個中國」的主張，企圖使中華民國在台灣變成國家。但是因為過去曾經反台獨反過了頭，又因為怕北京威脅，不敢也不可能主張台獨。因此想用混水摸魚的方式，企圖使中華民國這一個敗退來台的中國舊政府體制，忽然可以合法、正當且偷偷摸摸（因為反對公開宣布獨立）的變成國家。

　　其實這樣的主張應該是「兩個中國」，但是卻又不敢明說。所以，就出現「中華民國自1912年就是主權國家」或「中華民國在台灣已經成為主權國家」，但是兩岸有幾個國家，在台灣的中華民國政府是代表哪一國，完全逃避不說明清楚。中華民國在台灣兩千三百萬人何時宣布獨立，建立自己的國家，與中華人民共和國是不是國與國的兩個獨立國家的關係。這些矛盾的現狀都逃避，不願意說明清楚。

　　然而，實際上這也只是對台灣人民才採用這種講法來騙，一再使用我國、國家的口號，對外在國際社會上或對北京都沒有堅持是主權國家、也從來不敢講清楚自己是國家。以最簡單的數學加法，中華民國在台灣是一國，中華人民共和國在國際社會上當然也是一國，結果很清楚是兩個中國或是一台一中，那麼算起來應該是幾國？答案已經非常清楚了。但是「兩國論」只有李登輝提出過，不但加上「特殊」來淡化「兩國」，而且也只維持兩天就否認，之後再也沒有任何黨派人士公開向國際社會或北京提出是「兩國」，或是一再告知國際社會強調堅持「兩國論」。

　　所謂中華民國在台灣獨立的華獨派，已經獨立對國際社會卻是無法公開主張的祕密，是不正當、見不得人的主張，否則怎會如此，完全不敢講清楚？中華民國要成為國家，即使不提過去中華民國是政府的事實證據與學理上的矛盾，最大的矛盾就是，連主張者都無法說明成為國家的事實與學理，都不敢公開明確主張是兩國，也不敢具體推動及堅持主權與獨立國格，那麼「中華民國如何在台灣成為國家」？

六、華獨要求改革的台灣國派

　　主張中華民國是國家、維持現狀台灣已經是國家，反對與中國統一的華獨派之中，除了上述「維持現狀派」之外，還有比較積極主張台灣國的「必須進一步修改中華民國體制成為台灣國派」，也就是主張改國號、國旗的一派。

　　台灣國派認為中華民國在台灣已經實質獨立，但是必須修改中華民國體制才能成為法理獨立的國家。此派多屬傳統獨派及一般具有獨立意識，卻對理論、原因尚未理解的民眾。因為不了解中華民國是政府不是國家，維持現狀的中華民國會危害台灣，中華民國體制不可能用逐漸修改可以成為國家，所以陷入無法建國的困境。刺蔣追求獨立建國的鄭自才最清楚這一矛盾，他強調：「中華民國是一個中國舊政權，不要誤以為中華民國可以在台灣獨立。台灣人民不能透過正名制憲的方式把中華民國改過來，誤以為這就是建國，這是不可能的，我們要追求的是建國」。

　　所以台灣國派基本上與上述的「維持中華民國現狀派」一樣，有誤認中華民國是國家的共通點。但此派對於接受中華民國屬被動與無奈，或認為暫時為了達成獨立目標應該容忍中華民國，進入體制內改變、修改中華民國形成台灣國。

　　兩派差異之處是：此派認為中華民國成為國家的時期是1990年代台灣民主化以後，並且強調台灣意識、反對中國化，堅決抗拒未來與中國的統一，應改國號以台灣為國名等，這些是其主張的特徵。

　　此派在論理上的矛盾是，既然認定中華民國已經成為國家，台灣已經是獨立的主權國家，則何必再掛獨立運動的招牌自稱獨派、如何號召台灣人民參與獨立運動？

　　其次，既然主張中華民國是國家，只是國名不妥，則應屬改國號運

動，怎麼會是獨立建國運動？由此可知，認定中華民國是國家、台灣已經獨立、台灣已經是不屬於中國的一部分，等於是自我排除主張獨立建國的空間，否定了推動獨立建國的必要性。

所以此派雖自稱為獨派，卻已經自我否定獨立建國的急迫性，放棄繼續努力以赴，積極追求獨立建國的目標。試想，「萬一」事實上台灣尚未獨立，中華民國也不是國家，則此派反而為建國運動設下巨大陷阱，使一般的台灣人拿著中華民國國旗愛台灣，繼續遵守《中華民國憲法》，使台灣繼續維持現狀，成為阻撓獨立建國的一分子而不自知。

此派人士認為「民主化之後的中華民國已成為獨立國家」，因此「不必宣布獨立」，只要「有政府、人民、軍隊就是國家」。「雖然對中華民國的現狀不滿意，但可接受它是國家」。此派認為現在要做的工作是「強調台灣意識」，手段方法是「進入中華民國拿到權力」，之後就可以修改成以台灣為名的國家。所以此派都是以反對國民黨政府、反中國為主要目標，但是無法論述積極主張獨立建國的迫切性、必要性，特別是維持現狀的危險性。

我們常常可以從民進黨中的獨派、傳統獨派組織、台灣同鄉會的成員口中，聽到這一類似是而非的主張。雖然有心獨立建國，然而從結果看來，他們的實際作法卻又與捍衛中華民國體制、維持「一個中國」現狀不謀而合。

此派不但默認中華民國是國家，且認為台灣獨立像長跑一樣，現在只剩下改國號的最後一步，就可以完成台灣獨立。所以主張必須在不危險、和平的前提之下改國號。

事實上，目前的台灣尚未獨立，中華民國根本不是國家，維持現狀非常危險，何況再怎麼「修改中華民國」，還是無法獨立建國的。香港可以只用改名，修改基本法而獨立建國嗎？

七、追求獨立的台灣建國派

目前台灣人在主張台灣獨立，反對統一的主流力量，都對台灣的現狀與獨立建國的理論沒有正確的認知，當然沒有進一步追求如何建國的策略，這樣的台灣如何建立國家。

以目前北京加強對中華民國在台灣的壓力，加上民進黨政府上台後，

有心人刻意製造所謂重大社會問題，使台灣民眾專注於突然暴增的社會議題，大部分的媒體本來就避免刺激中國，不想觸碰主權、建國的相關議題，這樣的氣氛的確會讓人憂心。

但我是這方面的學者，對有關台灣獨立建國的理論研究，不會也沒有因此而停下來。最後要向台灣人民說明，也是最重要的是台灣建國基本理論的簡單概念。詳細內容，請關心台灣前途的朋友，參閱「許慶雄の憲法私塾」論文。

二十多年來在民主進步黨錯誤轉型，主張中華民國是國家，台灣已經獨立不必再宣布獨立，也不再從事獨立建國運動之後，接著各種過去主張獨立建國的團體或是附和，或是在理論上無法批判指出其謬誤，使獨立建國運動幾近瓦解。

因此一再檢討分析之後，確認傳統獨派理論有不健全與自我矛盾之處，在二十年前已經提出有關台灣建國的基礎理論，期望能在此理論基礎上，再一次形成建國的新動力，繼續完成建國的使命。但是在沒有資源與宣傳管道之下，台灣建國的理論無法發表，成為被忽視的極少數。一直到2017年民視願意提供「台灣建國學」節目之後，二十年來終於能有機會論述，一系列的台灣獨立建國最基本的理念與主張。

目前真正要達成台灣獨立建國，最基本的理念與主張，簡單的整理如下：

首先，1912年所建立的中華民國是中國的「新政府」絕對不是國家。因此中華民國體制在台灣，不可能突然變成國家。

1972年聯合國決議，北京政府以中華民國名稱取得會員國資格後，只有北京政府才能在國際社會自稱中國或是中華民國，不可能再有一個中華民國在台灣，在台灣的中華民國體制是非法冒名行騙，繼續維持下去只是成為中國的叛亂地區，所以維持現狀非常危險。

台灣至今自我維持「中華民國憲法體制」、「一個中國」的外交政策，現在就是自我認定台灣是中國的一部分。台灣自己主張中華民國體制，台灣當然是中國的一部分。這與中華民國體制下台灣的學者、專家反對「九二共識、一中各表」、一再強調「台灣法地位未定」、「台灣不屬於中國」是互相矛盾的。台灣人民必須集結建國力量，廢棄中華民國體制，向國際社會宣布獨立後，才能建立國家，才能申請加入聯合國。

因此，台灣人民必須覺醒，現狀在中華民國體制下的台灣，是中國

的舊政府、叛亂地區，台灣是屬於中國的一部分並未獨立。而且很遺憾的是，這些都是台灣人的自我決定，國際社會也如此認定，這樣的台灣現狀是很危險的，所以才有台灣獨立建國的「必要性、急迫性」。

理論上，雖然無可奈何不得不認定，中華民國體制下的台灣只是中國的叛亂地區，此認定與統派、北京、國際社會的看法是一致的。

然而，結論是主張台灣必須從中國分離獨立，建立自己的國家，當然是堅定追求獨立的台灣建國派。

若中華民國是國家、台灣已經獨立，則台灣哪有獨立建國的必要？所以台灣建國派認為，釐清理論才能形成正確、有效的建國策略與手段，推動宣傳以達成建國的目標。

最後，為何台灣維持現狀是危險的？北京政府為何要反分裂、反對台獨？內戰與獨立戰爭有何差異？也應該釐清。現狀在中華民國體制下的台灣，是中國的舊政府、叛亂地區，台灣是屬於中國的一部分並未獨立。因此北京政府可以一再主張併吞台灣是內政問題，雙方的武力衝突是內戰，七十年來一直如此。

台灣如果宣布獨立，雙方的武力衝突會是獨立戰爭，不再是內戰。類似美國對抗英國的獨立戰爭。因此聯合國與國際社會都可以、也必然要介入。這些在東歐各國獨立時有很多例子，主要差別在台灣是否宣布獨立。北京政府之所以容忍中華民國體制下的現狀，其原因就是要維持內政、內戰狀態。

北京政府之所以一再恐嚇反分裂、反對台獨，原因就是一旦台灣宣布獨立，立刻使雙方的武力衝突成為獨立戰爭，不再是內戰。聯合國與國際社會都無法視而不見，必然要介入處理，一定成為國際問題。

以上理念與主張，在台灣內部目前屬少數，但實際上與國際社會的認知的現狀是一致的。唯有依此理論、主張，堂堂正正追求獨立建國，才能排除中國的打壓，爭取世界各國正義、理性的支持與承認，這才是台灣建國的正途，也是結合台灣人民，形成堅定獨立意志的最有效方法。

「台灣建國學」希望藉由以上這些分析說明，能讓更多團體或個人理解建國最基本的理念與主張，真正提出理論來主張獨立建國，致力於推廣建國基本的理念，打拚追求建立新國家，宣布獨立形成一台一中的兩「國」關係，使台灣早日加入聯合國。

第七章　建國基本理論

一、建國基本理論的重要性

　　我們常聽到有人說，理論不重要，獨立手段、建國目標要實際去做最重要，甚至認為只有學術界才談理論，光談理論根本沒有用等等，在你們這些基本理論派還在談理論時，我們已經打倒國民黨取得政權。

　　然而事實並非如此，各式各樣的學術理論，甚至包括日常生活上對事務的處理方式，其實都是在「探討為什麼？」的道理，這些都稱為「理論」。

（一）如果我們連為何要建立台灣共和國，其目的、原因都不知道，或者說法、觀念錯誤，以為打倒國民黨取得政權就是獨派，每天都自以為是全力以赴追求獨立建國，結果卻反而是在維護中華民國叛亂體制，阻礙獨立建國。顯然認為理論不重要這樣的觀念是不對的。

（二）事實上依「台灣建國基本理論」的標準看來，有些認為理論不重要的人，其想法、做法都是在捍衛中華民國、維護中華民國叛亂體制，繼續使台灣成為中國的叛亂地區。在這種維持現狀的情況下，如何實現台灣獨立建國，又如何完成台灣建國的目標？沒有建立基礎理論，連自己的所做所為發生矛盾也不自覺，如何實現台灣獨立建國。

（三）二十年來民進黨所提出的理論：「台灣已經獨立，國號是中華民國」。針對民進黨的這種說法，為什麼認為台灣尚未獨立，還必須繼續從事獨立建國運動的朋友，或參與獨立理論研究的朋友，大部分都沒有提出反駁，最主要的原因就是平時未建立正確的理論基礎。

（四）我們必須真的了解理論，才能指出「台灣已經獨立，國號是中華民國」其矛盾與錯誤何在。如沒有理論為基礎，我們就會覺得這些似是而非的說法也有道理。結果自己的所做所為，有可能反而是在阻礙台灣的獨立建國。因此，我們認為理論相當重要。

　　台灣人民想獨立建國，就必須思考獨立建國這件事最基本的道理，了解真正的理由和原因。可是一般台灣人在學校教育不可能學到什麼是國家、什麼是政府、什麼是獨立建國，一般對國家和政府的定義，也常是混為一談，因此如何推廣理論相當重要。

　　一方面，台灣人好不容易終於擊敗中國國民黨，並取得政權，現在「中華民國台灣也是國家」，是否有必要再施壓掌握政權民進黨政府，要求台灣獨立建國？使很多人感覺台灣獨立建國好像是次要，是沒有迫切性的議題，可以維持現狀。這方面也必須說明清楚。

二、理論必須清楚才能建國

　　我們認為宣揚建國理論才能發揮建國力量，但是大多數人都認為獨立建國的理論很簡單，民進黨的政治人物也都自認為了解這些理論。也有很多人說，許多台獨理論大師也寫過很多書，提出許多理論，大多數人當然看過這些理論，所以請你們不要再談理論，以免大家愈來愈糊塗。

　　其實事實並非如此，包括幾位花不少時間研讀建國理論基礎的研究生朋友，至今都還有疑問，更別說一般民眾了。甚至大家所說的理論大師、獨派領導者，其實也不完全了解這些理論，否則也不會出現「台灣維持現狀就是獨立」、「不必再宣布獨立」、「中華民國是國家」、「台灣就是中華民國、中華民國就是台灣」等等與建國理論矛盾的主張。

　　如果我們沒有建立理論基礎，如果大家不了解這些理論，那麼我們將失去建國方向，對於日常所做所為是否符合建國目標、手段，是不是能建國等等，都會有矛盾的判斷，這也就是為什麼我們要重新檢討建國理論的原因之所在。

　　經過這二十幾年，今天台灣獨立建國運動可以說是澈底停擺或是被弱化了，最主要原因就是因為理論出了問題。例如，年輕人拿國旗高喊中華民國萬歲，實際上是在「捍衛中華民國體制，阻礙台灣的獨立建國」，卻被認為是「捍衛台灣、愛台灣」等等。

　　中國北京政府代表與繼承中華民國的事實，由聯合國與世界各國的定位都可以證明，北京政府就是繼承中華民國的新政府。中華民國稱號對北京政權並非禁忌，在聯合國北京政權今天仍然堂堂正正代表中華民國出席開會。中華民國的一切，包括國旗、國號、外匯、大使館及財產，北京政

府都有權繼承使用。更嚴重的是，在台灣維持中華民國現狀，北京政府就有權繼承台灣，我們一再主張台灣就是中華民國，台灣就是中國的一部分。

台灣的政客、年輕人拿國旗高喊中華民國萬歲，實際上捍衛中華民國體制之所以能存在而且成為主流，就是因為沒有建立正確的理論。過去我們不注重理論、思想的確立，才會有今天獨立建國完全失去目標的結果，所以必須澈底反省、檢討問題何在。

例如，許多所謂獨派的學者、獨派的理論容忍中華民國體制，從現實的狀況看來，就是在捍衛中華民國體制。過去當新黨或受我們批判的統派團體喊出捍衛中華民國時，我們推動台灣獨立建國的人都和他們對抗。但是今天我們卻看到，這些打著「台灣獨立建國」口號的政黨、團體或個人，實際上都已在從事捍衛中華民國體制的行動或行為。事實上，這些喊著「台灣獨立建國」口號的團體或個人，他們的言論不但無助於台灣獨立，甚至是在阻礙台灣獨立建國。如果我們把這些團體或個人也稱為獨派，則台灣建國的意義將被扭曲，甚至阻礙台灣獨立建國。

我們當然應該相互討論、辯論，雖然這種說法常被指責是「不團結」或「分化」，然而事實並非如此。因為我們認為「理論」的釐清是相當重要的。亦即，台灣要建國、建國的方向何在、我們的所做所為、所發表的言論、所談的理論是否有助於建國等等，都必須要有正確的建國理論做為判斷的基礎。

唯有如此，才能指出對方的問題所在，透視及分辨其言行是否有助於台灣的建國運動，是不是在阻礙台灣獨立建國，或反而是成為北京套緊台灣的力量。

三、理論正確之後的策略才能建國

另一方面，與理論不符的手段、策略，也會使現實的問題無法正確處理、對應，造成台灣建國的目標更遙不可及。例如，兩岸關係如果已經是國與國的關係，則加強與中國交流、西進投資有國際條約保障，甚至經援中國民間民主化活動等，都會變得理所當然，至少不應反對。

台灣若已經獨立或中華民國早已是國家，則國際組織與各國，怕中國打壓不承認台灣獨立，不讓中華民國參加國際組織活動，就非常不應該，大家老遠跑去歐美向國際抗議也有充分的立場、正當的理由。中華民國是

國家，在台灣插滿國旗、高聲唱國歌也很正確。總統對國際社會發表演說，接見外國賓客時，背後高掛國旗也理所當然。

然而，中華民國如果是中國叛亂體制，國旗只是象徵台灣是中國的地區。如果實際上台灣並未獨立，中華民國是中國叛亂體制，則台商與上市公司對中國投資就相當危險，拿台胞證去中國投資、交流當然沒有保障。

目前國際社會不支持台灣也是因為，不知道台灣要什麼，如果台灣人不要獨立，根本無從支持起，而不是大家所想的，國際社會是怕中國這個原因。如此老遠去歐美向國際抗議，也就沒有充分的立場與理由。

因此，建國理論沒搞清楚，策略就會有問題，無法說服一般人或國際社會，來支持台灣獨立建國。理論如果不清楚，對一般人說明或對國際社會的宣傳也會矛盾，我們自己也無法切中要害加以檢討。

例如，既然認同中華民國是國家的「策略」，很多獨派人士也接納，也進入中華民國政府體制任官。但是私下卻又說中華民國已被消滅不存在、希望大家自認為是台灣人不是中國人等等，一般人會覺得這種說法很矛盾、投機。

因為實際上國家叫中國、中華民國，如果我們不是中國人，那是什麼人？我們的國名又不是台灣共和國，那麼強調台灣人這與廣東人又有何差別，其實基本上都是中國某一地區的人。我們想說的是，一方面維持中華民國體制，一方面強調要自稱台灣很矛盾，對台灣建國實在沒有幫助，甚至反而造成不必要的爭議。

相反的，若依基本理論的主張，做中華民國國民只是中國叛亂地區的次等國民，拿一本虛偽的中國護照（中華民國護照）出去，當然就會覺得很窩囊、沒有尊嚴。所以我們要做台灣國民（台灣人）就要努力建立台灣共和國才有意義。

因此我們認為，只有建國基本理論與手段一致，才能結合力量，用對的策略達到建國的目標。

四、建國理論的一貫性問題

有人說，許教授的建國基本理論好像也是變來變去，沒有一貫性。例如你以前曾經主張台灣不屬於中國，所說的和現在好像不太一樣，感覺上和有些政治人物一樣變來變去、搖擺不定。有關理論的一貫性問題，我們

必須區別兩個層次思考：

　　第一、是信仰和立場的層次。在這個社會上，每個人都有他的信仰和立場，基於信仰和思想自由，每個人的信仰和立場都可能會改變。前總統陳水扁上任之前喊「台灣獨立萬萬歲」，上任之後卻要宣誓效忠中華民國、捍衛中華民國，喊出「中華民國萬萬歲」。現任的蔡英文之前和我們一樣，曾主張「中華民國是叛亂團體」，上任之後也和陳水扁一樣，宣誓效忠中華民國、捍衛中華民國，喊出「中華民國萬萬歲」。另外，例如過去曾主張台灣獨立建國，受大家努力支持的本土派人士，現在卻變節、改變立場而選擇捍衛中華民國，甚至投靠北京，這些人當然有被質疑的空間。

　　第二、是追求知識、真理的層次。如果是理論、知識和過去不一樣，是對正確知識、真理追求的內容改變，是修正不對或不完整的知識理論，這和信仰和立場的改變是有所不同的。例如，我在高中時代就曾為了把中華民國國旗放在地上坐，被教官處罰、記過。現在則是污損中華民國護照，而造成自己出入境時的困擾。但是，這部分是我的信仰、立場，我心甘情願。因為我認為中華民國不是國家，不是我可以捍衛的國家，中華民國是一個沒有正當性、合法性的叛亂體制。我的信仰和立場從來沒有改變。

　　因此，今天在此也想向質疑我，現在和三十年前的主張理論不一樣的朋友說明，我所改變的，不是我的信仰、立場，而是知識和理論的層次。例如：建國是什麼？國家是什麼？中華民國是什麼體制？這些都是一種知識。我和大多數的朋友一樣，讀過所有台灣獨立運動的前輩，以及一些理論大師所寫的書。五十多年前我在大學、在台灣、在國外偷偷看他們的理論，雖然有時覺得某些地方有矛盾，但是對於剛剛接觸台灣獨立理論、支持台灣獨立運動的我，還沒有提出質疑或挑戰的能力，即使有時提出質疑，也無法得到明確的回答，更沒把握指出他們的理論是否正確，或矛盾何在。

　　例如，在傳統獨派中一直相當受注目的「台灣法律地位未定論」、「台灣不屬於中國」，以及要說台語不要說北京話，才是真正的台獨等主張。有些過去聽起來也有道理，而有些雖然當時覺得有矛盾，但是我並沒有能力提出質疑。那麼，必須努力研究正確的理論，除非研究出一套無懈可擊的新理論架構和他們對談，否則我也不敢說他們的理論不對。相信有不少關心台灣前途的朋友，一直到現在都有這樣的經驗。

五、建國理論矛盾會影響參與意願

如果連獨立建國派內部，都對台灣建國基本理論或多或少有質疑與爭論，相信其他台灣人更是不容易理解獨立建國運動，可能也會影響參與的意願。

還有些更枝節的問題，例如我就常聽到部分主持獨立建國活動的主持人或來賓強調，要說「全國」不要說「全省」、「講中國時是指北京」、氣象報告時如果說「全省天氣如何」就被指為是附和統派。其他例如，「我們不做中國人」和「我們不是中國人」是兩回事，因為無法否認在中華民國體制下，我們現在仍然認為自己是中國人。

雖然我們拿的是偽中國護照，但是既然是中華民國護照，上面也有「China」，怎麼能說我們不是中國人呢？怎能說台灣從沒接受過中國任何政府統治過呢？即使反對中華民國，但是現狀是中國的中華民國政府在統治。我們只能說台灣尚未受之後的中國新政府（中華人民共和國政府）統治過，中華民國在台灣現在的狀態就是還在繼續叛亂，這才符合事實，才是正確的說法，不是嗎？

台灣憲法學會網站有一張貼圖，一位女孩心中有願望！希望有一天台灣不屬於中國，也不再是中華民國體制。這也是台灣絕大部分覺醒人民，念茲在茲的心願！但是卻有人誤會，指出：「『民視台灣學堂副校長許慶雄』的建國理論是主張『台灣現狀屬於中國』；『台灣憲法學會許慶雄理事長』的網站貼圖卻認為『台灣不屬於中國』。所以就指稱許慶雄的建國理論互相矛盾」。「台灣不是中國的一部分」是我們的願望，但是無法否認在中華民國體制下，現在台灣就是中國的一部分。然而，希望有一天台灣不屬於中國，也不再是中華民國體制，與指出現狀的台灣，事實上是自願成為中國的一部分有何矛盾？反而是，過去追求台灣獨立，現在忽然主張台灣已經獨立，這才是矛盾重重。

所以台灣獨立建國的路，還有一些細節、基本的問題，等待支持台灣建國的朋友一起思考、克服矛盾。如果對正確理論、知識的追求、因為研究的結論和國際社會、中國的主張相同，反而引起內部一起打拚的同志和前輩們的不諒解，實在很遺憾。

但是建國理論矛盾，會阻礙更多人理解、支持獨立建國運動，也會影

響參與意願。努力提出正確、合理的建國理論，是很重要的課題。

六、立場的改變與追求真理的區分

我們無法否認在中華民國體制下很容易錯亂，有時候知識、理論為了配合運動，不得不調整說法，也不必太計較，但是對正確的核心理論卻是不能打折扣的。有人質疑我過去的理論不對，但是事實上那些理論也不是我研究提出的，過去只是將傳統獨派的理論加以說明、宣揚。

雖然我並不是完全否定過去的理論，但是我認為不對的地方，我們就應該以「台灣建國的正確理論」加以釐清，也願意和傳統的獨派理論大師一起討論。如此一來，台灣的獨立建國理論才有其正當性、合法性，也才能形成堅定的建國意志。

當我們的理論正確、沒有矛盾，和統派或中國北京辯論時，才不會產生矛盾。不會像過去的呂副總統在任內發表的「台灣地位未定論」言論，就立刻與中華民國統治台灣的合法性產生矛盾對立，危及自己的權位。結果常常因為不知如何和對方辯論，最後只好以模糊說詞了結。像這樣就無法確立台灣獨立建國的正當性和合法性，所有運動的力量也將打折扣，變成事倍功半，國際社會也不會知道台灣人要什麼、主張什麼？

因此回到前面的主題：信仰、立場的改變與追求真理的區分何在？常聽到有人說，建國理論好像都變來變去，沒有一貫性？我覺得有關理論的一貫性問題，必須與獨立建國的信念立場之改變區分清楚。理論的變動如果正確，那就沒有必要維持一貫不變。

因此，如果認為我現在提出的理論不對，可針對此提出質疑、批判。但是指責我現在和三十年前的主張理論，不可以不一樣、不可以改變，則是本末倒置的說法，難道理論不能改變，一定要一直錯下去？

理論是否一致不是問題，只問該理論是否正確，如果目前的理論才正確，那麼就不能再堅持過去錯誤的想法或認知。這和過去支持獨立建國立場者，後來加入中國國民黨，支持中華民國體制，甚至站在北京政府立場打壓台灣完全不同。如果我的建國立場變動，大家可以對此搖擺不定的立場加以批判。但是如果反對我不斷研究、提出正確的建國理論、接受新知識、真理，則是令人無法理解。

七、建國基本理論與傳統台獨理論的比較

　　如果獨立建國的基本理論，以另一種新的理論來區隔傳統的獨派理論，則以下兩點對現狀的基本認識，是判斷、區隔的主要基準。更重要的是，這兩點也可以用來判斷，各式各樣的獨派組織是否也是在宣揚台灣獨立理論、追求建國的標準。

　　第一、現狀的中華民國體制，只是中國的非法政府，台灣目前是中國的叛亂地區。台灣目前仍在中華民國體制下，特別是在失去各國對其合法正統代表中國政府的承認之後（聯合國的2758號決議案之後），目前台灣是中國的非法政府統治地區，維持現狀則台灣是中國叛亂的一省，也是中國的一部分。

　　過去戒嚴時期所謂中華民國是非法占領，可以提出理論主張，喚醒台灣人民改變現狀。但現狀是台灣人自我認同中華民國體制情況下，在沒有改變之前，台灣是中國叛亂的一省如何自我否認。如果對現狀沒有這個基本認識，則無法有一致的台灣建國基本理論，也不可能共同宣揚台灣獨立建國的基本理論。

　　第二點，台灣尚未成為國家、沒有主權、也尚未獨立。如果和一些傳統獨派理論一樣，認為台灣因為有土地、人民、政府，早就已經是有主權的獨立國家，那麼這和基本理論的主張就完全不一樣了。獨派如果未能認清這些現狀，反而會成為台灣獨立建國的阻力，無法號召更多人理解、支持獨立建國運動。

　　以上兩點：是判斷建國基本理論派的最低標準，也可說是不可缺的標準及前提要件。或許有人會因此而以「不團結」對我加以打壓、抹黑，但是我認為這些標準很重要，因為如果你對台灣現狀的認識未符合以上兩點標準，則你的所做所為、所延伸出來的理論，可能就是在阻礙台灣建國運動。如此一來，請問在阻礙台灣建國的人，怎麼能成為共同為台灣獨立建國打拚的力量。在此必須強調的是「理論」，而非「手段」，有關建國的手段部分，我會在後面再作進一步的說明。

　　如有以上兩點基本的認識，我們才能進一步宣傳台灣獨立建國的必要性和急迫性，也才能形成台灣獨立建國的力量，才能實現台灣獨立建國的目標。

　　從以上的說明，我們可以了解到，建國基本理論的重要性。何謂建國的基本理論？以及這些理論和其他傳統台獨理論的差別，再簡單說就是，中華民國不是國家是政府，中華民國在國際社會，是已經由中國北京政府代表與繼承的中華民國。台灣維持中華民國現狀，北京政府就有權繼承台灣，我們再主張台灣就是中華民國，台灣就是中國的一部分。

　　這是和其他的台獨理論與支持維持現狀的主流的差異，唯有從此基本理論出發，才能有進一步的獨立建國運動的力量產生。個人以走過數十年台灣建國運動的親身感觸，告訴支持台灣建國的朋友這麼多平時無法聽到的聲音是很刺耳，但是為了實現台灣建國，必須一再主張。

八、最需要說明的建國基本理論

　　（一）主張「台灣法地位未定」、「台灣不屬於中國」，面對各式各樣的事實、證據還有與現狀的矛盾很難處理。

　　因為既然主張「台灣法地位未定」、「台灣不屬於中國」，台灣人為什麼還在中華民國體制下，使用中國的舊憲法、舊國號。台灣人搶著修改中國的國號，也搶著修改中國人制定的憲法，台灣的外交部繼續維持「一個中國」、「漢賊不兩立」政策，這些都突顯台灣和中國的關係密不可分。

　　何況建國不必有這些條件，台灣人民不需要先證明「台灣法地位未定」、「台灣不屬於中國」才能建國。世界各國的建國歷史，也都不需要主張地位未定，或不屬於哪一國才能宣布獨立。

　　由此可知，台灣要成為國家，台灣人民建立國家的意志是核心中的核心。目前只要宣布獨立建國、制憲、外交上要求各國對台灣作國際法上的「國家承認」、「申請」加入聯合國，台灣人民就有權建立新國家。

　　（二）台灣政權一直自我主張在台灣的「中華民國」不是一個國家，是代表全中國的政府，「一個中國」事實上是台灣自我主張。

　　台灣政府的外交政策，一直是維持「漢賊不兩立」的「一個中國」原則。民主化以後，台灣人的政權還是依中國的一部舊憲法（內容是「一個中國」的憲法），選中國舊政府的「中華民國」總統、立法委員。

　　所謂的「一個中國」，也不是消滅中華民國，而是由中國北京政府代表與繼承中華民國。中華民國稱號對北京政權並非禁忌，在聯合國北京

政權今天仍然堂堂正正代表中華民國出席開會。中華民國的一切，包括國旗，國號，外匯，大使館及財產，北京政府都有權繼承使用。這才是「一個中國」的核心。

更嚴重的是，在台灣維持中華民國現狀，北京政府就有權繼承台灣，我們一再主張台灣就是中華民國、中華民國就是台灣，如此台灣就是中國的一部分。

（三）如果台灣維持中華民國體制七十多年，還是可以使「台灣法地位未定」、「台灣不屬於中國」，甚至也使台灣已經獨立。那麼如何向台灣人民說明不可以維持現狀，不能延續中華民國體制？如何說明維持現狀不安全、建立新國家的迫切需要性何在？

（四）台灣如果是國家，買武器、疫苗或各種問題就比較有立場。現在台灣如同是世界各國的殖民地，只能任人宰割，為了現實，都要委屈求全。台灣人選擇做中國的叛亂政府，台灣人不改變現狀，遇到困境怪東怪西很可悲，卻不知道「不建國」才是根本原因。

由此可知，必須證明台灣要成為國家迫切性、需要性存在，才能喚醒台灣人民建立國家的意志。目前只要宣布獨立建國、制憲、「申請」加入聯合國，台灣人民就有權建立新國家。

台灣要建立新國家，最根本的阻礙不是國際社會怕北京政府，而是在台灣內部，在台灣人民意志，台灣人民建立國家的意志是核心中的核心。

由此觀之，台灣人民建立新國家的力量與資源，應該用在台灣內部，向台灣人民宣傳為何必須建立新國家，了解如何建立新國家。

第八章　錯誤理論之影響與責任

一、建國理論的爭議

　　很多人好像認為建國理論不務實，講太多沒有用，有時不同的理論也令一般人迷惑，反而可能對建國失去信心。因此就有人說，應注重手段、策略去實行（或是說所謂獨立建國只能做不能說），能達成建國目標就好，實在不必花時間、精力在理論上爭論不休。

　　一般來看，會如此主張者，其中的第一類型是根本反對獨立建國，認為獨立建國會破壞現狀，因此計劃性、故意誤導來壓制建國運動，不希望將理論談清楚，這些人反對宣揚建國的理論是可以理解的。另一類型則屬「實踐」派，認為以手段、策略去實現建國目標最重要，不應爭論理論浪費心力。這一類型是值得我們去說服的

　　目前建國理論的爭議可以說是集中在兩點：一是，中華民國是國家或是非法政府；一是，台灣是否已經獨立。當然，不去爭議這兩點，用各種手段、策略努力建立以台灣領域及人民為主體的國家，並非不可行，甚至繼續以中華民國體制修改成新國家，要改變人類社會的歷史，也有成功實現的可能性。

　　這類型一般常見的有，改國號（正名）為台灣的建國運動，或主張先拿到中華民國政權就可建國、不必區分修憲、制憲，或是中華民國第二共和、中華民國參與聯合國等，以上這些手段、策略都是不談建國原理，希望以「現實」路線爭取更多人支持，來完成建國的最後目標。

　　問題是，經過二十多年來，主張台灣已經獨立、名叫中華民國者，目前仍然未達到目標，甚至有些部分連手段、策略也無法堅持下去。他們共同的理由不外是中共打壓、各國恐中、怕中不予支持。例如，李登輝談「兩國論」（中華民國與中華人民共和國）也只有堅持兩天。民主進步黨拿到中華民國政權兩次也仍然無法達到建國目標。中華民國參與聯合國一點成果都沒有、修憲結果使中華民國在台灣更穩固。這都使台灣建國制憲的目標反而更遙遠。

　　由此可知，反對檢討理論者，大多數也是在策略及目標上半途而廢的

居多。既然二十多年來認為台灣已經獨立、名叫中華民國的結果是如此，我們台灣還會有多少二十年？這些人又要用什麼理由來反對檢討理論、釐清觀念，運用新的正確手段、策略，完成建國目標？

事實上，因為不談理論使觀念模糊，所以所用手段、策略幾乎都有錯誤，當然也不可能達到建國的目標。同時，台灣已經獨立、名叫中華民國這樣矛盾的說法、手段，不但使台灣內部一般人不了解、不相信、不支持台灣建國，甚至連自己也都無法自圓其說。當然，對外而言，國際社會更不知台灣人要什麼想什麼？

更嚴重的是，實際上投靠北京出賣台灣利益者，也可以在模糊的台灣已經獨立、名叫中華民國之下混水摸魚。伺機主張既然台灣已經獨立，對中國應該強化交流、開放投資三通。於是這些人就公然說：「想不通為何政府要禁止、反對三通、服貿，強化各式各樣交流」。親中者說的冠冕堂皇，站在有理的一方，一般人也會覺得有道理。最近連友中、和中、兩岸一家親都說的很有道理，原因都是台灣已經獨立、名叫中華民國的錯誤理論所造成。

所以，建國理論觀念如果不釐清，不但無法判明手段策略的對錯，甚至連誰是站在捍衛台灣，致力於建國的立場也變得是非不分。因此，我們必須重新認識建國運動的理論內容與目的是什麼。

二、分離獨立、宣布獨立才能建國

為何只有明確主張從中國分離獨立、宣布獨立，台灣建國才有可能成功？

我們既然已經知道中華民國體制不是國家，而是中國的一個舊政權，用國際法的專有名詞它就是中國的一個叛亂團體。現在的國際社會承認，北京的中華人民共和國，才是唯一合法代表中國的政府；而在一個國家只有一個合法政府的情形下，在台灣的中華民國政權自然就成為叛亂的政府，台灣地區就是中國的叛亂地區，這是長久以來已經確定的事實。我們一再強調「一個中國」不是消滅中華民國，而是由中國北京政府代表與繼承中華民國。現狀由中華民國統治的台灣就是中國的一部分，台灣要成為國家就必須從中國分離獨立。

台灣至今仍未獨立，不論是什麼政黨執政，或是所有政黨、政府的領

導人，不是反對台灣獨立，就是宣稱不會宣布獨立，甚至從來就不曾以理論或行動，持續讓世界各國了解台灣要獨立建國的主張。因此繼續維持現狀，台灣就不可能是一個國家。

如果我們不願意繼續維持現狀，不願意維持中國的叛亂體制的現狀，如果我們希望自己以及將來的子孫，能擁有屬於自己的國家，以台灣這塊土地，以台灣的兩千三百萬人為基礎來建立新國家，就應該有以下的基本認識：

第一點，必須指出在中華民國統治下的台灣，就是中國的一部分。今天台灣要建立一個新國家，自然就是要從中國分離獨立。所以宣布從中國分離獨立，就是我們要建國的第一個基本認識，也是出發的原點。

第二點，我們必須要有堅定的建國意志，決心廢棄中國的舊政府中華民國體制，從中華民國統治下，改變現狀宣布獨立，建立一個新國家。

世界上現今約有一百九十多個國家，其中約八成左右的國家都是由其原來的國家分離獨立而建國。所以分離獨立是建立一個新國家最主要的方法、形態，除了分離獨立，台灣人民沒有其他方式可以建立一個新國家。

有許多人一聽到要從中國分離獨立，就覺得建國很困難。但是事實上所有新國家的建立，幾乎都是採取分離獨立的方式。我們之所以從事「獨立」運動，就是要從一個直接（中華民國）、間接（北京政府）操控台灣的國家（中國）分離獨立出去。

今天，還有人在討論台灣的法律地位是不是未定，日本在《舊金山和約》放棄對台灣的一切權利，所以台灣的所有權（他們稱之為「事實主權」）應該由台灣人所擁有，這就是目前還相當盛行的「台灣事實主權已經獨立論」。但是我們必須了解，主權就是主權，從來沒有什麼事實主權或法律主權，沒有國家、不是國家，就不可能擁有主權、就不可能是獨立國家。

三、中華民國使台灣成為中國的一部分

「台灣法地位問題」直到目前很多學者還是抱持著「台灣地位未定論」。1940年代末期到1950年代初台灣法律地位未定論被提出來，獨立運動的早期我們為了增加民眾的信心，或許策略上還可以這麼運用。

　　但是1950年代之後，美國與西方各國承認的中國合法政府，中華民國政府只統治台灣，為了正當、合法化其聯合國代表權，開始傾向台灣屬於中國，不再強調台灣法地位未定。政府設在台灣的中華民國政府，繼續被聯合國及世界上大部分國家承認是代表中國的合法政府，實際有效的統治台灣，一再主張擁有台灣主權，各國也都未否認。當時中國代表團是由台灣出發前往聯合國開會，美國、日本及世界主要國家的駐中國大使館亦設置在「台灣地區」的台北。因此他們如何能主張台灣法地位未定，或台灣不是中國的一部分。

　　如果說當時的台灣不屬於中國、不是中國的一部分，難道各國是承認只統治著金門、馬祖的中華民國政府可以代表全中國，各國的駐中國大使館都設在中國領土之外的，法地位未定的台灣地區，這不是很荒謬嗎？

　　由此可知，1960年代還要主張日本放棄台灣之後，台灣法地位未定、台灣不屬於中國，實在與歷史事實的發展不符。

　　特別是1990年代，經過所謂的民主化之後，經過中華民國體制近七十年來對台灣的專制戒嚴統治之後，過去執政的中國國民黨也已經下台，台灣人還是依中國的一部舊憲法選中國舊政府的「中華民國」總統、立法委員，自我主張台灣是中國的一部分，這些殘酷的事實，都是來自於台灣人自主的決定。台灣民眾至今也仍然接受中華民國體制的統治，這都是我們所不能否認的事實。

　　最近中國國民黨的政策綱領，兩岸仍定調「九二共識、一中各表」，並重申堅決反對台獨，還是有很多支持者。目前為止，民進黨政府的外交政策，也一直是維持「漢賊不兩立」的「一個中國原則」，外交部也一直是要求世界各國，承認中華民國是合法代表全中國的政府，要求承認蔡英文總統，是十幾億中國人，包括蒙古共和國國民的國家元首。

　　這些明確無法否定的事實及現狀，都一再的證明是台灣人自己使台灣法地位確定、自我主張台灣是中國的一部分。沒有改變這些現狀之前，我們如何主張「台灣法地位未定」。

四、改國號、國旗運動不能建國

　　事實是我們台灣人自願接受這個「中華民國體制」，使台灣地位已經歸屬「中華民國」這個非法的中國政權。當台灣民眾甘願投票表達對中國

的舊政府、叛亂團體中華民國的支持與接納時，如果硬要說台灣和中國沒有關係、台灣已經是一個事實上獨立的國家，根本就是昧於事實在欺騙自己，更不能夠說服國際社會。

何況，既然主張「台灣法地位未定」、「台灣不屬於中國」，台灣人為什麼還主張要修改中國的國號，也搶著修改中國人制定的中國憲法，台灣的外交部還維持「一個中國」政策，這些都突顯台灣和中國的關係密不可分，兩岸完全連結在一起。

這樣的情況下，想要修改中華民國體制來建立國家、只想要在內部改造中華民國體制，要變成一個國家是不可能的。所謂的獨立運動，就是要從中國分離獨立的建國運動，如果沒有建立這樣的觀念，沒有建立這樣的意志和決心，台灣就不可能成為一個國家。

因此，所有從事獨立建國運動的團體，也就是一般所謂的獨派，應該有這樣的基本認識，我們實在不需要為中華民國體制來尋找證據，證明中華民國體制是一個國家，或是提出現狀的中華民國已經「事實」獨立、擁有「事實」主權等矛盾主張，來使台灣成為一個國家。這些都是國民黨、新黨、親民黨等親中派的學者、政客的說法。

有許多人以為主張中華民國已經是一個國家，或者強調台灣事實上已經是獨立國家，這樣建國就比較輕鬆安全。只要更改國號、國旗，就能夠得到世界各國的承認，確實地成為一個國家，方便又沒有危險。

但是，以更改國號或國旗的方法使台灣共和國誕生，使一個名為「台灣」的國家誕生，基本上是不可能的，最後還是要加上最重要的宣布獨立、建國意志。因為，此種方式首先就是要像中國國民黨一般，先證明中華民國已經是一個國家，因為只有國家才可能更改國名。中華民國名稱其實只是政府名稱，相信大家都知道，先有幾千年的中國這個國家，才有中華民國政府。所以，如果不是國家，不管名稱怎麼改都不可能成為國家。例如，香港不是國家，再怎麼改名稱也不可能成為國家。

許多獨派人士希望輕鬆的建國，主張我們已經是一個國家，認為只要更改國名即可，何必辛苦地主張從中國分離獨立，也可以避免面對戰爭的分離獨立？但是，如果不主張以分離獨立的方式建國，那麼就必須尋找證據，證明中華民國是一個國家。即使是擁有許多人才與歷史文件的中國國民黨，至今也都無法說服國際社會相信、承認中華民國是一個國家。那麼獨派又要怎麼去替國民黨、民進黨、替中華民國體制勞心勞力，讓世界各

國相信中華民國是一個國家？然後再主張以更改國名的方式，完成所謂的改國號建國？這種方法真是令人費解。

五、改造中華民國體制無法獨立建國

　　獨派團體不論是主張中華民國是國家，只要更改國名就可以建立台灣共和國；或者主張中華民國是國家，只要放棄對中國大陸的「主權」就可以成為國際社會所承認的國家，其前提都是，獨派團體必須先證明或先認定中華民國是國家，台灣目前維持現狀已經是一個國家。但是，要怎麼證明中華民國是國家？怎麼可能說服國際社會相信？「中華民國是國家」這是不可能證明的，獨派團體又何必走這條不可能行得通的道路？

　　所以，主張要以選舉的方式，取得政權後再更改國名、國旗以建立新國家，是完全矛盾的主張。不但不能夠在理論方面說服國際社會，也不能夠讓台灣民眾了解為什麼已經有國家還要建國？為什麼國號、國旗好好的要去改？如果是因為國旗有中國國民黨黨徽，那麼就立法禁止中國國民黨使用黨徽不就解決問題了嗎？

　　事實是只要是堅持中華民國體制，那麼任何企圖以改造中華民國體制的方式，來完成獨立建國的方法都不可能獲得成功，世界各國也沒有以此方式建國成功的例子。我們必須認清，在台灣的中華民國體制不是國家，而是中國的一個舊政府、叛亂團體，我們沒有國家，台灣也不是一個國家，所以我們才要建立新國家。不可以再對「改國號」或「正名運動」抱持任何的幻想，現階段就是必須採取從中國分離宣布獨立的方式，才能建立新國家。

　　既然，現階段必須採取從中國分離獨立的方式，建國才能理直氣壯，這也就是台灣獨立建國運動最根本的出發點。因此，如果認為在台灣的中華民國體制是國家，只要執政或更改國名就可以建國。那麼我們所從事的就不是獨立建國運動，而是更改國號運動、國家改造運動或制定中華民國第二共和憲法運動。

　　這樣的話，基本上仍然是中華民國體制的延續，仍然是建立於1912年，之後於1949年敗退來台的中華民國體制的延續。即使名稱是台灣，但仍然只是中華民國體制的延續，台灣與香港一樣，是中國的地方而不是一個國家。

　　國際法的理論，現代的「國家論」，也沒有這種以更改政府名稱的方式，就使叛亂政府忽然成為國家的理論。使用這種違背法理的獨立建國的方法，更容易使中國及國際社會有理由打壓、反對或不承認台灣已經獨立，最後的結果還是要宣布從中國分離獨立，還是要回到原點宣布獨立才可能建國。

　　當然，我們要建立一個新國家，使用一個與中國不同的國名是比較合理，要用台灣國、台灣共和國、福爾摩沙共和國都可以，要有新的國名、新的國旗。但是只以改變原本的叛亂政府的名稱、旗幟的方式，就想要建立新國家，則完全是本末倒置的做法。換言之，主張以台灣為名建立新國家，甚至以中華台灣國為名，主張從中國分離獨立建立新國家，都是獨立建國運動。

　　反而是維持現狀改國號為「台灣共和國」，不但不是建國運動，更不能成為獨立國家。因為現狀現體制不是國家，改什麼名稱當然也不是國家，過去「中華台北」就是一個例子。核心問題是在「宣布獨立」，而不是改名稱問題。一般本土派台灣人平常無法接觸到，有關台灣獨立建國的基本理論，包括對意識形態的迷失等問題，非常重要必須釐清。

　　總之，台灣人除了從中國分離宣布獨立之外，沒有其他的方法可以獨立建國。

六、台灣成為中國一部分的責任何在

　　「台灣建國學」提出建國理論之後，各式各樣的反駁意見不少，其中也包括獨派。最近獨派學者與組織在很多場合，一再指出許教授，你主張台灣建國就好了，何必主張台灣是中國的一部分、台灣維持現狀就是屬於中國。甚至獨派組織中最支持「台灣建國學」的學者與前輩也指出：許教授你在『台灣建國學』中主張廢棄中華民國體制，台灣應該宣布獨立、制憲、申請加入聯合國，這些說法我們都很支持同意。但是何必主張台灣是中國的一部分、台灣屬於中國，這一部分我們很難接受。」他們還提出：《舊金山和約》、《中日和約》、《台灣關係法》等條約說明台灣不屬於中國，也提出外國學者贊成「台灣法地位未定」、「台灣不屬於中國」的說法。

　　這使我不得不再次說明，台灣的建國運動在解嚴之後三十年來一直

衰退，如果再拖延下去，其結果將使台灣建立新國家遙遙無期。為了強調建國的迫切性、必要性，目前維持中華民國現狀的危險性，喚起台灣人民的危機感，及早形成建國意志。因此才一再指出，台灣維持中華民國現狀下，已經是獨立國家這是錯誤的說法，甚至結果會使台灣成為中國的一部分、使台灣屬於中國。

因為台灣維持中華民國現狀下，台灣是中華民國的一部分，等於台灣是中國的一部分。台灣屬於中華民國與台灣屬於中國是一樣的，除非提出事實證據證明，中華民國不是中國的政府，也不是代表中國，更要宣布中華民國與中國是完全無關的另外一個國家。否則台灣是中華民國的一部分，台灣就是中國的一部分。

但是台灣維持中華民國體制七十年至今，還是一再主張台灣就是中華民國、中華民國就是台灣，完全不理會中華民國不是國家，只是中國的舊政府。維持中華民國現狀，台灣就是中國的一部分，北京政府有權繼承「中華民國台灣」的一切，包括國旗、國號、外匯、大使館及財產，也等於落實北京政府有權併吞台灣。

台灣的任何政權，從來沒有主張一個台灣國與一個中國的「一台一中」是兩國，甚至也沒有主張一個中華民國與一個中華人民共和國是兩個中國。從來沒有宣布台灣或中華民國是中華人民共和國之外的獨立國家。那麼如何主張「台灣不屬於中國」，如何落實台灣已經是獨立國家的主張。

七、台灣為何屬於中國

首先是，在此必須說明清楚，「台灣建國學」沒有必要主張「台灣屬於中國」。「台灣屬於中國」這個事實是台灣人的政府，大多數台灣人主張維持中華民國現狀下必然的結果。「台灣屬於中國」這個事實，是台灣人自己作繭自縛所造成的，怎麼會成為是「台灣建國學」許教授說的，這不是倒果為因嗎？

何況，如果「台灣法地位未定」、「台灣不屬於中國」，甚至台灣已經獨立是無法推翻的事實。我一再指出「台灣屬於中國」，不只是沒有意義也沒有效果。例如，古巴不屬於美國，我一再指出「古巴屬於美國」，不但沒有意義也沒有效果。

台灣維持中華民國體制七十年至今，已經不可能使「台灣法地位未

定」、「台灣不屬於中國」，甚至也不可能使台灣已經獨立。這些理由，已經一再舉出海內外、國際社會的各種事實、證據、理論說明不再重複。在此，特別強調最致命的原因是，台灣法地位之所以進一步明確，而且形成「台灣是中國的一部分」，最殘酷的事實是來自於台灣內部的兩項自我主張。

這就是中華民國政府的外交部與《中華民國憲法》都主張，台灣屬於中國，這也是台灣人所有主流民意支持的政府的主張。是你我納稅支持的台灣政府的主張，我們沒有能力反對或是否認都有共同的責任，我沒有必要再主張「台灣屬於中國」，我們的憲法與政府外交政策已經主張七十年至今，始終如一。

「台灣建國學」一再批判主張台灣已經是獨立國家的說法不對，所有主張台灣已經是獨立國家的這些人難道完全不知道，今天連民進黨政府的外交部也是堅定主張「一個中國」，而且主張在台灣的中華民國「不是一個國家」，只是代表全中國的合法政府在台灣統治著。注意，外交部是主張中華民國是政府不是國家。

台灣人納稅所支持政府的外交政策，一直是維持「漢賊不兩立」的「一個中國原則」。前面說台灣已經是獨立國家，後面對國際社會又公然執行國際法的政府承認，主張在台灣的中華民國是代表全中國的合法政府，繼續與北京政府爭「漢賊不兩立」，這不是矛盾什麼是矛盾。

台灣的《中華民國憲法》白紙黑字寫著，中國包括自由地區與大陸地區，台灣、大陸、蒙古都是中國的一部分，台灣當然屬於中國。何況民主化之後的修憲，台灣人還是繼續在憲法規定台灣是中國的一部分，台灣還有省政府。台灣人還是依照這一部內容是「一個中國」的憲法，選中國舊政府的中華民國總統、立法委員。一再主張台灣就是中華民國，那麼台灣就是中國的一部分。

這些都很清楚，不是我主張的，我沒有必要主張「台灣屬於中國」，因為「台灣屬於中國」這個事實，是台灣人的政府與大多數台灣人自願維持中華民國現狀下的必然的結果。

八、主張「台灣法地位未定」反而阻礙建國運動

「台灣建國學」向來沒有強調，「台灣法地位已定」、「台灣屬於中

國」，只是認為目前主張「台灣法地位未定」、「台灣不屬於中國」，對照現狀在中華民國體制下的台灣是非常矛盾，而且不利於推展台灣的建國運動。原因是：

台灣是中華民國、中華民國是台灣，台灣獨立等於是中華民國在台灣獨立。如此使中華民國合法化、正當化之後，一般民眾當然對中華民國習以為常，不會去深思其中的是是非非。造成年輕一代、各界人士會認為，拿著中華民國國旗、高喊中華民國加油理所當然。黨國體制訓練的軍警認為，捍衛中華民國就是在捍衛台灣，反而說不保衛台獨。

那麼如何說明不可以維持現狀，延續中華民國體制？如何說明維持現狀不安全、建立新國家的迫切性、需要性何在？如何向拿著中華民國國旗的年輕人說明，支持中華民國體制是危害台灣？既然已經獨立，那麼還在吵吵鬧鬧主張建國的獨派，當然是無理取鬧站不住腳。使建國運動被認為是沒有必要的、情緒化的運動。例如過去是深藍的電視主持人說出：

（一）不再反對台獨，因為台灣獨立等於是中華民國在台灣獨立。

（二）認同「台灣不屬於中國」，因為她能高談闊論，不會受制於北京的反分裂國家法。

（三）但是她認為中華民國是國家，堅決反對中華民國是非法政府的主張，反對廢棄中華民國體制。她認為獨派不是主張可以自己選總統、有政府可以獨立行使行政、立法、司法權，有領域、有人民、有軍隊就是國家，所以中華民國是國家。

（四）她認為中華民國筆劃八字很好，堅決反對改國號、正名為台灣共和國。

結果是強調，藍綠已經有共識，可以大和解，以後大家只談政經的枝枝節節問題就可以了，不必再爭論台灣的前途、獨立建國等問題。所以如何說服這些主張，是台灣建國運動必須面對的問題，其背後也有很多台灣人有同樣的想法。

強調「台灣不屬於中國」的學者，不必擔心我指出台灣屬於中國的現狀，應該了解要改變台灣屬於中國的現狀，必須針對的是中華民國政府與外交部，要先在台灣內部改變現狀，才能說服國際社會支持台灣建國，使台灣不屬於中國。

上述因素再加上，台灣人如果認為七十年來維持中華民國體制的現狀，都可以使「台灣法地位未定」、「台灣不屬於中國」，甚至也可以使

台灣已經獨立。那麼也要思考，維持現狀的中華民國，台灣人是否感覺良好，是否沒有危機感，是否北京政府不再威脅武力犯台。

維持現狀可以延伸出台灣已經是獨立國家的說法，是否對台灣的建國運動不利，甚至還會有阻礙。因為建國的迫切性、需要性不存在，必然阻礙台灣建國，建國運動的正當性、合理性實在很難得到認同。這些都是很令人擔心的情勢。

九、由兩岸關係、國際社會看「台灣法地位未定」

主張「台灣法地位未定」、「台灣不屬於中國」，由兩岸關係、由國際社會來看，對台灣的建國運動不利且會有阻礙。

由兩岸關係：「台灣既然不屬於中國」，台灣、中華民國與中國無關，拿台胞證去中國投資，一般民眾會以為沒問題，但出事後由誰負責？主張兩岸一家親，甚至主張投共、和共，在中華民國體制下無法處理，還可以拿年金。何況維持中華民國現狀下，主張台灣不屬於中國，北京政府也認為行不通，根本無所謂。

至於對國際社會：台灣自我主張維持中華民國體制、「一個中國」，卻要求國際社會支持台灣不屬於中國，把責任丟給國際社會，道理何在？事實上國際社會仍然認為台灣沒有獨立，也不知道中華民國在台灣怎麼會是獨立國家。結果是，強調「台灣不屬於中國」，使建國的迫切性、需要性不存在，多數人贊成維持中華民國現狀，拖延下去的結果，由海內外看來都是阻礙台灣建立新國家。台灣建國的正當性、合理性實在無法說明。

更嚴重的是，在台灣維持中華民國現狀，北京政府就有權繼承台灣，我們一再主張台灣就是中華民國、中華民國就是台灣，台灣就是中國的一部分。中華民國稱號對北京政權並非禁忌，在聯合國北京政權今天仍然堂堂正正代表中華民國出席開會。

因此台灣維持現狀，延續中華民國體制，自己主張「一個中國」，台灣就是中國的一部分，北京政府就有權併吞台灣，這才是最嚴重的現狀。

台灣建國不需要先證明「台灣法地位未定」、「台灣不屬於中國」才能建國。世界各國的建國歷史，也都不需要主張，地位未定或不屬於哪一國，才能宣布獨立建國。

第九章　台灣地位的各種分析

　　「台灣建國學」一再說明追求正確理論的重要性，可是很多團體組織都有不同的主張，例如有關台灣地位的部分就有：中華民國是流亡政府、台灣被非法軍事占領、台灣不屬於中國等等說法。常常引起爭議，令一般人迷惑，甚至反而可能因此對建國失去信心，對此我們應該如何對應，以下依據學理分析。

一、依學理說明各種台灣地位的主張

「主張在台灣的中華民國是流亡政府」

　　很多團體、學者與民進黨總統蔡英文都曾指稱，「中華民國是流亡政府」，不承認中華民國是國家。流亡政府（Government in exile）的定義是：「原本是某一國家的合法政府，因為被外國非法入侵，不能在本國執行統治權力，不得不流亡到其他國家，暫時維持臨時性的流亡政府組織」。流亡政府必須是喪失本國的全部領土，短期寄居在他國，並被認為有能力回到自己的國家重新掌權的政府。例如：第二次世界大戰期間，盧森堡、波蘭全部領土被德國占據，因此在英國倫敦設立流亡政府。廖文毅先生曾經宣布台灣獨立建國，在日本成立台灣共和國流亡政府，可惜並未受到國際社會的承認。這些都符合流亡政府的定義。

　　流亡政府的要件：外國非法入侵、流亡其他國家、臨時性。中華民國政府是被本國人民推翻，並非受到外國入侵，也未流亡其他國家，流亡七十年完全沒有能力返回本國，根本不符合各項要件。

　　何況中華民國過去有效的在台灣統治，現在更得到民主化以後台灣人的支持繼續統治，根本是統治台灣的權力核心，並非寄生在台灣共和國的流亡政府。現在蔡英文自己都到中華民國總統府當總統，中華民國怎麼會是寄生在台灣共和國的流亡政府。何況，台灣共和國是尚未成立的國家，如何收留這個流亡政府。

　　所以要使在台灣的中華民國成為流亡政府：（一）台灣必須先獨立建國，成為台灣共和國之後，才能收留中華民國這個流亡政府。（二）要把

中華民國流亡政府成員及中國國民黨等組織，遷移到信義路小巷的樓房，掛上流亡政府招牌才符合要件。（三）要把中華人民共和國認定是外國。

主張中華民國是非法軍事占領

台灣也有團體、學者認為，1945年日本投降後，中華民國是在聯合國盟軍總司令部指揮下占領台灣。例如陳隆志教授指出：台灣是第二次世界大戰後盟軍軍事占領下的日本領土，盟軍遠東最高統帥指示，由蔣介石代表的中華民國軍隊，代為執行對台灣的軍事占領，但不是取得台灣的主權或所有權。因此主張在台灣的中華民國，現在還是非法軍事占領。此主張如果要成立，必須面對以下事實證據：

（一）日本放棄台灣領土主權之後，盟軍總部是否有表明，中華民國一再主張擁有台灣的領土主權是無效的，並具體要求排除其非法軍事占占領。盟軍總部解散之後，戰勝國是否有處理台灣的非法軍事占領問題，事實上至今沒有任何處理的事實證據。目前，俄羅斯對日本北方四島的軍事占領，也是盟軍總司令部的指示，但是至今戰勝國根本置之不理，沒有處理。日本還自力救濟，不斷的要求取回。

（二）至今被非法軍事占領的台灣人，從來沒有表示抗議或採取行動。台灣人反而在自由意願之下，支持在台灣的中華民國政府統治台灣。

（三）盟軍總司令部早已解散，戰勝國也未認定台灣是被非法軍事占領，如此要由哪一個組織或國家來處理非法軍事占領。

主張台灣是被殖民地區

殖民是指一個強大的國家，到某一個地區建立統治機構，對外延伸其主權，該地區的原住民會受到專制統治。中華民國政府並非中國派遣的殖民地政府，而是由中國敗退的舊政府。何況台灣人目前在自由意願之下，一再支持在台灣中華民國政府的統治。目前主張在台灣的中華民國是外來殖民政權，只是自相矛盾的說法。難道是台灣人在自由選舉之下，組織中華民國政府，再要求這個政府殖民統治台灣人，等於自己組成殖民政府殖

民自己。目前主張在台灣的中華民國是外來殖民政權,只是自相矛盾的說法。

除此之外,依事實與證據,還有哪一個國家具體在殖民統治台灣?

二、主張台灣不屬於中國的矛盾

特別是,主張台灣不屬於中國的非常多,也很在意為什麼「台灣建國學」一再主張台灣屬於中國。我也很希望台灣不屬於中國,所以一生都堅決的追求台灣建國。台灣屬不屬於中國,不是我說了就算數,而是由客觀事實證據來分析。

台灣是中國的一部分、台灣屬於中國,這不是本人的主張,而是外交部與《中華民國憲法》所主張。在此必須強調說明清楚,我只是指出這是中華民國政府之下,大多數台灣人主張維持現狀的結果,台灣就是屬於中國。

在此再一次說明最致命的原因,台灣法地位之所以進一步明確,形成「台灣是中國的一部分」,最殘酷的事實是來自於台灣內部的自我主張。到今天台灣政府還是一直自我主張「一個中國」,主張在台灣的「中華民國」不是一個國家,是代表全中國的政府統治著台灣,台灣屬於中國可以說完全是台灣中華民國政府的自我主張,誰能否認?

台灣維持中華民國現狀,北京政府就有權繼承台灣,我們一再主張台灣就是中華民國,台灣就是中國的一部分。我非常希望台灣能不屬於中國,也一再喚醒台灣人民必須廢棄中華民國現狀,才能使台灣不屬於中國。這是和其他的台獨理論有很大的差別之處,唯有從此基本理論出發,才能進一步的使獨立建國運動的力量產生。

那麼,換一個角度來思考,即使主張台灣不屬於中國可以成立,還是必須處理,到底台灣屬於哪一個國家?

1952年《舊金山和約》生效後,台灣不屬於日本,因為日本已經放棄。台灣屬於戰勝國的聯合國各國也不可能,各國都不理不睬,何況其中還有中國、俄羅斯。台灣屬於中華民國?除非中華民國先成為一個與中國不同的國家,否則在台灣的中華民國政府一直主張代表全中國,外交政策堅決主張「一個中國」的原則下,台灣還是屬於中國。因此可以說,除非未來台灣建國之後,或是能證明現狀的台灣已經獨立,台灣才是不屬於中國。

最後，主張台灣可以從中華民國之中獨立出來，不必從中華人民共和國獨立的說法。這麼一來更麻煩，中華民國必須先從中國獨立，中華民國必須先成為一個與中國不同的國家，確立兩個中國之後，台灣才能從中華民國獨立。例如，某些人為了反對台灣獨立，提出高雄也要獨立，是一樣的道理。必須先支持台灣從中國獨立，台灣獨立之後，才有高雄也要獨立的空間。

三、有關台灣地位的正確理論

台灣獨立的理論，由以上論述都指出一個共同的核心：目前只有台灣宣布獨立、制憲、「申請」加入聯合國，台灣人民建立國家之後，才可能有以上這些說法。

事實上這些說法應該有先後順序，先建國有台灣共和國，之後台灣才不屬於中國。如果未能釐清先後順序，而在建國之前主張台灣不屬於中國，會自我矛盾令一般人迷惑，甚至反而可能因此對建國失去信心。建國的手段、策略也是如此，高喊改國號、換國旗、拒絕唱國歌，但是理論與原因是什麼，卻無法說明白令人扼腕。

惟有台灣成為國家之後，中華民國是流亡政府、台灣曾經被非法軍事占領、台灣不屬於中國等等說法、主張才有可能成立或是出現。

（一）「台灣法地位未定」、「台灣不屬於中國」的事實、證據、與現狀中華民國體制下的矛盾很難處理。既然主張「台灣法地位未定」、「台灣不屬於中國」，台灣人為什麼還在中華民國體制下，使用中國的舊憲法、舊國號。台灣人還說要修改中國的國號，也搶著修改中國人制定的憲法，台灣的外交部維持「一個中國」、「漢賊不兩立」政策。這些都突顯台灣和中國的關係密不可分，「台灣法地位未定」、「台灣不屬於中國」很矛盾。

（二）台灣一直自我主張，在台灣的「中華民國」不是一個國家，是代表全中國的政府，這些「一個中國」政策也是台灣的自我主張。台灣政府的外交政策，一直是維持「漢賊不兩立」的「一個中國原則」。民主化以後，台灣人還是依中國的一部憲法，選中國舊政府的（中華民國）的總統、立法委員。這與「台灣

法地位未定」、「台灣不屬於中國」根本矛盾。

（三）再說明白一點，「一個中國」也不是消滅中華民國，「一個中國」是由中國北京政府代表與繼承中華民國。

（四）更嚴重的是，在台灣維持中華民國現狀，北京政府就有權繼承台灣，我們一再主張台灣就是中華民國、中華民國就是台灣，如此台灣就一直是中國的一部分。台灣人搖著中華民國國旗吶喊，台灣插滿中華民國國旗，只是向全世界證明，台灣是中國的一部分

（五）如果台灣維持中華民國體制七十年，還是可以使「台灣法地位未定」、「台灣不屬於中國」，甚至也可以使台灣已經獨立。那麼如何說明不可以維持現狀，不可以延續中華民國體制？如何說明維持現狀不安全、建立新國家的迫切性、需要性何在？

　　由此可知，必須證明台灣要成為國家迫切性、需要性存在，才能喚起台灣人民建立國家的意志。台灣要建立新國家，最根本的因素不是國際社會，而是在台灣內部，在台灣人民身上，台灣人民廢棄中華民國體制，建立國家的意志是核心中的核心。

　　台灣人民建立新國家的力量與資源，應該用在台灣內部，向台灣人民宣傳，為何必須廢棄中華民國體制，才能建立新國家，台灣人民應該了解如何建立新國家。從學術領域角度，以及走過數十年台灣建國運動的親身感觸，一再告訴支持台灣建國的朋友這麼多平時無法聽到的聲音。這些理論很重要，如果沒有說清楚，會阻礙台灣人民建立國家，甚至影響台灣的未來與下一代。

四、中華民國在台灣的地位

　　為什麼中華民國不是國家？中華民國在台灣如果是台灣各黨派及大多數人所認知的，是一個主權獨立的國家，那麼再論述台灣如何成為國家就毫無意義了。因此如果是要談台灣如何成為國家，推動台灣建國運動，就必須先論述證明「為何中華民國不是國家？」，如此台灣建國才能顯示其必要性。

　　我們先談為什麼台灣維持中華民國體制的現狀，就不是一個國家？這可以由以下三方面來說明：

第一，可從歷史方面說明：中國過去的七十年歷史演變至今，中華民國體制已經淪為一個非法政府的地位，只要此一事實沒有改變，那麼中華民國體制下的台灣，不是一個國家的事實就不會有所改變。

中國這一個國家是幾千年前即存在於人類社會的古老國家，我們所受的教育也已充分說明。因此1912年中華民國是，推翻中國腐敗的滿清政府，建立民主的國民共和政府，這只是改朝換代，中國這個國家並未被消滅，當然也不可能誕生一個新國家叫做中華民國。

另一方面，中華人民共和國也從未主張，要從中華民國政府統治下的中國分離出去獨立建國。就國共內戰的歷史來看，共產黨執政下的中華人民共和國政府並非主張分離獨立，所以中國並未分裂。

由此可知，台灣的中華民國政權不能夠反攻大陸，不能取代北京政府再掌握中國大陸的統治權時，中華民國體制就變成一個非法政府，而台灣人接受此一中國的非法政府的統治，就代表台灣人甘願繼續在台灣叛亂，在台灣做各項準備以等待機會反攻大陸，或者是暫時不攻擊合法政府，先偏安台灣維持非法政府現狀，待中國大陸內亂之時再趁機奪回政權，或其他策略。總而言之，台灣人繼續維持現狀的中華民國體制，是無法變成一個國家。只要維持中華民國體制的現狀，台灣也就不可能是國家。所謂台灣是國家，名稱是中華民國，是自我陶醉的夢想。

中國共產黨從一開始就只是要成立一個新政府，要壓迫在台灣的中華民國舊政府盡快降伏，這就是北京政府所謂的兩岸問題、台灣問題、「一個中國」問題。

五、維持中華民國體制與建國的目標矛盾

台灣維持中華民國體制的現狀，就不是一個國家，第二點可以由國際社會的觀點切入，我們看國際社會如何處理中華民國與中華人民共和國之間，所謂的中國政府合法代表之爭，看聯合國與世界各國如何處理國家之間的建交、國家承認、政府承認等問題。

結果都是依據國際法所確認的各項原則來認定，中華人民共和國才是代表中國的合法政府。至於台灣的中華民國體制在國際法上的地位，從1971年起其聯合國代表權被北京政府取代之後，中華民國已經由北京政府在聯合國使用，在台灣的中華民國體制就只是中國的一個非法政府、舊政

府而已。

　　想想看，台灣有兩千三百萬人口，在世界各國排名五十四，比起很多我們熟知的國家並不差，例如，澳洲（兩千四百萬）、荷蘭（一千七百一十萬）、智利（一千八百萬）、比利時（一千一百三十二萬）、古巴（一千一百四十七萬）、瑞典（一千萬）、瑞士（八百四十二萬）。但是世界各國卻不願意承認我們是國家，不關心不介入我們被恐嚇威脅，而且要求兩岸進行各種對話、協商、和談，要我們中國人的事由中國人自己解決，不要製造麻煩，難道台灣真的這麼被人看輕？世界各國都不願意對台灣加以關心？

　　其實這並不是因為國際社會看不起台灣而欺負我們，其原因就在台灣自我維持中華民國體制。因為在國際法上，它只是中國的一個非法政府的地位而已，並非國家。何況這又是二千多萬台灣人自己的選擇，維持中華民國體制的現狀，這就是今天台灣的主流民意，維持現狀的結果使台灣無法成為國家。

　　第三，進一步舉出台灣自我主張的實際例子，讓各位理解為何台灣維持中華民國體制的現狀，就不是一個國家的地位。《中華民國憲法》清楚表明台灣是中國的自由地區，中華民國外交政策一直主張是代表全中國的政府。台灣維持中華民國體制的現狀，就不可能是一個國家的理由很多。我們所謂的中華民國政府官員，或是台灣人支持的政府，在處理涉外事務時，一再否定我們是一個國家，不論是參與APEC或WTO，都對外國宣布我們不是一個國家，要求各國際組織讓我們以不是國家的地位，以一個經濟區的地位加入國際組織。

　　甚至我們的民眾、立委民代及政府官員到中國去時，也不是拿所謂中華民國外交部所核發的護照，而是自願拿由中華人民共和國公安部所核發的中國的台胞證。如此，既然連自己都認為不是國家，那麼台灣就只有成為一個非法政府、叛亂地區的命運而已。因為，不論是從國際法或者是從歷史上來看，如果一個國家的政權不是一個國家的合法政府的地位，那麼它必然是一個地方政府、叛亂團體或者非法政府的地位。

　　從以上中國的歷史事實證據、國際法國際社會的觀點、台灣本身的主張三方面就可以知道，維持中華民國體制的台灣原本就不是一個國家的身分地位，怎會忽然不知不覺的突變成為國家？台灣維持中華民國的體制就不是一個國家，只是中國的舊政府。

六、正名、改國號與建國運動矛盾

　　大家都知道長久以來，在國際場合我們的代表隊都不能使用「中華民國」這四個字，只能使用「中華台北」，所以有不少團體在推動正名、改國號的運動。有關這部分，首先，我們必須了解改國號不等於建立新國家，中華民國國號其實就是政府名稱。孫文於1912年推翻滿清建立民國之前，中國已經存在數千年，期間雖經歷多次的改朝換代，但都只是政府與政權的改變，或是國號的改變而已。

　　1912年建立的中華民國、1949年成立的中華人民共和國亦是國號的改變。雖然國體由帝制改為民主共和，再由民主共和改為人民民主共和，但國家始終是中國。就像法國，雖然經歷了第一共和、第一帝制、第二共和、第二帝制、第三共和、第四共和與第五共和，但這個國家始終是法國。譬如美國，已經存在兩百多年，除了使用美國這個國名之外，也稱為美利堅合眾國、America、United States、USA等許多名稱，難道說只有美國才是一個國家，而美利堅合眾國、America、United States、USA等都不是國家？或是美國是一個國家，而美利堅合眾國、America、United States、USA等又是指另一個國家？

　　由此可知，一個國家可以有不同的國號（政府名稱），可是實質上都是指同一個國家。過去，我們主張中華民國才是一個國家，而中華人民共和國「不是」國家，所以過去只用大陸或中共（中國共產黨）的說法來形容它不是國家。

　　一方面，主張中華人民共和國是一個國家，中華民國又是另一個國家的說法。這是犯了美國是一個國家，而美利堅合眾國、America、United States、USA等又是另一個國家的謬誤。這些都是政府名稱與國家實體的關係，不管名稱怎樣改變，實體國家的本質是不變的。所以秦、漢、唐、宋、元、明、清、中華民國、中華人民共和國，實體都是中國這個國家，只是各時期的國號（政府名稱）有所不同而已。所以說，中華民國是國家的說法是說不通的，中國才是國家。總之，中國是一個國家，中華民國只是中國在某個時期的政府名稱（國號）而已。國家名稱是可以更改的，中國現在的名稱已經於1949年改為中華人民共和國，換了一個政府、換了一個名號，但是中國仍然是「一個中國」，只有一個合法政府。

中華民國不是國家，所以將中華民國改為「中華民國台灣」，無法使台灣成為國家，例如香港不是國家，再如何改名也無法成為國家。台灣必需宣布獨立之後，改稱台灣共和國才是有意義的國號，才是與中國無關的國家。

七、建立新國家與建立新政府之差異

基本上，中華民國的建立，是打倒中國的滿清政府，而不是脫離中國獨立，更不可能是消滅中國，建立一個名為中華民國的新國家。事實上也不可能，因為中華民國從來沒有留下任何一塊土地讓大清皇朝的中國得以繼續進行統治而存在。因為，如果是分離獨立建立新國家，原本國家的一部分必然是繼續存在。人類歷史上從來就不曾出現一個國家被消滅後，立即在該國的土地上，以其原有的人民再建立一個新國家的例子，國際法上也沒有這樣的建立新國家理論。

中華民國推翻滿清的例子，並不是建國，而是改朝換代，是政權的變動，是一個國家內部政府的更換。何況，自中華民國成立，其名稱出現以來，都是主張要成立一個中國的新政府，以繼承腐敗的滿清政府，而非從中國分離獨立建立新國家。所以說，中華民國從來就沒有脫離中國成為一個新國家，中華民國與中國是表裡合而為一的，中華民國政府從來就沒有說過要從中國分離獨立。

就像美國，其現在政權的更換是以和平的選舉方式進行，假設有一天美國發生政變或革命，推翻原有的民主政府，成立一個稱為美利堅共和國的國家，其意義也僅表示美國成立了一個，不是以和平選舉為手段取得政權的政府，而非建立一個新國家，美國這個國家並未滅亡，新國家也沒有誕生。

換言之，原來既有國家存在的領域及人民，在相同的領域及人民下，根本沒有機會也不可能建國。理論上只能夠推翻原有的政府，而中華民國即是屬於此種情形所產生的中國歷代的一個政府。

八、國家應具備的要件

一般認為有土地、人民、政府、軍隊就是國家，很多人認為這些條件

台灣好像都符合了，為什麼說台灣還不是國家。國家一定有自己的土地、人民、政府、軍隊。相反的，有土地、人民、政府、軍隊，卻不一定是國家。我們要想清楚，當談到過去的中華民國時，指的是1912年到1971年的中國的合法政府，其領土應包括中國大陸，其人民指的是當時在中國大陸上的數億人民。中華民國政府敗退來台後，已經不能夠再代表中國，不論土地、人民、政府、主權都已經是一個被中華人民共和國取代的狀態，喪失了任何代表國家的條件。因為中華民國大部分的土地，人民都已被新政權奪走，中華民國沒有辦法對中國大陸以及中國大陸上的數億人民進行統治。所以，中華民國政府不可能「在台灣」維持一個國家的地位，或成為一個與中國無關的國家。當中華民國離開了中國的土地，不再能代表中國的人民時，那麼它就變成什麼都不是了，只有成為中國的非法政府叛亂團體的狀態。尤其1971年聯合國通過中華民國代表權案，中華人民共和國成為可以合法繼承代表中華民國的政府之後，早已敗退到台灣地區的中華民國，成為在台灣地區繼續叛亂的中國非法政府之地位亦告確定。

至於說中華民國的現狀，因有土地、人民、政府所以應該是國家的說法是本末倒置。沒錯！國家應具備土地、政府、人民否則就不是一個國家。但是反面推論，有土地、政府、人民就是國家的說法是完全錯誤的，還必須加上其他要件。例如，中華人民共和國政府1949年建政之後，雖有土地、人民、政府，其軍隊也與聯合國在朝鮮大打一仗，但是並非國家。一直到1971年之後，聯合國與國際社會才承認其為代表中國的政府而非國家。1971年之前也與目前在台灣的中華民國一樣，是一個非法政府（叛亂團體）之地位。

至於台灣若是排除中華民國體制（例如改名稱、改憲法）之後，有土地、人民、政府、軍隊是否能成為國家。這些是成為國家的必要條件，但是如果沒有建國意志，沒有宣布獨立，還是無法成為國家。建國意志、宣布獨立是成為國家的核心要件。

九、日本放棄對台灣的主權與台灣建國

一般主張，戰後所訂的《舊金山和約》中，日本只是放棄對台灣的主權，並沒有提到日本將台灣放棄給哪一國，所以台灣不屬於中國。但是台灣民眾卻和中國國民黨的中國舊政權異口同聲地，不論戒嚴令解除之前或

之後，一再的認同中華民國政權在台灣的合法統治，在中華民國體制下進行各項公職選舉，許多獨派團體的成員也都當選中華民國的公職，

　　台灣人接受了中華民國體制，在這樣的狀態下，要說我們和中國沒有關係，要說我們不須要再從中國分離獨立建立新國家，是說不通的。特別是，中華民國至少在1972年之前仍然是代表中國的合法政府，此一政府有效統治台灣，主張台灣是中國的領土，並由台灣派出大使、代表團至聯合國，台灣怎會沒受過中國政府統治呢？

　　再就理論觀之，一國的新政府對其領域的一部分，即使長期無法統治，只要據地叛亂者並未主張分離獨立，建立新國家，則其領有之法效果並無影響。台灣繼續在中華民國這一中國舊政府的統治下，就是台灣的領域主權屬於中國的有效證明。

　　一方面，各黨派及中華民國自總統以下的官員，不是一再主張反台獨，或是主張不會宣布獨立嗎？這就是北京可以主張台灣是其領土一部分的最佳證據。台灣人不主張獨立，也未追求建國目標，台灣當然是中國的一部分。如果台灣不屬於中國，那麼是屬於哪一國？提出「台灣法地位未定」、「台灣不屬於中國」的事實、證據、法理，是否能夠說服各國與聯合國支持？之後，有哪些國家有權利、甚至有義務站出來處理，「台灣法地位如何決定」、「台灣絕對不可以屬於中國」。目前的國際社會是否有此可能，並形成共識？克服萬分困難之後，「台灣法地位未定」、「台灣不屬於中國」確定之後，如何處理台灣法地位，由誰來處理也是問題，台灣人民是被動的等待他國決定，或是主動爭取自己決定，向誰爭取？這些都很難處理。

　　所以台灣人民的建國意志、宣布獨立是成為國家的核心要件，與地位未定、台灣不屬於中國，完全無關。

第十章　中華民國政府與中國的關係

　　一般主張，雖然中華民國政府自1949年起敗退到台灣，但仍在聯合國擁有席位，是否可以因此說中華民國在這段時間內仍是一個國家，一直到1971年退出聯合國之後才不是一個國家？

　　形容中華民國是一個國家，實際上都是在說明幾千年來的中國是一個國家，所以中國在美國有大使館，有一百多個國家承認，在聯合國是安理會常任理事國；沒有錯，這些都曾經由中華民國政府代表，但是絕不能以此誤以為中華民國政府就是國家。中國是國家，而某一時期是由中華民國政府代表，故兩者重疊，但並不因此就使中華民國可以排除中國成為另外一個國家。

　　這種說法的矛盾在於，「中華民國」它從來就不是一個國家，而是一個政權、一個政府的名號，與元、明、清一樣。雖然中華民國政府自1949年起敗退到台灣，但其在聯合國的席次卻是代表「全中國」的數億人民，代表在「全中國」這塊土地上的政府；所以不能以此就認為，1949年以後中華民國在聯合國的席次就是僅僅代表，不受中國統治的台灣地區、代表在台灣的兩千三百萬人。同樣地，這也不代表在台灣的中華民國就因此可以從中國分離獨立成為國家。

一、國際局勢使在台灣的中華民國代表「中國」這個國家

　　中華民國政府敗退到台灣後，世界各國承認它，其意義是繼續承認中華民國政府代表「中國」這個國家，承認它代表中國這塊土地及中國的人民；並非承認它是代表台灣地區的一個國家，也不是承認它代表台灣這塊土地或台灣人民的國家。所以聯合國稱為中國代表權之爭。

　　中華民國政府敗退到台灣，並不是成為一個與中國分裂的國家，它只是一個敗逃的政權。各國明知共產黨新政府已經成立，有效統治著中國大部分的土地與人民，卻硬是支持在台灣的中華民國政權、國民黨政權，同聲地指共產黨新政府為叛亂團體、匪偽政權，不能代表中國，也有立足點。

　　在東西冷戰的時期，世界各國很勉強地承認在台灣的中華民國政府代表中國，又適逢中國發生文化大革命，共產黨政府未能在國際社會得到支

持。所以西方國家勉強承認一個幾乎要被消滅的，敗退到台灣繼續勉強存在的中華民國政府代表中國，期望由蔣介石所領導的中華民國政府能夠反攻大陸、奪回政權。

當時的國際社會，就是基於這樣的原因而承認中華民國政府代表中國。但是並不能因此認為，中華民國政府敗退到台灣後，就因此成為一個與中國無關的國家。所謂「中華民國在這段時間內是一個國家，一直到1971年退出聯合國之後，也是一個國家，國家不因為退出聯合國，不能因為失去多數國家的承認就不是國家」，這樣的主張是錯誤的。

我們看目前中華民國政府在世界上的十幾個邦交國，他們對於中華民國的承認，也是在中華民國外交政策的要求下，承認中華民國是合法代表中國（包括中國大陸及十多億國民）的政府，而非承認中華民國是與中國無關的，是在台灣的另一個國家。陳水扁、蔡英文的民進黨政府外交部，自己要求邦交國承認我們台灣是代表中國的合法政府，陳水扁、蔡英文總統是中國及中國廣大土地、人民的元首；所以北京才要抗議，也有權抗議；而這些邦交國才會要求金援，否則要轉為承認北京才是合法政府。所以，兩岸的外交戰仍然是停留在，中國這一國家內部合法、非法政府之爭的風暴中，這也是台灣人的自我選擇的現狀。

二、民主化選總統與是否成為國家無關

有一種說法是，中華民國在經歷過國會的全面改選以及總統民選之後，已經代表台灣人民，中華民國政權也已經宣稱，不再主張對中國大陸的主權。因此認為中華民國在台灣，已經代表台灣人成為一個國家，台灣已經獨立建立一個名稱是中華民國的國家。這也是錯誤矛盾的主張。

如果要在台灣建立一個與中國無關，名為「中華民國」的國家很難也很矛盾，可能性很低。但是這個與中國無關，名為「中華民國」的國家，仍然必須由現在作為中國的一個叛亂政府的地位出發，宣布由中國分離獨立出來，確立國家的領土為台灣，以在台灣的兩千三百萬人為國民。至於國名，雖然屆時我們已經是一個由中國分離獨立出來的新國家，但是仍可以因為懷念中國過去某個時期的政權，所以使用「中華民國」，以此中國舊政權的名稱做為國名。但是使用「中華民國」只會增加麻煩，北京政府會極力反對，造成比用台灣共和國做為國名有更大的困擾，何必如此。我

們知道，馬其頓共和國是由南斯拉夫分離獨立的國家，但是由於馬其頓是
希臘過去某個時期某個地方的名稱，因此曾在聯合國引起爭議。最後兩國
就這一爭端進行過多次協商，才達成一致意見，馬其頓共和國將國名改為
「北馬其頓共和國」。

　　由此可知，即使要在台灣成立一個名為中華民國的新國家，也必須要
主張從中國分離獨立，而不是主張中華民國自1912年即已成為國家，主張
共產黨不可革命推翻政府，只能分離獨立成為另一個國家，或是主張中華
民國是成立了一百多年的國家，只是過去的領土較大，今日的領土較小，
這樣的說法是完全不可能實現違反法理的主張。同時，國會全面改選以及
總統民選，不是成為國家的要件，很多國家也沒有民主化，一些地區（如
香港）實行選舉也不一定是國家。

　　所以要在台灣成立一個名為中華民國的新國家，與建立台灣共和國比
較起來，甚至加倍困難。

三、「宣布獨立」的意義

　　任何國家要成立一定要「宣布獨立」（Declaration of Independence），
自己主動表明建立國家的意志。台灣從未主動、積極、持續的向國際社會
宣布獨立、主張是新國家，是成為國家的最大阻礙。「宣布獨立」真正意
義與重點是：

（一）宣布獨立之後，仍然必須每一分、每一秒持續堅持著獨立國家
　　　意志的表明，積極、持續的維護自己的國格，每天都必須在各
　　　種場合，以各式各樣的方式，繼續不斷的強調台灣是獨立國家。

（二）當外界否認台灣不是國家時，台灣的政府與人民必須堂堂正
　　　正，明明白白的公開訂正，再一次宣布「台灣是獨立國家」，
　　　如此才有國際法上宣布獨立的效果。

（三）當然更不可以因為各種理由：為了加入國際組織、WTO、為
　　　了參加運動比賽、為了與中國和平一家親，而自我否認承認台灣
　　　是國家，自稱為兩岸關係而不是兩國關係。

　　台灣人現在還是沒有正確的建國理論、思想、基礎知識。台灣人的命
運一直被沒有建國意願的政客所擺布，沒有形成主導自己命運的意志、力
量與組織。碰到關鍵時刻，台灣人根本不懂得怎麼應對獨立建國的問題。

沒有建國意願的政客及一些附和的學者專家，欺騙台灣人最嚴重謊言的是：「台灣已經是獨立國家，不必再宣布獨立，國號是中華民國」。但是總統與各式各樣的政客及學者，在各種場合又說：「美國與世界各國都不支持台灣獨立，在此國際情勢下，台灣要宣布獨立，不是台灣人民自己可以決定。任何人都瞭解，台灣沒有能力、資源可以站起來宣布獨立，除非他瘋了或是傻瓜」。對照之下很清楚的，宣布獨立是建國的必要條件，不必宣布獨立是謊言，台灣已經獨立更是大謊言。

許多人，尤其是傳統獨派往往以民主化、總統直選拿來與建國、成立新國家連結，這個邏輯是否有誤。為什麼民主化與建立新國家是兩回事，所謂民主化以後階段性轉型建立國家為何不可能。

今天台灣雖然進行了國會的全面改選與總統民選，但是這些選舉都是在中華民國體制下的選舉，特別是選舉所依據的法源，根本就是由中國人過去所制定的中國的憲法，目前已被中國人民廢除的憲法，我們卻自以為這樣就是建立自己的國家，根本自我矛盾。

由國際社會看來並非如此，因為中華民國體制下的台灣今日的地位，只是一個中國的非法政府，不論我們經由怎樣的民主程序進行選舉，其結果都只是選出一個中國非法政府的統治者而已，並不能使我們成為一個國家。如眾所週知的巴勒斯坦解放組織，雖然也以民主的方法投票選出阿拉法特作為他們的領導人，但並未改變他們尚未建立國家的事實。

所以，只要我們還沒有「宣布獨立」，表明從中國分離獨立，沒有意志建立國家，再怎麼選舉也只是選出一個地區的統治者而已。譬如香港，即使有非常民主的選舉，其行政首長也終究不過是在中國的一國兩制下，一個特別行政區的首長而已，香港的地位也並未因此而成為一個新國家。

可見我們若不拋棄現狀，不向國際社會宣布我們要從中國分離獨立，則不可能建立一個名為「中華民國」的新國家。更何況使用「中華民國」作為國名又容易與中國混淆不清，使世界各國更難理解，一個決心要從中國分離獨立的新國家，怎麼會使用中國的舊政權之名做為國名？中國的打壓也更有理由，何必以如此的方式建國。這些都是中華民國體制下的台灣要成為國家，必須面對的問題核心，沒有廢棄中華民國體制，台灣不能建國。

此外，民主化與是不是國家完全沒有關係，很多國家都是獨裁專制。所以，我們不能說台灣在蔣介石時代的專制體制下不是國家，這幾年來民

主化了，所以階段性轉型變成國家，這是完全無關的兩回事。反而很多國家的建國過程都要流血犧牲，並非經由民主程序來建國。這些年來的民主化，不可能使台灣階段性轉型建立國家，不可能在台灣建立一個名為「中華民國」的新國家。主要原因同樣是，在台灣的中華民國體制，根本沒有建立國家的意志，從來沒有堅決的實踐以上宣布獨立的三要件。所謂階段性轉型建立國家，最後的階段還是要「宣布獨立」，才能建立國家。沒有堅決的宣布獨立，怎麼樣的階段性轉型還是無法建立國家。例如：各式各樣的國際場合或是參加APEC國際會議，在台灣的中華民國，有表明建立國家的意志，有聲明台灣是國家，要求由國家元首蔡英文出席嗎？如果有，怎麼會是目前這樣的現狀。

四、分裂國家模式已經是過去式

　　有一種觀點主張，中華民國與中華人民共和國是兩個分裂國家，因為自1949年中華人民共和國成立之後，中國就分裂為兩個國家，一個是中華民國，一個是中華人民共和國，這樣的觀點矛盾何在。

　　1949年中華人民共和國從來就不是要建立一個與中國無關的新國家，也不是要從中國分離獨立成為一個新國家。共產黨自延安開始叛亂以來，經過兩萬五千里的長征、流竄，遭受當時的中華民國政府的圍剿；共產黨所一再強調的，就是要推翻腐敗的國民黨政權與國民政府，要成立一個新政府。所以中華人民共和國的成立，一開始的目的，就是要打倒中華民國這個中國的腐敗政府，並取而代之成為中國合法的政府；所以毛澤東不是從事獨立運動，或是領導獨立戰爭，他們從來沒有說是要從母國分離獨立出去，也沒有說過要讓母國的舊政權、國家繼續存在，他們要另外建立一個新國家。反而一再主張「一個中國」。譬如，蒙古自中國分離獨立而成為一個新國家，蒙古絕不可能去消滅母國原本的中國政府，或去消滅原來的中國，所以這兩種狀況完全不一樣。

　　另一方面，中華人民共和國如果是一個新國家，則中國大陸的歷史文化只剩七十多年。如果要把中華人民共和國變成是一個新國家，像蒙古這樣，是一個從中國分離獨立出去的國家的話，那麼所謂具有數千年歷史文化的中國，就變得很可憐了，因為中國本來有著多偉大的文化、歷史古蹟、長城，以及廣大的領土等等，結果卻變成敗退到台灣此一小島的國

家，中國人會接受這樣的事實嗎？

　　所謂中國的各族群會如此認同嗎？世界各國會對中華文化做這樣的認定嗎？會認定有數千年歷史的中國只剩下台灣此一小島，而實際有效統治中國大部分土地與人民的中華人民共和國，卻變成是一個與中國無關的，由中國分離獨立，自1949年成立至今只有短短七十多年歷史的新國家嗎？

　　中國與國際社會能夠接受這樣的觀點嗎？實際上是不可能的。所以，若是要使中華人民共和國成為一個新國家，成為一個與中國數千年歷史無關的一個國家，等於是要把中國的歷史、文化都加以中斷。

　　中國難道會落魄到，所有的法統都流落到台灣，領土變成只有台灣這麼小？如果真如此，中國人或是中國人的祖先可會嚥得下這口氣嗎？顯然這種說法是不切實際的。中國本土成立的政權，是不會分離獨立出去建立新國家。

　　還是有些人認為，1949年毛澤東在天安門廣場高喊「新中國成立了」，所以中華人民共和國是一個從中國分離獨立的新國家，而中國這個國家的合法政府變成是在台灣的中華民國政權，這種說法也是矛盾重重。

　　首先，我們必須思考，在台灣這個島嶼上，是否有可能說幾千年歷史的中國這個國家忽然間變成在這個小島上，這是不可能的。中華人民共和國也不能夠接受，何況這個問題還牽扯到國際法上國家權利與義務的繼承，牽扯到聯合國與其他國際組織席位的繼承、條約的繼承，以及在海內外所有中國名下財產的繼承問題。

　　如果中華人民共和國是一個從中國分離獨立的新國家，而中國這個國家的合法政府變成是在台灣的中華民國政權的話，那麼聯合國席位及常任理事國資格都應該由中華民國政府繼續保有，香港也應依照條約規定移交給在台灣的中華民國；因為中華民國政府就是中國的某一個朝代延續至今，代表中國的一個合法政權。

　　中華人民共和國則變成另一個新國家，什麼權利都沒有，必須以「新國家」的地位使用申請的方式加入聯合國。但是事實並非如此，聯合國也不是如此處理中國問題。基本上，這就是中華民國不是國家，中華人民共和國不是一個新國家的核心問題之所在。當年（1949年）中華人民共和國並不是要成立一個新國家，而是要成立一個取代中華民國政府，合法代表中國的政府。

　　我們再換個角度來看，中華民國政府本身也從未主張中華人民共和國

是像蒙古一樣，由中國所分離獨立出去，與中國無關的一個新國家，中華民國政府也從未設法使中華人民共和國成為一個分離獨立的新國家。我們看中華民國政權剛剛敗退來台時，所致力推動的要務，就是要反攻大陸，打倒共產黨政府，打倒匪偽政權；我們的歷史一直就是如此告訴我們，把中國共產黨所控制的地區稱為匪偽政權所控制的叛亂地區，要動員戡亂。

　　解除戒嚴之前，中國國民黨的政府仍然在國中、小學及高中課本中，如此的教育著我們的青少年學子，教育他們說1949年，中華人民共和國是叛亂團體，竊據我國領土，大部分的中國地區陷入叛亂，中華民國政府只好到台灣來，建立反攻復國的基地。我們小時候所受的教育也是如此，中華民國政府本身也從來不認為中華人民共和國是一個分離獨立出去的國家，而認為它是一個叛亂非法政府，是要推翻合法（法統所在）的中華民國政府。

五、「兩個中國」模式

　　有一種說法，在1970年代處理聯合國中國代表權時，國際社會曾經提出兩個中國的意見，目前是否可能形成「兩個中國」。

　　如果我們回顧歷史，在東西冷戰的情勢下，中華民國政府也是堅持所謂「漢賊不兩立」的政策，雖然當時法國與沙烏地阿拉伯均曾致力於推動兩個中國，使中國分裂成為兩個國家，一個是由中華人民共和國政府所代表的社會主義中國，一個是由中華民國政府所代表的資本主義中國；至於怎樣處理一個國家分裂為兩個國家的問題，以及法統繼承要如何的處理，則又是另一回事，以當時的國際環境，是有可能以雙方談判解決的。

　　甚至早在1961年初，美國總統甘迺迪上任後，美國國務院就希望根據國家繼承理論，讓聯合國將海峽兩岸的兩個政權都視為中國的「兩個繼承國」，而不再爭議哪一邊代表中國，從而都能成為聯合國的會員國。不過蔣介石對於此一方案極為反對，他質疑這是國務院從「兩個中國」、「承認中共」到「台灣獨立」的三步驟，「根本是企圖抹煞中華民國之地位」。當時蔣介石更利用美國國會的中華民國遊說團與共和黨勢力，讓甘迺迪總統打消了「兩個中國」的政策。

　　可知當時的國際社會，曾努力使兩岸各自成為國家，1960年代的國際環境對台灣的中華民國相當有利，多數聯合國會員都願意同時容納中華民

國與中華人民共和國的會籍。但蔣介石顯然因為顧慮到這會衝擊到國民黨統治台灣的合法性，而錯失了讓中華民國留在聯合國的有利國際環境。

中華民國政府不領情，至少國民黨政權不同意，至於共產黨政權是否會答應則是另外一回事。中華民國政府自1949年敗退來台，至1971年被趕出聯合國的二十三年間，從來沒有因為認為在台灣這塊土地上建立一個國家也不錯，而主張、規劃在台灣地區建立新國家。反而一直在聯合國等國際組織及駐各國大使館，繼續行使代表全中國的合法權利；直到國民黨政權的代表被驅逐出聯合國，不再能代表中國，甚至到東西冷戰結束之後，中華民國政權仍然口口聲聲地說要反攻復國，三民主義統一中國，而從來沒有改變政策，要在台灣地區建立一個國家，建立一個與中國沒有關係的國家。一直到今天仍然如此。

兩個德國之所以能成立，是東、西德雙方都有意願各自成為獨立自主的國家，1972年12月，雙方正式簽訂《關於聯邦德國和民主德國之間關係的基礎條約》，其中規定兩國互相尊重雙方在內政和外交事務上的獨立自主，雙方在國際上以獨立的身分存在，具體名稱為「聯邦德國」和「民主德國」，並同時加入聯合國成為聯合國會員國，與世界多數國家建立外交關係。

兩個韓國也是先互相同意，各自與各國建立外交關係，北韓在南韓同意下，1973年進入WHO，同年得到聯合國觀察員地位；南韓在1991年認同北韓的國家地位後，兩者都成為聯合國會員，兩個韓國的國家地位不再有爭議。

反觀台海兩岸一直以「漢賊不兩立」處理外交關係，這是與東、西德和南北、韓最大的差異，台海兩岸政權在主張與實踐上，都拒絕追求兩個國家，也互相主張代表對方。特別是在台灣的中華民國政權，從1949年到1971年的聯合國大會2758決議案之前擁有優勢，一直到近年居於劣勢之後，國際社會還是普遍認為，台灣或中華民國政府，並未放棄追求中國代表權，還是拒絕兩個中國或一台一中。

事實上「分裂國家」只是政治用語，「分離獨立」就足以處理新國家的成立，國際法認為沒有必要加以區隔，宣布獨立建立國家的意志最重要，分裂或分離只是說明國家的形成過程。

六、「地方性事實政府」與叛亂政府

　　很多人無法接受：「在台灣的中華民國政權是中國的叛亂團體，而且到目前仍然自願當中國叛亂的『地方性事實政府』」。無法接受的心情我能理解，但事實是一直到今天，中華民國政府仍然是自我主張「一個中國」，無論是李登輝或是陳水扁、蔡英文如何努力推動所謂的民主化，在台灣進行民主的選舉，努力的對台灣人宣稱自己是主權國家。但是對國際社會都沒有宣布獨立，也都沒有企圖建立主權國家。主要事實是《中華民國憲法》、中華民國政府正式的官方文件、外交政策，都是堅持「一個中國」的主張。這從我們的政府向聯合國提出的文件上，使用「中華民國重返聯合國」的主張即可得到印證，而其他的對外文件也都主張「一個中國」，要與中國和平統一。所以世界各國才會認為中國的現狀是「一個國家，兩個不對等的政府」。所謂的兩個不對等的政府就是，一個是合法代表中國的政府，而另一個則是叛亂的「地方性事實政府」。

　　國際法的政府分為：合法政府（被各國承認的政府）、「地方性事實政府」（未被承認的非法政府、叛亂政府）。那麼，到底誰是合法政府，誰是叛亂政府呢？國際社會是依據客觀的事實來加以認定，一國有兩個政府同時存在並非不可以，只是在只能有一個合法政府的原則下，另一個就變成是叛亂政府，而這也是在台灣的中華民國政府堅持「漢賊不兩立」，自我主張的結果。

　　有些團體學者認為，台灣歷經了民主化之後，台灣人民覺醒、要做自己的主人之後，台灣就成為一個新國家。但是我們台灣人所選出來的政府、民意代表、外交人員，台灣人所納稅支持的國家公務員，卻拒絕宣布獨立，更一再的在國際法體系上主張「一個中國」。那麼要如何說服國際社會，讓他們相信台灣人是真心的要建立一個屬於台灣人的新國家，又如何說服國際社會，讓他們相信在台灣的中華民國已經是一個與中國無關的新國家？

　　中華民國忽然間要在台灣成為一個國家，有沒有可能是另外一回事，但是中華民國政府所有對外的正式文件、官方說法、做法，包括每一任中華民國總統都多次在國際媒體上宣稱，在台灣的中華民國是1912年就成立的政府，外交政策還是繼續堅持代表全中國，主張中國只有一個，而唯一

合法的中國政府就是在台灣的中華民國政府。因為中華民國政府的存在要比中華人民共和國政府的存在早了三十八年，所以早存在就是合法，晚成立的就是非法。

試想，這樣的理論如果說得通的話，那麼世界各國所有的政府都不會被推翻了，因為我比你早存在，所以我就是合法的，你就是非法的，你就不能夠推翻我，當然這種說法是說不通的。國際法認為，如果中華民國政府要作唯一合法代表中國的政府也可以，但是中華民國政府必須先反攻大陸，打倒匪偽政權，實際有效統治中國大陸之後，才能夠再成為唯一合法代表中國的政府，否則便沒有資格代表中國。

最後還是要強調，「在台灣的中華民國政權是中國的叛亂團體」，不是我的主張，我只是指出事實，中華民國就像國王的新衣一樣，是不存在的國家。很多人無法接受台灣的中華民國政權是叛亂團體，那麼應該站起來廢棄中華民國體制，宣布獨立建立新國家。

七、無法形成分裂國家、兩個中國的原因

歷史上的文件證據，中華人民共和國從未宣布自中華民國分離獨立出去，而中華民國自己也不願主張宣布從中國分離獨立，這就是為何兩岸無法形成分裂國家、兩個中國模式的主要原因。東、西德與南、北韓都是自我主張是獨立國家，才能形成分裂國家、兩個德國、兩個韓國模式。

事實與歷史都證明中華民國政府，從來就沒有主張中華人民共和國，是一個從中華民國分離出去的新國家，也從來沒有主張中華民國民主化以後已經是一個從中國分離獨立的新國家，是一個在台灣建立的獨立國家。在台灣的中華民國體制從來就沒有這麼做，因而所謂形成兩個中國、分裂國家的情形是不可能的。

中華民國政府一再自我主張在台灣的「中華民國」不是國家，是代表全中國的政府，現狀的《中華民國憲法》、中華民國外交政策仍然明確自我主張「一個中國」。如此一再的堅持「一個中國」的結果，使台灣成為一個不是國家的地位，不是合法政府的地位。既然不是一個國家，而國際社會又承認中華人民共和國才是唯一合法代表中國的政府，很自然的，中華民國政府就只有淪為非法政府的地位。

非法政府在國際法上、在國際社會上的名稱是「地方性事實政府」，

也就是叛亂團體，這就是為什麼中華民國只是一個叛亂團體，而不是一個國家的原因。中華民國政府敗退到台灣之後一直維持的就是這樣的一個現狀。這和蒙古共和國一開始即主張從中國分離獨立是截然不同的兩種狀況，所以中華民國不是一個國家、也無法成為分裂國家。

自從民進黨政權成立之後，表面上好像拒絕接受「一個中國」，或避談「一個中國」，但是既然維持中華民國體制，如此仍然與過去國民黨政權的狀況一樣，不能改變上述的定位。除非清楚的主張兩個中國，並將中華民國定位為近年來在台灣重生的「新國家」，才能改變現狀脫離非法政府成為分裂國家。當然，這與宣布台灣獨立在實質上沒有兩樣，只是在名號上使用中華民國有所不同。更麻煩的是，要以中華民國宣布獨立成為分裂國家，還需要北京政府配合與同意，何必如此自找麻煩。

八、兩岸關係的「統一、獨立」用語

兩個以上的國家才有「統一」的問題，兩個分別獨立存在的國家，因為種種理由要合併成一個國家，一般稱此為國與國的「統一」。所以要主張統一的前提必須先確認，兩岸關係是兩國關係，「台灣中國、一邊一國」。

以下說明重要的基本觀念，希望台灣能與國際社會接軌，從國際法觀點探討台灣的「統一」與「獨立」的用語問題。長期以來，台灣內部經常使用的「統獨」爭論，從國際社會、國際法觀點來看，其實是錯誤、矛盾的說法。「統一」一詞的意義是多重的，有廣義的一般用法，例如：維護國家內部的統一、平定內亂完成統一、統一語言文字，都可以使用「統一」這一名詞。然而我們一再強調，主張獨立建國是國際法、國際社會的國家理論的層次，使用或談論「統一」，應該以專有名詞定義才正確，不可以等同於一般用語造成混淆。

國際法、國際社會的用語，兩國以上才有統一，如過去東、西德的「統一」，現狀南韓企圖與北韓「統一」，在內閣設置統一部處理與北韓的統一問題。它們都是兩個國家，因此使用國際法、國際社會的「統一」用語。

但是兩岸關係並非兩國關係，兩國才有統一，如果認定目前兩岸不是兩國時，使用「統一」來分析兩岸定位非常不妥當，必須區分清楚，這是

國家內部的統一、平定內亂或投降中央完成統一，與國際法、國際社會的「統一」意義不同。國際法如果要協商統一（統合）的問題，參與的主體必定是國家。例如：歐盟即是歐洲二十多個國家協議統一的過程，歐盟的成員法國、義大利等，都是主權獨立的國家。國際法上主張統一的前提就是，各個成員國必須是獨立國家，如果不是獨立國家，就不可能在有尊嚴與對等地位之下談論統一的問題，或是處理統一的問題。

　　然而台灣主張「統一」的所謂統派，根本沒有主張兩岸是國與國的關係，沒有認為對岸的中國是一個國家，台灣或中華民國在台灣也是另一個不同的國家。既然不是國與國的關係，如何有尊嚴與對等的談論統一、邁向統一？其實大家都知道，在台灣所謂的統派當然沒有這樣的主張或認知，反而堅持兩岸是「一個中國」，中國不可以分裂，分裂中國是中華民族的罪人，反對兩個中國、台灣中國一邊一國。台灣的所謂統派堅持兩岸是「一個中國」，也已經把反攻大陸、消滅共匪丟進垃圾桶。這些統派人士也承認中華民國已淪為叛亂政府的事實，並認為應該與北京政府談投降條件，完成中國的統一大業，早日使中國成為世界強國。這些統派人士向北京政府輸誠、互通聲息，積極主張加快並擴大兩岸交流的速度及幅度，促使兩岸統一儘速完成。統派主張兩岸關係並非兩國關係，怎麼能有尊嚴、對等的與北京政府談論統一的問題，或是處理統一的問題。這與國際法、國際社會的「統一」，完全不可以相提並論。

　　由上可知，台灣的所謂統派不可能與北京中央政府對等談判，結果只會被北京統一，應該稱為投降北京派。他們高呼的統一是一般用法的統一，維護國家內部統一，平定內亂的統一，當然不是國際法、國際社會的「統一」。但是「統獨」爭論的「獨立」卻是國際法的「獨立」用語，指分離「獨立」。「統獨」爭論的「統一」是一般用語，獨立卻是國際法的「獨立建國」用語，兩者放在一起探討，錯誤、矛盾的說法必然出現，事實真相也無法釐清。

九、立足點明確才必須宣布獨立

　　一些獨派學者強調「不必宣布獨立」、「台灣不屬於中國」的路線。例如，之前有說明「台灣地位未定、台灣不屬於中國或是中華民國政府非法軍事占領」等主張的矛盾。如果看蘇格蘭、加泰隆尼亞和庫德自治區紛

紛辦理「獨立公投」，就是主張獨立必須面對自己是屬於英國、西班牙和伊拉克的自治區，所以才要主張獨立。這都指出「獨立必須面對、處理，台灣是中國的一部分的現狀，必須宣布獨立」。

加泰隆尼亞是西班牙的一部分，庫德自治區是伊拉克的一部分，所以他們追求獨立建國。這才是堂堂正正、有尊嚴、有使命感的獨立建國運動。加、庫未來能否建國成功，還有很多阻力。但是看看人家、想想台灣的獨立建國運動，做為台灣人可說百感交集。

「台灣是中國的一部分」，最殘酷的事實是來自於台灣內部的自我主張。所以台灣人民必須廢棄中華民國現狀，才能使台灣不屬於中國。但是台灣的一些獨派，完全無視大多數台灣人主張維持中華民國現狀的結果，台灣就是屬於中國。台灣政權自我主張「一個中國」，使台灣的「中華民國」不可能是一個國家，而是代表全中國的政府，台灣屬於中國根本是台灣人政權的自我主張。

台灣的獨立建國運動還是在主張：台灣不屬於中國、主張在台灣的中華民國是流亡政府、是非法軍事占領。但是這些論述都是假設在：中華民國非法統治台灣，台灣不是中華民國領土，台灣不屬於中華民國的一部分。卻忽視台灣人在自由意願的現狀下，一再支持中華民國政府在台灣的統治，也無視國際社會接納「一個中國」的現狀，中華人民共和國政府也同時在聯合國代表中華民國的事實。那麼如何堂堂正正、有尊嚴、有使命感的推動台灣獨立建國運動。建國的手段、策略也是如此，高喊改中國的國號、換中國的國旗，但是理論與原因是什麼卻無法說明，這樣建國運動如何完成建國。台灣建國不需要先證明「台灣法地位未定」、「台灣不屬於中國」才能建國。世界各國的建國歷史，最近加、庫的建國運動，也都不需要主張地位未定或不屬於哪一國，才能宣布獨立建國。

再一次強調：「台灣建國學」沒有主張「台灣屬於中國」，批評反對我們指出「台灣屬於中國」說法的人士，應該用一百倍的力量去批評，使台灣是中（華民）國的一部分的維持現狀派。當然更要努力以赴建立自己的國家，如此「台灣不屬於中國」才能確立。

第十一章　政府與國家的區別

一、建立新政府與建立新國家的區別

在此探討「建立新政府與建立新國家的區別」，這是個很多人到現在還是不太清楚的問題。到底1912年的中華民國是建立新國家或是新政府？建立新政府與建立新國家為何不同？這些問題與革命運動、建國運動的關係為何？都有必要理解。

人類社會長久以來使用革命方式，對抗統治者或是推翻統治者的型態不只是一種。革命最主要有兩種型態，其一是以革命的方式建立新政府，其二是以革命的方式建立新國家，此時又稱為建國運動。

人類歷史上要革命，要反對現有的政府、國家時，其本身的理念、主張必然是很清楚的，不會忽然說是要建立新國家，一下又忽然說是要建立新政府。

譬如，過去巴基斯坦人民在印度革命，即清楚地提出其訴求為自印度分離獨立，他們從來不曾說是要成立一個取代新德里的印度新政府。又譬如過去新加坡自馬來西亞分離獨立時，也並未主張要取代馬來西亞的統治者，成為馬來西亞的執政黨，而是很明確的主張要從馬來西亞分離獨立。

革命尚未成功的分離獨立運動，譬如加拿大的魁北克省，加拿大政府為了讓魁北克省不再主張分離獨立，一再邀請魁北克獨立黨進入加拿大政府聯合執政，連首相一職都願意讓給魁北克獨立黨人，只要求魁北克不要追求獨立。但是魁北克獨立黨人士拒絕，並清楚的說出該黨並非為了追求執政或要成立加拿大的新政府，該黨所欲追求者，乃是從加拿大分離獨立，建立一個名為魁北克的新國家。

一個建國運動，一個革命運動的主張必然是非常清楚明確。我們看兩百多年前的美國革命運動，其主張就是要從英國分離獨立建立新國家，而不是說要在美國大陸成立政權，企圖攻打倫敦，準備在消滅英國王室及倫敦政府之後，成立代表大英帝國的新政府。

很清楚地，美國革命運動的訴求是要從大英帝國分離獨立，建立一個

獨立自主的新國家，而不是要建立一個目的在取代當時大英帝國政府的新政府。

二、中國的革命不是要建立一個新國家

　　我們再回過頭來分析，孫文的中國國民黨革命或是毛澤東的中國共產黨革命，到底是要建立一個新國家，或是要建立一個新政府。孫文的中國國民黨革命，是要推翻腐敗的滿清政府，我們都耳熟能詳。一方面，中國共產黨革命的目的就是要建立一個取代國民黨政權的新政府，而不是要建立一個新國家。中國共產黨沒有主張中華人民共和國政府要從它的母國（中華民國）分離獨立出去，他們也從來沒有說過要「建國」，要讓中華民國這個舊政權繼續存在，成為兩個中國。1949年10月1日，毛澤東於北京天安門宣布：「中華人民共和國中央人民政府今天成立了！」，明確指出是成立「政府」。中國共產黨的革命運動，從來沒有提出獨立建國的訴求。

　　事實證據很清楚，中華民國與中華人民共和國長久以來的內戰、爭鬥，都是在爭中國這一個國家內部的政權，在爭誰才是唯一合法代表中國的政府，並不是在爭某一方要建立國家，而另一方予以打壓反對其獨立，兩岸之爭從來就不是建立新國家的問題。這就是大家耳熟能詳的「漢賊不兩立」，這就是「一個中國原則」。

　　所以在這樣一國兩府共存的現狀下，兩個政府就只有在外交承認與各國建交問題上拼個你死我活，北京政府若是合法政府，則台灣的中華民國就成為非法政府；台灣的中華民國若是合法政府，則北京就成為非法政府，因為一個國家不允許有兩個政府，不可能兩個合法政府的狀況同時存在。

　　目前各政黨、政客或學者也流行提出所謂，兩岸共存共榮、兩岸一家親、兩岸和平相處，不要在邦交國做你死我活的零和對抗，甚至提出一國兩府，這些都是完全不了解學理的說法。除非是兩岸成為兩個國家，這些才有可能實現。

　　一國兩府是違反現代國家原理的說法，實際上不可能一個國家有兩個政府，或兩個以上的政府，國際法上一個國家只能有一個合法的政府。由人類長久以來的歷史，國家的觀念，以及從國際法的觀點來看，一個國

家不可能同時存在兩個最高權力的中央政府，如果一個國家存在兩個政府，必然只有一個是合法代表該國，是一個有主權的政府（主要是軍事外交），另一個則是沒有主權的地方政府（香港的特區政府）或非法的叛亂政府。

除非中華民國政府反攻大陸，推翻中華人民共和國政府，成為唯一合法代表中國的政府，否則將無法改變外交上各國陸續與中華民國斷交，導致中華民國政府只是一個叛亂政府的地位。

但是，今日在台灣的中華民國政權一方面主張維持中華民國現狀的中國舊政府體制，一方面又沒有能力反攻大陸，且又已經宣布戡亂失敗，停止動員戡亂，更不願意也不敢主張或推動獨立建國，所以就造成我們在台灣的民眾，一生下來就成為叛亂政府一分子的悲慘情況。

三、邦交國與國家地位

這是一個有關「政府承認與國家承認」的問題。許多台灣民眾會認為目前台灣有十多個邦交國承認台灣是國家。外交部及一些學者的說法也常提及中華民國有十多個邦交國，儘管承認中華民國的國家雖然少，但是中華民國還是一個主權國家，國際社會怎麼可以認為在台灣的中華民國政權是中國的叛亂政府，中華民國有十多個國家承認是國家、有邦交，怎麼說是非法叛亂政府？針對這樣的錯誤說法，我們必須由國際觀點進一步說明。

國際法上的承認理論，明確區分為政府承認和國家承認，其適用的區別就依據，新政權革命時的意圖是要建立一個新政府或是一個新國家。前面已經說明，如果革命運動所欲追求的是建立新政府，那麼世界各國所給予的就是政府承認；如果革命運動所欲追求者為建立新國家，那麼世界各國就會認識到，該革命運動的主張是想從母國分離獨立建立新國家，基於客觀的事實認定而給予國家承認。

我們提過孫文領導國民黨的革命，其目的就是要建立新政府，所以世界各國對中華民國的承認就是政府承認，承認中華民國取代滿清政府成為代表中國的政府。孫文領導國民黨的革命歷史中，從來沒有提出過是獨立運動、建國運動。

就歷史而言，中華民國本身從來未曾向世界各國宣布要建立一個新國家，所以沒有任何一個國家給予中華民國國家承認，承認中華民國是一個

與中國或大清帝國無政府繼承關係的新國家。所以沒有任何歷史文件，指出1912年亞洲成立一個「新國家」。

我們可以由外交部等官方文件得知，自1912年以來，世界各國對於中華民國的承認，包括美、日、歐洲及其他曾經與中華民國有過邦交的國家，他們對中華民國的承認，都是依據中華民國政府自我的主張，承認中華民國政府為代表中國的合法政府，國際社會所給予中華民國的是政府承認而非國家承認。

所以當北京政權出現並實際有效地統治中國後，國際社會便撤銷對中華民國的政府承認，轉而承認中華人民共和國為代表中國的政府。這就是政府承認的變動。這也是目前我們看到外交部一天到晚忙著花錢鞏固邦交國的原因。

如果各國對中華民國的承認，真如外交部所說是屬於國家承認。那麼依據國際法，國家承認是不能撤銷的。如果孫文領導國民黨革命後，世界各國對中華民國的承認是國家承認的話，即使今天中華民國的領土只剩下台灣，即使今天美國與台灣的中華民國斷交，甚至是交戰，依據國際法理論也不能撤銷對中華民國這個國家的承認。

譬如英國與阿根廷為了福克蘭群島而發生戰爭，斷交並關閉大使館，召回大使，但是英國對阿根廷這個國家的國家承認卻無法撤銷。在國際法上並不能因為兩國之間的關係突然惡化，就撤銷對對方國的國家承認，國家承認一旦作出即不能撤銷，受到承認的國家即永遠存在，除非國家瓦解分裂像過去一些東歐國家，或被他國消滅。

四、「斷交」不可撤銷國家承認

國際法上不能因為兩國之間的關係突然惡化、斷交，就撤銷對方國的國家承認，即所謂「國家承認不可撤銷原則」。所以「斷交」與撤銷國家的承認無關，關係突然惡化「斷交」，或是「斷交」與新的政府建交，對國家的承認與否或變動完全無關。

如果真如外交部所說，1912年之後世界各國對中華民國的承認是國家承認，世界各國都曾經承認中華民國是一個國家的話，依國家承認不可撤銷原則，美、英、法、日及世界各國目前都應該繼續承認中華民國是國家。那麼現在應該有一百多個國家承認中華民國是一個國家，因為國家承

認是不能撤銷的，即使沒有邦交沒有大使館，也不能中斷或是否認中華民國是一個國家。

　　但是，你問外交部包括外交部長在內的任何官員，美國是否承認中華民國是一個國家，你得到的答案一定是否定的。我們的外交部自己也宣布，與我們有邦交「承認」我們的國家只剩十多國。為什麼只有十多國，為什麼承認我們的國家會減少？其原因就在於過去各國對中華民國的承認只是政府承認，不是國家承認。而且剩下這十多國對中華民國所做的承認，也是承認中華民國為代表中國的政府，並不是承認中華民國是國家。

　　由此可知，如果美、日、歐洲等世界各國對中華民國曾經做過的承認是國家承認的話，外交部大可以理直氣壯地向全世界宣示，我們中華民國是一個國家，而美國到現在還必須承認中華民國是一個國家，因為美國過去對中華民國所做的國家承認是不能撤銷的，過去各國對中華民國自1912年所做過的國家承認，到現在依然有效而且必須繼續承認，即使是要與中華民國斷交，改與中華民國的敵對國家中華人民共和國建交，即使是召回大使、關閉大使館，毀棄所有與中華民國簽訂的條約，依據國際法也無法撤銷對中華民國的國家承認。外交部有理直氣壯地向全世界如此宣布嗎？不可能！

　　所以必須再強調，外交部及學者常提及，現在有十多個國家承認中華民國是國家，數目雖然少，但是中華民國還是一個國家，邦交國不可以歸零。根本是對內欺騙台灣人，對國際社會，包括總統、行政院、外交部在內的所有政府官員敢如此主張嗎？敢召開國際記者會對全世界做這樣的宣示嗎？這樣的謊話講得出口嗎？

　　當然不敢，但是我們的政府欺騙台灣人，看不起台灣人，輕視所謂獨派的學者、專家。因為台灣人不研究國際法，所以政府官員才膽敢欺騙台灣人，因為沒有人能夠指出政府對台灣人的欺騙。基於一個國際法學者的良知，雖然高官要怎麼說我沒有辦法對抗他們，但是他們不能夠欺騙我，也騙不了全世界。他們要怎麼維持現狀那是另外一回事，但是不能夠用欺騙的手段，欺騙台灣人說邦交國承認中華民國是一個國家。因為世界上從來沒有一個國家對中華民國政府做出，承認它是一個與中國無關國家的「國家承認」。

五、中華民國「退出」聯合國的真相

　　2006年中國歷史學者章立凡撰文披露，1965年，毛澤東接見法國《人道報》記者馬嘉麗，說到一件令他後悔的事情，就是1949年不應該把中華民國改名為中華人民共和國，如果不改國號的話，會減少很多麻煩，解決很多問題，好比「一個中國」問題、聯合國問題、台灣小朝廷問題等，隱約指出聯合國好像是以兩個國家的方式來處理中國代表權的問題。

　　台灣的專家學者也都以「中華民國（我國）退出聯合國」，誤導、欺騙台灣人。所以當年聯合國如何處理中國代表權問題，有必要釐清。由聯合國代表權問題，亦可證明中華民國不是國家是政府，甚至是一個國號而已。

　　首先，聯合國根本不是以兩個國家的方式來處理中國代表權的問題。那些中華民國體制的專家學者官員說，中華人民共和國要以新國家的方式申請加入聯合國，也是等了二十二年。所以台灣要加入聯合國也應該慢慢來不必急。這種說法就是欺騙台灣人，獨派的理論家沒有人指出錯誤，甚至有一些從海外留學回來的教授，所謂獨派團體的專家學者也附和這種說法欺騙台灣人。

　　中華人民共和國從來就沒有提出申請加入聯合國，從來就沒有提出申請書說中華人民共和國是一個新國家，要以新國家的身分申請加入聯合國。中華人民共和國是以代表聯合國創始會員國及安理會常任理事國的中華民國新政府的身分，以中國的新政府身分，要求聯合國大會將中華民國代表權，以及中國在聯合國之席次交予中華人民共和國政府。因為中華民國政府已經是一個被中華人民共和國政府所推翻、所取代，不能合法代表中國的舊政府。中華人民共和國是以此種新政府的方式進入聯合國，要求國際社會給予政府承認，認定中華人民共和國是唯一合法代表中國的政府。聯合國於1971年即已作出此種認定的2758號決議案，而且聯合國也允許北京政府，繼續在聯合國使用中華民國名稱至今。

　　反過來說，如果聯合國是認定中華民國是一個國家，中華人民共和國又是另一個國家，那麼中華人民共和國當年就應該是以新國家的身分申請加入聯合國，而不是以認定中華民國代表權之爭，最後決定中華人民共和國成為代表中國的唯一合法政府，取得中華民國代表權。如果中華人民共

和國以新國家的身分申請加入聯合國，聯合國又怎麼不依照一般新國家申請加入的程序，由安理會來審查，而是由大會採用討論中華民國代表權的方式，將原來由在台灣的中華民國代表的中華民國席次，交予中華人民共和國？

　　聯合國之所以會認定中華人民共和國為唯一合法代表中國的政府，就是因為中華民國從來就不是一個國家，只是一個中國的政府而已。當一個舊政府喪失其原有的土地與人民，而由新政府實際有效地統治其原有的土地與人民時，國際社會當然認定新政府才是代表該國的政府，也因此才決議，由中華人民共和國來代表聯合國的創始會員國、聯合國安理會常任理事國的中華民國（當時中國名號），也就是中國這一個國家。北京政府也很願意，繼續在聯合國使用中華民國名稱至今。

　　許多御用學者指出，中華民國是聯合國創始會員國，在《聯合國憲章》上現在還存留中華民國的名字，所以當年大會以2758號決議驅逐這創始會員國，甚至是驅逐當時還擔任安理會的常任理事國是非常殘忍與不公義的事。1971年10月26日下午蔣介石發表《中華民國退出聯合國告全國同胞書》，強調因為聯合國的墮落與變質，國際社會的非法，所以退出聯合國。台灣人的團體則是把聯合國驅逐蔣介石的代表，等同驅逐中華民國，所以也誤以為是中華民國退出聯合國，沒有認清是中華民國被北京政府繼承與取代。

　　聯合國於1971年，作出此種認定中華民國代表權移交的決議之後。自此，在台灣的中華民國政府就變成一個中國的叛亂政府，沒有資格繼續代表中國，所以只好讓出各式各樣國際組織中的中華民國代表權，孤立至今。

　　許多獨派的學者也都不知道中華民國被繼承與取代的意義，竟然到現在都還說不清楚，甚至還附和中華民國體制的退出說法，說成中華民國退出聯合國或中華民國被趕出聯合國，或中華民國被宣判亡國，中華民國已經滅亡，根本是把中華民國當成國家，真是很嚴重的誤解。

　　事實上，聯合國從成立之後就從來沒有趕出過任何會員國，從來沒有開除過任何國家的紀錄。不但沒有這種紀錄，甚是會員國和聯合國作戰，譬如伊拉克入侵科威特，聯合國出兵制裁伊拉克，聯合國也未開除伊拉克的會籍，伊拉克到今天都仍然是聯合國的會員國。一個與聯合國對抗，與聯合國作戰的會員國都沒有被開除，更何況當時還是安理會常任理事國的中華民國，如果中華民國是國家，怎麼可能會被驅逐？其實中華民國根本

就沒有被驅逐或開除，至今仍然在聯合國開會。只是在台灣的中華民國政府，被2758號決議案認定為非法政府，不能夠再繼續代表中國出席聯合國，必須讓出中華民國的代表權，必須讓出中華民國在聯合國的席位，讓出中華民國在安理會的席位，轉由新政府中華人民共和國來代表。

聯合國並未驅逐中華民國，中華民國對國際社會而言，只是中國這個國家某一個時代的一個國名、一個政權名稱而已，並不是一個不同於中國的國家。大家可以上聯合國的網路去看看憲章第23條，或看聯合國有沒有任何文件記載著曾經驅逐過會員國，驅逐創始會員國，甚至是驅逐安理會常任理事國？很顯然的，根本沒有，也不可能。如果聯合國大會多數決議，就可以驅逐安理會常任理事國，那麼俄羅斯入侵烏克蘭，也很容易被開除、驅逐。

六、畏首畏尾的態度如何成為國家

台灣人主要的問題是對中國的態度不夠強硬，尤其在面對中國共產黨時畏首畏尾的態度，不敢宣稱自己是一個國家。以下從生活實例印證，為何中華民國不是國家的事實，主要是來自台灣人的不敢主張是國家。

我們在自己的土地上也不能使用自己的國旗、國名。所有的國際活動或國際會議在台灣舉辦的時候，我們也不能使用「中華民國」的名稱，不能懸掛所謂的國旗。大家想想看，我們對中國在談判磋商時，可曾見到過所謂「中華民國」的名稱、國旗？如果我們是一個國家，不論是辜汪會談、焦唐會談、馬習會談，或者是我們的官員到新加坡、上海、北京開會談判時，會場上就應該同時插上中華人民共和國與中華民國雙方的國旗，但是我們有辦法要求插上我們所謂的「國旗」嗎？我們即使在面對中國的時候不也是宣稱自己不是一個國家嗎？但是，中華人民共和國即使不插上國旗，也不會有國家認為它不是國家、不能代表中國，因為世界各國都承認它是合法代表中國的政府。反之，中華民國平常對台灣的民眾說自己是一個國家，卻又為什麼在面對國際社會時，宣稱自己不是一個國家？又為什麼在面對中華人民共和國時，採取畏首畏尾的態度，不敢宣稱自己是一個國家？把這些都用中國打壓、國際社會沒有正義感來掩飾，這是不負責的說法，自己不敢、不願、不能建國才是主要的原因。

再來看看我們所謂的憲法，到今天也都說台灣不是國家，只是台灣地

區，台灣只是中國的自由地區。這部憲法上可曾說過我們是與中國不同的國家？即使經過民主化之後的歷次修憲，可曾在憲法中宣稱台灣是一個國家，事實上是沒有，因為台灣只是一個自由地區怎麼能夠算是一個國家？民進黨政府說台灣是一個主權國家，有些所謂的獨派人士說台灣已經獨立，但是憲法上明明就清楚地寫著，台灣是一個地區，寫的更清楚一點的話，應該說是中國的一個叛亂的自由地區，是在實施共產主義的中國之下叛亂的一個自由地區。維持現狀就是維持在一個叛亂地區的現狀，台灣民眾就成為叛亂地區的一分子。所以若是以叛亂地區的地位和中國談判，結果就只有投降一條路，台灣各界人士沒有反對辜汪會談，沒有反對兩岸的和談，結果就只有邁向投降一途。因為我們現在的地位是中國的一個叛亂團體，一個叛亂團體怎麼可能和一個國際上代表國家的合法中央政府有對等地位的談判，要談判什麼？一個國家的叛亂團體，必須先主張分離獨立才能和該國的合法中央政府談判，要求建立新國家。

七、中華民國如何成為一個國家

　　不少人主張中華民國可以轉型成為一個國家，如果是為了反對台獨可以了解，如果不是，期待中華民國轉型成為一個國家真是難如登天。要使中華民國轉型成為一個國家，那就請我們的官員在各種國際會議、國際活動、兩岸和談的場合上，把國格顯示出來，把國號擺出來，把國旗插上。就像朝鮮半島兩韓的談判都是拿出國號、插上國旗。台灣人不要只是自己往自己的臉上貼金，說我們已經形成國對國談判的「樣子」，事實上根本連樣子都沒有。台灣人可曾在國際會場上看到代表國家的國旗、國號，甚至馬習會談連在對方的面前都不敢提到「中華民國」這四個字，只敢在記者會上偷偷地講。這樣能稱為國家嗎？所以很清楚的，中華民國體制下的政府官員與代表，從來就不敢在國際社會上強調兩個中國，在面對北京政府時說中華民國是一個國家。這些做法都使中華民國體制只能成為一個叛亂團體，無法轉型成為一個國家。

　　既然中華民國政府本身都不敢說自己是國家，甚至說自己不是國家，為什麼會有自認為是獨派的政黨會認為中華民國是一個國家，主張中華民國是「我國」的國號，這樣的團體是「獨派」團體嗎？這樣的「民進黨」是獨派政黨嗎？民進黨還修改：「建立主權獨立自主的台灣共和國及制定

新憲法」的黨綱，說台灣已經是一個國家，只是目前的國號叫做中華民國，這實在是莫名奇妙，令人百思不得其解。如果真的已經是一個國家，那大家就轉而保衛中華民國不就好了嗎？為什麼還要有自稱獨派的團體要正名、改國號、換國旗，要繼續從事獨立建國運動？

八、團體或個人無法認定中華民國是國家

　　為了選舉、為了要使掌握的權力合法化，民進黨執政後開始承認中華民國是國號、是國家，有些所謂獨派團體或領導者也常說，我們參加中華民國的選舉、拿中華民國護照，就不得不承認中華民國是國家。這種拿中華民國的身分證、鈔票或在其體制下生活，就必須承認中華民國是國家的理論，為何矛盾違反邏輯？

　　這是國民黨政府官員過去常拿來欺騙台灣人，使民眾相信中華民國是國家的幼稚說法。但是，為何這一套說法也在民進黨與所謂的獨派流行起來，實在令人覺得很悲哀也很無奈。

　　事實上，這種說法的最大矛盾是，依據國際法及國際社會的常識，只有國家才有對另一個國家做國家承認的權利，一個地區的人民首先要自己有意志建立新國家，這時各國就開始有權利對它做國家承認，使它成為國際社會公認的國家。除了國家之外，個人或政黨、政治團體，都沒有做國家承認的權利或資格。中華民國不是國家不但是歷史事實，也是中華民國自我認定不是國家，國際社會也如此認定。中華民國既然不是國家，只是代表中國的政府，民進黨或任何人即使承認，也不可能使它成為國家。否則巴勒斯坦解放組織就會來爭取民進黨的承認，使其早日成為國家就很容易，何必流血流汗的從事建國運動。當然這是笑話，民進黨承認「什麼東西」是國家，並不能使不是國家的「東西」變成國家，因為做為一個政黨根本沒有做「國家承認」的權利，即使做了承認也沒有效果及意義。當然更沒有超人的神力，可以生產製造出「國家」。

　　所以，台灣人不要受騙，也不要自我欺騙，以為拿到中華民國的證件，就等於是承認中華民國是國家；以為教《中華民國憲法》就必須承認中華民國是國家。事實並非如此，中華民國不是國家而是中國舊政府、中國的叛亂體制，這在前面已詳細說明，這是一個自成的歷史事實，也是依國際法各國所做的政府承認的結果。這些事實演變與國際社會的認定，都

不是台灣內部的政黨、個人所能改變的。

　　否認或拒拿美金不會使美國變成不是國家，同樣的，今天如果中華民國是國家，那麼也絕對不是獨派的否認或拒拿其證件，就可以使它變成不是國家而成為叛亂團體。反之，中華民國如果是中國的叛亂體制，則我們再怎樣拿它的證件，或在台灣各地寫滿中華民國是主權獨立國家的口號，也無法使它成為國家。要使中華民國成為國家就必須依照理論，宣布獨立建立新國家，這是成為國家的唯一方法。

　　過去也有人質疑我：「許教授，你拿中華民國教授證、鈔票，還不承認中華民國是國家，很矛盾」。我的回答很簡單，毀棄中華民國教授證、鈔票就可以使中華民國體制消失，使台灣建國完成，那我會立刻銷毀。這是簡單的理論、邏輯，但是這些人竟然會提出無聊的說法，參加中華民國的選舉、拿中華民國護照，就不得不承認中華民國是國家，企圖欺騙台灣人相信中華民國是國家，實在太荒謬了。

九、台灣不是國家是維持現狀的結果

　　從中華民國體制、憲法、兩岸人民關係條例、陸委會、外交部運作模式，其實都可以看得出來中華民國在台灣絕對不是國家，兩岸一直是一個國家，兩個政府互別苗頭的模式，由這些事實看來，就是「在台灣的中華民國一直在自我否定是國家」。

　　所以我們可以得到結論，中華民國在台灣絕對不是國家，除了在台灣的民眾，因為受到政府及政客的欺騙以為是國家之外，世界各國都基於國際法，基於歷史的演變、基於事實，很清楚地了解到台灣沒有宣布獨立、中華民國不是國家，了解到台灣地區的現狀只是中國的一個叛亂團體的事實。今天，由於台灣的中華民國政權是一個叛亂團體，台商到中國去投資，自然就無法獲得來自（叛亂地區）政府的保障，因為台商是來自中國的叛亂地區，合法的中華人民共和國政府沒有沒收台商的財產，沒有逮捕叛亂地區的分子就已經是謝天謝地了。況且，就算中國要沒收台商的財產，台商也沒有辦法多說什麼。因為在中國人看來，雖然初期可能可以從台商那兒獲得好處，但台商終究只是來自中國叛亂地區的台灣人，怎能一直容忍其剝削勞動人民的利益。

　　總而言之，是我們自己要維持中華民國體制，維持叛亂團體的地位，

維持這樣的現狀，所以國際社會也無法承認我們是國家，美、日等世界各國只能要求我們好好地與中國談判。我們不能責怪國際社會現實或有恐中症，有些人常常要抗議美國政府，抗議某個國家的官員出賣台灣。但是事實上不是別人出賣我們，若要責怪也應該是怪自己，是我們自己選擇要做中國的叛亂地區，世界各國要怎麼支持我們？有些人藉口說是因為國際社會受制於中國的壓力而不承認我們，但是中國真有那麼大的能耐嗎？我們回想看看，過去那樣強盛的蘇聯，可有發生過A國想要與B國建交，承認B國是國家，而蘇聯跳出來制止反對後，B國就不被國際社會承認的例子？沒有，所以世界各國不承認我們是一個國家，和中國的壓力沒有必然的關係，完全是我們自己選擇要做叛亂團體才是癥結所在。維持中華民國體制，維持叛亂團體的地位這樣的現狀，是台灣人自己的選擇，不是因為中國的霸權給世界各國壓力，而是我們自己怕中國，導致中國有這樣的權利、口實，使中國可以要求世界各國不得與台灣往來。

十、表達建國意志國際社會才能介入

現代的國際社會下，如果台灣人民把要從中國分離獨立的主張清楚的表達出來，有堅定的意志要建立一個自己的國家的話，中國是沒有資格要求世界各國不承認我們的，國際社會也不可能因為中國的壓力而不承認我們。

但是現在，就是因為我們自己維持中華民國體制，我們自己選擇要做中國的叛亂地區，所以中國才會有權要求國際社會，不要和無法代表中國的叛亂團體來往，要求世界各國不能讓中華民國政府的官員至各國訪問，這是我們自己讓中國有這樣的權利。換言之，追究到最後，不是因為中國的霸權給世界各國壓力，而是我們自己讓中國有這樣的權利、口實，使中國可以要求世界各國不得與台灣往來。如果我們繼續維持現狀，甘願作叛亂團體的一分子，那麼當我們被中國武力侵略時，在國際社會孤立時，當我們無法以國家的身分加入國際組織時，我們自己就應該要認命，而不是怨天尤人，因為這是我們自己選擇的結果。

即使我們在台灣內部、在心裡欺騙自己說我們是一個國家，但是這沒有用，事實上中華民國仍然是一個叛亂團體，這也就是為什麼我們與北京政府在談判時，美國不會一同坐在談判桌上的原因。我們看過去南、北越

在巴黎和談時，都有其他國家在談判桌旁見證。甚至不是國家的巴勒斯坦與以色列在談判，美國也在旁見證。世界各地只要發生一點衝突、紛爭，聯合國安理會都會開會討論因應之道，而反觀兩岸之間的紛爭，可有獲得這樣的待遇與關心，為什麼沒有獲得這樣的待遇？只因為我們自己選擇要維持叛亂團體的地位，甚至我們根本沒有清楚地對國際社會傳達，要建立新國家的主張。譬如巴勒斯坦、東帝汶他們就很明確的主張要建立自己的國家，於是世界各國及聯合國就能夠站出來給予關心、積極介入。所以，如果我們自己都畏懼中國的武力，而自己沒有建國的意志，那麼我們就應該勇於承認面對現實，而不是怪罪國際社會不支持我們。因為，維持現狀繼續作中國的一個叛亂團體，是我們自己的選擇與主張。

以上分析中華民國不是國家的事實、證據，都是來自台灣內部的《中華民國憲法》與中華民國外交政策一直主張「一個中國」。台灣不能成為國家，是來自台灣人的不敢主張。那麼如何才能使台灣轉型成為一個國家，應該如何鼓勵台灣人民站起來，勇敢的建立自己的國家。

台灣大多數人都認為，台灣已經獨立，中華民國在台灣是獨立國家。各式各樣的政黨、政治團體、學者專家，不是認為台灣已經是獨立國家，就是認為中華民國在台灣是國家。這表示台灣政府與人民都有很強的意志，要有自己的國家。但是事實上這樣的主張反而使建國運動一直沒有進展。

「台灣建國學」一再強調，台灣人都知道應該有自己的國家，只是一直不知道如何建國，如何使台灣成為國家。台灣人不知道為什麼中國與國際社會，不認為中華民國在台灣是獨立國家，為什麼不知道台灣已經獨立、台灣是國家。台灣人不需要再爭論「台灣是否屬於中國」、「台灣地位是否未定」等問題。也不要只是夢想台灣已經是國家，台灣人民必須從不知、不敢、不能建國，經由「獨立公投，申請入聯」運動，告訴中國與國際社會，台灣是國家。

「台灣建國學」就是努力以赴，面對現實的說明台灣建國尚未成功，鼓勵台灣人民站起來，勇敢的宣布獨立，建立自己的國家。之後的論述，都會針對如何鼓勵台灣人民站起來，勇敢的建立自己的國家，詳細說明。

第十二章　釐清關於「國家」的錯誤觀念

一、「事實國家」與「法律國家」的錯誤觀念

　　台灣很多學者專家強調，台灣是一個事實的國家，各級政府官員也表示，「台灣事實是一個國家，台灣是一個國家這是事實」。學者專家也說，世界各國承認台灣是一個事實存在的國家，但在法律上還不是國家。理論上台灣學者以「事實國家」與「法律國家」的說法，形容對比台灣的現狀是錯誤的。

　　為什麼台灣的許多專家學者主張：「因為世界各國承認中華民國是一個事實存在的政府，所以中華民國是一個事實存在的國家」是錯誤的說法。國際法上有沒有所謂「事實國家」（de facto state）與「法律國家」（de jure state）之區別或用法。國際法只有給予新國家「事實承認」（de facto recognition）與給予新國家「法律承認」（de jure recognition），沒有所謂「事實國家」與「法律國家」，國家就是國家，被「事實承認」或「法律承認」的新國家，都是國際法上的國家。

　　國際法上關於承認的理論，有「國家承認」與「政府承認」兩種形態，也有「事實承認」與「法律承認」兩種方式。一個國家成立之後，如果其統治並不是一個穩定的狀態，那麼世界各國先給予事實承認，待該新國家的統治狀態穩定之後，再給予法律承認。政府承認也是比照此方式。雖然獨派團體及學者將其解釋為事實國家與法律國家，但是國際法上並沒有這樣的理論與區分，也沒有這樣的名詞。國家承認可以分為事實承認與法律承認，但是國家就是國家，根本沒有所謂事實國家與法律國家之區分。

　　最核心的關鍵是，一定是新國家有意願要建國，宣布獨立之後，各國才能給予新國家承認。台灣從未宣布獨立，宣布要建立國家，所以各國要給予國家承認，完全沒有機會，世界各國如何承認台灣是一個事實存在的國家？

　　國際法上的「事實承認」與「法律承認」，都可以運用在「國家承認」與「政府承認」。尤其涉及到有關政府承認上的運用，因為兩岸關係一直處於「一個中國」之下，爭論合法政府代表權，所以關係密切。

　　國際法上的政府承認，有事實承認與法律承認的運用，但是必須認清的是，當一國存在有A、B兩個政府的狀況下，各國可以對A政府做事實承認，但卻無權對B政府做法律承認。換言之，對一國的合法政府的承認，可以選擇正式的法律承認，或選擇可以變動的事實承認，但是對兩個政府只能擇一做承認，不可以同時承認雙方。所以就中國的情況而言，在作政府承認之時，美國或世界各國不可能一方面給予中華人民共和國政府法律承認，一方面給予中華民國政府事實承認。合法代表國家的政府只有一個，如果認為該政府的統治基礎穩固，則給予法律承認，反之則先給予事實承認，但是都只能行使於同一個政府，不可以行使於不同的政府，形成一國兩府的狀況。

　　一個國家不可能同時存在著一個獲得法律承認的政府，以及一個獲得事實承認的政府。國際社會的做法，一般是對於不穩定的新政府先給予事實承認，觀察一段時日，確定其統治基礎穩固後，再給予法律承認。

　　所以由此來對照，當中華人民共和國政府被各國承認是中國的合法政府之後，在台灣的中華民國政府，就不可能是中國的合法政府，因此只有淪為非法政府或叛亂團體的地位。

　　近年在國際社會上有一個例子，就是菲律賓政府做出重大政治讓步，同意讓民答那峨島上的伊斯蘭政府成為所謂「亞國」（sub-state）的新政治實體，於是有人以為這也是國家。但是無論菲律賓政府對「亞國」的自治權力下放多少，菲律賓中央政府一定會保有外交、國防與財政三權，一國兩制的北京政府對香港特區政府也類似如此。至於菲律賓政府做出對本國內部「亞國」（sub-state）的新政治實體認定，只是菲律賓的內政問題，與國際法或世界各國無關，完全沒有影響國際法上國家的定義。實際上這也是一種中央政府對叛亂團體的承認，為了緩和對抗關係，賦予「地方性事實政府」、「亞國」的地位。

二、「地方性事實政府」的承認

　　國際法上的政府承認，不論是「事實承認」或「法律承認」，都是承認該政府是這一個國家的合法政府，不是有「事實政府」或「法律政府」之區分。除此之外，國際法有交戰團體與叛亂團體的認定。不論是交戰團體的承認，或是叛亂團體的認定，在國際法上的名稱是「地方性事實政

府」（local facto government）。國際法上對一國政府的「事實承認」，是不同於「地方性事實政府」的承認。各國可以給予中央政府「事實承認」，也可以給予叛亂團體「地方性事實政府」的承認，但是兩者完全是不同的層次。對於唯一合法代表該國的中央政府，可以選擇作事實承認或法律承認；而對「地方性事實政府」之承認，則是因為相對於合法的中央政府，該地方性的政府是非法的，所以才對其作「地方性事實政府」之認定，以處理與該地方性事實政府的關係。

必須說明的是，「地方性事實政府」與「地方政府」又是完全不同的。在一國地方自治下的地方政府，是屬於該國的內政問題、是合法的地方政府，世界各國也無權加以承認，國際法也不能處理。至於「地方性事實政府」，則是占據該國領土的一部分，與中央進行對抗的政府，是一個叛亂的政府。這時國際法才有介入、認定其為「地方性事實政府」的空間。

國際法之所以有規範「地方性事實政府」的承認，是因為一個與中央政府交戰的叛亂團體地區，中央政府無法統治，當各國要處理與該地區關係時，有必要對其作「地方性事實政府」的認定，給予「地方性事實政府」的承認。相對於合法的中央政府，該地方性事實政府是屬於非法性（國際法上稱「交戰團體」或「叛亂團體」）。台灣地區就是這種狀況，各國在必要時可以對台灣作「地方性事實政府」的承認，設置代表處處理雙方關係。因為是「地方性事實政府」的承認，這種承認與認定下的政府，並非有主權的中央政府，也不是各國對一國政府的「事實承認」。

因為台灣從未宣布獨立，或一再自我堅持是一個國家，也從未主動向國際社會要求「國家承認」，所以各國當然沒有權利、也不會主動對台灣作「事實上」國家承認或「法律上」國家承認，只能作「地方性事實政府」的承認。

但是「地方性事實政府」不能變成國家，也不是國家的中央政府。許多學者主張台灣是事實國家，他們主觀認為「在台灣的中華民國政府」，有很多證據已經被各國認定是「地方性事實政府」，然後無視「地方性」的定位，解釋為事實存在的中央政府，然後再由事實存在的中央政府，推論成中華民國是事實存在的國家，最後變成所謂的中華民國是「事實國家」。

這些專家學者，將各國依據國際法處理一國內部，叛亂團體的「地方性事實政府」之認定，解釋為「事實上代表國家合法中央政府的承認」，

誤以為世界各國已經承認，在台灣的中華民國政府是事實存在的合法中央政府，然後再由事實存在的政府推論成，中華民國是事實存在的國家，最後變成所謂的台灣是事實國家。其說法是，有國家才有政府存在，以此重重的錯誤轉圈子推論，傳達錯誤資訊，使台灣人誤以為已經有國家，這是非常不負責任的誤導。

　　所以基本上，台灣的中華民國是被世界各國定位為中國的「地方性事實政府」，控制著中國這個國家的一部分領土與人民，在台灣對抗著北京的中央政府，台灣即成為不接受唯一合法代表中國的中央政府統治的叛亂地區，而因為北京中央政府未能在台灣地區進行實效的統治。世界各國又不可能完全不與台灣進行各種交往，所以才對在台灣的中華民國作「地方性事實政府」的認定。美國的《台灣關係法》就是具有此性質的法。

　　的確，一個國家必然存在著政府，反之政府必然代表國家，但是一個「地方性事實政府」卻未必能成為一個國家，也不能代表一個國家，因為已經有合法政府代表該國，「地方性事實政府」只是一個叛亂地區的政治實體。雖然國家與政府或叛亂團體都可以說成是政治實體，但是絕不能自我膨脹，把政治實體等同於國家。既然中華民國在台灣地區目前只是一個政治實體，不是國家又不是中央政府，結果只有成為叛亂團體，這也就是世界各國對在台灣的中華民國體制的定位。

　　「一個中國」之下，不可能有一個「事實中國」與一個「法律中國」。台灣要成為國家，只有宣布獨立，宣布要建立國家，國家就是國家，不可能有「事實國家」。政治人物既然認定「台灣是一個國家」，應該宣布獨立，宣布要建立國家。

三、宣布獨立的意義與重點

　　「台灣建國學」一再強調宣布獨立，台灣才能成為一個主權獨立國家。但是不少代表台灣的領袖人物，一方面強調台灣是一個主權獨立的國家，一方面又說不必再宣布台灣獨立，只要「維持現狀」台灣就是一個獨立的國家。

　　如果是行政首長或代表台灣的領袖對國際社會宣布：「台灣是一個主權獨立的國家」，這就是「宣布獨立」！但是因為他們不了解「宣布獨立」的意義，所以又說「不必宣布獨立」、「維持現狀」等等，使「台

灣是一個主權獨立的國家」、「宣布獨立」形成矛盾。如果以總統的身分宣布：「台灣是一個主權獨立的國家」，仍然是有「宣布獨立」的效果，可以說是台灣建國開始的起跑點。台灣人民選出來的各式各樣民意代表、政治人物、政府官員，應該站起來做後盾，前赴後繼的主張台灣是主權國家。「宣布獨立」必須持續不斷，並與具體行動配合才有效，不是一時的喊口號宣布而已。

北美十三州人民發表《獨立宣言》，只是美國建國的起點，美國人民宣布獨立之後，一再的克服諸多的困難，具體實現建立國家體制，才得到當時國際社會的承認，完成獨立建國。世界各國獨立建國的過程，也都是如此。所以「宣布獨立」（Declaration of Independence）真正的意義與重點是：

（一）宣布獨立之後，政府仍然必須每一分、每一秒持續堅持著獨立國家意志的表明，積極、持續的維護自己的國格，每天台灣各界人士都必須在各種場合，以各式各樣的方式，繼續不斷的強調台灣是獨立國家。過去行政院長賴清德一再說，「台灣是一個主權獨立的國家」，就是在「宣布獨立」。可惜沒有具體相關的配合，無法持續產生效果。

（二）當外界否認台灣不是國家時，台灣的政府與人民必須堂堂正正，明明白白的公開訂正，再一次強調「台灣是獨立國家」，如此才有國際法上宣布獨立的效果。

（三）當然更不可以因為各種理由：為了加入國際組織、世界貿易組織、為了參加運動比賽、為了與中國兩岸一家親，而自我否認台灣是國家。

台灣政府與各界人士常常強調「台灣是獨立國家」，但是之後又再退回中華民國體制，在憲法、外交上否認台灣是國家，這樣的矛盾使「宣布獨立」無法持續產生效果，不可能使「台灣成為一個主權獨立國家」。

台灣養很多老鼠咬布袋，很多政客、學者、專家反對獨立反對建國，卻不知道反對建國，台灣人就沒有國家，怎麼還講主張獨立建國會危害「國家」安全，自己通匪還告人叛國，沒有國家的現狀如何叛國？這些異常現狀都不應該再維持下去，「宣布獨立」才能產生效果、才能建國、才會有國家。

更重要的是，台灣應該先廢棄一中憲法、一中外交政策的中華民國體

制，之後「宣布獨立」才具備正當性、合法性，才可以追求獨立成為主權國家。所以「宣布獨立」是台灣建國的起點不是終點，如果台灣是要追求成為獨立的國家，政府應該勇敢的站出來宣布獨立，不可以只是對內，對外更重要。宣布獨立必需是國際記者會，在行政院、總統府舉行，如此才會有意義與效果。宣布獨立的重點是要告訴中國與國際社會台灣是國家，是與中國無關的獨立國家。一方面也向海內外宣布：1.以後宣布獨立會持續、分秒不間斷；2.當國際社會出現否認或反對台灣是國家的說法，政府會立即提出反駁並抗議；3.政府不再對外自我否認台灣是國家，也不再默認台灣不是國家。

　　台灣「宣布獨立」之後，必須制憲、申請加入聯合國，得到國際社會承認，才能完成獨立建國，使「台灣成為一個主權獨立國家」的目標實現。台灣人民應該站起來做後盾，使政治人物可以正常的講出自己的理想，發表言論，勇敢的宣布獨立，開始建立自己的國家！

四、「中華民國」轉換成國家的問題

　　有一種說法是，既然台灣人都想要「維持現狀」，那麼「中華民國」一詞就是台灣人的最大公約數，如此只要讓中華民國成為國家，那情緒上反對台獨的人，也會支持中華民國在台灣獨立，所以是否有方法可以使中華民國變成獨立國家？

　　中國共產黨革命是建立中華人民共和國政府，從來未主張分離獨立建立新國家，這是阻止中華民國成為國家的關鍵性障礙。這也就是北京政府所緊握著的籌碼，北京政府堅持它不是要從中國分離獨立，而是要成為唯一合法代表中國的政府。所以中華人民共和國政府致力於追殺中華民國政權，因為中華民國政府是中國舊政府的殘餘勢力，是中國的叛亂團體。

　　如果中華人民共和國不是如此，而是主張建立一個新國家，那麼它就變成是在1949年從中國分離獨立出去，其歷史也只有五十年而已，無法代表幾千年歷史的中國。同時，有悠久歷史的中國則敗逃到台灣，中國領土只剩下台灣這一個島。但是事實卻並非如此，也不可能如此。

　　就是因為中華人民共和國不是從中國分離獨立建立新國家，而是要成為唯一合法代表中國的政府。所以中華人民共和國進入聯合國，並不是以新國家申請成為新會員的方式加入，而是以繼承中華民國在聯合國的席

次，以爭奪中國代表權的方式進入聯合國。中華人民共和國政府在各種國際組織中，也是以取代中華民國政府的方式。可見中華民國要成為國家，是被動的、完全受中國共產黨革命阻礙，並沒有主導權。

從過去國民黨的集思會主張「兩個中國」，到今天國民黨的主流派主張「中華民國在台灣是一個國家」，甚至是今天民進黨主張「台灣已經是一個國家，國名是中華民國」，這些奇怪的主張在國際法上、在人類歷史上，都沒有證據、理論可以成立。除非中華民國政府今天立刻向國際社會宣布，台灣要從中國分離獨立，建立一個名為中華民國的新國家，那麼「兩個中國」的主張才有可能成立。

即使中華民國在台灣「宣布獨立」，這又會造成另一個問題，因為使用「中華民國」做為國名，而這又是中國的舊政府的名稱，必然會造成與中國之間的國名之爭。所以中華民國要在台灣成為一個國家，基本上與台灣建國一樣，仍然是要「宣布獨立」，宣布從中國分離獨立，建立一個與中國無關的新國家，然後主張因為對中華民國這四字無法忘情，故以中華民國做為新國家的名稱。這種方式的分離獨立運動，也可以稱之為中華民國型的獨立運動。當然中華民國型的獨立，同樣會引起中國的反對、鎮壓，面對中國的武力威脅，台灣人民也必須勇於抵抗中國，中華民國型的獨立建國才有可能成功，否則還是無法建國。何況建國成功後，又會面臨到處理中華民國國名的爭議，比台灣建國倍增困難！

使用「中華民國」作為國名獨立建國的困擾，除了會造成與中國之間的國名之爭之外，這與目前國際社會對「一中原則」的對應也有關聯。因為不少國家都正式承認「一個中國」，所以國際社會已沒有兩個中國的存在空間。這與東、西德和南、北韓的環境不一樣。因此中華民國要成為國家的另一個關鍵性障礙是，各國都已接受「一個中國」原則，建立台灣共和國比較可行的原因也在此。當然，聯合國有關中國代表權的決議，「中華民國」已經由北京政府繼承，也是「中華民國」作為國名獨立建國的障礙。

由此可知，因為世界各國都已支持「一個中國」，所以不可能有兩個中國出現，這使台灣很難再建立另一個中國。國際社會支持「一個中國」，其意義就是使在台灣維持中華民國體制，不可能成為一個國家。台灣成為一個國家，也無法使用中華民國名號。中華民國除非反攻大陸，打倒北京的中華人民共和國政府，成為合法代表中國的政府，才有可能成為

中國這個國家的合法政府。否則中華民國的現狀只是中國的一個叛亂團體，等到叛亂成功，實效統治中國的領土全境，自然成為代表中國的合法政府。國際社會自然會再度承認中華民國政府是唯一合法代表中國的政府，那麼中華民國體制才有可能成為一個國家的體制。

總之，世界各國都認為只有「一個中國」，這就是使在台灣的中華民國體制轉化成為國家倍增困難，這是根本問題之所在。

一方面，中華民國如果只想默默地獨立，自認民主化轉型成為國家或者主張中華民國早於1912年成為國家，這都是不可能的、說不通的。中華民國維持現狀的情況下，世界各國只能認定台灣地區是中國的叛亂地區，絕對不是一個國家。即使是目前承認中華民國，和中華民國建交的十幾個國家，也只是承認中華民國政府是代表中國的政府，而不是承認在台灣的中華民國是一個國家。

五、建交與斷交是「一個中國」的戲碼

由此看來，在台灣維持中華民國體制，非常符合對岸中華人民共和國政府的期待。兩岸只在外交上「玩弄」建交與斷交的戲碼，一旦友邦與我們斷交，對岸馬上與其建交，如有國家與我們建交，對岸馬上與其斷交，這樣就可以證明兩岸是「一個中國」，是一個國家內部的「政府承認」的問題。所以中華人民共和國政府才會緊咬著「一個中國」的政府承認的模式不放。

同時，因為中華民國的官員、締約代表在簽署建交公報時，不敢對其他國家主張中華民國已經獨立，是一個與中國無關的新國家，請貴國做國家承認，形成兩個中國。所以世界各國看到中華民國這幾個字，看到這個中國舊政權的名稱，自然就把中華民國當做是代表中國的政府而做政府承認。世界各國自然不認為中華民國是一個國家，而中華民國政府自己也不敢在建交公報上宣稱自己是一個新國家，一個與中國無關的新國家，請世界各國承認中華民國是一個國家，對中華民國作國家承認。在台灣的中華民國政權欺騙台灣人，說有十幾個國家承認中華民國是國家，但是事實上，這些國家對我們所作的承認，是「漢賊不兩立」模式下的政府承認，承認中華民國政府是代表全中國的合法政府，不是承認中華民國在台灣是獨立國家，是一個與中國無關的國家。

　　直到今天，中華民國體制從來就不曾主動要求國家承認，也不曾被國際社會任何國家承認過是一個國家。由此可知，中華民國要成為國家也是要宣布從中國分離獨立，其過程實際上與台灣獨立沒有兩樣。但是，更重要的還是捍衛中華民國、愛中華民國的人是否有意志要使中華民國成為國家，建立一個名為中華民國的新國家，而不是拿「政府」當「國家」，這樣的維持現狀，只是使中華民國成為中國的舊政府，事實上使台灣成為叛亂政府地位。

　　一方面，如果台灣大多數人還是喜歡中華民國一詞，並想以其為最終的國名，中華民國要成為國家是否可能，其方法、手段又如何？

　　要談論中華民國如何成為國家，或中華民國成為國家之方法、可能性等問題，首先還是要再一次確認，1912年所成立的中華民國是中國的這一國家的「新政府」，此一新政府1949年被中華人民共和國政府逼退來台灣，1972年之後，除少數邦交國之外，國際社會主要的大多數國家都認定，中華民國是中國舊政府，是在台灣繼續反抗合法中央政府的叛亂狀態。

　　因此中華民國在台灣要成為國家，法理上或實際上都必須要從中國分離獨立，這就是建立新國家，與台灣建國實質上完全相同，只是國名與國家象徵的部分不同而已。

　　過去，中華民國要成為國家最有可能也是最佳時機，是在1972年聯合國中國代表權之爭落幕之前，甚至應在1966年中國大陸發生文化大革命之後的數年。當時，若以形成分裂的兩個中國為條件，不但沒有國際影響力的中華人民共和國很難阻擾，國際社會在東西冷戰的環境下，也會強力支持。但是這些時機、要件，都在蔣介石及國民黨政權的頑固堅持代表法統與中國不可分裂下，一瞬間化為烏有。

　　因此，目前要以各黨派都主張的「使中華民國在台灣成為國家」，除了對內自我滿足式的認為是國家之外，最關鍵的部分是，對外也必須「宣布獨立」，一再堅持中華人民共和國與中華民國是兩個國家，中國已分裂為兩國。特別是應具體地採用以下模式處理對外關係：

（一）中華民國與任何國家建交時，要求對方承認中華民國是一個獨立於中國之外的國家，明確承認世界上有兩個中國（當然也有一個蒙古國），正式的對台灣的中華民國做國家承認。

（二）中華民國對目前已有邦交的國家，要求其重新做國家承認，以確認即使斷交也不會危及國家喪失被承認的狀態，以確保承認

中華民國的國家有增無減。

（三）以新國家的身分用「申請」方式要求加入聯合國及各種國際
　　　組織。

（四）對於過去以非國家身分加入的國際組織，例如亞太經合會、世
　　　貿組織等，都應在參加會議時每次提案，要求確認中華民國是
　　　國家，直到其承認。

（五）對於奧運、紅十字會等非政府組織（NGOs），也應一再堅持
　　　使用中華民國國名與旗號，直到達成目標，否則應持續抗議、
　　　要求正名。

　　以上是中華民國要成為國家所必須做的，也唯有如此堅持，才能具備
成為國家的基本條件。這些立場與行動絕對不能退縮、改變或放棄，否則
等於使原來「宣布獨立」的效果中斷，喪失「宣布獨立」持續性的結果就
必須重頭再來，事半功倍、前功盡棄。因此，絕對不可以因為中華人民共
和國施壓、恐嚇就軟下來或容忍，也不可以任何理由（例如，經濟發展、
政府交替不同黨執政）改變這些政策原則，否則都會使中華民國「宣布獨
立」成為國家的效果喪失，甚至因為一再搖擺變動的結果，將會使追求國
家地位更困難。但是，不得不再指出，「宣布獨立使中華民國在台灣成為
國家」，比「宣布獨立使台灣成為國家」困難百倍。為什麼台灣人要以中
華民國方式建國，這將會是國際社會無法理解與支持的原因。

六、「一個中國」原則很難改變

　　以「中華民國」建國與「台灣共和國」建國兩者之比較，究竟中華民
國要成為國家與建立台灣共和國兩者比較，其利弊如何、成功的可能性又
如何？

　　中華民國要成為國家困難的原因、缺點或阻力，可以由以下三方面來
分析。

　　第一，台灣內部對國家的認知會被誤導。這是因為長期以來的錯誤宣
導下，一般人都認為中華民國是國家，過去的教育使民眾分不清政府與國
家，也不知道事實上目前中華民國是中國的叛亂體制，心理上更無法接受
中華民國不是國家的事實。既然如此，要改變過去的政策，追求以上述新
國家身分，重新建立中華民國的對外關係，就會被認為沒有必要，也會覺

得是改變現狀自找麻煩、是刺激北京的做法，無法獲得各界支持。所以，除非能破除過去的認知，否則內部的阻力將使中華民國更難轉換為國家，雖然它在台灣內部被誤認為是國家，但是對外卻一籌莫展。

第二，中國的反對打壓不會減輕。中華民國與中華人民共和國成為兩個中國，不但是北京長期所反對的內容「反對台獨（一中一台）、反對兩個中國」，實際上中華民國建，對北京政權還存在著更大威脅性。過去東、西德在國際社會及聯合國都承認下形成兩個德國。之後，因為東德的內部困境而使國家瓦解，而西德也順理成章必須承受此合併統一的重擔。因此，中華人民共和國在政策出差錯或內部動亂（天安門事件）的情況下，若有另一個在台灣的「中國」存在，對其威脅更大。大陸人民在比較下，更容易激起反中共政權的動亂。當然，此時在台灣的中華民國也無法逃避，立刻面臨是否能承受兩個中國統合的問題。以西德國力之強承受東德都力有未逮，中華民國及台灣人有此能力嗎？這種未來可能出現的狀況，也是思考以中華民國建國時，不可逃避的思考點。

第三，世界各國及聯合國都已承認「一個中國」。中華人民共和國也在爭中國合法政府的過程中，特別要求各國承認「一個中國原則」，這就是要防止未來任何時期出現兩個中國的空間。「一個中國原則」要改變，難上加難，中國人的情緒反應更麻煩。

七、國際社會很難對應中華民國建國

以中華民國建立國家，在面對「一個中國」前提之下，必然遭遇更大的困擾，各國要支持在法理與現實上都會更加為難。一方面，世界各國並未接受北京所提出「反對、不可承認台灣這一新國家」的要求。這在法理上不可行，因為新國家成立之後各國可以不承認，但是任何國家沒有學理依據，可以要求他國不可以承認一個尚未主張要獨立的「國家主體」。在沒有任何拘束力的情況下，各國承認新成立的台灣共和國應較為主動也合理合法，中國的反對較無著力點。

反之，各國要支持中華民國建國，承認中華民國這另外一個中國的成立，會面臨違反過去承諾不製造兩個中國、不承認另一個中國的「一個中國原則」，這形成各國是違反與不遵守國際承諾的行為。然而，對一個新國家的成立（不論其名稱為何，只要與中國無關）則各國都有承認的

權利，這一點則是以中華民國建國無法排除的特殊障礙。特別是，北京政府取得中國在聯合國的代表權之後，並未要求聯合國修改國號（中華民國），所以形成中華人民共和國理所當然是代表中華民國出席聯合國開會的狀態。因此，以中華民國要求加入聯合國及國際組織，都會面臨已經有中華民國加入的情形下，為何又有另一個中華民國冒名頂替的窘境。過去行政院長郝柏村所講的名言，「中華人民共和國在聯合國冒名頂替使用中華民國國號」，事實上國際社會的認定正好相反，在台灣使用中華民國才是冒名頂替。這也是以中華民國要成為國家更為困難的原因之一。

另一方面，不是「宣布獨立」以中華民國建國，而是以中華民國的方式偽裝成為國家，只是對內宣稱「中華民國在台灣是一個國家」、「台灣已經是一個國家，國名是中華民國」則都是與建國無關的騙局。如此以冒用過去現成的史實、僵化的教育、國旗、國歌等，繼續欺騙一般台灣民眾相信中華民國是國家，使政客逃避艱鉅的建國使命。對外則因為沒有「宣布獨立」，無法產生建國的任何效果，故北京也不會採取激烈反應。同時，一般人都相信台獨會導致中共武力犯台，而中華民國現狀是國家的對內說法，中國因為可以扣緊台灣，也沒有積極反對。故以中華民國混水摸魚，對內可取得大多數民眾支持、可騙得選票，對外則不至於刺激中共犯台。這種一舉數得的偽裝建國方式，也就成為目前各黨派、政客的最愛。

總之，中華民國要成為國家，在對外關係上真正應堅持的宣布獨立部分若不具體去推動，則現狀的中華民國對內再怎麼變也只是叛亂體制，絕對不可能成為國家。如果再詳加思考，台灣人若能堅持這些真正使中華民國成為國家的宣布獨立原則，有如此強烈的意志要建立國家，那麼一定也具備以台灣建國的意志，也早已克服中國武力威脅的心理障礙。兩者比較之下，台灣人不選擇更具備正當性、合法、合理的台灣建國方式，不採用更能簡單明瞭的訴求，請國際支持與承認的台灣共和國名稱，就更令人費解。

由此可知，中華民國建國與建立台灣共和國，兩者在過程、面臨北京打壓的狀況幾乎相同，但在國際社會支持空間及建國的合法性、正當性方面，則台灣共和國明顯正當合法。一方面，建國之後的台灣共和國可以與中國保持鄰邦關係，但中華民國建國則無法擺脫中國動亂、變化因素的糾纏。為何要使用這種類似東、西德「特殊的國與國關係」的中華民國建國方式，台灣人必須深思。

第十三章　《開羅宣言》、《波茨坦宣言》的國際法效力

一、建立台灣共和國才能說「台灣已經獨立」

如果主張台灣獨立，那麼就不應該說「台灣已經獨立」，這樣才會繼續努力完成獨立建國的使命。這個觀點與民進黨、政府官員、學者、民意代表等，一再宣傳「台灣已經獨立」相違。

我們探討台灣如何建國，台灣如何成為國家，另一個必須處理的問題就是，「台灣事實上已經獨立」、「台灣主權不屬於中國」等說法是否正確。「台灣建國學」一直努力以赴，告知台灣人面對現實，台灣尚未獨立，鼓勵台灣人民站起來，勇敢的宣布獨立，建立自己的國家。如果台灣已經獨立，那麼維持中華民國現狀就是國家，我們也不必再想盡辦法，主張獨立建國了。

一方面，主張台灣主權不屬於中國，則中華民國就沒有權利統治台灣，當然更不可能在台灣這塊土地上建立中華民國這樣的國家。「台灣主權未定論」、「台灣不屬於中國」、「台灣已經獨立」與「維持中華民國現狀就是國家」，這些主張理論上根本是互相矛盾的。

首先分析有關「台灣主權未定論」、台灣不屬於中國的矛盾。台灣今日的法地位究竟是未定或是已經確定？如果法地位已經確定，那麼台灣的領土主權屬於誰？

國際法上談到領土的問題，基本上必須由領土主權屬於哪一個國家來談。由現代國際法的「國家論」可以知道，只有國家才能夠擁有領土主權，任何的個人或團體都不可能擁有領土主權。譬如一個富商或一個公司可以買下一座小島，這只是擁有該島的所有權，但卻不可能擁有對該小島的領土主權，該小島的領土主權是屬於領有的國家。一座小島上生活的人們，也不可能擁有對該小島的領土主權，除非他們宣布脫離母國，分離獨立建立一個國家。

我們看台灣這塊土地，曾有哪些國家主張其對台灣的領土主權？自二次世界大戰結束，日本在《舊金山和約》放棄對台灣的領土主權之後，只

有中國這個「國家」主張其對台灣的領土主權，不論是目前受國際社會所承認、唯一合法代表中國的中華人民共和國政府，或者是過去代表中國、目前繼續在台灣統治的中華民國政權，兩者都是代表中國這個國家的新、舊政府，或是與中國有關的政權。所以只有中國主張對台灣的領土主權，並沒有其他國家主張對台灣的領土主權。因此主張台灣主權未定、台灣不屬於中國，必須提出有力的證據、理論。

我們常常會聽到許多獨派人士主張台灣是屬於台灣共和國，以台灣共和國為主體處理台灣的法地位問題。但事實上台灣共和國並不存在，試問尚未存在的台灣共和國要如何與中國爭奪台灣？即使台灣共和國存在，那麼這也不是領域爭端或有關台灣的主權歸屬紛爭的問題，而是國家存亡的問題。假設菲律賓與中國爭奪台灣，就算台灣被中國奪走，菲律賓這個國家也依舊存在。但如果台灣共和國存在，中國主張對台灣的領土主權，就不是領域爭端的問題，因為中國領有台灣之後，台灣共和國就消失了。所以是國家存亡的問題，因為台灣共和國除了台灣就沒有其他領土了。

所以，在談到台灣的法地位時，必須要認清以下兩點。第一點，有權擁有台灣領土者，必定是一個國家。目前除了中國之外，沒有其他國家主張台灣是其領土的一部分，所以台灣問題並不是所謂的領域爭端，不是國與國之間的領域爭端。

第二點，即使台灣共和國存在，也不是領域爭端的問題，是國家生死存亡的問題，是中國要侵略併吞他國，是國際法所禁止的侵略戰爭。所以不必以國際法上有關領域爭端的理論或是條約，引用於台灣的法地位問題之探討。換言之，國際法的「國家論」與「領域論」是完全不同的理論。

如果主張台灣的地位未定，真的是未定，那必然存在以下兩種狀況：第一就是，有領域爭端的問題，有兩個以上的國家主張對台灣的領土主權。第二就是，聯合國或其他國家、國際組織認為台灣不是中國的一部分，應該由國際組織託管或是讓台灣成為一個國家。但是，這兩種狀況都不存在具體證據，目前也沒有任何國家或國際組織公開主張「台灣法地位未定」。

換一個角度來分析，更嚴重的事實是，過去戒嚴時代，或許台灣人民只能順從中華民國政府的統治。但在解嚴後的今天，台灣人民仍然選擇服從中華民國體制的統治，甚至有些獨派團體也主張中華民國是「我國的國號」，是事實存在的國家。既然在台灣這塊土地上生活的人們都說中華民

國是合法統治台灣的國家，都選擇或容忍中華民國政府的統治，那麼台灣的主權屬誰怎會未定呢？這種主張，目前根本沒有辦法自圓其說。

實際上，依國際法法理，不論是中華民國或者中華人民共和國，都是中國合法政府或中國舊政權的延續，如此台灣的領土主權就屬於中國，國際社會無法對此予以否認與抗議。當然台灣人更沒有資格抗議，因為這是台灣人在政治民主化後所做的選擇，是台灣人自己在自由願意下接受中華民國體制，並承認中華民國政府的統治是合法所造成的結果。

除非把事實向台灣人民說明，有危機意識之後想改變現狀，台灣人民站起來，廢棄中華民國體制，勇敢的宣布獨立，主張建立自己的國家，國際社會才能介入處理。

二、台灣屬於中國的根本原因在台灣自身

台灣的國際法地位不再是未定，而是屬於中國，因為台灣人自己願意維持現狀，接受中華民國體制，不論是中華民國或者是中華人民共和國，都是中國合法政府或中國舊政權的延續，如此台灣的領土主權就屬於中國，在國際法上不可能是「法地位未定」，更不是所謂的「無主地」。

其實台灣法地位之所以進一步明確，形成「台灣是中國的一部分」，最殘酷的事實是來自於台灣內部幾乎是所有人的自我主張。台灣是中國的一部分、台灣屬於中國，這不是「台灣建國學」的主張，而是《中華民國憲法》與外交部的主張。台灣屬於中國，這也是台灣人所有主流民意支持的中華民國政府所主張。

台灣地位未定的問題，在《開羅宣言》、《波茨坦宣言》、1950年美國總統杜魯門也曾經主張的「台灣地位未定」、1951年的《舊金山和約》等歷史文件中，也保留「台灣地位未定」的空間。為什麼在七十年後的今天，台灣的地位卻變成已定，而且屬於中國？

過去台灣獨立建國運動，一直陷入一種依賴的迷思，一種依賴各種國際條約來主張台灣的地位未定，或是依賴台灣是無主地才能獨立建國的迷思，所以有許多學者在過去都致力於研究這些歷史文件。

但是，現代的國際法並未要求任何國家的獨立，必須事先確定主權歸屬是未定的狀態，或者是無主地才能獨立建國。即使任何一個領土主權已經確定屬於某一個國家的地區，只要其人民有追求獨立建國的意志，就可

以獨立建國。而且，絕大多數國家都是如此建國，依條約保障而建國的，才是真正極少數之特例。

何況從歷史來看，在1951年《舊金山和約》簽訂之前，日本尚未放棄對台灣的主權之前，中國當時主張對台灣的主權，可能會被國際社會否認，所以在1950年當時，美國總統杜魯門才會主張「台灣地位未定」。這是因為在戰後的當時，和約尚未議定，日本尚未放棄對台灣的主權。即使當時日本放棄對台灣的主權，戰勝國也未必將之歸還中國，也有可能交由聯合國託管，所以在1950年當時，台灣的地位才可以被認為是未定的。

「台灣地位未定」在1950年代初期是可能成立，那麼台灣人民現在是否還是可以，以殖民地的「民族自決原則」方式獨立建國呢？

台灣在戰前的地位是日本的殖民地，台灣人和日本人是屬於不同的民族，所以台灣人在當時，有可能以民族自決的原則要求從日本分離獨立。雖然當時已有中國戰區的蔣介石率軍占領台灣，但是台灣人民如果勇敢的站起來，結合成台灣民族，要求從日本分離獨立，主張雖然日本戰敗準備放棄台灣，但是台灣人民要從日本帝國分離獨立，以殖民地的「民族自決原則」獨立建國，表達絕對不願歸還給中國的意願，國際社會也無法阻止或反對。

當時的台灣人民有民族自決權，但是由其過程判斷，並不表示此一權利之後也持續存在到現在。一是，台灣人從未主張此一權利，甚至還歡迎祖國（中國）軍隊的到來、歡迎祖國的政府接收台灣。雖然隨即發生了二二八事件，但是由其過程判斷，二二八事件並不代表台灣人要從中國分離獨立，只是要求自治。

何況在《舊金山和約》簽訂之後，中華民國政府還在聯合國擁有席次，合法代表中國的這一段期間，中華民國政府將台灣視為中國的一個行省時，聯合國也沒有意見，台灣人也一直沒有勇敢的站起來，反抗中國領有統治台灣。雖然抗爭不一定能夠成功，但是卻可以展現台灣人要從中國分離獨立、建立國家的意志。我們並未看到有主要的台灣團體在當時展開抗爭，沒有多少人為了台灣的獨立建國運動犧牲，甚至沒有大規模對抗中華民國統治台灣的運動出現。所以自決原則獨立建國時不我與，一直到目前為止，都還是如此。顯然地，當時的台灣人沒有使用、也放棄使用民族自決的權利。台灣人既然接受了在當時代表中國的中華民國政府統治，台灣的地位就等於確定是屬於中國的一部分了，因此使台灣地位確定的主因

是台灣自身。

從歷史的延續來說，二戰後台灣人接受了在當時代表中國的中華民國政府統治，台灣的地位就等於確定是屬於中國的一部分，加上後來政府與民眾並未主張台灣的地位未定，也沒有爭取民族自決權，這導致台灣地位確定是屬於中國的主因。

即使是東西冷戰的時期，西方各國也不曾有任何一個國家主張台灣的地位未定，適合使用民族自決權。其原因就是當時的中華民國政府是合法代表中國的政府，台灣人並沒有反抗，也沒有發出聲音反對，所以台灣是屬於中國的一部分一直沒有爭議。譬如，1954年的《中美共同防禦條約》，就是因為美國認定台灣是中國的一部分，同意當時在台灣的中華民國政府是合法代表中國的政府，所以美國才會以台灣為基礎，與蔣介石政權簽訂《中美共同防禦條約》。

雖然有些人長期在海外從事獨立建國運動，但是這沒有影響力，因為國際社會的認定、國際法上的認定，主要是看生活於該土地上的多數人民，是否從事具體有效的獨立建國運動。如果沒有這樣的運動，便不能說台灣在當時即已開始從事獨立建國運動，或主張台灣不歸屬於中國，這一事實至今已七十多年了。目前台灣人仍然接受中華民國體制有效統治著台灣，更使這樣的講法無法讓國際社會認同。

因此，即使國際社會或各種宣言、條約曾經賦予台灣人有在台灣建國的權利、不受中國占領統治、有權獨立建國。但是請問，台灣人直至目前為止，有意願或有形成代表台灣的意志，宣布過要獨立建國嗎？從來沒有，也沒有過這樣的全民代表性活動或組織出現。那麼，有一些人辛苦地去翻閱七十多年前的國際文件，企圖證明這些文件曾經賦予台灣人獨立的機會，這些對現狀有何作用？當事者的台灣人怕中國威脅，只想在中華民國這一個中國的舊政府體制掩護下維持現狀下去，當然使這些文件形同廢紙。

三、《開羅宣言》、《波茨坦宣言》理所當然不具有法效力

許多主張兩岸一家親或是投降中國的黨派、支持中華民國黨派的人士會強調，台灣的法地位屬於中國的一部分，使中國擁有對台灣的領土，其依據是《開羅宣言》、《波茨坦宣言》。例如，中國國民黨一再主張，台

灣法地位是屬於中國的一部分，這是基於《開羅宣言》、《波茨坦宣言》的規定。然而，這是對國際法理論無知的說法。

依據國際法理論，《開羅宣言》與《波茨坦宣言》在國際法上根本不是有效的條約，這是國際法的基本常識，法理上可以由條約的成立要件來看。這兩個宣言出現過程，並不符合條約締結的交涉、簽署、批准與換文四個程序，中國、美國、相關各國國會也未批准此兩個宣言，所以兩個宣言根本不是條約。

況且即使是條約，條約不能對未參與締約的第三國（也就是日本）課予義務，所以這兩個宣言也不是國際法上有效的條約，只是幾個國家元首所共同發表的政治性主張。就如同今天許多國家元首在高峰會後做的共同宣言一樣，是有政治上的影響力，但並不是具有法拘束力的有效條約。

許多學者專家由《開羅宣言》、《波茨坦宣言》著手，探討台灣的法地位，有學者認為儘管這兩個宣言有提及台灣的歸屬問題，但這兩個宣言其實是不具有效力的條約，也有學者以這兩個宣言推論出台灣的法地位不是中國的一部分。

但是，這兩個宣言是否為有效的條約是另一回事，台灣法地位是否因此而未定又是另外一回事，或是台灣因此絕對不是中國的一部分又是另外一回事。如前面所提及，七十年來台灣與台灣人接受中華民國體制，要說地位未定，不但困難重重，也很矛盾。

問題是，台灣即使未依這兩個宣言所規定的歸屬於中國，那麼台灣屬於誰？討論台灣屬於誰的，就失去台灣人自己的主體性。其實，當我們在探討台灣屬於誰的問題時，台灣與台灣人民就已經不是國際法上的主體，只是一個客體，被他人決定命運的客體。因為台灣不是國家，所以才會有屬於誰的問題。而台灣這塊土地也不可能屬於「台灣」，因為「台灣」不是國家，國際社會上不存在一個名為台灣的國家。生活在台灣的人們沒有國家的觀念，所以「台灣國民」也不存在，認為被誰統治、地位如何都無所謂，只要安定、只要不發生戰爭就好。

這兩個宣言，台灣與台灣人民都不是當事者，沒有主動權、主導權。例如，今天美國與中國爭奪台灣的領土主權，那麼這兩個宣言是否有效才會成為問題，因為美國與中國都是當事國。條約當事國，美國可以主張因為美國國會未批准，所以這兩個宣言無效，以此對抗中國對台灣的領土主權主張。但是台灣與台灣人民，都不是《開羅宣言》、《波茨坦宣言》的

當事者，所以對這兩個宣言有效或無效，沒有爭論的立場，也不能爭論《開羅宣言》、《波茨坦宣言》是否有條約的效力。

四、建國與《開羅宣言》、《波茨坦宣言》有效與否無關

今天台灣人民要分離獨立建立新國家，與以上《開羅宣言》、《波茨坦宣言》有效與否無關。即使這兩個宣言有效，台灣也依然可以獨立建國。譬如中國的福建省，主權屬於中國，但福建人民仍然有追求獨立建國的權利。相反的，《開羅宣言》與《波茨坦宣言》在國際法上即使不是有效的條約，但是我們看《舊金山和約》日本放棄對台灣的權源之後，除了中國之外，可有其他國家主張對台灣的領土主權？同時，台灣人又甘願接受中國舊政權中華民國政府的統治，那麼台灣為何不屬中國？

所以台灣人民追求獨立建國，與《開羅宣言》、《波茨坦宣言》有效與否無關。何況《開羅宣言》、《波茨坦宣言》不是條約、不具有法效力，這是國際社會的常識，學者專家何必花費精力去探討爭論？

「台灣建國學」之前也討論，台灣與中國、中國與中華民國、台灣與中華民國的關係，由這些分析可以了解，目前台灣人的主流主張是「維持現狀」，一方面維持中華民國體制，一方面又認定台灣不屬於中國，這種「接受中華民國體制，卻主張台灣不屬於中國」根本是矛盾。

戰後唯一主張對台灣擁有主權的國家只有中國，而台灣人也從未主張要從中國分離獨立，所以中國自然擁有台灣的主權。面對中華民國政權在台灣的統治，北京政府一再強調，中華民國政權在台灣是中國叛亂一省，台灣人也一直默默的做叛亂一省的一分子，沒有主張要排除中華民國政權在台灣的統治，從中國分離獨立。到了今天，雖然有些獨派團體主張台灣不屬於中國，主張say no to China，但是因為我們所使用中華民國的護照、中華民國的身分證、鈔票、報紙上也都寫著中華民國幾年，台灣插滿中華民國旗與五星旗，那麼台灣不屬於中國，會屬於哪一國？

所以台灣人、獨派團體連在台灣的中華民國體制都無法對抗、不敢否認、不敢say no，又怎麼能夠say no to China或主張台灣不屬於中國。台灣人不但不敢對抗中華民國體制、不敢對抗此一來自中國的叛亂團體，甚至還主張台灣的國名叫做中華民國，還宣示遵守《中華民國憲法》，那麼如何能夠說服國際社會相信台灣不屬於中國？如何能夠說服國際社會相信，

台灣已經由於獨立運動，建立了一個與中國無關的國家？

　　總之，主張《開羅宣言》與《波茨坦宣言》無效，也不能證明台灣不是中國的一部分。相反的，台灣屬於中國或不屬於中國，並不影響台灣從中國分離獨立的權利。

　　事實上，國際社會上大多數國家，也曾經用實際的行動承認台灣屬於中國。1978年以前，美國及日本、法國、加拿大等國家，都承認中華民國代表全中國，各國的大使館都設在台灣，如果不承認台灣是中國領土的一部分，各國怎麼會把駐中國大使館設在台灣。所謂的《中日和約》、《中美共同防禦條約》，不都在台灣簽訂，適用於中國的台灣地區嗎？說這些條約都無效，反而要拿日本在《舊金山和約》已經放棄台灣的領土主權（《舊金山和約》日本只是放棄！），來證明「放棄」等於是「保證台灣不屬於中國，台灣已經獨立」，這是無法成立的理論。由此可知，不論由法理或事實行為，要推翻台灣在戰後不屬於中國，可以說是困難重重。何況，即使推翻了，台灣人自己沒有建國意志，又有何用。「台灣建國學」再次強調「台灣歸屬中國」不是「台灣建國學」的主張，而是大多數台灣民眾維持中華民國現狀所造成的結果。

　　所以最重要的關鍵，還是在於台灣人有沒有建國意志。「有」，那麼即使台灣屬於中國，也可以成功的建國；「沒有」，那麼即使不屬於中國，遲早也會變成中國的。因為沒有任何一個國家主張要台灣，要跟中國爭奪台灣，只有中國要，那當然是中國的。

　　追求獨立建國的論點中，有學者認為提出《開羅宣言》與《波茨坦宣言》無效，會更加提高台灣追求獨立的有效性與優越性，《開羅宣言》與《波茨坦宣言》無效，是否有利於獨立建國？

　　雖然分離獨立的位階高於國際條約對主權歸屬的認定，但是一般常常認為，在台灣追求獨立建國的運動上，如果宣導《開羅宣言》與《波茨坦宣言》規定台灣歸還中國無效，會更加提高台灣追求分離獨立的有效性與優越性，但是事實上並非如此。因為以《開羅宣言》與《波茨坦宣言》中，台灣歸還中國的規定無效，而引申出台灣因此就可以獨立建國，可以說很勉強，因為兩者之間並無關聯。

　　首先這牽扯到時間性的問題，自1945年第二次世界大戰結束，到1952年《舊金山和約》生效的這一段期間，如果主張《開羅宣言》與《波茨坦宣言》無效，對當時台灣人民追求獨立建國的目標確定是有幫助。台灣人

民可以主張這兩個宣言並未與當事者日本簽約、未徵得台灣人的同意、未經過締約各國國會的批准，所以無效。但是當時的台灣人並沒有這麼做。

自1949年中華民國政府來台灣實施戰後的占領，隨即又將台灣編入為中國的行省之後，已經對台灣進行有效的統治，各國對中國政府的主張領有，並未有效的反駁與阻止。國際法上並不在乎一國內部的統治是獨裁體制或是民主政治，而在乎該統治是否為有效的統治。中國政權只要對台灣能夠進行有效的統治，就表示台灣是中國的一部分、是中國的一省。各國對中國政府做為，也沒有發出反對與異議。

當時要獨立的台灣人在哪裡？可有起身抵抗？抵抗可有效果？對照世界上各式各樣的獨立運動，可以說當時的台灣完全沒有。那麼如何說服當時的國際社會認定，台灣不屬於中國，或對中國政府的主張領有台灣，提出有效的反駁與阻止？所以這個時間點一過，台灣屬於中國，台灣的法地位是中國的一部分，就很難推翻。

其次，今天的台灣人也都認為台灣屬於中華民國，認為中華民國在台灣，台灣是中華民國的一部分，幾年前大家還投票選台灣省長，現在還有台灣省政府存在，如果主張台灣不是中國領土的一部分，不是中國的一省，那麼請問中華民國是代表哪一個國家？因此，在這些事實存在的前提下，既使主張上述兩個宣言不是條約，主張台灣歸還中國的規定無效，也會被中華民國在台灣長期有效統治，被台灣人支持中華民國的現狀，一筆勾消。

因此主張《開羅宣言》與《波茨坦宣言》所規定，台灣歸還中國無效，會更加提高台灣追求分離獨立的有效性與優越性，由推翻過去證據的困難度看來，事實上並非如此簡單。兩相比較，直接宣布獨立，仍是較為簡單、實際、合理、合法的建國方法。

五、軍事占領論是否可以使台灣建國

此外，在追求獨立建國的論點中，有人主張台灣是被中華民國政府軍隊非法的軍事占領，台灣不是屬於中華民國，針對這種說法，是否有助於台灣領土主權的歸屬或是台灣的建國運動？

中華民國政府在1945年來台，僅是盟軍授權蔣介石政權，代表盟軍對當時仍是日本殖民地的台灣，進行戰後的軍事占領，並不是將台灣的領土

主權交給中國，所以台灣並不屬於中國。主張軍事占領無效，台灣可以獨立建國，這樣的論點一直到目前還存在。但是這樣的論點忽略了國際社會的事實作為，還有1952年以後台灣人接納中華民國統治，毫無分離獨立的意志，這兩項更重要的因素。

戰後的1945年當時，蔣介石政權對台灣的占領是軍事占領，只是讓蔣介石政權代表盟軍接受日本投降，不是將台灣的領土主權交給中國，這樣的說法當時在國際法上是可以成立。譬如，俄國在戰後代表盟軍於東北亞接受日本投降，對日本的北方四島進行戰後的軍事占領。這並不是國際社會或日本將北方四島的主權交給俄國，北方四島的主權仍然屬於日本。然而俄國其後卻不願撤離北方四島，所以目前俄國與日本之間存在著北方四島的領域主權爭議。

同理，直到1952年《舊金山和約》生效，日本宣布放棄對台灣的一切權利之前，台灣在國際法法理上都仍然是日本的領土，蔣介石政權對台灣的占領是軍事占領。然而《舊金山和約》生效，日本宣布放棄台灣之後，除了中國之外，沒有任何國家主張對台灣的領土主權，各國對中國政府的主張領有，並沒有具體的反駁與異議。中國才因此主張結束軍事占領取得台灣，進行有效統治。當時的中華民國政府是合法代表中國的政府，在聯合國擁有席次，直到1971年以後才由中華人民共和國依法繼承、合法代表中國，所以台灣屬於中華民國與中國是沒有疑問的。

當時，國際社會最多只能主張由於戰後的和約尚未簽訂，中華民國政府將軍事占領的日本領土台灣設置為中國的行省，將台灣置於中國的主權之下是不合法的，必須要與日本簽訂戰後和約來解決殖民地台灣的問題。此時所牽涉的重要關鍵就是，當時做為日本殖民地的台灣人，可有發出聲音主張殖民地的人民要追求獨立，不接受中國的統治？沒有。台灣並沒有出現代表性，足以讓國際社會聽到的，追求殖民地獨立的聲音、運動或組織。因此和約簽訂後，中華民國結束軍事占領，主張取得台灣領域主權才能得逞。

六、逃避宣布獨立建國的使命

「台灣建國學」針對幾種主張台灣獨立建國的模式分析討論，也點出每種論點的盲點。其中的共同點是，這些獨立建國的論述，最終都是在

規避台灣與中國政府中華民國的關連性，想以切割台灣與中國的關係來建國，並認為台灣不屬於中國，甚至認為台灣早已經獨立。今天如果台灣人要獨立建國，依據上述的說法明顯矛盾，建國的要素和理論主張不應該如此草率。

　　台灣是不是屬於中國，國際法上在乎的是，台灣人是否接受中國的統治。不論是「表示同意」、「沒有意見」或者「沒有反抗」，國際法上都視同「接受」。反正台灣人也都不在乎由誰來統治，認為只要安定就好了，不論是中華民國政府、日本、美國、甚至是中華人民共和國政府來統治都無所謂，甚至還有人主張兩岸一家親，願意接受北京政府統一，只要不發生戰爭就好了。這是台灣人到目前都沒有改變，也不能否認的態度。那麼既然台灣人對中國的併吞台灣沒有意見，中華民國政府在台灣也繼續合法的統治，中國當然可以繼承、擁有台灣。

　　除非台灣人民積極的站起來廢棄中華民國體制，雖然結果未必能夠建國，也沒有任何國家一定會支持台灣建國，或是能夠保證台灣建國能夠成功。但是如果不這麼做，國際社會就不可能認為台灣人民要獨立建國，中國體制也可以繼續對台灣進行合法的統治，北京政府當然也可以堂堂正正的聲明，台灣是中國的一部分。反抗不一定能夠成功，也無法保證一定有分離獨立的權利。譬如，科索沃或其他許多東歐，西班牙加泰隆尼亞，各國的少數民族要爭取分離獨立，世界各國雖支持他們的獨立運動，卻也無法保證他們一定可以建國成功。

　　但是，如果沒有這樣的獨立運動，沒有這樣的犧牲，就完全不可能有獨立建國的機會。我們看台灣的獨立運動，一直沒有具備實力的組織，雖然廖文毅先生曾在日本成立台灣共和國流亡政府，也未曾受到國際社會的重視，台灣本土也沒有具有實力的組織主張建國。台灣人希望維持中華民國體制，並沒有為台灣獨立建國勇敢的站起來。在這樣的狀況下，怎麼可能讓國際社會相信台灣人有獨立建國意志。如此，又如何主張台灣不是中國的一部分、台灣領土主權不屬於中國？

　　這個問題值得所有認為，台灣從過去就一直追求獨立建國，或者主張台灣早已獨立建國的團體深思。台灣人什麼時候曾經表現出建國的意志？有什麼事例可以證明台灣人的主流、主要力量一直在追求獨立建國。可以說直到今天都沒有。喜樂島聯盟明確的以「獨立公投，申請入聯」為訴求，公開主張要使「台灣成為國家」，日後的運動卻受各黨各派打壓無法

展開。若是能經由「獨立公投，申請入聯」運動，可以告訴中國與國際社會台灣要建立國家，表示台灣政府與人民都有很強的建國意志，將使台灣建國邁向最後的階段，讓國際社會相信台灣有獨立建國運動，相信台灣人反抗中國的併吞。然而，台灣人的主流、主要力量卻一直躲藏在中華民國體制下，逃避宣布獨立建國的使命。

七、「台灣法地位未定」、「台灣不屬於中國」的矛盾

「台灣建國學」討論過，因為台灣多數人所主張「維持現狀」的中華民國體制，這是造成台灣法地位「已定」、台灣「屬於」中國的主要原因。但是為何還是有人那麼執著的主張「台灣法地位未定」、「台灣不屬於中國」，有關這些爭論的真相與學理要如何說明。主張「台灣法地位未定」、「台灣不屬於中國」，必須思考的是：

（一）這是現狀、現實嗎？台灣維持中華民國體制的現狀，還可以使「台灣法地位未定」、「台灣不屬於中國」，甚至也可以使台灣已經獨立嗎？國際社會是否承認、支持「台灣法地位未定」、「台灣不屬於中國」？有沒有決定性的具體證據？

（二）誤認為必須主張「台灣法地位未定」、「台灣不屬於中國」，台灣才能獨立建國，才能得到國際社會支持、承認，才是實現台灣獨立建國的有效理論與方法。

首先如果是前者，主張現狀、現實下「台灣法地位未定」、「台灣不屬於中國」，必須面對的最大矛盾是，七十年來維持中華民國體制的台灣現狀，如何使「台灣法地位未定」、「台灣不屬於中國」，如何使台灣已經獨立。台灣民主化之後修改的《中華民國憲法》，明明就清楚地寫著，台灣是中國的一個地區，如何使「台灣不屬於中國」。外交政策一直是維持「漢賊不兩立」的「一個中國原則」，主張在台灣的中華民國是合法代表全中國的政府，而不是在台灣的另一個國家。外交部的標誌上清楚的標示China，昭示國際社會是中國的外交部。台灣的外交政策維持「一個中國」原則，台灣當然是中國的一部分。台灣的政治人物、學者、專家反對「九二共識、一中各表」，主張「台灣法地位未定」、「台灣不屬於中國」，又如何面對憲法、外交政策的一中現狀、現實。

其次如果是後者，上述因素再加上，台灣人如果認為七十年來維持

中華民國體制的現狀，都還可以使「台灣法地位未定」、「台灣不屬於中國」，甚至也可以使台灣已經獨立。那麼也必須思考，維持現狀的中華民國，台灣人是否已經感覺安全、安定，是否會有危機感。維持現狀還可以延伸出，台灣已經是獨立國家的說法，是否對台灣的建國運動不利，甚至還會造成阻礙。如此主張，台灣建國的迫切性、需要性不存在，必然阻礙台灣建國，建國運動的正當性、合理性實在很難得到認同。這些都是很令人擔心的情勢。

　　「台灣法地位未定」與「台灣不屬於中國」之間也有差異，即使證明「台灣法地位未定」，也不能證明台灣「必然」不屬於中國，仍然必須論證：中國統治台灣，「中華民國」實際有效的統治台灣至今是無效的，是所謂的非法軍事占領。

　　然而，中國的中華民國政府與中華人民共和國政府主張擁有台灣若是不合法，為何七十年來台灣人願意接受，各國至今都未明確否認，也沒有指出是無效的、非法軍事占領。這些都必須由歷史事實、證據、法理提出反駁，才能證明「台灣不屬於中國」。當然，最重要的是台灣人民的主流，根本沒有站出來主張「台灣法地位未定」、「台灣不屬於中國」。

　　假設真的「台灣法地位未定」、「台灣不屬於中國」被國際社會確定，台灣建國還是會遇到種種障礙必須克服。「台灣法地位未定」、「台灣不屬於中國」確定之後，如何處理台灣法地位，由誰來處理也是問題，台灣人民是被動等待他國決定，或是主動爭取自己決定？如果是台灣人民取得決定權，台灣人民要如何決定？繼續主張「中華民國是國家」維持現狀，或是與中國統合，或是表明建國的決心，建立新國家。

　　結果是，主張「台灣法地位未定」、「台灣不屬於中國」，最後還是要回到原點，必須結合台灣人民建國意志，主張建國。台灣人民決心建立新國家之後，仍然是要「宣布獨立」、制定憲法、申請加入聯合國，這與「台灣建國學」的主張完全相同。

　　事實上，建國不需要先證明「台灣法地位未定」、「台灣不屬於中國」才能建國。世界各國的建國的歷史，也都不需要主張，地位未定或不屬於哪一國，才能宣布獨立建國。

第十四章　台灣的法地位如何認定

一、為何中國能取得台灣主權

　　「台灣建國學」一直大聲疾呼，台灣不可以繼續維持中華民國現狀，因為「維持現狀」台灣就會屬於中國。為何「維持現狀」台灣就會屬於中國？有關為何中國能取得台灣主權、台灣是中國的一部分也引起很多爭論，以下由真相與學理分析。

　　首先必須說明，在此談論中國取得台灣的主權，台灣是中國的一部分、台灣屬於中國。這不是本人或「台灣建國學」的主張，而是由各式各樣的事實與證據，特別是台灣民主化以前或以後，中華民國外交部與《中華民國憲法》的主張而提出質疑。

　　為什麼說維持現狀台灣會屬於中國，是有很多的事實與證據，其中最致命的兩個原因是，《中華民國憲法》與外交政策。台灣法地位之所以進一步明確，形成「台灣是中國的一部分」，最殘酷的事實是來自於，台灣內部的自我維持中華民國體制。「台灣建國學」一再指出，今天中華民國的外交部還是一直主張「一個中國」，而且主張在台灣的「中華民國不是一個國家」，是代表全中國的政府統治著台灣。《中華民國憲法》一直主張北京政權是非法政府，把中國區分為台灣自由地區與大陸地區，還是在追求中國的統一。

　　此外，台灣現在還是有中國國民黨等主張投降式的統一派，他們從過去的武力反攻、三民主義反攻，變成現在的「兩岸一家親」的統一，就是堅持要使台灣成為中國的一部分，而且還有相當多的台灣人支持中國國民黨等黨派的投降式統一。台灣還不是獨立國家、台灣屬於中國，可以說完全是台灣人政府與人民的自我主張所造成，誰能否認這些事實。

　　以下更具體的說明，台灣內部其實才是「主張台灣是中國一部分」的主要來源。台灣政府的外交政策、兩岸政策，一直是維持「漢賊不兩立」的「一個中國原則」。民主化以後，台灣人還是依照一部內容是「一個中國」的《中華民國憲法》，選中國舊政府（中華民國自由地區）的總統、立法委員，不論是外交部、大陸委員會、僑務委員會、蒙藏委員會或是只

有辦公室的台灣省政府、福建省政府，都是中國舊政府憲法下，執行「一個中國原則」的行政機關。台灣維持中華民國現狀，北京政府就有權依據「一個中國原則」繼承台灣。如果一再主張台灣就是中華民國，台灣就是中國的一部分。

我非常希望台灣不屬於中國，所以一生都堅決的追求台灣建國，提出「台灣建國學」也一直要喚醒台灣人民必須廢棄「一個中國原則」的中華民國現狀，才能使台灣不屬於中國。「台灣建國學」向來沒有強調，「台灣法地位已定」、「台灣屬於中國」，只是認為爭論「台灣法地位未定」、「台灣不屬於中國」，對照現狀中華民國體制下的台灣是非常矛盾，很難自圓其說。何況建國不必有這些條件，不需要先證明「台灣法地位未定」、「台灣不屬於中國」才能建國。世界各國的建國歷史，也都不需要主張地位未定或不屬於哪一國，才能宣布獨立建國。

二、中國取得台灣的事實證據

主張「台灣法地位未定」的學者強調《舊金山和約》，日本放棄對台灣的主權但沒有明確歸屬給中國，所以台灣不屬於中國。他們這樣的主張之下，怎麼可以說中國取得台灣的主權，國際法上依據的是什麼？

首先必須確認，中華民國一直是代表中國的政府，中國取得對台灣的主權，最主要就是依據《舊金山和約》，日本放棄對台灣的主權；而在日本放棄對台灣的主權之前，中國的軍隊就已經占領台灣，之後中國政府就一直有效統治台灣，主張擁有台灣主權。雖然也有理論認為，當時中華民國的統治是軍事占領，或認為中華民國後來在大陸本土的統治都有問題，又如何能有效統治台灣、領有台灣。但我們卻不能否認，在《舊金山和約》生效之前，中國的軍隊就已經占領台灣，這是一個事實。之後就一直有效統治台灣，主張擁有台灣主權，一直到目前兩岸政府也都主張擁有台灣主權。

歷史也顯示，之後的東西冷戰，美國也與中華民國政府簽訂《「中」美共同防禦條約》，這是有效的國際條約，而此條約適用的範圍就是「中國的台灣地區」。所以就國際法而言，現在美國承認唯一合法代表中國的中華人民共和國政府就可以主張：過去美國也曾經與代表中國的舊政府簽訂《中美共同防禦條約》，可見美國也承認台灣是中國的一部分。美國要

否認也很難。

　　當時的國際社會，聯合國與各國都承認在台灣的中華民國政府是合法代表中國的政府，所以台灣是中國的一部分，至於在大陸的中華人民共和國政府則是中國的叛亂團體。如果說當時的台灣不屬於中華民國，難道各國是承認只統治金門、馬祖的中華民國政府可以代表中國，各國的大使館都設在中國領土之外，地位未定的台灣，前往聯合國的中國代表團，是由中國領土之外，地位未定的台灣出發，這是無視事實矛盾荒謬的說法。所以台灣人民必須認清，中華民國這個代表中國的政府，一直主張擁有台灣，統治台灣至今是無法否認的事實。

　　至於「台灣人」可以主張擁有台灣主權的說法：國際法上一群人並不能主張擁有主權，只有國家才能主張及擁有主權。所謂台灣人只是一群人，並不能擁有主權，台灣國並未建立，也還不能擁有台灣主權。必須建立台灣共和國之後，台灣人民才能擁有台灣主權。所以我們今天如果昧於事實，主張台灣人擁有台灣主權，或是假裝有一個台灣國擁有台灣的主權，這樣的說法是說不通的。

　　目前主張對台灣擁有主權的國家或政府，不論是中華民國政府，或是中華人民共和國政府，都是代表中國的政府。沒有其他國家主張對台灣擁有主權，在沒有爭議的狀況下，中國自然取得對台灣的主權。我們要記住不可以忘記，就是因為現狀是中華民國政府在統治著台灣，所以獨立建國運動，在過去才一直主張要打倒「外國來的政權」，建立新而獨立的台灣共和國。

　　中華民國這個中國來的政權、政府，非法也好、強占也好，台灣人民為何還沒有站起來反抗，廢棄中華民國體制，甚至還支持中華民國體制，如此要否認中國取得對台灣的主權，實在矛盾且荒謬。

三、各國建交公報的立場與意義

　　專家學者常說，中華人民共和國在與各國建交時，曾經要求世界各國承認，台灣是中國領土的一部分，但都遭到有形無形的拒絕。這些世界各國與北京政府建交時的立場，是否可以成為主張台灣不是中國一部分的證據？

　　中國曾經在建交時，到處要求世界各國承認，台灣是中國領土的一部

分，但都遭到有形無形的拒絕。原因是，各國沒有必要正面回應台灣是否屬於中國。但是必須認清，這與各國是否承認，台灣屬於或不屬於中國無關。中國要求世界各國承認台灣是中國的一部分，世界各國對此並未做出正面的回應，這雖然是一個事實；但是以此論證，世界各國認為台灣不屬於中國，則是不正確的推論。

先說明各國為什麼沒有必要正面回應台灣是否屬於中國。中國要求世界各國承認台灣是中國的一部分，雖然美國、加拿大等世界各國不願做出此種承認，只是敷衍了事，但是這並不代表台灣不是中國的一部分。世界各國之所以不願意承認，是因為世界各國認為，中國沒有權利在建交時，要求他國承認台灣是中國的一部分，世界各國不願意介入與他國內政相關的事務，世界各國也沒有義務做出這種承認。所以面對中國的這種要求，加拿大、日本等國均表示「理解」，美國等國則是表示「注意到」中國有這樣的主張，但是不願意正式的簽字做承認。然而，即使有這樣的事實存在，也不能就此證明台灣不是中國的一部分。依據國際法，各國是不會被要求或是要他國承認自國領土、或介入一國內政相關的事務，世界各國也沒有義務做出這種承認。

譬如，山東是中國的一部分，夏威夷是美國的一部分，難道美國也得簽字承認山東是中國的一部分？難道中國也得簽字承認夏威夷是美國的一部分？萬一有一天，山東爭取分離獨立建國成功之時，中國再拿出文件說明山東是中國不可分割的領土，美國不能承認山東是國家，否則就變成是美國違反條約，干涉了中國的內政，為了避免此種爭議，各國不會做多此一舉的承認。世界各國也就是因為這樣的國際法上的原因，所以對中國要求各國承認台灣屬於中國的主張，都不願做出積極正面的回應，只是敷衍了事。例如，一般法律也是如此，如果在路上，有人拿出土地所有權狀，要路人甲承認這是他的土地，沒有人會理會。

再次說明，各國不承認、不理會中國的主張，並不表示世界各國否認台灣屬於中國。因為根據國際法，台灣是不是中國的，是中國自己的事，中國沒有資格要求他國介入、干涉中國的內政問題，或做什麼承認。同理，海南島是不是中國的一部分，那也是中國自己的內政問題。所以世界各國只是依據國際法上的法理，認為沒有必要、沒有道理，所以拒絕對某一塊土地（台灣），是否屬於中國做出承認。但是，這並不能直接論證，是因為該土地不屬於中國，所以各國不承認或否認。

　　事實也顯示，從來沒有一個國家發表聲明，指稱由於台灣不是中國的一部分，所以該國才不願對中國的要求承認作出正面回應；也沒有證據可以說明，因為台灣不是中國的一部分，所以世界各國不願意承認，台灣是中國的一部分的北京政府的要求。

　　我們也要說明認清，不會因為這樣的爭議（事實上也有國家承認台灣是中國的一部分），而對台灣的獨立建國運動產生任何國際法上的正面影響或負面阻礙。當然提出這些各國的反應，或許在心理上、事實上顯示出各國顯然有支持台灣的意願。

　　專家學者常爭論，世界各國支不支持、表不表態對台灣獨立建國的立場很重要。而且在中國所提出「三不政策」：不支持台灣獨立、不支持台灣加入聯合國、不支持台灣加入國際組織之後，世界各國的反應也很重要。

　　探討各國對台灣建國的立場，世界各國支不支持台灣獨立之前，要認清世界各國沒有權利，也很難在台灣自身要求獨立、宣布獨立之前，先一步表明支持台灣獨立。一方面，各國是否拒絕中國提出的不支持台灣獨立，也與是否支持台灣獨立無關。譬如，日本拒絕對中國提出的不支持台灣獨立做出承諾，令台灣人覺得振奮，但這只是日本依據國際法行事而已，因為根據國際法，中國沒有權利要求日本作出此種假設性的承諾。難道日後福建尚未爭取獨立時，中國可以再度要求日本答應不支持福建獨立？那麼日本或世界各國不就得隨時忙著處理，中國的內亂、內戰、分離獨立運動，西藏、新疆、香港等問題？

　　何況，基於內政不干涉原則，世界各國原本即未表明，支持中國內部任何分離獨立運動的事實，又何必簽定條約，表明不支持中國內部的分離獨立運動？何必平白無故地，好像自己做錯事要改過自新寫悔過書，或是莫名其妙的增加自己國家的條約義務？

　　所以，日本拒絕中國所提出的不支持台灣獨立、不支持台灣加入聯合國、不支持台灣加入國際組織（三不），與日本是不是支持台灣獨立是兩回事。不能以此認定日本支持台灣獨立，否則歐洲的英、法等國也未簽字同意三不，難道也可以解釋為歐洲的英、法等國也都贊成台灣獨立嗎？這在邏輯上是說不通的。因為各國不須為尚未發生的他國事務表態。

　　因為事實上，目前台灣人沒有要求獨立的主張、組織與全面性的獨立運動，台灣人根本就沒有站出來要求獨立，世界各國對中國的三不要求當然不予理會。因為世界各國沒有必要去表明，要不要支持一個尚未發生的

事件。今天的台灣不但沒有主張分離獨立，而且還經常的表明維持現狀、漢賊一家親，世界各國當然沒有必要，荒謬到去表明支不支持台灣獨立，或是表明支持一個被台灣人所忽視、而且尚未發生的台灣宣布獨立。總之，台灣獨立與否最基本的原點、出發點都在台灣人自己身上，目前尚未進入各國支持或不支持的階段，實在不必花心思去探討這些問題。台灣獨立建國不必先證明台灣不是中國的一部分或是未定論，而是在台灣人民的決心。台灣人民必須先站起來宣布獨立，之後才會出現世界各國是否表明支持台灣建國的立場。

四、國際社會如何認定台灣的法地位

　　儘管多數台灣民眾無法認同台灣法地位屬於中國，但畢竟國際社會與台灣內部的認定是不同的。國際社會很無可奈何只能認為，台灣是中國的一部分。因為現狀之下，世界各國都沒有一個國家與中國爭奪台灣，只有中國主張擁有台灣的主權。如果美國或任何其他國家，對中國擁有台灣的主張表示反對，主張台灣不是中國的一部分，是美國或任何其他國家的一部分，那麼就是形成雙方的領土爭議。形成爭議的主要原因是因為，台灣究竟是美國的一部分，或者是中國的一部分，就會成為台灣地位未定的情況。

　　但是，事實上美國或任何其他國家，並未與中國爭奪台灣，只有中國主張擁有台灣的主權，所以台灣的法地位，就是屬於中國的一部分。譬如，南極是人類的共有地，所以在1959年的《南極條約》，規定各國不得對南緯六十度以下的南極大陸主張領域主權，如果有任何國家主張南極為其領土的一部分，這時候才會引起爭議。但是今日，中國主張台灣是其領土的一部分，因為沒有一個國家與中國爭奪台灣，所以國際社會沒有任何立場反對。

　　台灣人不展現分離獨立的決心，台灣法地位不可能改變。除非世界各國都了解到，台灣人民要從中國分離獨立的意志與決心，那麼台灣的地位才有可能改變。目前國際社會無法確認台灣人要不要獨立，如果台灣人民面對現實，知道台灣尚未獨立，台灣人民站起來，勇敢的宣布獨立，要建立自己的國家。那麼台灣的獨立建國運動能否成功，如果成功就是成為一個新國家，不能成功則成為中國的一個分離主義集團，這個時候才有所謂

台灣地位變動的問題。

　　有些台灣民眾以認同中華民國，主張台灣法地位不屬於中國，而是屬於中華民國。這種說法的前提是，中華民國必須是與中國不同的另一個國家。但是，「台灣建國學」已經一再論證，中華民國體制不是一個國家，中華民國體制只是中國的一個舊政權，一個已經不能再合法代表中國的舊政府，甚至是被繼承併合的對象。雖然現在又有民進黨主張，台灣已經獨立，名叫中華民國台灣，不再是過去的中華民國體制，但這也是說不通的。

　　如果硬要說中華民國體制下的台灣，從1912年起就從中國分離獨立，是怎樣也說不通的。因為：第一點，1912年中華民國可有主張從中國獨立？沒有！第二點，要打倒中華民國政府的共產黨政府可有主張分離獨立？也沒有！因為共產黨政府的一貫主張，就是要推翻國民黨政府，成為唯一合法代表中國的政府，要追殺舊政府。

　　一方面，民主化以後中華民國體制下的台灣，也從來沒有主張從中國獨立，雖然民主化、選舉總統也無法改變，台灣還是中國的一部分的地位。北京政府如此主張，國際社會也無可奈何，這是台灣人自己的主張所造成的結果。

五、由建交、斷交認定台灣的法地位

　　如果從中華民國與邦交國建交、斷交，從「國家承認」與「政府承認」，來看中華民國台灣的法地位，也可以認定台灣的法地位還是中國的一部分。台灣各界對中華民國與邦交國的斷交都錯誤認知，以為是邦交國不再承認中華民國是國家。又誤認為，還有十幾個邦交國承認中華民國是國家。

　　事實上，兩岸的斷交、復交是由於中華民國政府與中華人民共和國政府在爭，誰才是代表中國的合法政府所引發。例如，七十多年前多明尼加（世界各國也同樣）與中華民國政府建交之後，就承認中華民國政府是代表中國的政府，這是政府承認的問題。因為如果是國家承認是不能撤銷的，即使A、B兩國互相敵對，多明尼加與A國建交之後再轉而與B國建交，並不會對A、B兩國的國家地位造成影響。多明尼加對A、B兩國的國家承認也可以同時並存，同時維持外交關係。然而，事實證明多明尼加只是做「政府承認」，並不是做「國家承認」，因此只能在台北與北京選擇

一方建交往來，不可同時保持外交關係。因此2018年多明尼加與中華民國政府斷絕外交關係，與北京政府建交。2022年有十四國與中華民國維持邦交的國家也是如此，都是政府承認，承認在台灣的中華民國是代表全中國的政府。由此可知，斷交與否與中華民國是不是國家完全無關。

所以，中華民國體制下台灣的外交政策，一直是在「一個中國」的框架中被束縛著，台灣的國際法地位當然就是屬於中國的一部分。民進黨政府既然反對「一個中國、九二共識」，為何在外交政策仍然堅持「一個中國」，令人不解也心寒。

六、《台灣關係法》所認定台灣的法地位

經常有學者提到《台灣關係法》中，美國將台灣「視同」國家，《台灣關係法》是否認定台灣是國家？國際法如何解釋，如果台灣是中國的一部分，美國怎麼可以制定《台灣關係法》，干涉中國的內政？

談到美國的《台灣關係法》，第一點要注意的就是，《台灣關係法》是美國的國內法，美國國會是可以隨時加以修改的，並不是國際法，不是國際條約，對美國本身或其他國家沒有拘束力，台灣也沒有任何主張權利的立場。

第二點，我們由《台灣關係法》條文得知，美國是依據《台灣關係法》將台灣「視同」國家、政府或政治實體。只是「視同」而已，並非承認台灣或中華民國為國家，也未承認中華民國是代表中國的政府，所以美國與在台灣的中華民國政府之間，並沒有任何外交關係或承認的拘束，這在《台灣關係法》第4條規定得很清楚。例如：台灣人民和美國之間沒有外交關係、美國對台灣缺乏承認、美國對台灣沒有外交關係或承認。因為美國對台灣的中華民國的政府承認於1978年底撤銷，而在1979年1月1日與中華人民共和國建交，承認中華人民共和國為合法代表中國的政府。所以美國只是將台灣「視同」國家、政府、或政治實體而已。這種方式類似國際法的「地方性事實政府」的認定，並未牴觸國際法內政不干涉原則，也與美國認為台灣是不是中國的一部分，沒有必然的關連。

第三點，「台灣建國學」之前有論述「地方性事實政府承認」與「叛亂團體承認」，由《台灣關係法》的內容觀之，美國是以此方式認定台灣的法地位。依據國際法實效統治的原則，當一個國家的合法政府不能夠有

效地統治其領土全境時，或當一個國家內部有一地區發生叛亂而合法政府無法弭平時，其他國家為了保護本國在該國叛亂地區的利益，有必要與該地區作實際的交往，這時候就會對該地區作交戰團體的承認。或是「地方性事實政府」的承認。

因此，美國承認中華人民共和國是唯一合法代表中國的政府，但是它卻未能弭平在台灣繼續叛亂的舊政府中華民國體制，未能對叛亂的台灣地區進行實際而有效的統治，所以美國為了確保美國在台灣地區的投資、僑民等利益，美國議會於1979年4月10日通過了《台灣關係法》，以處理美國與台灣地區的實際交往問題，就是「地方性事實政府」承認。

台灣與世界其他國家間簽訂的諸多協定，很多「並非國與國之間的條約」，同時為了各種往來設置半官方性質的辦事處等，也並非是以國家名義互設的外交使節機關，而是如同美國以《台灣關係法》處理台灣的法地位。

譬如，世界各國與台灣有各種協定（注意，並非國與國之間的條約）或往來設半官方的辦事處，也很類似美國以國內法的《台灣關係法》模式。這是世界各國的權利，因為中國政府未能對台灣地區進行實效的統治，致使世界各國必須與台灣地區的政府簽署各項協定，以確保本國自身的利益與僑民的安全，或從事經貿往來，國際法有此空間，允許他國如此做，這不是干涉內政，也與干涉內政不同性質。北京政府可以抗議，但是自己無力實效的統治台灣，也無可奈何。

世界各國都有對台灣作出交戰團體承認的權利，因為中國政府自己無法實際有效地統治台灣。但是世界各國與台灣往來的方式，不但不是否認台灣是中國的一部分，反而是認為台灣是中國的一部分，台灣地區是與中國合法政府交戰的叛亂團體，所以才會在承認中華人民共和國是唯一合法代表中國的政府之前提下，將台灣的中華民國政權定位為中國內部的交戰團體，來處理與台灣的交往問題。

如果世界各國與美國認為台灣不屬於中國，中華民國體制是一個國家；如果世界各國與美國給予台灣的承認是國家承認，那麼世界各國與美國可以直接與台灣簽署建交公報、設立大使館，而不需透過類似《台灣關係法》，這種國內法來處理與台灣的關係。一方面，中國也無法指責世界各國與美國，給予台灣的中華民國政權叛亂團體的承認，因為中國政府的確無法在台灣地區進行實際有效的統治，沒有辦法確保世界各國與美國在

台灣地區的商業利益與僑民安全。因此，依據國際法，各國有此權利。

　　美國的《台灣關係法》，就是要處理美國在台灣地區的利益，各種民間的交往事務，但是這卻不能把台灣的地位變成國家；因為，如果美國把對台灣的叛亂團體承認提升為國家承認，或是作政府承認，承認「中華民國政府是合法代表中國的政府」，那麼北京的中華人民共和國政府就將變成非法的政府。如果美國承認「中華民國在台灣是一個國家」，那就變成製造兩個中國，違反「一個中國」的承諾。

　　台灣學者經常把《台灣關係法》，作傾向於台灣是一個國家的解釋。但是如果主張台灣已經是國家，或是追求台灣獨立建國，應該鼓勵台灣人民站起來，勇敢的宣布獨立，建立自己的國家，成為貨真價實的國家。怎麼可以維持現狀，委屈的讓台灣被認定為不是國家，只是被「視同」（本來不是而當作是）國家的實體，所謂《台灣關係法》模式。

　　分析「美國與國際社會如何認定台灣的法地位」，確實令人心情沈重。但是「台灣建國學」必須指出現狀下台灣的實際國際法地位，希望台灣人民可以認清這一問題，站起來追求台灣獨立建國。

七、美國販售武器與台灣的法地位

　　《台灣關係法》規定，美國有責任對台灣提供防禦性武器，美國販售武器給台灣應該是干涉中國內政，或是表示台灣不是中國的內政問題，這是否表示台灣並不是單純的「地方性事實政府」或叛亂團體？

　　依據國際法，第三國與叛亂團體的關係，第三國應該維持中立、必要性的原則。美國制定《台灣關係法》處理與台灣的往來關係，卻未遵守中立、必要性原則，維持與叛亂團體的關係，甚至販賣武器給台灣。這當然顯示台灣的地位與一般的叛亂團體不同，美國能販售武器給台灣，是基於當時與北京政府談判的結果，是美國利用條件爭取國家利益的成果。

　　《台灣關係法》第2條指出，承認北京政府是中國合法政府之後，美國的外交政策如下：

　　表明美國決定和「中華人民共和國」建立外交關係之舉，是「基於」台灣的前途將以和平方式決定這一期望。

　　（一）任何企圖以非和平方式來決定台灣的前途之舉：包括使用經濟抵制及禁運手段在內，將被視為對西太平洋地區和平及安定的

威脅，而為美國所嚴重關切事件。

（二）提供防禦性武器給台灣人民，防止對台灣和平及安定的威脅。

（三）維持美國的能力，以抵抗任何訴諸武力、或使用其他方式高壓
　　　手段，危及台灣人民安全及社會經濟制度的行動。

以上是美國以承認北京政府，所交換的談判結果，並立刻在《台灣關係法》公開指出，以和平方式來決定台灣的前途，這是美國承認北京政府的基礎條件。

國際法不是不可以變動的，只要是美、中雙方合意即可。國與國之間的合意，原則上可以排除一般國際法。何況各國的行為也未必都符合國際法，符合國際法與違反國際法之間，仍然有灰色地帶。中國也曾經向巴勒斯坦解放組織，或其他的恐怖暴力組織輸出武器，美國與中國可以互相指責對方違反國際法。

何況，美、中建交時美國是在雙方利益交換下，得到中國保證以和平方式處理台灣問題，所以才有權可以販賣防衛性武器給台灣。美國在承認中華人民共和國是合法代表中國的政府之後，雖然訂定《台灣關係法》，卻言明只販賣比中國合法政府更保守的武器，只賣防禦性的武器給台灣，以維持雙方武力平衡。在當時東西冷戰的環境下，中國也只好默許這樣不合理的狀況存在，以拉攏美國對抗蘇聯。這都只是國際政治利益的交換而已，並不代表美國認為台灣是政府或國家，而只是認定具有比交戰團體還高的地位，此一地位其實也讓台灣地位一直處於不安定的狀態。

因為美國出售武器給台灣的行為異於一般國際法，但是只要身為當事國的中國沒有提出抗議，美國就可以繼續販賣武器給台灣。中國有時也會抗議一下，那是要向美國換取其他利益，而美國則可以向台灣軍售謀取貿易利益，雙方各取所需。只有台灣成為他人利益交換的談判籌碼，受害而不自知。所以台灣人民必須要認清，長久以來台灣的生存，就是維持在這樣的一個大國利益交換下的微妙空間。

如果中國開始依據國際法行事，或在經濟方面漸漸地不再需要美國的協助，漸漸地成為可以與美國相抗衡的大國，則美國處理與台灣的往來關係，或販賣武器給台灣會更為難。過去二十年來，中國的改革開放，有壯大的趨勢，使台灣地位更不安定，開始面臨被併吞的威脅。

八、台灣如何認定自己的法地位

　　台灣維持現狀、繼續叛亂的結果，是處於被動看人臉色，非常危險沒有保障的狀況，台灣人必須把握時機建國。目前台灣繼續維持現狀的中華民國體制，就是維持「一個中國」之下的叛亂體制，必然無法獨立成為國家。結果會一直是處於被動看人臉色，處於非常危險，沒有國際社會安全保障體系下的狀況，而台灣人完全不知道，沒有感覺到危險。然而統治階級、上流社會、財團都早已有準備，拿外國護照，資產子女在外國，只有台灣人民無知等著被出賣。

　　幸運的是，最近中國霸權主義與自大的本性忍不住顯露出來，引起國際社會的警惕，才使台灣有一線生機。彭明敏教授2018年3月27日，在〈『良機』難得〉文章指出，國際政治上，顯然「一線生機」正向台灣轉移過來。最近美國與中國的關係，已超越「冷戰」時期的對抗，從南海、朝鮮半島、香港、貿易自由平等、言論自由人權、習近平專制體制，在各方面都進入了「半交戰」狀態。中國強勢執行高科技產業併購與強迫技術移轉，推出詐騙方式的一帶一路政策，再因為武漢肺炎的傳播，世界性疫情的危害，使日本、亞歐、世界各國與中國的關係都在改變，這些都對台灣有利。

　　這是千載難逢的「一線生機」，台灣必須站起來積極作為，如果無法掌握良機，還是怕刺激或怕得罪中國，等到「良機」過去就一去不回了。台灣人民及其後代子孫的民主自由和人權，就在眼前的這一刻，台灣人民必須把握良機，認清自己的法地位不安定，必須勇敢的宣布獨立，開始建立自己的國家。

　　台灣如何認定自己的法地位，當台灣是中國的一部分時，那麼中華民國的台灣省與中華人民共和國的福建省的地位有何不同，由對比台灣、福建的法地位，亦可進一步了解。

　　台灣是北京政府沒有辦法實效統治的「地方性事實政府」。依據台灣自己的《中華民國憲法》，台灣仍然是中國的一省。台灣省與福建省，可以說：一是合法的地方政府，一是不合法的地方性政府。台灣省與福建省同樣是中國的一省，不同之處可以從合法性與對抗中央政府兩點來說明。就合法性來說，福建省比台灣省合法，因為福建省是中國合法認定的地方

政府，台灣省政府與在台灣的福建省政府，都是中國的非法叛亂的地方性政府。

　　福建省民眾所持有的護照，是真正的中國護照，而台灣省與福建金馬民眾所持有的護照，則是被國際社會認定為偽中國護照，不是由中國合法政府所核發的護照。所以世界各國只是將其視同有效的公文書或旅行文件，並未承認是一個國家的護照。一般人以為，中華民國政府發的護照可以在國際上使用，所以各國都承認中華民國是國家，完全是誤解！

　　譬如，各國將台灣中華民國政府所核發的China護照，視同為有效的公文書，我們的政府及朝野竟然認為是外交上的突破而慶幸。這本護照因為不是國家的護照，所以才被視同為公文書，自己所持有的護照被否認，不被承認是有效的、合法的國家護照，我們竟然為這種事高興，真是令人費解。

　　所以就合法性來看，福建省的民眾可以說他們是中國人，因為他們所持有的是被國際社會承認的中國護照。中華民國在台灣的民眾，雖然自稱是Chinese，但是國際社會卻不認為台灣人所持有的是合法的中國護照，台灣民眾變成是不合法的中國人。因為中國的戶籍資料、身分證、護照等都沒有台灣民眾的資料。台灣民眾犯罪被遣送中國，中國雖然滿足面子，私底下卻是很頭痛，因為沒有台灣民眾的資料如何處理？

　　例如，台灣的中華民國政府派任一個福建省主席，但是究竟是中華人民共和國所派的福建省主委（主席）才是合法的，或是中華民國政府所派任的福建省主席才是合法。很清楚當然是中華人民共和國所派任的才是合法，因為中華民國政府派的福建省主席，根本無法實際有效治理福建省的地方事務，其管轄下只有金門、馬祖而已。根本是維持中華民國體制下，浪費台灣人民稅金的假裝代表中國，這樣的虛假現狀，政治人物還是要維持現狀，實在很悲哀。

　　所以就合法性而言，中華民國體制下台灣省民眾的地位，不但不如福建省及中國其他各省的地位，甚至比香港特別行政區的地位還差一截，比西藏自治區的地位還不如，作為叛亂地區的台灣民眾，可以說是中國的三等國民。

九、台灣具備改變法地位的優越條件

在台灣的中華民國是世界上最強的叛亂團體，整體來說台灣的條件與地位應該要比中國福建或其他的中國省市來的好。

首先是，中華民國體制下台灣省民眾，雖然以中國合法政府的角度來看，是叛亂地區的民眾，可以說是中國的三等國民。但是，暫時不受北京政府的專制統治，台灣自由地區的人民日常活動，或是走向國際社會，也比中國人有尊嚴。

其次，就對抗中央政府的條件而言，台灣的條件與實力要比福建好太多了，因為福建的街頭上有中國人民解放軍、武警、公安在巡邏著，但是台灣沒有。福建省的民眾直接受到北京中央政府的統治，福建省政府須服從北京的法令政策，但是台灣沒有。福建省沒有自己的軍隊、武力，但是台灣有。所以，台灣在對抗北京中央的條件與實力上，實在是完全不同，比福建強太多了。台灣有得天獨厚的分離獨立條件，台灣海峽自然的區隔。不僅如此，台灣還是人類有史以來，與中央政府對抗的團體中，最強的叛亂體制。北京中央政府七十年來都沒有辦法平定，拿這個叛亂地區沒辦法，只能一再恐嚇要平亂，誘惑台灣內部統派、投降北京派在台灣製造動亂。這個叛亂團體甚至還能夠以經濟體的身分加入APEC，申請WTO的會籍。

台灣自己不願意成為一個國家，竟然還能在國際間參與奧運、紅十字會等各項活動，竟然還有十幾個邦交國，這可以說是國際政治上的一項奇蹟。但即使如此，台灣的法地位仍然還是一個叛亂團體，台灣繼續維持現狀，畢竟只是一個很有實力，很有條件與北京中央政府對抗，使中央政府很頭痛，迫使中央政府不得不與之和談的叛亂團體而已。

台灣具備改變叛亂地位的優越條件，但是台灣人從來沒有要獨立的意志表達，所以不可能變成一個合法獨立的新國家。「良機」過去就一去不回了，所以台灣人民必須把握良機，勇敢的宣布獨立，開始建立自己的國家。

第十五章　建國理論之分類與檢討

一、區分主權、領土主權、領域爭端

　　日本在《舊金山和約》中放棄對台灣主權，但是並未言明將台灣主權交給任何國家。蔣介石政權在戰後尚未簽訂和約的狀態下，利用代表盟軍在台灣實施軍事占領之機會，片面地將台灣改制為中國的行省，這是對台灣的非法占領。所以台灣今天的狀況，應該是主權並不屬於任何一個國家的無主地或是法地位未定，這樣的說法是否正確？

　　這樣的論點，以國際法分析有兩項誤導：第一點就是，日本根本不是放棄台灣主權。由《舊金山和約》的條文可以得知，不管是英文原文，或者中文、日文的版本，條約中並未提及「主權」二字。「日本茲放棄其對台灣、澎湖之所有權利、權源（title）與請求權。」日本是一個國家，條約中是日本這個主權國家，放棄其原本對台灣這個殖民地所擁有的日本國領土權利、領域的一部分，並不是放棄「台灣主權」。因為如果有台灣主權，就好像是在說日本主權一樣，主權之前加上名稱一定是國家的國名，國際法是這樣的用法。所以一再強調台灣主權，好像台灣有主權，進一步就誤導台灣就是一個國家。我們常看到有些專家學者在書中提及，日本在《舊金山和約》第2條放棄台灣主權，這是不正確的說法。日本是放棄台灣及澎湖群島之一切權利、權源與請求權。因為沒有台灣主權這樣事實存在，台灣主權這樣名詞在條約中是不能使用的，日本所放棄的是對台灣的所有權利。

　　如果要談到主權的移轉變動，也可以使用國家的「領域主權」，日本國放棄領土的一部分台灣，也就是領域主權的一部分台灣，才是正確的用法。日本國放棄台灣這塊領土之後，探討台灣的領域主權屬於哪一國，如何處理台灣的領域歸屬才正確。不能任意使用台灣主權，好像台灣有主權，台灣主權獨立，進一步會誤導台灣就是一個國家。

　　第二點是有關無主地的說法。有人說，日本在《舊金山和約》中放棄對台灣的領域主權之後，台灣就成為無主地。國際法「無主地」是指，不屬於任何國際法上國家之地域，無主地概念並非指無人居住之土地，而是

指該地區為尚未有國家主張領有，還不是任何文明國家、主權國家和具備政府組織的領域。如此無主地即成為各國可以占領、控制和擁有的地方。

目前除南極大陸之外，世界上已不存在無主地，而《南極條約》中已禁止任何國家對南極的領有主張。因此，1945年10月25日中國國民政府占領台灣，主張要取得台灣的領域主權，到1952年日本放棄之間，台灣一直是日本國領土的一部分，可以說沒有成為無主地的時期。

假設台灣曾經有過短暫時期，法地位未定或真的有無主地的情況，也會因為後來台灣受中國政府統治，以及中華民國政府七十年的統治，依據國際法，七十多年來沒有其他任何國家與中國爭奪台灣，所以台灣也早已不是無主地或有領域爭端的地域。台灣人也都納稅、投票支持中華民國政府，支持這個來自中國的舊政府或叛亂團體，在台灣進行合法有效的統治，這就是被認定，台灣是中國一部分的事實證據。

二、國際法的理論不能誤解、誤用

還有一種說法，建國必須處理台灣歸屬問題，所以目前台灣法地位屬於中華人民共和國與中華民國之間的「領域爭端」問題，這個論點說得通嗎？

「領域爭端」是發生在兩個以上的主權國家間的問題，領域爭端是依據國際法上的「領域論」處理。中華人民共和國與中華民國都是「一個中國」之下的政府，所以目前台灣法地位不屬於兩個主權國家之間「領域爭端」的國際法問題，是國家內部政權對抗的內政問題。再說得明白一點，既然沒有任何一個國家與中國爭奪台灣，那麼台灣屬於中國，在國際法上就變得是沒有爭議的。我們無法證明有任何一個國家與中國爭奪台灣。

一方面，台灣共和國還沒有成立，就算台灣共和國已經成立，也不是要和中國爭奪台灣的「領域爭端」問題。因為台灣是要從中國分離獨立，建立台灣共和國，這是國際法上「國家論」的問題，與條約、領域爭端無關。

「台灣建國學」已經說明，國際法分的很清楚：建國是「國家論」，領域爭端是「領域論」、《舊金山和約》是「條約論」，互相之間適用的理論不同不能誤用。台灣人民要建立台灣共和國，只要研究國際法「國家論」，不必提領域爭端的「領域論」或是《舊金山和約》的「條約論」。

有人說，台灣在日本放棄之後屬於台灣人，但是一群人不能擁有「領域主權」，除非建立台灣共和國，否則台灣人不能擁有台灣領域主權，這是在國際法上很明確的理論。更何況維持現狀下，中華民國一直在與中華人民共和國爭奪中國的合法政府代表權，所以台灣在中華民國體制下，台灣人不能主張擁有台灣領域主權，或使台灣領域成為已經獨立國家。

由此可知，沒有國家跟合法代表中國的中華人民共和國政府爭奪台灣，所以台灣的主權歸屬是沒有爭議的。日本也已放棄，美國也沒有與中國爭，又有來自中國的舊政權、中華民國集團長期在台灣這塊土地上統治，台灣屬於中國已經沒有爭議。

如果台灣人到現在還沒有建國的意願，只是要再重提台灣的法地位未定論，再主張台灣是無主地的話，很可能聯合國可以召開大會，通過決議讓中國統治台灣，解決台灣是無主地的問題。日本也可以再與中國重新訂約，以當時條約內容未臻詳盡為由，重新訂約將日本對台灣的一切權利交還給中國。這樣的結果還是使台灣無法成為獨立國家。

所以台灣建國最主要的核心是，台灣人民的意志。「台灣建國學」就是努力以赴，面對現實的說明台灣尚未獨立，鼓勵台灣人民站起來，勇敢的宣布獨立，建立自己的國家！

如果台灣法地位很清楚，也確定不再是無主地，已經不是涉及領土糾紛、主權歸屬未定，那麼建國最重要的憑藉是什麼？

所以台灣人民獨立建國的意志最重要，如果把獨立建國的依據，放在「台灣法地位未定論」的基礎上，那麼國際社會就可以交由《中日和約》當事國雙方，或者是聯合國來解決台灣的法地位問題。如果不去凝聚台灣人民獨立建國的意志，只是一味的主張台灣是無主地，則台灣獨立建國的合理性就會變得非常的脆弱，台灣人就無法決定自己的命運，只能被別的國家來決定台灣的地位。

一個新國家的建立，最重要的憑藉是人民的意志，也就是人民自決獨立的意志，並不需要依據任何國際條約的規定就可以獨立，也不需要先把台灣定位為無主地才可以獨立。世界上也沒有任何一個國家，是因為原來領有的國家，放棄領土而獨立建國。我們看美國的獨立建國，難道是因為英國在條約中放棄對北美十三州的一切權利才獨立的嗎？當然不是。不管英國態度如何，美國人民都是堅決主張獨立建國。

譬如，中國的香港如果要爭取獨立，只要他們有意志、有能力就可

以獨立建國。香港要獨立建國，如果照部分傳統獨派的主張，難道香港獨派人士得先在歷史文件、九七中英香港條約中尋找，香港地位未定的可能性，香港不屬於中國的證據，然後才能追求香港獨立，這種想法怎麼樣都說不通。

三、「台灣法地位未定論」的檢討

　　「台灣建國學」一直強調台灣要獨立建國，建國方式和手段很重要，而這都來自台灣民眾需要有正確的建國理論基礎。換言之，台灣目前充斥著各式各樣被誤導的建國理論應該要檢討，目前台灣獨立建國的理論主要有四點需要檢討。

　　（一）應該檢討的是「台灣法地位未定論」。

　　（二）應該檢討的是，對「領域爭端」的誤解。事實上，「台灣法律地位未定論」，也是領域爭端的型態。

　　（三）應該檢討的是，歷代政府、總統的主張、台灣已經獨立的說法根本錯誤。

　　（四）應該檢討的是，「公民投票」、「自決權」的觀念必須釐清。

　　第一點要檢討的是「台灣法地位未定論」：這是目前台灣歷史學界或是一些台灣國際法學者的主張，用意是讓台灣與中國切割，如此可以讓台灣比較容易獨立建國。

　　台灣獨立建國的理論，最先被提出來的就是台灣法地位未定論。過去在獨立運動的早期，提出這樣的理論，也許還有它的空間。但是經過這七十年來，台灣人自己沒有建國的意志，也沒有建國的獨立主張，台灣人接受中華民國的體制，使得今日已經無法面對國際社會，主張台灣的地位未定，也不可能以此作為台灣絕對有權建國的依據。

　　的確，台灣在過去有一段時間的地位是處於不確定的狀態，美國也有這樣的主張，但是那都已經是過去式了。1952年《舊金山和約》成立之前，台灣的地位是處於不確定的狀態。但是1952年之後的發展，中華民國在台灣一再自我主張台灣屬於中國，如何能說還是不確定？例如國際矚目，1998年秋的辜汪會談中，中華民國的代表辜振甫先生對國際社會說，台灣屬於中國。2015年11月7日，馬英九與習近平的「馬習會」，中華民國的代表馬英九更強調，台灣是「一個中國」之下的台灣。中華民國台灣

的代表，既然自我主張台灣屬於中國，所謂的「台灣地位未定」的問題，自然也不存在。

特別是在經過民主化之後更嚴重，台灣人用自己的選票支持中華民國體制之後，憲法與外交政策都繼續指出台灣屬於中國。增修條文指出：台灣是「因應國家統一前的中華民國自由地區」、「自由地區與大陸地區」。中華民國體制下，將台灣設定為「不是國家、台灣屬於中國」的還有「台灣省政府」和「福建省政府」都仍存在並運作中。台灣人甘願做中國的自由地區之後，要再主張台灣的地位未定、中華民國體制在台灣的統治無效、台灣人是被強迫欺騙等。這些說法，國際社會已經不會再接納，而且也已經不能適用。

何況，台灣要建國，和台灣的法地位是否已經確定，並沒有必然的關係。譬如，福建、廣東，其法律地位是中國的一個行省，如果福建、廣東想要獨立，只要他們有獨立建國的意志，那麼他們就有權獨立，並不需要先確定其法律地位未定、不屬於中國，才可以獨立。

換言之，台灣的法地位如何，是否已經確定等等，都不是建國的必要條件。因為，即使一個地方的法地位已經確定，只要那塊土地上的人民想要建國，國際法不能否認他們建國的權利。相反的，如果把獨立建國的理論，只是定位在「台灣法地位未定論」的基礎上，那麼中國與國際社會就有介入的空間。

例如，可以交由《中日和約》當事國雙方，或者是由聯合國來解決台灣的法地位問題，台灣獨立建國的理論就會變得非常的脆弱。因為依據國際法原則，只有主權國家才有處理領域紛爭，或領域未定爭議的權利，一群台灣人、或不是國家的中華民國體制，是沒有任何權利介入的。如此一來，台灣人就無法決定自己的地位，而只能被別的國家來決定台灣人的命運。

四、有關「領域爭端」的檢討

有人認為台灣獨立是有關「領域爭端」的問題，台灣獨立建國與「領域爭端」的關聯，是獨立建國理論第二點應該檢討的誤解。

事實上，前面「台灣法地位未定論」，也是領域爭端的型態。我們必須知道，今天台灣問題並非由於領域爭端所引起。國際法上的領域爭

端，必然是有兩個以上的國家爭奪同一塊土地的爭端。譬如，日本與俄羅斯有北方四島的領域爭端，所以北方四島的地位就是未定的。如果說今天台灣的地位未定，那麼請問除了中國之外，還有哪一個國家主張台灣是其領土的一部分？並沒有。或許有人會認為有一個中華民國在台灣的國家和中國爭奪台灣，但是事實上中華民國不是國家，而是中國的舊政府。即使假設在台灣的中華民國是國家，那麼它的領土也只有台灣而已，這時面對的並不是領域爭端的問題，而是國家生死存亡的問題。絕對不是「領域爭端」，因此與條約或「領域爭端」法理無關。

更何況，今天實際統治台灣地區的中華民國政權，也主張自己是在合法代表全中國的政府。至少在1972年以前，仍然在聯合國代表中國的時代，就已經合法領有台灣。所以除了中國之外，沒有國家主張台灣是其領土的一部分。如果台灣有所謂的領土糾紛，那只有可能是台灣從中國分離獨立之後，台灣以國家的身分地位與中國處理金門、馬祖的問題。

除此之外，在沒有其他國家與中國爭奪台灣的狀況下，台海兩岸之間，根本不是領域爭端的問題。

五、歷代總統政策與台灣已經獨立根本矛盾

從過往的教育來看，我們一直被灌輸大中國與中國民族主義，從李登輝前總統開始轉變，開始有台灣人與中國人的認同問題，並提出台灣是國家的觀念，還有人認為李登輝是台灣國父。不過「台灣建國學」還是認為，台灣獨立理論第三點應該檢討的是，歷代政府、總統的主張與台灣已經獨立理論的根本矛盾。

戒嚴時期，兩蔣的反攻大陸、兩岸一國，當然使台灣屬於中國，台灣不可能已經獨立。首屆民選總統李登輝在其前後任期中，曾被記錄公開喊出「中國統一」不下百次，在1996年擊敗以「建國」為訴求的彭明敏後，其就職演說上一再提及「中國人」、「國家統一」、「不採行台獨路線」，沒有宣布獨立的必要。民主化前後，中華民國一直未曾「宣布獨立」，也沒有任何宣布獨立的證據、文件。所以還是維持「一個中國」，當然使台灣屬於中國，台灣不可能已經獨立。

2000年續任總統職位的陳水扁，其第一個任期其實採取保守傾向的「四不一沒有」政策。他在就職演說中，保證只要中共無意對台動武，

則其任內：「不會宣布獨立、不會更改國號，不會推動兩國論入憲，不會推動改變現狀的統獨公投，也沒有廢除《國統綱領》與國統會的問題」。2005年於其第二任中，陳水扁只有在非正式的場合表示：「台灣已經是主權獨立的國家，國號為中華民國，沒有宣布獨立的問題」。但是又自我矛盾的說，改國號或者宣布獨立，於其任期內都做不到。所以還是維持「一個中國」，當然使台灣屬於中國，台灣不可能已經獨立。

前總統馬英九一再反對台灣已經是獨立的國家，強調台獨不會成功，強調台灣民眾目前只有維持現狀，與中國大陸統一這兩個選擇。外國記者問他「台灣為什麼不宣布獨立？」馬英九甚至說，台灣在1912年就宣布獨立，是獨立國家了，一個國家怎能宣布獨立二次？中華民國在1912年有宣布獨立？有宣布獨立的文件證據？中華民國未曾「宣布獨立」，也沒有任何宣布獨立的證據、文件。1912年就宣布獨立是從哪一國分離獨立？1912年的「中華民國」，外交照會只稱「推翻專制政府，建立民國」，也就是成立新政府，取代滿清政府，並不是宣布從大清帝國獨立。當時中華民國臨時政府外交總長王寵惠，向美國也只要求盡快承認「我們的新政府」。1949年中華人民共和國取代中華民國，也是「中國」的改朝換代，毛澤東不是「宣布獨立」，而是宣布「中華人民共和國中央政府成立」。所以1912、1949年成立的兩個政權都沒有宣布獨立。馬英九不但胡說，自己還是維持「一個中國」，當然使台灣屬於中國，台灣不可能已經獨立。

蔡英文一直高喊「台灣就是中華民國、中華民國就是台灣」，每年還在慶祝中華民國國慶，還高興的慶祝中華民國政府統治台灣七十年，讓台灣成為中國的一部分。蔡英文今天還依據中華民國憲政體制維持現狀，台灣是自由地區與北京的大陸地區都是「一個中國」之下的兩岸關係。外交關係還是維持「一個中國」的法統之爭，繼續「代表全中國合法政府的外交政策」。

這些政府、總統的主張還是維持「一個中國」，當然使台灣屬於中國，台灣不可能已經獨立。這與台灣已經獨立的理論，不是根本矛盾嗎？

從近期蔡英文政府上台後的斷交事件來看（聖多美普林西比、巴拿馬、多明尼加、布吉納法索），外交政策都是奉行「一個中國原則」的維持現狀策略。民主化之後，政府相關部門只關起門來，有時高喊台灣是主權獨立的國家，宣稱台灣「已經」獨立，不必再宣布獨立，有時又是主張「一個中國」之下的兩岸關係，國際社會根本聽不懂，只有台灣人自己騙

自己。

　　自1971年以來，在台灣的中華民國，每年必須編列超過五百億的龐大外交預算，以維持代表全中國合法政府的謊言。近來的邦交國斷交及外交困境，都是因為各國與國際組織，依據國際社會應有的常識，承認北京的中華人民共和國，才是中國的合法政府所造成。

　　由於中華民國體制，延續「一個中國」、「漢賊不兩立」的外交政策，至今依然和對岸的中華人民共和國在爭取「全中國的合法政府承認」，也就是延續一中之下的法統之爭。中華民國的外交部竟然要求邦交國承認，中華民國在台灣才是代表全中國的合法政府，當然使台灣屬於中國，台灣不可能已經獨立。這與台灣已經獨立的說法根本矛盾。

六、釐清公投與自決權的觀念

　　台灣獨立建國的理論，第四點應該檢討的是，「公民投票」、「自決權」的觀念必須釐清。

　　首先，中國國民黨與投降統派，一方面依據中華人民共和國憲法、北京政府的反分裂法，反對分裂國土的獨立公投。一方面又以北京政府宣布廢棄的《中華民國憲法》，企圖阻擋台灣人民的獨立公投。使用兩部新、舊中國憲法，要阻擋台灣人民的獨立公投，根本是無理取鬧，完全沒有正當性和合法性。

　　其次，掌握政治權力者認為，依據公民投票法，要得到政府的許可，才能獨立公投、主張台灣建國、制憲等，則是迷失在白紙黑字的憲法與法律至上的錯誤觀念。政治人物與民進黨政府主張台灣已經獨立，或是中華民國在台灣是獨立國家，這樣的政治人物與政府，要阻擋台灣人民的獨立公投，根本是自我矛盾。既然，民進黨政府認定台灣已經是獨立的國家，應該勇敢的站出來宣布獨立，告訴中國與國際社會台灣是國家。這才是正當合法，表裡如一的政治人物與政府。宣布獨立本來就是政府的義務與責任，不是嗎？

　　結果不是如此，政府主張台灣已經獨立，本身不站出來宣布獨立已經失職，反而要阻止人民以獨立公投表明建國意志，那麼這個政府的存在已經喪失合法性、正當性，它規定的公投法與權力行使當然無效，人民根本不必遵守惡法，也不必遵守公民投票法。以上，是台灣人民主張以公民投

票表明建國意志，必須釐清的觀念。

　　目前台灣學界針對獨立公投的名稱、形式，說法都不同，也未能區分體制內與體制外的基本觀念。「獨立公投」、「公民投票」、「自決權」的觀念有兩點必須釐清：

　　（一）基本上問題就出在「公民」二字。台灣尚未建國，因此並無台灣公民，所謂公民在目前是指中華民國公民，同時因為中華民國政府自稱是代表中國，變成是中國的公民在依中國的法舉行獨立公投，中國公民為何要獨立公投會造成誤解。因此獨立公投會被認為不是台灣人民以投票表明建國意志。用「公民」兩字是理論與目標互相矛盾的作法。所以應該強調獨立公投的「公」，不是指中華民國的公民，甚至是中國的公民，應該強調是台灣人民自決投票，主張是台灣人民以投票表明建國意志的行動。「人民」兩字比「公民」兩字正確。

　　（二）人民自決投票與公民投票、國民投票不同，台灣獨立相關議題的人民自決投票，應該是超越國家、憲法、公投法的國際法層次，是等同宣布獨立建國的人民意志表達。當然，不必遵守《中華民國憲法》或公民投票法。參考最近加泰隆尼亞獨立運動的人民自決投票，就是由加泰隆尼亞人民發起的，不是西班牙的公民投票。因此，「獨立公投」應該用「台灣人民自決投票」才正確。

　　國際法片面宣布獨立是合法的，聯合國在1995年紀念成立五十週年宣言中就已明白指出，受差別待遇的特定人群，有權自所屬國家分離而獨立。國際法院2010年關於科索沃的諮詢意見更進一步表示，片面宣告獨立完全合法。即便行使「分離權」會造成國家分裂，也不違反聯合國大會《2625號決議》「尊重領土完整」之決議。這也說明了雖然有部分國家不表支持，但聯大與安理會不會聲稱，加泰隆尼亞或庫德族要求獨立的人民自決投票違反國際法。

　　如果是超越憲法而存在的「人民自決投票」，例如：波羅地海三國、加泰隆尼亞、魁北克等人民自決投票，結果有效與否另當別論，當然不能以憲法或公投法阻擋。如同北京政府以《中華人民共和國憲法》、《反分裂法》為依據，要阻擋台灣人民獨立自決投票一樣，是沒有意義的。

七、自決投票的內容與目的必須明確

有關台灣獨立公投的運動，從二十多年前所發起的「台灣不屬於中國」運動，或是「正名公投、制憲公投」等，都是強調台灣如果要辦獨立公投，應該是與中國／中華人民共和國無關，或是認為台灣人要從中華民國獨立出來，這樣的觀點是否正確？

獨立公投的內容與目的，必須有正確的意志表達，說明清楚才能獲得支持。二十年前所發起的「台灣不屬於中國」運動，卻容忍中華民國在台灣的統治，主張只是「對中國說不」（say no to China），認為只要對抗北京政府，就可以使「台灣不屬於中國」，卻完全無視在台灣的中華民國政府與外交部使「台灣」屬於「中國」的憲法與外交政策。縱容中華民國的結果，今天對內造成中華民國合法化、正當化之後，還主張台灣是中華民國、中華民國是台灣，誤導成台灣獨立等於是中華民國在台灣獨立。政治人物也表示，台灣的中華民國與中華人民共和國，現狀都是個別「存在的國家」，然而只是對內表示完全沒有宣布獨立的效果。

還有人主張，比獨立公投重要的是，正名公投、制憲公投，因為如果舉辦獨立公投，等於跟全世界宣示我們還沒有獨立。台灣如果要辦獨立公投，也是獨立於中華民國，跟中華人民共和國沒有關係？這樣的公投內容與目的，因為沒有正確的觀念，無法說明清楚，結果未能獲得支持。所以舉辦獨立公投之前，對內必須向台灣人民，對外必須向國際社會，說明投票的意義與目的何在。其中必然面對，要從哪一國獨立的質問？

在國家建立之前，才有以「自決投票」表明，是否建立國家的選擇，譬如波羅的海三國即是以此方式表達，要從蘇聯獨立建國的意願。英國的蘇格蘭地區是以此方式表達，要脫離英國獨立建國的意願。所以舉行獨立自決投票，他們都會清楚說明是從哪一國獨立。

台灣政府與人民都主張要有自己的國家。問題是一直不知道如何建國，如何使台灣成為國家。

所以舉辦獨立自決投票之前，必須告訴台灣人民與國際社會，自決投票的內容與目的，必須有正確的意志表達，說明清楚要從哪一國獨立。自決投票應該說明的主要部分：

（一）聯合國與世界各國都支持「一個中國」，所以不可能有兩個中

國出現，這使中華民國很難再成為另一個中國。世界各國都不承認中華民國是一個國家，也不再承認中華民國是中國的合法政府。國際社會事實上已確認，中華民國在台灣已經成為中國的非法政府、中國叛亂政府地位。所以獨立自決投票不可能是從中華民國獨立，而是從中國獨立。

（二）維持中華民國現狀，依據目前《中華民國憲法》、中華民國外交政策還是明確主張：「在台灣的中華民國不是國家，是代表全中國的政府」，清清楚楚主張台灣是屬於中國的一部分。這樣的主張每天在實際運作，這是你我台灣人建立的中華民國政府，現狀的《中華民國憲法》、中華民國外交政策明確主張「一個中國」，台灣屬於中國這是事實。如果台灣不屬於中國，那麼是屬於哪一國？所以必須廢棄《中華民國憲法》、中華民國外交政策，從中國獨立。

（三）目前台灣維持中華民國現狀，北京政府就有權合法主張領有台灣，台灣人民繼續主張台灣就是中華民國，台灣就是中國的一部分。北京政權甚至很歡迎，台灣人繼續維持中華民國體制，只要是中華民國的一切，北京政權就有權利繼承，屬於中華民國的就是北京政權的。所以台灣獨立建國不是要消滅中華民國，而是要把中華民國歸由北京繼承。台灣人民要生存、要有一個國家，必須走獨立的建國之路。

（四）台灣政府與人民都要有自己的國家。過去長老教會「新而獨立國家」、鄭南榕「新國家運動」，都明確主張「新國家」。所以反對或強迫台灣人民，不要主張從中國分離獨立建立新國家，是說不通的。台灣人民再不主張獨立建國，會使台灣被北京併吞，成為中國的一部分。

獨立自決投票的意義是：結合台灣人民堅強的意志，向國際社會勇敢的宣布獨立，以國家的地位申請加入聯合國。必須面對現實的告訴台灣人民，台灣建國尚未成功，不要只是在台灣島內夢想台灣已經是國家。台灣人民必須從不知、不敢、不能建國，經由「獨立自決投票」覺醒，站起來告訴中國與國際社會，台灣要建立國家，鼓勵台灣人民勇敢的宣布獨立，建立自己的國家。

八、自決必須表明建立國家的主張

　　我們在看國家定位或是台灣法地位問題，可能要從國外的角度才有辦法看清看透，台灣人不敢公投宣布獨立，卻又強調中國打壓台灣的國家地位，反而是很多證據指出，外國人經常會鼓勵台灣人，應該站起來獨立建國。

　　例如，英國《經濟學人》（The Economist）曾於2017年10月5日刊登〈加泰隆尼亞與庫德族的公投事件讓台灣百感交集〉一文，描述台灣人及媒體如何看待此次加泰隆尼亞和庫德族自治區的公投議題。文中明確提到，台灣經過三十多年的國民黨戒嚴時期，從一黨專政的獨裁統治，轉變為生氣蓬勃的民主國家，不但是自治、和平、推動人權的典範，也早已具備成為主權國家（sovereign country）的要件，可選出自己的總統，有軍隊及外交政策。然而，台灣與加泰隆尼亞人、庫德族一樣，覺得自己受到不公平的對待，未獲國際認可，也未在世界上獲得合法地位，《經濟學人》直言背後原因是中國。（注意！矛盾的是《經濟學人》完全沒想到，《中華民國憲法》與外交政策明確主張「一個中國」，不想宣布獨立，還自稱台灣屬於中國）。現任總統蔡英文似乎默默放棄入聯，對於獨派近期以絕食抗議方式要求蔡英文政府補正公投法以利未來舉辦獨立公投，蔡英文政府似乎也阻擋相關訴求，而中國也暗示會以武力手段反對台灣的獨立公投。

　　沒有錯，台灣已實質的具備主權國家的充分條件，但是卻不敢以人民自決投票宣布獨立，人民的建國意志與宣布獨立，才是成為主權國家的必要條件、核心要件。雖然，自決投票無法保證一定能夠建國，因為自決是一種原則，並非絕對保障能達成建國目的的權利，相反的許多國家建國，並沒有採取自決投票，反而是憑藉著他們堅定的意志來獨立建國。

　　自決是一種原則，我們必須要有獨立的意志，等到建立國家有主權之後，才能夠決定自己的命運，自決才真正成為一種自我的權利。沒有任何國家或國際組織可以保障自決權，保障一個地方可以自決成為一個國家。自決投票只是建國過程中，用以表示人民建國意志的一個方法而已，並不是建國的充分條件，也不是一種權利。所以舉行獨立自決投票是建國的出發點，宣布獨立入聯才能完成建國。

　　也有人強調因為現實的困境，所以認為我們不要舉行明確主張獨立建國的自決投票，而採取模糊的「選擇台灣前途」投票。如果台灣自決投票的主張，不是主張由台灣人民自己決定是否建立國家，並不是建國意志非常明顯的自決投票，而是只是讓台灣人民選擇要與中國統一或拒絕與中國統一，或者選擇維持現狀的投票。在這樣的情形之下，台灣人所投票表達的，並不是與建立國家相關的自決權，而僅只是關於台灣前途的選擇權而已，而且還是被限定選項、有限的選擇而已。中國國民黨常說，台灣人可以有選擇權，被統一、維持現狀拒絕被統一，都是選項，就是這樣的欺騙手法。

　　所以，台灣過去提出一些公民投票內容，不論是哪一個政黨或團體所提出的，基本上都不是明確表達建國意志的自決投票，不是追求獨立建國的表示，充其量只能稱作台灣前途選擇運動。因為從這些公民投票內容中，看不到台灣人民堅定追求獨立建國意志的表現。反而顯示認同中華民國體制，企圖以修憲、改國號方式，依賴中華民國獨立建國的矛盾。

　　當然，自決投票是獨立建國意志的表現方式之一，但是過去在台灣卻遭到誤用，變成只是一個選擇而已，只是要求台灣人民選擇，卻沒有表現建國的意志，沒有在公民投票運動的過程中，將台灣人民的建國意志表現出來。反而與現狀妥協，誤認現在的中華民國體制是國家，要改國號。所以這樣不是建國運動，只是改名號運動。建國運動的領導前輩，在推動獨立建國時，都抱著堅定建國的意志，清楚地主張要建立「新而獨立的國家」，這才是自決的建國運動。因為運動的目標，清楚地主張是要建立新國家，所以積極的宣揚台灣獨立建國的理論，說服民眾認清建立自己國家的必要性。

　　反觀今天，所謂的公民投票運動，或者民進黨的台獨黨綱，都只不過是在主張，台灣人有選擇台灣前途的權利，只是在推動台灣前途選擇運動而已。所以這是台灣人把選擇權的主張，誤以為是獨立建國運動的層次，這是對自決權的誤解，只是把建國重任丟給一般民眾，任由民眾自己去選擇未知的命運。因此，我們必須把自決獨立投票與前途選擇公民投票的觀念劃分清楚。

九、主張建國最重要的內容

我們必須把獨立自決投票非常明顯的表明為建立國家的主張，那麼建國主張中最重要、最正當的內容是什麼？

建國運動中最重要、最正當的內容與理論，就是建國必須一再強調分離獨立、宣布獨立。任何地區的人要從事獨立建國運動，很簡單，只要對國際社會大聲說出要從母國分離獨立，就有權獨立建國。譬如，美國於1776年獨立時，即是主張要從英國分離獨立，這就是一個正當、合法的方法。他們當然知道會遭受英國的反對鎮壓，但是美國人決心自己建立國家，終於得以獨立建國。

台灣的建國也是一樣，必須表示要從中國分離獨立的意志。雖然會受到中國的反對、威脅，但是我們必須有決心要建立國家，獨立建國才可能成功。只有「分離獨立」才是建國運動中最重要、最正當的理論。長久以來的獨立建國運動都是主張從中國分離獨立的，何以今日卻變了質，不再提分離獨立，反而另外尋求一些似是而非的說法作為理論。為什麼建國運動會變得如此消極被動，實在令人想不通。我們要建國，就要主張從中國分離獨立，這樣才有正當性與合法性。

此外，一個國家要獲得國際社會的承認，最好的方法就是申請加入聯合國。同時，加入聯合國除了自己保衛國家之外，同時也可經由聯合國的集體安全保障體系，對抗來自其他國家的侵略。

一方面，前已論及以中華民國名稱獨立建國所面臨的困境之一，就是入聯問題。中華民國要申請加入聯合國，必然面對中華民國（ROC）已經是聯合國創始會員國，也是憲章第23條所規定的安理會常任理事國，根本不可能申請。除非修改《聯合國憲章》，且得到北京政府的認可，這是更困難不可行的方式。因此入聯問題，「中華民國」比「台灣共和國」更麻煩。

台灣宣布獨立只是一個起點不是終點，在獨立自決投票後，即使大多數人都支持獨立建國，台灣還要繼續運作才能成為一個國家。「自決投票」是獨立建國的起點，不是立即完成建國。這可以由兩個方面加以說明：

第一、就是誰來保證的問題。哪一個國家或國際組織可以保證自決投票之後就能建國？國際法沒有這樣的約束力、制度或規則，來保證舉行獨

立自決投票的一群人可以獲得建國的保證。透過自決投票當然能得到國際社會的支持，但國際社會卻無法給予任何保證，無法保證一定可以建國，無法保證中國不會武力犯台。我們必須在心中有很強的建國意志，不能期待會有其他國家的支持或保證，否則在自決投票後仍然未能建國時，台灣人的建國意志就會瓦解。

第二、就是在獨立自決投票之後，仍然要靠自己不斷地展現建國的意志，而不可能只是依賴他人的保證。譬如，科威特，已經成為一個國家了，伊拉克也仍然入侵科威特，烏克蘭是一個獨立國家，俄羅斯仍然入侵，而許多國家現今也都遭受到外國武力的威脅。所以各國即使建國以後，也必須要保衛自己的國家，何況在投完票尚未完成建國的階段，更須顯示強大的建國意志。譬如，加泰隆尼亞和庫德族自治區，目前在西班牙和土耳其政府打壓下，也無法保證一定可以建國，仍然必須顯示強大的建國意志，繼續努力。

所以最重要的是必須有清楚的體認，絕對不能依賴國際社會來保證國家的成立、獨立、和平、中立。台灣人民必須要有保衛自己國家的堅強意志。人類的歷史，有國家存亡的各式各樣先例，結果只有國民的意志堅定，才能維護國家的存在。

第十六章　建國的第一步是改變現狀

一、中華民國不是國家是建國的出發點

　　目前台灣內部推動台灣獨立運動的組織，一方面宣稱台灣已經是國家，中華民國在台灣已經是一個獨立國家，卻又主張要建國，既然台灣已經是國家，那又為何要建國，兩者基本上很明顯是矛盾的。前面我們談到，中華民國體制基本上不是一個國家的體制，而是中國的一個舊政府，是被新政府打敗而逃到台灣，繼續對抗合法政府的叛亂團體，中華民國體制是中國的舊政府、非法政府體制。

　　所以，中華民國在台灣已經是一個獨立國家的說法，是矛盾、不合理、不實在的說法。或許有許多人士不能接受這樣的說法，因為現在的許多政黨，甚至過去一起從事台灣獨立建國運動的人士，都說台灣已經獨立了，「台灣建國學」為什麼還要說台灣仍未獨立、還不是一個國家？許多人都想不通，而這也是希望大家一起來思考的問題。

　　基本上，就是因為台灣還不是一個國家，所以才有必要推動台灣的獨立建國運動，所以由推動台灣獨立建國運動的觀點來看，台灣是不是已經成為一個國家，就變成是一個很重要的關鍵。如果說台灣早就是一個獨立國家的立論是正確的話，那麼獨立建國運動就沒有繼續推動的必要了。因為既然台灣已經是一個國家了，那我們又何必要推動獨立建國？譬如以色列，既然已經建立了國家，以色列人就沒有必要繼續從事建國運動了，而是把心力放在如何建設國家、保衛國家之上。

　　一方面，從理論上來講，台灣如果是一個獨立的國家，所有的建國運動、獨立運動就可以停止，因為獨立建國的目標已經完成了。簡單的說，就已經沒有必要再獨立建國了。但是，我們看所有以台灣獨立建國為訴求的團體、政黨，在台灣已經達成獨立建國的目標之後，為什麼還不解散，實在令人百思不解。

　　此外，再由事實上來看，若是要進行獨立建國運動，當然就要先說服人民，讓人民了解到我們仍然沒有國家的事實，所以有必要進行獨立建國運動。這樣，大家才會產生想要參與運動的熱情，運動才會有它的動力，

否則若是一面高喊著台灣已經是獨立國家，一面又要求民眾支持台灣的獨立建國運動，這必然將使民眾看不懂這些人在搞什麼把戲，又怎麼會支持呢？「台灣建國學」就是努力以赴，面對現實的說明台灣尚未獨立，鼓勵台灣人民站起來，勇敢的宣布獨立，建立自己的國家！

　　所以基本上，由建國運動的觀點來看，獨派團體第一點要做的，就是必須加強宣傳中華民國不是國家的事實。今日在台灣地區統治台灣人的中華民國體制不是國家，而是中國的一個舊政府、非法政府。為什麼我們必須如此宣傳？這是因為在誤導下很多人認為，台灣現在雖然還沒有建國成功，還不是正常國家，但是我們也已經有一個國家了，國名叫做中華民國，我們也有土地、人民、政府、軍隊，所以不必緊張慢慢來。

　　可是，請各位想一想，從運動的角度來看，中華民國如果已經是一個國家，那這些獨派團體還推動什麼獨立建國運動？當台灣已經有一個叫做中華民國的國家時，獨派團體就已經沒有建國的必要了，也沒有推動建國的空間了。如果獨派團體的訴求是要更改國名，是要將國名由中華民國改為台灣共和國，那就不是叫做獨派，也不是在從事獨立建國運動，而應該說是更改國號運動才是。

二、改國號不是建國運動

　　主張以更改國號、正名運動建國，有一個前提要件，就是「中華民國」必須先是一個國家，否則改國號也不能建國。例如，香港不是國家，再如何改名號也不會成為國家。

　　雖然世界上也有許多國家曾經更改國名，但是更改國名並不是建國。雖然各國更改國名的原因不盡相同，但其前提必須已經是一個國家才有辦法更改國名，更改國名就是表示該政府是該國所延續下來的合法政府，是一個新朝代、新政府才更改國名。

　　如果中華民國是一個國家，有一天我們把國號改為台灣共和國，則國家的歷史仍然不會變，到時候難道面對有人問，台灣共和國的國父是誰時，你要說是孫文？面對有人問，台灣共和國的建國紀念日是何年何月何日時，你要說是10月10日？中國的歷史、土地、人民與台灣共和國的關係又如何切割？如果我們認為中華民國不是一個叛亂團體、中國的舊政府、非法政府體制，中華民國在台灣地區已經是一個國家，如果我們運動的目

的只是要更改國名，那麼維持現狀台灣已經是獨立國家就很正確。這樣的結果必然造成所有的台灣民眾、政黨、團體都主張維持現狀，如此也使親中政黨所謂捍衛中華民國的主張有其正當性。

　　就像民進黨修正的路線一樣，我們的國家名字叫做中華民國，那麼我們不是應該來尊重中華民國嗎？獨派團體要怎麼指出親中政黨捍衛中華民國的主張是錯的？既然台灣是一個國家叫做中華民國，那麼保衛中華民國有什麼不對？尊重中華民國的國號、國旗有什麼不對？就像民進黨的許多公職人員現在宣誓就職時唱國歌、向國旗行禮如儀，這也是對的。為什麼要批判他們呢？難道中華民國不是我們現在的國家嗎？怪不得之前國防部長會主張，台灣的軍隊只能為中華民國而戰，不為台灣共和國而戰。結果我們現狀下就要捍衛中華民國，如果有人主張要更改國名，那就得先獲得大家的同意，並向大眾說明到底是基於什麼原因要更改國名。這是很清楚的邏輯，如果中華民國已經是國家了，就不必再宣布獨立，不需要主張建國、不需要建國運動了。基本上，如果台灣這塊土地上的政權已經是一個國家，那麼就已經沒有建國的必要了，如果台灣已經是國家，那麼我們應該說，很抱歉，你們這些想要獨立建國的人士太晚來到這個世界上，已經錯過獨立建國的盛會了，因為台灣已經獨立是國家，所以你們沒有建國的機會了。

　　譬如今天的美國人，他們可有建國的機會？當然沒有。除非是美國的某一個州要脫離美國，從美國分離獨立，變成一個與美國沒有關係的新國家，那才可能有建國的機會。如果只是要叫民主黨政權下台，或只是要換一個國名，認為不要繼續使用美利堅合眾國這個國名，不要繼續使用USA這個國名，要換一個國名，那麼這就不是建國運動，也不是獨立運動，這只是更改國名運動或是政權交替而已。所以常常有外國友人，很羨慕的說台灣人有為獨立建國打拚的機會，真好！

　　這就是我們所有從事獨立建國運動的同志所必須認清的，台灣人今天究竟有沒有國家？就是因為沒有國家，才有從事建國運動的必要，如果有國家那就不必再建國了，而是要從事更改國名運動。或像有些人主張的，過去中華民國有很廣大的領土，今天只剩下台灣這一小島，然後要放棄過去廣大的領土，讓中國共產黨他們去獨立成為一個新國家，如果是這樣，那麼應該叫做「放棄國土運動」。台灣人是在作「放棄國土運動」嗎？譬如，印度本來擁有巴基斯坦，後來主張放棄巴基斯坦這塊土地，讓另一群

不同宗教信仰的人獨立，建立巴基斯坦這個國家，這就是「放棄國土運動」。印度所做的是建國運動嗎？當然不是，放棄國土並不是建國運動，這是很簡單的觀念。

所以，今天從事獨立建國的政黨、團體，也都要認清台灣沒有國家的事實，要認定台灣現在沒有國家，所以才需要從事獨立建國運動。也就是因為「沒有」，所以我們才要「創造」，要讓台灣共和國誕生，建立一個新而獨立的國家。大多數台灣人不知道或不清楚原來現狀是沒有國家，更有大多數的台灣人不願意接受台灣不是國家的事實，很難去面對，雖然這觀念不難去釐清。這是很簡單的觀念，只要懂一點簡單的邏輯推論的人都應該能夠理解。就是因為「沒有」所以才要建立，如果已經「有」則只是去改變它而已。

舉凡更改國名、放棄國土等等，這些都是原本已經是一個國家，才有可能去做的事。如果中華民國體制根本不是國家，更改國名、放棄國土還一樣不是國家。如果已經是國家，從事國名的更改、國土的放棄，那麼所從事的就不是建國運動，沒有必要說那是獨立建國運動。

所以，我們從獨立建國運動的角度來看，既然我們是要從事台灣的獨立建國運動，我們就要很清楚明確的認定，我們現在是處於沒有國家的地位，這樣我們從事獨立建國運動才有其合理性與正當性。否則如果認為台灣已經獨立，是一個國家，認為中華民國體制在台灣是一個國家，或者像民進黨所說的，台灣叫做中華民國也無所謂，日後再更改國名就好。如果是這樣，那麼就沒有資格說是獨立建國運動，而是一個更改國名運動，會造成推動正名運動不但沒有號召力，也無法建國，像這樣的觀念實有必要加以釐清。

三、事實理論都證明中華民國不是國家

過去獨立運動主張「打倒中華民國非法體制」，會遭到中國統派及親中政黨人士的責難、質疑、反對。但是今日「台灣建國學」同樣提出中華民國是非法體制，卻是連獨派或是民進黨也一起同聲苛責，原因是現在統派、獨派都一起捍衛中華民國。

在過去，主張中華民國不是一個國家，中華民國只是中國的一個叛亂團體，中國的舊政府、中國的非法政府體制時，總是受到中國統派及親中

政黨人士的責難、質疑、反對。沒想到，今天同樣的主張，卻受到過去同樣支持台灣獨立建國運動人士的責難、質疑、反對，好像突然之間，連民進黨、獨派的團體也都開始支持中華民國、捍衛中華民國了。為什麼過去主張打倒中華民國，應該先進去中華民國選舉，取得中華民國政權之後才能打倒中華民國的策略。結果取得政權之後，卻變成理直氣壯的捍衛中華民國，真是令人想不通。

　　所以，在此我們要認清，獨立建國運動的第一步就是，說出在台灣的中華民國體制不是國家，是中國的叛亂團體，中國的舊政府、中國的非法政府體制。因為我們沒有國家，我們才要致力於獨立建國運動。如果認定中華民國是國家，那麼目前所從事的就變成是更改國名運動、放棄國土運動、或是制定新憲法運動。日本也要制定新憲法，但不是獨立建國運動。如果中華民國台灣已經是一個國家，當然可以制定新憲法，也可以在新憲法中規定新的國名，新的領土範圍。但是這些都不是獨立建國運動，也絕對不能和獨立建國運動劃上等號。充其量只能說是社會改造運動。如果想從事的是國家社會的改造運動，那就應該向民眾清楚說明，為什麼要進行這樣的運動，為什麼中華民國變成是國家。更要說服國際社會，讓世界各國瞭解中華民國自1912年就是分離獨立建立新國家，或是何時宣布獨立變成國家。而不是只說服台灣的兩千三百萬人，或者只說服獨派自己的成員：中華民國是國家。

　　這些主張中華民國台灣已經獨立的人，提不出任何理論依據，只能在台灣內部宣揚，無法傳達到世界說服各國。提出這些主張的人，甚至完全不提出理論依據，為何台灣已經獨立，為何中華民國在台灣忽然成為國家。反而只是反過來打壓獨派自己的同志，要求獨派同志不要再主張台灣尚未獨立，或宣稱中華民國是叛亂體制，以免破壞團結危害台灣。

　　但是，這樣的做法是沒有用的，也是不實際的，除非能夠說服全世界，讓國際社會知道、瞭解及同意這樣的主張，知道中華民國在台灣如何變成一個國家、成立於何時、於何時宣布獨立，或是哪些學者能理解中華民國在台灣變成是一個國家的理論，或是已經受到哪些國家的國家承認等等。事實是如同我們先前所提出的說明，從來沒有任何證據、報導能指出，中華民國在台灣的主張有號召力或效果。有人認為1912年中華民國已經獨立，也有人認為1999年李登輝總統當時的「兩國論」，讓新的中華民國誕生。過去我們攻擊、批判國民黨所主張的錯誤言論，國民黨也拿不出

證據，證明過去的中華民國或是在台灣的中華民國是國家，它如果有證據的話早就拿出來了。不但可以讓我們建國的理論不能推動，更可以說服世界各國承認中華民國在台灣是國家。但是國民黨拿不出來。

同樣地，現在的民進黨及一些所謂獨派的理論家，既然主張中華民國在台灣已經轉變成為一個國家，那麼就應該把理論證據拿出來說明。國民黨政權長久以來都沒有辦法提出證據，證明中華民國是國家，所謂獨派的理論家又怎麼能夠提出證據證明呢？「台灣建國學」一再研究也不知道有任何可以支撐中華民國在台灣已經是國家的理論。

1912年成立的「中華民國」，外交照會只稱「推**翻**專制政府，建立民國」，指出已經成立新政府取代清朝舊政府，並不是宣布從大清帝國獨立。臨時政府外交部長王寵惠，向美國與各國，也只要求盡快承認「我們的新政府」，要求政府承認。

1999年「兩國論」的提出，在當時確實是一個建國的契機，惟可惜的是後來在各方壓力下，即使冠上了「特殊」的國與國關係，也無法堅持三天，「兩國論」就消失了。李前總統與當時的中華民國政府之後的論述與實際作為，並未脫離「一個中國」的法理現狀。「兩國論」最大的惡劣影響是，造成此後民主進步黨執政時，也以《台灣前途決議文》主張台灣為主權獨立的國家，國名叫中華民國，根本是誤導正確建國理論與手段的主要原因。

中國這個國家自古只有一個，變的是內部政權的更迭，中華民國只是政府，與中華民國建交的國家都不是承認中華民國是國家，而是承認中華民國是政府。從國際法法理的國家承認不可撤銷原則就可以說明。

由中華民國與邦交國斷交的例子來看，很清楚地，今天這些國家對於中華民國的承認如果是國家承認，我們的政府外交部就不會說承認我們的國家又少了一個，因為只有政府承認才能撤銷，才有可能發生因為斷交而使承認的國家減少的現象。

如果是國家承認，即使雙方斷交，國家承認也依然存在，給予中華民國承認的國家就不可能減少。國家之間斷絕邦交，並不代表是不承認對方為國家，所以兩個國家間若是曾經互相承認對方是國家，即使是交戰，也必須承認對方是國家，不能因為突然斷絕邦交、或者發生戰爭，而不承認對方是國家的地位。

只有政府承認可以撤銷，因為這些國家過去對中華民國體制所做的是

政府承認，承認中華民國是唯一合法代表中國的政府。所以才能夠在和中華民國斷交後，撤銷對中華民國的政府承認，轉而承認中華人民共和國才是唯一合法代表中國的政府，使邦交國減少。

很清楚地，中華民國體制根本不是國家，只是中國的非法政府體制，台灣地區沒有國家。獨派團體無論是從運動的角度來看，或者從理論、證據上來看，都必須要認定台灣還沒有獨立，我們還沒有國家，所以我們才要建國。這是一個最基本的認識，也是建國的第一步，就是認清事實。試想，台灣如果是一個獨立的國家，那我們就沒有必要再建國了。中華民國台灣如果是一個主權獨立的國家，獨派團體又為什麼要推動更改國名的運動呢？有更改國名的必要嗎？況且對岸的共產黨政權成立的目的是要叛亂，是要取代國民黨政權，並不是要從中國分離獨立，那麼台灣要怎麼樣宣布放棄領土而建國？要把領土放棄給誰？如果獨派的理論是認為，在台灣的中華民國已經是一個國家，那麼維持現狀有什麼不對？捍衛中華民國有什麼不對？可見，主張在台灣的中華民國已經是一個國家，只會使所有獨立建國的理論變得矛盾、不合理。

所以，既然獨派團體主張獨立建國運動，就必須把獨立建國的意義、理論、運動的原因自己先認識清楚，如此才能向一般人說明的清清楚楚。如果連我們自己都不相信，在台灣的中華民國體制，只是中國的叛亂團體，中國的舊政府、中國的非法政府體制，台灣目前不是一個國家。怎麼能夠說服一般台灣民眾相信，在台灣的中華民國體制不是一個國家呢？又如何說服更多的台灣人民支持獨立建國運動？

四、以「台灣共和國」取代「台灣」

基本上，在台灣這塊土地上進行統治的，就是中國舊政權的政府，而在此一「地方性事實政府」體制之上，中國還有一個被各國承認為中央政府，可以對台灣加以干涉的北京政府。因此在台灣這塊土地上就沒有最高的權力：主權，沒有獨立國家所必須擁有的最高主權。中華民國體制若是繼續在台灣存在，台灣共和國的建立、或者台灣要成為一個獨立的新國家就不可能。所以去除中華民國體制，就成為台灣要獨立建國的前提要件。

如果我們自己不先否定在台灣的中華民國體制，不面對中華民國只是中國的一個舊政權而不是國家的事實，不主張我們要從中國分離獨立，建

立一個與中國無關的國家，那麼我們就不可能建立屬於自己新而獨立的國家。

但是今天台灣各黨派的主張，幾乎都是在維護、捍衛中華民國體制，這樣的維持現狀當然無法跨出獨立建國的第一步。全台灣都支持維持現狀的中華民國體制，台灣要如何成為一個國家？如此一來一般的民眾根本就不會關心獨立建國的問題，甚至連一些獨派團體也認同中華民國是國家，只是說要正名改國號，這根本與建立新而獨立的國家是互相矛盾的。

一方面沒有任何一個推動台灣獨立建國的政黨或團體，清楚地指出中華民國是一個偏安台灣的中國的叛亂團體，是中國的舊政府、中國的非法政府體制，不是一個國家；指出台灣不是一個國家，台灣尚未獨立，所以我們才要獨立建國。如果大多數的人都相信中華民國是一個國家，相信台灣和中國是兩個不同國家的情況下，那麼我們要如何呼籲台灣人民，必須從中國分離獨立建立台灣共和國？

因此認清中華民國不是一個國家，廢棄「中華民國憲法體制」，廢棄自以為代表中國政府的外交政策，才能踏出獨立建國的第一步，台灣才能成為一個國家。

現階段台灣各黨派都擁護中華民國，又宣傳愛台灣。所以「台灣建國學」一再強調使用「台灣共和國」取代「台灣」。目前「台灣」兩字已被扭曲，如果討論思考問題時，以「台灣共和國」取代「台灣」才能清楚釐清問題。例如，各黨派都無法說出：「台灣共和國已經獨立，名叫中華民國」，因為會顯示其矛盾。但是說：「台灣已經獨立，名叫中華民國」，卻可以模糊欺騙。譬如，在最近的幾次選舉中都被濫用，高呼選台灣總統，但是絕對不會使用選台灣共和國總統；可以用台灣的立法委員選舉，而絕對不會使用選台灣共和國的立法委員。各種場合也都被濫用、亂用「台灣」二字，例如，「台灣」與邦交國斷交、「台灣」國民所得、「台灣」軍隊。目前台灣共和國尚未建立，但是許多人卻濫用台灣二字來代替台灣共和國，以「台灣」來模糊我們仍然沒有國家的事實，使得「台灣共和國」、「台灣」、「中華民國」三個概念遭到混淆。

所以為何我們必須強調使用「台灣共和國」，原因就在此。例如，政客都說「台灣」早已獨立，不必再追求獨立。但是，如果問他們是不是「台灣共和國」早已建國獨立，那他們就說不出口，也就不能欺騙一般民眾。「台灣」加入聯合國被拒絕，「台灣」要成為WHO的會員國被抵

制等等說法，也一天到晚出現在報紙上。但是如果質問是不是以「台灣共和國」申請加入聯合國被拒絕，就會在矛盾中發現真相，突顯出官員、學者、媒體、政客如何的惡用「台灣」兩個字欺騙民眾。

二十多年前我們就是因此使用「台灣共和國申請加入聯合國運動聯盟」名稱，希望清楚的強調，建立台灣共和國之後，申請加入聯合國才有正當性。如果面對國際社會使用，「台灣共和國」申請加入聯合國，會有什麼效果，大家想一想就了解。怎麼會有「台灣」加入聯合國被拒絕的說法，「台灣共和國」有申請加入聯合國嗎？「台灣共和國」尚未成立，如何被拒絕？陳水扁2007年申請加入聯合國，被祕書長直接退回、拒收的事件就是證明，「台灣」兩字如何被扭曲、亂用。根本是「中華民國」被拒絕，不是「台灣共和國」被拒絕。

所謂愛「台灣」的主張，包括馬英九等親中的學者、媒體、政客都常常說、敢大聲喊愛「台灣」。但是如果改成愛「台灣共和國」，他們就不敢說出來。可見一般人提到「台灣」，根本不把它當作是一個獨立，有主權的國家名稱來看待或使用。這種做法只是使「台灣」兩字成為「一個中國的台灣地區」，一個用來欺騙台灣人的工具。

所以，如果不挑戰中華民國體制，不向在台灣實行統治的中華民國說不，未否定中華民國體制，那麼「台灣」一直是中國的台灣地區，絕對不是國家的國號。只有在建立台灣共和國之後，那時候再使用台灣自然就是國家的國號，不會再有誤解被扭曲的狀況。

換言之，如果台灣繼續地容忍中華民國體制的存在，就不可能有台灣共和國的誕生。台灣共和國與中華民國是水火不容的。台灣早已獨立，國名是中華民國，可以騙。但是台灣共和國早已獨立，國名是中華民國，如何騙？中華民國就是台灣，台灣就是中華民國，可以騙。但是「中華民國就是台灣共和國，台灣共和國就是中華民國」，如何騙？台灣兩字就是這樣被誤解、被扭曲、被惡用。

如果台灣人繼續容忍、相信中華民國體制是國家，只想用改稱號的方式解決或逃避建國的問題。那麼，就算是參加運動比賽改名為台灣隊，駐外單位改名為台灣代表處。「台灣」在「中華民國憲法體制」下，也仍然是中國舊政府所延續下來的一個地區政權而已。只不過是中國在某一個時代、某一個朝代偏安台灣的「地方性事實政府」的名稱而已，在本質上仍然不是建立一個新國家。

　　不論如何更改名稱，也不能改變台灣只是一個「地方性事實政府」而不是國家的事實。總之，如果誤認中華民國體制是一個國家，同時又只要以更改名稱為台灣，認為如此可以使台灣共和國誕生，這是矛盾、不正確的建國方式。

　　認清中華民國體制不是國家，廢棄「中華民國憲法體制」，廢棄「一個中國」的外交政策，才是獨立建國的第一步。一個新國家的誕生，不可能以更改名稱的方式誕生，香港改名稱為「港香」，也無法成為國家。所以只要中華民國體制存在，只要中華民國體制被台灣民眾所接受繼續維持現狀，在台灣就不可能建立新國家。如果只想要以中華民國來進行體制內的改造，再怎麼修憲、選總統、第二共和，也無法在台灣建立一個新國家，台灣共和國也永遠不可能建國成功。

　　所以，台灣到今日雖然已民主改革，卻仍然沒有成為國家，仍然未能建立一個新而獨立的國家，台灣共和國未能建國成功的第一個原因，就是因為繼續容忍中華民國體制的現狀。

五、新而獨立的國家才是建國

　　新而獨立的國家，是由台灣基督長老教會高俊明牧師主導，於1977年8月16日依當時台灣的國際處境所發表：「使台灣成為一個新而獨立的國家」，是首次在中華民國的台灣，以團體形式公開發出主張台灣獨立的聲明。然而，四十多年了，台灣的政客、學者、專家還是不了解，什麼是新而獨立的國家。

　　今天，如果是追求台灣獨立建國，首先必須先認識到，在台灣的中華民國體制只是中國的非法政府，必須認識到台灣至今尚未脫離中國而獨立的事實。因為，中國的舊政權（中華民國）持續在台灣這塊土地上進行統治，台灣人每年都納稅維持中國的舊政權，成年男子且服兵役保衛這個中國的非法政府，出國也都使用印著「China」的護照，雖然加上「Taiwan」，此護照仍然是舊中國政權所核發的假中國護照，所以是不受世界各國所承認的護照，它只是一張被各國所認可的旅行證件，並不是代表國家的護照。

　　這樣的事實，許多台灣人卻不願意去面對，推動獨立建國運動的一些組織也不知道，追求台灣的獨立建國，與認為中華民國的台灣已經是一

個獨立國家，乃是互相矛盾、水火不容的事。長久以來推動獨立建國運動的組織，大家都衷心盼望台灣成為一個國家，就是因為台灣的現狀不是國家，所以才要追求台灣的獨立建國。這也就是為什麼台灣教授協會於1990年代成立之時，即於章程中表明要「追求」台灣的主權獨立，而不是說台灣已經獨立。是要「追求」建立台灣共和國，而不是說台灣已經是國家。

台灣基督長老教會也聲明，「要使台灣成為一個新而獨立的國家」，就是先要廢棄舊的中國非法政府體制、宣布獨立、建立新國家。棄置舊的才能有新的，過年時大家都知道「除舊布新」，為什麼台灣社會至今還是不了解，什麼是新而獨立的國家。

不少人士認為，台灣是台灣、中國是中國、一邊一國，中國也沒有統治過台灣，台灣和中國已經沒有關連，台灣是一個和中國無關的國家。如果說中華民國的台灣，現在的狀況真如一些人所說，已經脫離中國而與中國沒有關係，是一個新而獨立的國家，那麼我們又何必要追求台灣的獨立建國，宣布獨立建國，這樣不是會使獨立建國運動消失嗎？於是這些人又說為了不要刺激中國，只要維持台灣的獨立現狀，台灣事實上就是國家，維持現狀就可以保持和中國沒有關係的「事實獨立」現狀，再等待機會成為法理國家。

但是事實並非如此，這些似是而非的理論，從許多事實可以證明，台灣的現狀與中國密不可分。不但國際社會至今如此認定，台灣人七十多年來也接納了統治台灣的中國舊政權，心甘情願的維持中華民國體制，成為中國非法政府統治下的體制。例如，每四年舉行的國會議員選舉，以及總統選舉，難道是在選舉「台灣共和國」的國會議員和總統？實際上不是，大家都很清楚，選票上印的都是「中華民國」立法委員或總統選舉。中華民國體制就是中國的非法政府，不是什麼事實國家。因此根本就還沒有一個稱為「台灣共和國」的國家誕生。台灣人對中華民國體制的默示與容忍接受，是讓台灣與中國糾纏在一起的最主要原因。

同時，既然沒有脫離此一中國舊政權（中華民國）的體制，甚至也不是中國的合法政府，而是由中國的一個非法政府在統治著台灣，但我們卻都默不吭聲，過去有建立新而獨立的國家的運動，現在卻不再發出要廢棄此一體制的聲音，繼續默默地接受此一中國非法政府體制的統治。

如果只是消極地說，要拒絕接受中華人民共和國的統治，要對抗北京政府。但是完全未提出，台灣要獨立建國的主張，這麼這一來與過去「漢

賊不兩立」有何差別？今天所謂的台灣主體意識，沒有呼籲民眾起來對抗存在台灣、屬於中國舊政權的中華民國體制，將此一屬於中國非法政府的體制廢棄掉，或使其自台灣消失，如何建立一個真正新而獨立的國家。顯然沒有，大家不敢對抗中華民國體制，各黨派都容忍中華民國體制的結果，就是繼續使台灣成為中國的叛亂團體，中國的舊政府、中國的非法政府體制。今天我們不能只以更改國旗、國號，或制定一部中華民國第二共和憲法的方式來建立國家。其癥結就在於，要建立一個新而獨立的國家，真正獨立的新國家，都必須以廢棄中華民國體制為前提。

　我們並沒有廢棄中華民國體制，造成台灣今日必然與中國有著密切的關係，不能擺脫台灣只是中國非法政府的地位，所以台灣遲至今日，都未能建立一個真正，新而獨立的國家。

六、建國理論必須與國際法接軌

　有不少人士主張台灣已經「獨立」，只是還沒有在無主地或是地位未定的土地上完成「建國」的工作，所以不必從中國分離獨立，就可以建國。

　首先，「台灣不是地位未定」之前已經分析過，也不是無主地。無主地的國際法要件是：（一）完全沒有文明與統治組織；（二）與現狀「中國兩岸政府主張擁有」等要件不符合。其次，為什麼獨立和建國不同？獨立和建國當然是一樣的。獨立就是要從原本的母國分離獨立出來，建國就是要建立獨立自主的國家，這是一體的兩面。怎麼可以說，台灣已經「獨立」，但是還沒有完成「建國」，把建國視同建設國家嗎？

　我們以國際法上的例子來看，現代國際法上關於無主地建國的例子，只有1847年美國的黑人，回到非洲所建立的賴比瑞亞這個例子而已。那麼，為何所有國家當初的建國，都是從它原來的母國分離獨立？這是因為19世紀以來，世界上已經沒有一塊土地是無主地，除了南極大陸。除非有一個國家放棄自己領土的一部分，而且還要沒有任何國家要，才能成為無主地，否則世界上不可能再出現無主地。台灣過去是日本的殖民地，1971年以前則是受代表中國的中華民國政府（當時聯合國及世界上多數國家都如此承認）所統治，現在則已變成受中國非法政府所統治，不可能是無主地。

　所以，北京政府就是以此主張台灣是中國的一部分。因為，來自中

國的政府或中國非法政府早已在台灣這塊土地上統治了七十多年，而且台灣人及其派去北京談判的代表，政府與政治人物也一再說台灣屬於中華民國。既然台灣屬於中華民國，中國北京就可以繼承中華民國這個中國舊政權的一切權益而取得台灣。並且主張台灣周圍的附屬島嶼，包括與日本有糾紛的台灣附屬島嶼釣魚臺，都是屬於中國不可分割的領土。

獨立建國的理論在國際法上是很清楚、簡單的理論，建國是「國家論」，一方面無主地或是地位未定的土地，是「條約論」或是「領域論」，兩者區分的很清楚，為何還是有那麼多學者會搞混，難道他們是為了結論，別有用意的惡用？如果硬要把獨立與建國分割成兩套理論，主張台灣本來就是獨立的，不屬於任何一個國家，或是主張《舊金山和約》日本放棄台灣，所以台灣是無主地，不屬於任何國家，所以我們可以說已經獨立，只是尚未宣布要建國等等。

像這樣的理論，當然在台灣內部自己說給自己人聽，或許讓台灣人聽了比較安心。但是，如何能使全世界知名的國際法學者來支持這樣的理論，如果他們聽的進去，如果他們能夠認同這樣的理論，那麼就會為台灣在國際社會上宣傳，進而形成一套新的國際法理論：「世界各國都會承認台灣是無主地，所以台灣人有權建國」。如此台灣就可以理所當然的建國，成為一個國家了。但是完全沒有這樣的可能性。

「台灣建國學」認為這是不可能的，說這樣的理論已經說了六十多年了，對國際的學者專家、各國政府及國際組織、聯合國都沒有任何效果。如果今天我們還要主張，無主地或是地位未定的土地，那麼就應該大聲說給國際社會聽，而不是只在台灣，說給台灣人聽，也不是只有在台灣報章上寫一些文章給台灣人看。這樣反而讓一些，原本就對獨立建國理念不是很清楚的台灣人更加地迷惑。如果台灣大多數人都相信，台灣已經獨立，中華民國在台灣是獨立國家，卻一直不知道如何建國，如何使台灣成為國家，怎麼能建立一個真正，新而獨立的國家。不知、不敢、不能建國才是台灣獨立運動最大危機。

因此，「台灣建國學」才會一直努力以赴告訴台灣人民，台灣還沒有獨立，繼續鼓勵台灣人民要勇敢的站起來，建立自己的國家。

第十七章　確立符合國際法的建國理論

一、建立新國家的國際法理論

我們身處台灣，常常會指責國際社會無正義感、過度偏袒中國、打壓台灣的國際空間，批評世界各國為何不承認我們是一個國家。關於這個問題，事實真相又是如何呢？例如最近台灣內部不知道問題所在，還在爭辯美國應該承認台灣與台灣建交。

首先，要建立國家成為國家，主要有兩部分，第一就是，在建國過程中的主張是否正確、是否完全符合國際法理論。如果是，則國際社會即使不支持你、不承認你，也不能打壓你、否認你是國家或是無視於你的存在。

例如古巴、東歐很多國家在成立初期亦受到國際社會孤立，但是國際社會卻不能否認他們已經是一個國家。為什麼？因為他們完全符合國際法的國家成立過程、國家成立的理論，他們堂堂正正宣布獨立，宣布自己是國家，如果誰敢打壓否認，就和他對抗，要捍衛自己的國格，絕對不會模模糊糊。

台灣目前主張的「台灣地位未定」、台灣不屬於中國，即使正確有理，也只是被動消極的，與建立國家、成為國家無關。台灣政權、政治人物、台灣人不敢宣布獨立，如何成為國家，國際社會怎麼會知道台灣要建國？何況從未以台灣共和國申請加入聯合國，如何證明台灣是要建立國家、要成為國家？

其次，維持「中華民國體制」現狀，如何建立國家？成為國家？自以為台灣早就獨立、國名叫中華民國、成立於1912年至今，因為有土地、人民、政府、軍隊就是國家，不需要再宣布獨立。這種理論國際社會完全不能理解，甚至落井下石逼迫台灣和中國談判，不要製造麻煩。

因為我們所提出的主張（地位未定、台灣不屬於中國），與建立國家成為國家無關。台灣人所作所為又維持「一個中國」的「中華民國體制」，各國實在無法承認台灣是國家，結果犧牲的是台灣人民的前途和幸福。

所以要建立新國家，需要依據正確的理論，之前「台灣建國學」為

何針對台灣內部充斥著各式各樣錯誤的建國論點，一再分析。因為理論主張不正確再努力也是徒然。反之如果理論正確，則北京、國際社會再如何打壓，台灣仍可成為國家。使用台灣共和國名義申請加入聯合國，此舉即可確立台灣的國家地位，不管是否加入成功，都有確立台灣的國家地位之法效果。「台灣建國學」已經一再的指出正確的理論，勇敢的宣布獨立，以國家的地位申請加入聯合國。很遺憾今天台灣大部分人，不相信這些理論，也沒形成力量往這個方向努力。

　　一方面，建國手段、方法與建國理論是一體兩面。建國理論、主張如果不存在或不正確，則討論手段、策略如何進行都沒有用，到頭來就和現在一樣，完全澈底失敗。有了正確的理論，才能接著談手段、策略、方法。

　　一個國家要建國，並無固定的手段、策略、方法。不管是武力革命、暗殺政變，甚至潛入原來的舊體制內破壞而後建國，都有先例。因此「台灣建國學」並不反對進入中華民國體制、參加中華民國選舉。「台灣建國學」甚至認為，只要理論正確，利用中華民國體制建國也可以使中華民國轉型成為國家。

　　但絕對不是像今天這樣，大家進入中華民國的中國舊體制，擁有權位利益之後，突然主張中華民國已經由中國舊政府變成國家，要台灣人效忠中華民國，要捍衛這個不是國家的「中華民國體制」。這就不是手段的問題，而是對國家是什麼、對獨立建國理論的無知，完全違背國際法的建國理論，如此台灣將永遠無法建國。所以至今還是有人認為建國可以不談理論，認為以維護中華民國體制為手段，繼續維持現狀就可以讓中華民國台灣變成國家。

　　建國理論與建國手段不應切割，過去有人攻擊我，既然澈底否定中華民國，為何還當中華民國的教授？為何使用中華民國的護照、身分證、鈔票？當然「台灣建國學」也希望這些人都是出於好意，才提出這些質疑。只是我實在沒想到，他們連這些是屬於無關中華民國是不是國家的證件，無關建國的問題都分不清。

　　試想，難道用中華民國鈔票，就能讓中華民國變成國家嗎？果真如此，那我只要把這些鈔票一張張撕掉，那麼中華民國就變成不是國家，會消失嗎？使用中華民國的鈔票、中華民國教授證書、在台灣運作「中華民國政府體制下的民主化」，不但無法證明中華民國是一個國家，反而是使台灣成為中國的台灣。

因此，如果學者或民進黨政權所主張的建國方法認為，中華民國可以因為繼續維持現狀，在台灣舉行民主選舉就可以變成國家。則我們必須把理論談清楚，因為這是屬於錯誤的理論，而不是手段的問題。中華民國是政府的體制，即使台灣人不得已使用它的鈔票，也必須認清它不是國家。不要認為中華民國有護照、鈔票，就以為它是國家。一國內部的非法政府也有權如此做，只是中華民國在淪落為非法政府之後，已經使其變為偽中國護照、偽中國鈔票，這就是錯把手段當成理論、當成目標或目的的矛盾說法。

中華民國在台灣要變成國家，還是要勇敢的宣布獨立，以國家的地位申請加入聯合國。這樣就是兩個中國，比建立台灣共和國更困難千萬倍！

我們必須清楚區別建國的理論和手段的不同。當然，我們認為宣布獨立，宣布台灣是國家，以台灣共和國的名義申請加入聯合國，是目前台灣獨立建國最佳的手段。其理由都在「台灣建國學」一再說明，過去也清楚寫在《台灣建國的理論基礎》和《加入聯合國手冊》兩本書中。這些都是手段問題，但是我並沒有說這是唯一的建國手段。如前所述，建國的手段有很多種，我並不反對以進入中華民國體制當官掌權努力改革，宣揚獨立建國的理論，做為達成獨立建國目標的手段。

但是重點是，這些人有沒有做？基本的理論、知識有無認識清楚？如果沒有認識清楚，那麼手段怎麼應用也都沒有結果，甚至成為阻礙。依目前所看到的結果，這些人只是取代中國國民黨進入中華民國體制當官，變成效忠中華民國體制、捍衛所謂的國歌、國旗，捍衛所謂的非國家體制，欺騙台灣人以為已經有國家、台灣早就獨立。反而使中華民國體制合法化、正當化，結果是大部分台灣人都支持中華民國體制現狀，不再參與建國運動。這樣的進入中華民國體制當官掌權的手段，因為兩次執政都無法達成建國的目標，所以當然不是有效的建國手段，反而是在阻礙台灣的獨立建國。

最近更有一些過去聲稱獨立建國的「戰將」，也開始向北京示好，他們所持的理由就是，台灣已經獨立、中華民國是國家，那麼應該與北京和談，已經是國家為何要拒絕與另一個國家交涉接觸追求和平。這種主張已經與投降北京的統一派同流合污。

這就是把台灣未獨立、不是國家扭曲為是國家的惡果，使投機政客可以公然賣台，準備與中共政府和談，使台灣香港化，逐漸完成中國大一

統。可見，由獨立建國→依附中華民國體制自以為是國家→前進北京一家親→和談投降，已成為台灣政界的一股潮流。所以證明建立新國家，需要正確的理論，否則會使中華民國體制合法化、正當化，這樣的手段無助於建國。

二、正視維持現狀的危險

　　有人認為，理論上台灣維持現狀會是中國的一部分，但是去面對這一個事實和強調台灣是中國一部分太危險，不應該如此主張。然而，重點是台灣人要的是什麼，這樣才能知道應該主張什麼。台灣維持現狀是中國的一部分，這由台灣內部與國際上的事實證據，都是很清楚的。雖然台灣內部有許多人不願意面對這個事實，或者害怕面對這樣的事實。以為這將使得中國可以更加名正言順的解決台灣問題。但是台灣目前使用的「台灣地位未定」、台灣不屬於中國，即使正確有理，也只是被動消極的，不敢宣布獨立、不能成為國家，也無法阻止中國併吞台灣。

　　「台灣建國學」提出這樣的事實，就是要導正台灣人的鴕鳥心態，因為即使二十多年來不談，也沒有改變維持中華民國體制的現狀、台灣還是屬於中國的事實。所以，我們必須面對維持現狀的台灣，是中國一部分的事實，才能決定我們的下一步要怎麼走。究竟台灣人的主張，是要繼續維持現狀，作一個中華民國體制下的叛亂團體、要接受一國兩制，向中國的合法政府投降；或者要從中國分離獨立，建立自己的國家。這些都是必然要做的選擇，不可能一直維持現狀，繼續的保持現狀可能就是「香港化」。

　　台灣絕對有充分的條件能夠建立國家，問題是，台灣人有沒有這樣的建國意志、勇氣與決心，要怎樣展現獨立建國的意志。很簡單，投票宣布獨立，向聯合國提出申請書，以台灣共和國的名義申請加入聯合國。台灣可以一方面向全世界傳達，台灣已經決心要從中國分離獨立的意志，另一方面向全世界表達台灣共和國這個新國家要加入聯合國，參與國際社會的意願，要求國際社會、世界各國共同面對這個問題。「台灣建國學」不斷的提出正確的建國知識，以及傳遞正確的建國理論基礎與台灣真實的現狀地位，就是要提醒台灣人，現狀仍然沒有屬於自己的國家，台灣建國運動仍然未成功。最主要的原因是，在台灣的中華民國體制並不是一個國家，

而是一個中國的叛亂團體、非法政府。所以我們維持現狀，事實上就是維持一個叛亂團體的「地方性事實政府」的地位，對台灣的前途而言，實在是非常的危險。

　　為何事實是如此？儘管許多人並不同意這種說法，譬如一些過去一同為台灣獨立運動奮鬥的學者、政治人物，認為這樣的主張不正確，或認為這樣的主張將招致台灣面臨危險。但是，今日我們面對此一關鍵的時刻，對於台灣的建國運動，應該要進一步的思考，究竟是出了什麼問題，使台灣一直被國際社會認定不是國家，各國政客也為了利益反對台灣宣布獨立。這是很清楚的事實，不是「台灣建國學」在危言聳聽，招致台灣面臨危險！也有人認為台灣的民眾多半務實，或者只重視自己的利益，自認維持現狀是符合自己利益的最佳選擇，對於台灣是否是國家，或者已經是國家根本不關心，因此很難說清楚。由最近幾次以追求台灣獨立為訴求的運動來看，參與的民眾即使踴躍，也還是少數。這是因為台灣的民眾多半只重視自己的利益，對於台灣人是否擁有屬於自己的國家，或者與國家整體相關的利益，則比較不加以關心。

　　「台灣建國學」並不這麼認為，試想，如果台灣人知道自己並沒有一個屬於自己的國家，知道維持現狀是一個相當危險的狀況時。每一個人都會前仆後繼的獻身於獨立運動，而不是採取不理不睬的態度。我們看今日所有不支持獨立建國運動的人，有的人是認為自己已經有國家，台灣已經獨立了，只是國名叫中華民國。有的人是認為中華民國本來就是一個國家，捍衛中華民國就安全了。所以他們並不感覺到有急迫的危險，這是我們和這些人的差別之所在。

　　所以要如何釐清觀念，使大家能夠了解到台灣人仍然沒有屬於自己的國家，在台灣的中華民國體制只是一個叛亂團體、維持這樣一個叛亂團體的現狀，使北京政府可以威脅台灣，這是很危險現狀。這應該是獨立建國運動當前最重要的課題。

三、必須化解建國理論的阻礙

　　台灣的獨立建國運動究竟是受到何種的阻礙？建國理論的分歧又是什麼？實在很不願意評論，但是為了建國，這卻是必須面對的問題。

　　建國理論的第一要件，就是要與中國切割分離獨立，這也是台灣要建

國必須面對的課題。所以如果我們相對地思考可以得知，阻礙台灣獨立建國的，不僅是新黨、親民黨和國民黨，還包括不支持分離獨立、反對分離獨立的人。因為根據國際法，以及所有國家建立的事實，台灣必須脫離中國，以分離獨立的方式才能建國成功。

國際法理論很清楚，要建立新國家只有四種方式：

（一）由無主地狀態建立新國家。台灣不可能是無主地，我們沒有這個機會。

（二）二個國家合併也可以建立新國家。台灣不是國家，也不可能與其他國家合併建立新國家。

（三）中國瓦解分裂也可以建立很多新國家。中國有幾千年歷史，崇尚大一統，會不會瓦解分裂，不是台灣單方面可以決定。

（四）最後是由母國分離獨立，建立新國家。

台灣的狀況對照前面三種很難成立，不可能以這些方式建立新國家。所以最後就只能採取第四種，台灣分離獨立的方式。如果有學者或專家認為，國際法要建立新國家，除了這四種之外，還有其他方式，或認為國際社會還有另外一種方式可以建立新國家，那請指出有哪一種方式。這四種裡面，最簡單最合理的就是宣布分離獨立建國。

建國的第二個條件，就是心理因素及理念必須健全、正確，也要認清台灣並不存在所謂統獨的問題。所謂的統獨爭議是很不正確的講法，原則上台灣並沒有所謂的統派或獨派，在台灣只有主張從中國分離獨立建國的「建國派」，以及主張繼續維持一個中國叛亂團體現狀的「投降派、叛亂派」兩派。

雖然主張維持現狀的一派不是要投降，但是主張繼續叛亂，主張繼續維持「一個中國」的中華民國體制，所以我們可以用「叛亂派」形容。如果我們繼續在台灣維持現狀，就是繼續作中國的叛亂團體，繼續在台灣叛亂，對抗合法代表中國的北京政府，當然很難反攻大陸，最有可能的就是「香港化」，不得不投降。

「叛亂派」再分類，又可以分為三種原因。其一是，真的要做中國人，要到北京與中國高幹交心，與中國政府和談，要對中國政府投降的人。他們被稱為「賣台集團」，但事實上他們是真心想做中國人，不願意繼續在台灣叛亂，要對中國的合法政府投降，要結束叛亂體制，達成中國大一統的人。這一派的人認為，經過了這許多年的叛亂，也未能反攻大陸

推翻北京政府奪取政權，再繼續維持現狀，繼續做叛亂團體的一分子，人生也沒有意義，所以應該與中國北京修好，結束中國的內戰問題。面對這樣的主張，請問只想維持現狀的台灣人有什麼理由加以反對？只想維持現狀，做中國的叛亂團體一分子的人，與想要結束叛亂，成為中國合法政府一分子的人，其結果只是五十步與一百步之差而已。

第二類是，害怕台灣建國將引發中國武力犯台，生命、財產將遭受威脅，因為害怕中國而不敢建國的人。現在一些政治人物高呼「不可以隨便拿民眾的生命、財產開玩笑」，就是這一派的主張。不敢建國的意義，就等於是自己承認要繼續叛亂，繼續拖延下去，以叛亂團體的姿態拒絕中國的統治。我們常聽到一些獨派的團體主張，要「say no to China」、要「反對中國併吞」，要「拒絕接受中國統治」，但是卻不願意說出要獨立建國，顯示建國的意志。這些人看起來好像是勇敢的在對抗中國，實際上只是繼續維持叛亂團體的現狀、拒絕中國的統治，卻又想避免刺激北京，其實這並不表示有獨立建國的意志。只是「反對中國併吞」，「拒絕接受中國統治」，暫時偏安在台灣，並沒有要獨立建國，這就是與「建國派」主要的差異。

第三類是認為「已經是國家」，自我認定台灣或是中華民國已經是一個國家，這完全是自欺欺人，活在自我夢幻的狀態中，很遺憾這卻是台灣的主流。試想，台灣明明是叛亂團體，根本就不是國家，卻自以為是國家。譬如李登輝就一再說中華民國是國家，陳水扁、蔡英文說台灣已經是主權獨立的國家，許多人也附和此種說法。但這只是自欺欺人，並不能改變台灣只是一個叛亂團體，是由中華民國體制所占據的中國地區的事實。「已經是國家」的說法，一方面誤導一般民眾，使他們認為台灣是一個國家，不必再從事建國的大業。一方面這樣還是無法欺騙國際社會，使台灣獨立建國。當所有客觀證據都指出台灣不是國家，不論是歷史的文件、國際法的理論、或者台灣人的意志，都說明了台灣不是國家時。這些人即使自認為已經獨立，也不能改變台灣是叛亂團體的地位。

「已經是國家」更是阻礙台灣建國的主要力量，因為這樣的說法，不但不能改變台灣是一個叛亂地區的事實，反而還欺騙台灣人，讓台灣人誤以為自己已經有國家。不但使台灣人忽視維持現狀的危險，也阻撓台灣人對獨立建國必要性的認知，也瓦解了台灣人的建國意志。

如要將這三種「叛亂派」加以比較，則第一種是屬於要求改變現狀，

結束台灣叛亂團體的地位，向北京政府投降，使台灣成為中國的一個地方政府；第二種要安全與第三種「已經是國家」，結果都是要求維持現狀，繼續保持叛亂團體的地位，使中華民國體制在台灣繼續叛亂，這當然很危險，最後可能就是「香港化」，不得不投降。因此，不論是「叛亂派」中的哪一種，都是在阻礙台灣獨立建國，都不可能使台灣成為一個國家。

四、「say no to China」等於「漢賊不兩立」

「台灣建國學」主張，台灣建國必須宣布從中國分離獨立，其實就是宣布廢棄在台灣的中華民國體制，脫離「中華民國在台灣」才能建國。如果只是消極的主張抗拒中國，不一定是追求建國，基本上如果真正要追求台灣的獨立建國，就必須分清楚事情的輕重緩急。對抗中國或「say no to China」是建立國家之後的事，等台灣變成一個獨立國家後，才會開始出現台灣與中國對抗的態勢，否則現階段談對抗中國，完全與過去國民黨的定位一樣，與反攻大陸時期一樣，仍然是一個中國內部叛亂團體與合法政府的對抗狀態，是「一個中國」、「漢賊不兩立」的對抗狀態。

建國派若只是主張對抗中國，事實上與過去蔣介石的主張「漢賊不兩立」並無差別，也無法顯示出要獨立建國的主張與目的。所以，主張建立國家之建國派的個人或團體，目前所面對的最大對手不是北京的中國，而是台灣自己內部的中國。如果自己對建國的認識不夠清楚，對建國的理念不夠正確、對建國的意志不夠堅定，不敢表達清楚，那又怎麼能寄望更多的台灣人民參與台灣的獨立建國運動？獨立建國運動又怎麼可能成功？新國家一定要宣布獨立，「中華民國」、台灣國或台灣共和國，從來沒有宣布獨立的事實，國際社會如何支持台灣，承認台灣共和國與台灣建交。

建國要成功，首先要做的是先確立自己對建國的必要性，正確認知與堅定信念。之後，建國派緊接著要對抗的，就是「中華民國在台灣」，「say no to Republic of China in Taiwan」。台灣要建國，首先就是廢棄在台灣的中華民國體制，我們必須要先將此一叛亂團體體制處理解決才能建國，而不是爭先恐後地進入中華民國體制內去分享權力，甚至應該徹底的廢棄與中國有關的各式各樣體制。因為如果繼續容忍中國的叛亂體制存在，容忍中國的各種病菌在台灣危害，新國家就不可能建立，台灣就不可能獨立建國。

　　換言之，建國要能夠成功，首先要對抗的，就是所謂的獨派團體本身的理念是否正確，意志是否堅定。其次，則是要對抗占據台灣的中華民國叛亂體制，「say no to Republic of China in Taiwan」，對抗「中華民國在台灣」，否則台灣人民繼續容忍中華民國體制，報紙上天天都寫著中華民國○○年，每次投票都投給中華民國體制的候選人，一方面我們卻又對國際社會說，台灣不是中國的一部分，中華民國不是中國，國際社會怎麼可能接受、了解。

　　所以，建國之後才會面對中國的打壓，中國政府也說的很清楚，只要台灣不獨立建國就不武力犯台，只要台灣繼續維持現狀，維持中華民國體制的現狀，中國就願意和台灣坐下來慢慢談，和平解決台灣問題。因為北京知道，台灣的現狀只是一個中國的叛亂團體，再怎麼變也不可能脫離中國而獨立。因此，現在主張要對抗中國就變成是在打高空、不切實際。如果我們是建國派，就不應該像蔣介石、國民黨、民進黨一樣，把對抗中國或處理對中國關係整天掛在嘴上，這最多也只是「漢賊不兩立」。因為現在還沒有台灣共和國，只有在建國之後才有所謂「對抗中國」的問題出現，只有在新國家誕生後，才可能開始產生與反台灣共和國勢力對抗的問題。目前應該先勇敢挑戰在台灣的中國「中華民國在台灣」，建國之後才有對抗中國北京的問題。

　　今天，有些自認為從事獨立建國運動的團體，整日的打高空，說要對抗中國。但是，在面對尚未建國的今日，卻不對抗踐踏台灣、阻撓台灣建國的中華民國體制、《中華民國憲法》、中華民國外交政策。他們甚至進入中華民國體制，執行中華民國體制的法律政策，為中華民國體制辯護，擔心中華民國邦交國掛零。

　　另一方面卻一再的聲稱自己是追求獨立建國的一分子，實在是令人費解。所以，真正的建國派，應該清楚認識到今日所要對抗的，是自己的建國理論，以及自己的建國意志，認識到今日所要對抗的，是在台灣的中國的舊政府中華民國體制，是使台灣成為叛亂地區，阻礙台灣獨立建國的「中華民國在台灣」。

　　有了基本認識與意志之後，才能宣布獨立開始建國，向聯合國提出台灣共和國加入聯合國的申請，向國際宣稱台灣已經從中國分離獨立，建立一個與中國無關的新國家。此時中國的壓力才會到來，才開始有所謂對抗中國的問題。在今天跳躍式的談對抗中國是沒有意義的，也不能踏出追求

台灣獨立建國的第一步。中國已經把前提說的很清楚了，如果台灣獨立建國才要武力犯台。換言之，在台灣宣布建國之前，台灣繼續維持現狀，對抗中國的問題是不存在的。

　　建國要成功，不單單是要有土地、人民、政府，不單單是要制定新憲法，不單單是一個國名、國旗就能成功的。重要的是，必須要結束「中華民國在台灣」叛亂體制的現狀，要有從中國分離獨立的堅定意志與決心，以台灣共和國的身分，以一個新國家的姿態，堂堂正正地向聯合國提出加入的申請書，向國際社會宣布，台灣是一個主權獨立的新國家。

　　因此，目前最重要的是，先要在台灣內部形成建國的必要性與意志，然後再對國際社會表明台灣要從「中華民國在台灣」體制分離獨立，如此才能建立自己的國家。

五、「台灣已經是獨立國家」的說法阻礙建國

　　「台灣建國學」為什麼認為，主張台灣已經獨立，或認為中華民國已經是國家，我們不必再宣布獨立，這種說法會阻礙建國。事實上中華民國如果是國家，那就可以不必再獨立建國，因為我們已經有國家了。各黨各派說：中華民國所統治的台灣地區有獨立的主權，台灣已經獨立，如果這樣的主張可以得到國際社會承認，當然就沒有獨立建國的問題。因為已經是獨立國家，當然不必再宣布獨立，更不必再建國了。但是，如果中華民國不是國家，是中國的一個叛亂團體，那就必須廢棄中華民國體制，台灣才可能獨立。

　　換句話說，如果中華民國是一個國家，就要拿出證據來證明，也應該說明，為什麼國際社會都不承認兩個中國，沒有像德國或韓國一樣。為什麼外交政策對國際社會，都沒有主張兩個中國，只有我們對內自己說中華民國是國家，還把台灣附隨在中華民國之下，變成台灣已經獨立，這就是目前建國運動主要障礙之所在。

　　如果台灣去除中華民國體制，台灣宣布獨立已經是一個國家，我們就應該更正確地使用台灣共和國來論述。但是目前的現狀下，可以用台灣共和國來取代「台灣」嗎？可以說台灣共和國已經建立，名稱還是中華民國嗎？如果中華民國還在統治台灣，那麼台灣共和國在哪裡，台灣共和國的實體存在嗎？如果台灣已經獨立，為什麼在歷次的民意調查中，還有那麼

多人反對台灣獨立。我們以美國為例，美國已經獨立建國，共和黨或民主黨會不會在每一次選舉前後進行民意調查，調查美國人民有多少的比例贊成美國獨立。當然不會，因為既然已經是一個國家，又何必花錢做這種無謂的民調？但是，主張台灣已經獨立的民進黨或是媒體，卻一再地作此種民意調查，希望知道有多少人支持台灣獨立，這就是證明矛盾的所在。

「台灣已經是獨立國家」說法的矛盾之一是，台灣共和國與中華民國同時並存。這是很奇怪的事，如果台灣真的已經是一個獨立的國家，那麼政治人物一方面說中華民國是主權國家，又說台灣已經獨立不必再宣布獨立，卻又向北京、向美國保證不會宣布獨立，發表「四不」、「四個不會」，這不是自欺欺人嗎？如果台灣已經獨立，何必調查台灣人是不是支持台獨？如果台灣果真已經獨立，為什麼在每次與獨立議題相關的民意調查中，總是有那麼多的人反對或不支持台灣獨立。已經獨立成為國家，而生活在這個國家的人，竟然還反對台灣成為獨立的國家。可見台灣還沒有獨立建國，所以才要進行民意調查，看看有多少人支持台灣獨立建國，調查台灣民眾是否因為害怕中國的武力威脅，所以才不敢支持台灣獨立。

基於以上種種的理由，就使得「台灣是一個國家」的說法講不通。台灣如果已經是一個國家，而先後在這個國家執政的國民黨和民進黨卻一再反對台灣獨立，或聲明不會支持獨立公投，而且說台灣獨立是一條死路，這在理論上是說不通的。

台灣不是一個國家，嚴格來說中國才是國家，中華民國是代表中國這個國家的政府。政客說：「台灣已經獨立，國號是中華民國」，既然台灣的民眾會被這樣的謬論欺騙，以為台灣已經獨立，並對此深信不疑時，我們就必須從事實加以說明，事實上國際社會可有台灣共和國的存在？台灣共和國的政府在哪裡？台灣共和國總統在哪裡？如果說台灣有國家，有自己的軍隊，那麼許多人都當過兵，請問台灣的軍隊叫什麼名字，叫「中國陸軍、中國海軍、中國空軍」，不是嗎？

例如，為了慶祝九三軍人節，在新竹軍人公墓有一枚勝利女神飛彈模型出現「中國陸軍」字樣。據軍方表示，三軍飛彈等武器裝備過去因歷史因素，在彈體或裝備上分別漆上「中國陸軍」或「中國海軍」等字樣。但2000年前後已陸續完成正名，武器裝備全部漆上「中華民國」字樣（The Republic of China Army）。雖然改為中華民國陸軍，但是國際社會看到英文的China Army，還是認定是中國陸軍。世界各國把台灣的軍隊認為是

「中國叛軍」，世界各國認為，只有唯一合法代表中國的中華人民共和國管轄下的中國人民解放軍，才是中國的政府軍。

台灣的將領們也認為，兩岸軍隊都是中國軍，主張中國軍不打中國軍，煽動軍人不要保衛台灣。最近台灣的國防部長也認為，中華民國軍隊不會為保衛獨立後的台灣國而戰。那麼台灣就是中華民國、「台灣已經獨立，國號是中華民國」的說法，台灣自己的國防部長都否認且敵視，公務員、一般民眾都不接受，如何再騙下去？保衛台灣的軍人，卻成了中國的叛軍，這樣的說法並不是要羞辱保衛台灣的軍人，而只是依據現狀，說出台灣內部認同的現狀、與國際社會看待台灣的事實。這都由於台灣長期接受，代表中國的中華民國體制，才使得保衛家園的軍人、公務員至今無法改變敵視台灣的意識，也因此無法得到台灣人民的信任，當然他們也沒有使命感、榮譽感。「國家、責任、榮譽」的口號如何實現！

「台灣已經是主權獨立國家」說法的矛盾之二是，台灣內部還充滿中國的象徵與意識。為什麼各國還是不知道台灣已經獨立？為什麼台灣共和國不能說、不能用？如果台灣是一個國家，那麼台灣的國旗、國歌、國花，以及種種國家的象徵、歷史等等，為什麼還是中國的？從教育、文化、宗教活動、地名、軍艦、軍事演習代號、企業名稱還是中國化，就可證明台灣共和國是不存在的。如果台灣已經是一個獨立的國家，那麼美國為什麼要反對台灣獨立？難道美國的情報管道那麼沒有用，美國的通信科技那麼不發達，不知道台灣已經獨立了，所以還在反對台灣獨立？

很多學者專家都認為美國的《台灣關係法》，把台灣定位是國家，但是美國為什麼沒有定「新加坡關係法」，把新加坡定位是國家？美國為什麼反對台灣獨立？美國為什麼反對台灣申請入聯？反對台灣獨立公投？北京政府更是奇怪，竟然不知道台灣已經獨立，所以還不斷警告，如果宣布台灣獨立就要武力犯台。如果台灣真的已經獨立，這不是在放馬後砲嗎？台灣人在此情況下，還相信台灣早已獨立，不必宣布獨立，這不是很奇怪嗎！

不過仔細想一想，也不是太奇怪，連過去的民進黨主席黃信介，都主張「台灣獨立」是只能做、不能說的口號，所以只能偷偷的獨立，不能公開宣布。台灣已經成為獨立的國家，全世界都不知道，只有在台灣的民眾知道。難道一個國家可以這樣靜悄悄地、偷偷地「已經」獨立嗎？

政治人物對於台灣已經獨立可以說出口，但是宣布建立台灣共和國，

就不敢隨便說出口。這根本就是在污辱台灣兩個字，把台灣當成是一個地理層次上的概念，並與國家層次上的概念混為一談。台灣如果建國，就必需要正式以台灣共和國做為國名，而不是用中華民國來掩蓋台灣、欺騙台灣人民。否則，如果說台灣已經建國，那麼台灣共和國的憲法在哪裡？中央政府在哪裡？公文書印章在哪裡？完全沒有！可見台灣並不是國家，也還沒有台灣共和國存在的任何事證。

「台灣已經是主權獨立國家」說法的矛盾之三是，從歷任總統在選前、當選後、卸任時候的態度來檢驗比較，他們對「台灣獨立」的認定都矛盾不一致。從政治人物、政黨、政府、歷任總統，都只是在對台灣內部，都只是在選前非正式的場合說台灣已經獨立，在任期間從未堂堂正正的對國際社會宣布台灣已經獨立。

如果台灣已經獨立，為什麼台灣的總統竟然還會反對台灣獨立？李登輝反對台獨、反對宣布獨立，已經講了好幾百遍了，大家卻仍然不相信他反對台灣獨立。陳水扁也反對宣布獨立，馬英九說台獨是一條走不通的死路，蔡英文完全避談台灣獨立。台灣獨立建國難道真的這麼可憐，不但得偷偷獨立，而且還要被自己所選出的總統否定。台灣要成為一個國家竟然是這樣的悲哀，連自己選出的總統都要以羞辱、否認台灣是獨立國家的方式，來確保台灣不受國際社會指責，說我們是麻煩製造者？確保台灣不受中國武力犯台的威脅？政治人物可以說，台灣獨立還有阻礙，目前時機未成熟。但是不能欺騙台灣人，台灣已經獨立。這樣自我欺騙的行為，是目前台灣建國運動最大的障礙。

所以不論從什麼角度來看，國際社會都沒有人知道台灣已經是一個獨立的國家，連台灣人自己都反對台灣獨立，這樣子怎麼能夠算是一個獨立的國家？怎麼能夠說服國際社會相信台灣已經是一個國家？明明沒有證據可以證明台灣是一個國家，如果硬要說台灣已經是一個國家，台灣共和國已經建立，就變成一種自我欺騙的行為，只是昧於事實，自己欺騙自己，這就是當前台灣獨立建國運動所面臨的一個嚴重問題。我們必須認清，台灣今天仍然沒有國家的事實，沒有台灣共和國這個國家出現，沒有一個以台灣做為國名的國家存在，也沒有所謂的台灣國的國民，所以才需要從事台灣獨立建國的運動。

每一個國家要建立，一定要公開向國際社會宣布獨立建國，不怕各國知道。所以，唯有台灣人民勇敢的站出來，宣布台灣獨立建國，台灣共和

國才有可能實現。台灣如果要建國，就必須正式以台灣共和國做為國名，
而不是用中華民國來扭曲台灣、欺騙台灣人民。

第十八章　「獨立宣言、建國意志」才能建國

一、「獨立宣言」的意義

　　「台灣建國學」曾經提到建國三步驟：「宣布獨立、制訂新憲法、申請加入聯合國」，特別是獨立不是自說自話，一定要宣布。但是有學者認為，即使欠缺「獨立宣言」亦可成為國家，只要實效統治台灣，具體顯示是有別於中國的另一個主權國家即可獨立建國，並不需要「宣布獨立」，以免刺激中國，這樣不是又可獨立建國，又不致引起中國犯台藉口，這才是兩全其美方法。

　　理論上，國際法的「宣布獨立」或「獨立宣言」，並不是指有沒有正式發表宣言或寫成文字，而是重視有沒有堅定、明確的向國際社會表達獨立建國意志，因此任何方式的對外表達獨立意願，一般就稱之為宣布獨立。所以不少國家並沒有一篇「獨立宣言」，卻以實際的獨立戰爭、建國行動（設置政府、申請加入聯合國等）來對外宣示獨立、完成建國。

　　相反的，獨立也不是一篇獨立宣言即保證可以建國成功。宣布以後如果退縮，獨立戰爭如果失敗，宣言也不過成為一篇歷史文書。由此可知，中華民國或所謂台灣政府雖有效統治台灣，也常對內自稱是國家，但對外卻是反對獨立公投、反反覆覆的否認「兩國論」，特別是面對北京政府，更不敢主張是國家，而是定位為兩岸關係、大陸政策、兩岸經貿、兩岸一家親。所以說，國際法的「宣布獨立」或「獨立宣言」，重點不是有沒有正式發表宣言或寫成文字，而是你怎麼表達出建國的意志，有沒有堅定、明確的向國際社會宣布表達獨立建國的意志。

　　中華民國在台灣體制更嚴重的問題是，在外交上採用「代表中國政府」的政府承認立場，參與國際活動也自稱「非國家」。所以中華民國與台灣不是國家，主要並非欠缺「獨立宣言」而已，還包括其他一切做為國家地位、國格的維護，對外宣示是國家的行動，也完全欠缺才是問題。如果不明文發表「獨立宣言」，也要以實際運作，以具體行動表示是國家，或一再堅持自己是國家。對於國際社會必須要表現出一致性的國家行為才行，若是有打壓、反對，也應該不斷的抗議，不能默認不作聲。例如，航

權談判要以國與國訂立條約的方式、加入國際組織要求國家身分、駐外單位有國號、國旗、與北京談判、交涉應擺國旗。過去南、北韓或東、西德談判時，都使用國號、國旗。

當然，自己國家內部也應與國格一致，例如蒙藏委員會應撤除、國家成立的歷史與文件應明確。什麼武昌起義、北伐、抗戰都要釐清。如此，內外都顯示是實際有效的「國家主權性質」，那有沒有獨立宣言的文書就不是問題。

二、建國意志與獨立建國的關係

由人類的歷史來看，沒有建國意志是不可能建國。台灣不是國家、不能成為國家的主要原因是，台灣人到目前都還沒有表現出建國的意志，沒有建國的勇氣，不敢主張要建立國家，從未顯示宣布獨立的意願。我們可以常常看到，每一次只要作民意調查，問台灣民眾是否支持台灣獨立建國時，得到的答案總是附帶條件，如果中國不武力犯台就支持台灣獨立。

由此可見，台灣不但還沒有獨立，而且台灣人也沒有獨立建國的意志與勇氣，因為台灣人害怕中國武力犯台，所以不敢獨立建國。一個地方要建國，最重要的不只是土地、人民或政府組織，而是要有堅定的建國意志，若沒有建國的意志，則國家將無法建立。基本上，為什麼台灣人無法建國？因為台灣人到現在還有很強的依賴性，一塊土地上的人，若要建立國家就必須要有很強的自主性、積極性的獨立運動。

但是台灣沒有獨立運動，台灣人只是維持現狀，消極的等待、依賴時機成熟，沒有建國意志、依賴、被動如何建國。連許多追求獨立建國的人都說，我們只要慢慢地等，等到中國內亂，等到中國內部的香港、廣東、福建等地區都鬧分離獨立，變成七塊、八塊時，我們再乘機會獨立。這就是台灣人的依賴性，依賴中國內亂，依賴香港、廣東、福建等地區的人民要求獨立，我們再跟在後面輕易地獨立。台灣人自己沒有勇氣自己站起來追求獨立，只是期望中國發生內亂，期望廣東、福建等地區紛紛要求分離獨立，台灣就可以跟在後面獨立建國。

台灣人可以有依賴性不想冒險，台灣要建國應該以安全為前提的獨立，目前時機尚未成熟，這也是一種選擇。但是全台灣自總統以下至各界人士，不能同時又自我欺騙，認定台灣已經獨立，這樣自我矛盾，是面對

危險還自以為安全。誠實面對真相才能自我警覺，台灣現狀只是中國的非法地區，在時機成熟時才知道要建國。

「台灣建國學」一再說明的主張「台灣法地位未定」、「台灣不屬於中國」等等問題，也是台灣人的依賴本質。事實上建國都不需要「台灣法地位未定」、「台灣不屬於中國」才能建國，世界各國的建國歷史，也都不需要主張地位未定，或不屬於哪一國才能宣布獨立。但是台灣人卻寧願花費精力去爭議「台灣法地位未定」、「台灣不屬於中國」，而不積極主動強調宣布獨立，這也是台灣人的依賴性。

台灣無法建國是因為台灣人沒有勇氣，沒有建國的意志，不夠積極主動，只是想等待機會，國際上都很清楚，所以世界各國當然也無法支持台灣的獨立建國運動。當美國、日本說不支持台灣獨立時，台灣人就感到非常的失望、害怕，一些學者甚至還創造一些奇怪的理論，指稱美國、日本所說的不支持台灣獨立的意思，並不代表反對台灣獨立等等，為自己壯膽。

一方面，有人認為建國也是要靠時機，靠各國幫助才能事半功倍，換句話說一個國家的建立，如能獲得世界各國的支持，自然比較容易建國，像18世紀美國獨立當時受到法國幫忙一樣。事實上，如果該土地上的人民，都不能堅定自己建國的意志、怕犧牲流血、沒有勇氣建國，那麼世界各國為什麼要支持該土地上的人民建國？又憑什麼要求世界各國支持？美國當時也是自己站起來面對獨立戰爭，之後才得到助力。當然，一個國家的建立，如能獲得世界各國的支持，自然比較容易建國，但是最主要的還是自己有沒有建國意志。如果台灣還是維持現狀，沒有表明建國的意志，如何獲得世界各國的支持。建國最重要的是，有沒有建國的意志，意志不夠堅定就不可能建國。今天的台灣仍只是在維持現狀，等世界各國都來拜託我們獨立，我們才要安全的建國，輕鬆地獨立，台灣人可以一直在等待這樣的機會嗎？

這樣當然不可能建國，因為台灣人沒有意志，只是等待、依賴各國來支持台灣獨立，保證台灣可以建國才要建國，怎麼可能有這種事。我們看許多致力於台灣獨立運動的學者，竟然都從《馬關條約》、《開羅宣言》、《波茨坦宣言》、《舊金山和約》等國際條約，尋找日本只是放棄台灣，而非將台灣交還給中國的證據，試圖以此來證明台灣可以獨立，要求中國不能干涉台灣獨立，國際社會也應該保證台灣可以獨立。但是七十年來效果如何？

這是很荒謬的，台灣要獨立，為什麼要靠某一個條約放棄了台灣、或者忘記把台灣交給某個國家，所以才能獨立？何況這些主張都是主觀片面的，沒有充分的理論依據。而且如果哪一天條約當事國忽然決定，再重新議約把台灣交還給中國，那我們是不是就不能獨立了？台灣人民就是這樣，一再地依賴中國慈悲心大發不要犯台，依賴國際社會支持，所以才無法建國。

消極、被動的等待機會建國，這是不可能的，人類歷史上建國的模式從來不是這樣。因為，如果土地上的人沒有先表示有意志建國，則各國也不可能為了一個國家的建立，而簽訂條約，保證讓該土地可以獨立建國，不可能在條約中賦予該土地上的人民有權利建國。台灣人為什麼會依賴到這種地步，哪一個國家的建立是像台灣人這樣充滿幻想與依賴，像這樣不自己站起來，從未表示有意志建國，卻要依賴別人來扶持建國。

「台灣建國學」告訴台灣人民，台灣建國尚未成功，不要只是在台灣島內夢想台灣已經是國家。必須有建國的意志，靠自己的努力來建立自己的國家，台灣的獨立建國運動才能成功。台灣人所欠缺的，就是建國的意志。我們不必兩千三百萬人都有建國的意志，只要有10%以上的人有堅定的建國意志與建國的勇氣，相信建國就能夠成功。甚至只要十萬名有覺醒、有意志的台灣人民，就可推動建國大業，但是今天在台灣卻連十萬人都找不到，找不到十萬人宣示建國的勇氣與意志。台灣人的依賴、等待與逃避，就是獨立建國運動不能成功的主要因素。台灣人民必須從不知、不敢、不能建國覺醒，站起來告訴中國與國際社會，台灣要成為國家，勇敢的宣布獨立，建立自己的國家！

三、建國意志先驅──鄭南榕

2018年是鄭南榕發起「新國家運動」三十周年，鄭南榕基金會出一本書來紀念這個運動。《這裡不是一條船：新國家運動三十週年紀念專書》，將新國家運動劃分為三個層次：首先是新國家運動的歷史回述（know why），從海外台獨運動，到1988年新國家運動，至當今獨立運動的脈絡；其次是定義新國家的內涵（know what）；最後則是如何獨立（know how），討論國際上發生的建國實例，對照台灣經驗，以期發展出可能的建國規劃。

　　鄭南榕於1984年創辦《自由時代》周刊、1986年率領「五一九反戒嚴綠色行動」，並曾因被控違反選罷法，入獄服刑將近八個月。鄭南榕在獄中的最後一篇日記寫著「我們是小國小民，但是我們是好國好人」。1987年1月底，甫出獄即投入二二八的平反運動，堅持走在最前線，實踐身為台灣人民的義務，期待建立一個自由民主的台灣共和國。1987年在台北市金華國中反國安法演講中，公開表示「我叫做鄭南榕，我主張台灣獨立」，在尚未解嚴的社會風氣底下，在主張台灣獨立可能面對死刑的威脅下，他勇敢衝撞體制，試圖找尋台灣人民在這壓迫狀態中的一條活路。1987年8月30日，台灣政治受難者聯誼總會成立，許曹德在成立大會中主張，應把「台灣應該獨立」六字納入章程，卻因此被以涉嫌叛亂罪起訴。蔡有全也因為在該大會中擔任臨時主席，並於晚間的演講會上公開主張支持台灣獨立，同樣被列為被告，「蔡、許台獨案」成為台灣解嚴後第一件「台灣獨立」叛亂案。1988年11月，鄭南榕與黃華等人為表明自身的台獨主張，同時也為聲援正在歷經訴訟的「蔡、許台獨案」，進而推動「新國家運動」，在全台二十三個縣市舉行四十多天的和平遊行、演講，期望喚醒人民對台灣這塊土地的認同與對台灣未來的關切，同時提倡新國家、新憲法、新體制、新國會、新政府等概念。

　　新國家運動強調，在民主時代中，國家的主權應屬於人民全體，因此台灣人即是自己的主人。不論嘴裡說的是何種語言，不論是否出生於台灣，更不論此時是否居住在台灣，只要認同台灣作為能夠長久安居的國家，認同台灣成為後代子孫生存發展的土地，都是命運共同體的台灣人民。作為台灣人民，為了實踐民主自由的社會正義，有責任也有權利團結起來使台灣成為新而獨立的國家。新國家運動堅持「台灣人民有權建立一個新而獨立的國家」，致力推動台灣獨立運動。

　　新國家運動於1988年12月10日達到高潮，鄭南榕於《自由時代》週刊刊登許世楷博士主導的《台灣共和國憲法草案》，邀請台灣人民共同繪製建國藍圖。1989年1月底，鄭南榕收到高檢處「涉嫌叛亂」的傳票，隨後公開宣告「中國國民黨抓不到我的人，只能抓到我的屍體」，並自囚於《自由時代》雜誌社總編輯室中。1989年4月7日，在中華民國軍警特務破門攻擊中自焚殉道，為台灣獨立建國犧牲生命。

　　鄭南榕主張台灣獨立建國，也強調每個人應有言論、表現的自由人權，每個人都應該去思考心所嚮往的國家體制與共同生活的社會應該為

何。為了達成這樣的目標，我們應該有堅定意志參與建國運動，不可以採取妥協、軟弱的立場。很多建國運動前輩，都受鄭南榕先生的意志與不惜犧牲生命影響。他認為：「走台灣獨立建國這一條道路，是要忍耐的住孤單與寂寞。」最後的遺言是：「剩下就是你們的事了，台灣獨立建國不能採取妥協、軟弱的立場。」

建國意志就是不能採取妥協、軟弱的立場，例如，1986年5月19日，主張台灣獨立的外省籍台灣人鄭南榕，不畏懼《戒嚴令》下的重刑，與民進黨第一任主席江鵬堅等人，於台北市艋舺龍山寺聚集數百名群眾，被鎮暴警察層層包圍，以人牆圍堵僵持十多個小時。此一行動在當時被認為是黨外運動堅持理念派，不滿黨外公政會主導人與國民黨方面溝通時，採取妥協、軟弱的立場而發動，希望能喚醒台灣人民不要妥協，繼續堅持對抗中華民國體制。鄭南榕一直警惕自己，堅持台灣獨立建國，不可以採取妥協、軟弱的立場。三十年之後，台灣人民應該聽到，行動思想家鄭南榕最後的呼籲：「剩下就是你們的事了，不能採取妥協、軟弱的立場」。繼續維持中華民國體制在台灣的現狀，無法完成建國制憲的歷史使命。所以紀念「新國家運動」三十週年，紀念「519綠色行動」，必須反對妥協軟弱立場，堅持完成建國的使命。鄭南榕先生最後的呼籲：「剩下就是你們的事了」，因此剩下的就是我們所有台灣人民，不可以妥協軟弱，必須完成建國、制憲、入聯的使命。

四、言論自由、轉型正義的意義

鄭南榕強調：「我不只是秉持追求新聞自由、言論自由的理念而已。追求言論自由的精神，一定要行使抵抗權，抗爭到底。」為了爭取100%的言論自由，鄭南榕告訴妻子葉菊蘭女士：「國民黨只能抓到我的屍體，抓不到我的人」。葉菊蘭女士最近說，現在4月7日已是「言論自由日」，鄭南榕不再是一個丟汽油彈的暴徒，台灣已經還給他一個公道。然而「鄭南榕還有一個更高的理想，就是台灣獨立建國，但是沒有那麼簡單。」以下針對葉菊蘭女士提到的：（一）言論自由；（二）台灣已經還給他一個公道；（三）鄭南榕還有一個更高的理想——台灣獨立建國，但是沒有那麼簡單，再詳細論述。

首先，「言論自由日」如何紀念才真正有意義。「言論自由權」並非

可以自由言論、「表現自由權」並非可以自由表現，兩者完全不同，這是憲法與人權的基本常識。例如：「言論自由權」並未包括誹謗他人的自由發言，說謊、詐騙、為敵國或犯罪集團宣傳威脅言論、播報假新聞，根本不是人權，也與新聞自由無關。這些都是人權之外的行為表現，是各國都立法禁止的犯罪行為，當然是行使言論自由、表現自由應該有的限制基準。

其次，台灣保障言論、新聞等表現自由的對象是，堅持民主政治、自由人權的台灣人民與團體。各國對表現自由、言論自由或各種人權的保障，都是以維護憲法與人權的國民為對象，以維護國民人權，保障民主制度為前提條件。因此與敵對勢力勾結，危害國家社會安全的表現、言論，都不是表現自由、言論自由保障範圍。屬於各國都立法禁止的犯罪行為，必須依據狀況限制、禁止、處罰。台灣主張投降北京，達成中國統一的親中媒體與團體，可以自由言論，宣傳北京威脅台灣的言論、播報假新聞詐騙、迷惑台灣人，是非常荒謬的現狀。親中媒體甚至可以占用台灣人民的公共財（採訪權、頻道使用權等），成為北京政府的傳聲筒，威脅台灣投降北京，更是舉世無雙的奇蹟。表現自由與自由表現不一樣，更突顯在此，他們還敢主張這是言論表現自由。親中媒體與中國勢力掛勾的特定政黨團體，極力主張台灣應投降中國「完成統一」。此種言論，不屬於也不應受表現自由保障。

台灣主張「統一」的所謂統派，他們根本是反對兩岸是國與國的關係。這與南、北韓主張「統一」的統派，是完全不同的狀況。所以南韓有統一部，現任總統也是主張統一的統派。因為南、北韓是兩個國家，都是聯合國會員國，所以他們主張「統一」，有對等性、正當性。台灣的統派是附合北京政府，「一個中國內部的戡亂統一、平定內亂完成統一」的主張，台灣的統派根本就是主張投降北京的統一派。這種與敵對勢力勾結的表現、言論，都不應該是表現自由、言論自由保障範圍。民主法治國家，也都排除在表現自由、言論自由保障範圍之外。

美國國務院公布2017年年度《人權報告》指出：「台灣媒體所有權集中在台商、港資，完全被中國操控，嚴重影響新聞自由、台灣民意。台灣媒體因為政治親中、節目播放、廣告利益與股東在中國投資的考量，媒體會發布扭曲的評論與對中國有利的假新聞，打壓台灣人知的權利與信心。」

目前台灣言論自由保障的意義，一是，言論自由應該成為公民教育的

內容。二是，侵害打壓台灣人民知的權利與言論自由的中國媒體、各式各樣組織，應該取締，從台灣消失。

再者，葉菊蘭女士提到，台灣已經還給鄭南榕一個公道，她很有包容心。但是站在台灣人民立場，這樣就算是有轉型正義嗎？在此必須指出，台灣目前的促轉會，或社會對於轉型正義的嚴重缺失。今天推動轉型正義受到重重阻礙，也是因為台灣的媒體大部分受到中國國民黨勢力，中國背後勢力的操控，完全是把黑的說成白的。這些經營者、媒體所有者，很明確的封殺年輕、有使命感的記者，無法發表正確的報導言論。但是政府還是認為，為了「新聞自由」不能干涉這些媒體大老闆，實在無知完全不了解「新聞自由」的意義。

首先，轉型正義最重要的就是要從國民的思想去改變，「若國民的思想不改變，就不可能推動轉型正義」，要改變必須從知的權利來源，教育傳授正確的理念、知識著手，傳播媒體、傳播機構、記者的專業知識與使命感，也承擔很重要的責任。

其次，轉型正義應該有「恢復的轉型正義」，對於被害者、受差別者加以全面性的補償、補救，如此才能彰顯公平正義。但是台灣的所謂促進轉型正義，對於被害者、受差別者的補償、補救方面，卻沒有落實。例如，年金改革只是對黨國體制下的得利部分，象徵性的調降，並未對被害者、受差別者有任何調漲，即使國民年金每月增加千元，也會使台灣民眾感受到轉型正義。事實上，兩者的差異還是5：1以上。

轉型正義應該有「究責處罰的轉型正義」，公開釐清真相、追究加害者的責任並處罰之，如此才能彰顯正義。針對黨國體制下的各行各業人士，如何違反公平正義，協助專制獨裁者打壓迫害人民，必須追訴責任、公布真相，加以處罰。除了對於受害者的療傷止痛（修復式正義），還必須釐清真相、及追究加害者的責任（處罰式正義）。更重要的是，不允許專制獨裁的勢力，繼續打壓台灣人民才是轉型正義的目標。

五、為何台灣獨立建國沒有那麼簡單

葉菊蘭女士說：「鄭南榕還有一個更高的理想，就是台灣獨立建國，但是沒有那麼簡單。」台灣人民應該了解主要的阻礙是：

（一）繼續維持現狀中華民國體制下的「一中憲法」與外交，是阻礙

台灣成為國家的最大因素。中華民國體制並不是一個國家,而是一個中國的叛亂團體、非法政府。

(二)誤導台灣人民相信「維持現狀就是獨立」,是阻礙台灣成為國家的因素。現狀使國際社會都認為台灣不是國家。何況中華民國自我主張是政府不是國家,維持現狀就是維持「漢賊不兩立」的「一個中國」現狀,台灣根本無法以國家身分加入國際組織。

(三)台灣無法建國是因為台灣人沒有建國的意志,不夠積極主動,不敢宣布獨立,不敢主張要建立國家。只是等待時機、依賴各國會來支持台灣獨立,依賴國際社會保證中國不會動武才要建國。

台灣人民必須記住鄭南榕先生最後的呼籲:「不能採取妥協、軟弱的立場」。不能妥協只對中華民國體制改革,必須廢除中華民國體制,必需堅定、積極、主動、持續的向國際社會「宣布獨立」,表明建立「新國家」的決心,才能成為國家。台灣要成為國家,主要問題在台灣的內部、台灣人民的意志,其次才是國際社會的支持。目前最重要的,是如何使台灣人民應理解,中華民國危害台灣的事實,台灣獨立成為國家的種種必要性。

如何傳播這些理論,使軍人、警察、各級公教人員、各行各業人士理解,中華民國已經危害到台灣的生存,威脅到下一代的前途與希望。必須讓台灣人民了解,維持現狀就是讓中國有合法性、正當性來併吞台灣。如此台灣人民的建國意志自然就會展現出來,勇敢的宣布獨立,開始建立自己的國家。

建國必須以台灣人民的幸福與安全為基礎。中國國力已經強大,刻意的刺激挑釁,等於提供其武力侵犯的藉口。烏克蘭是國家也是聯合國會員國,俄羅斯都可以武力入侵,何況中共對台灣動武?「台灣建國學」也了解,台灣領導團隊謹慎防範武力犯台的用心,應該冷靜選擇在適當時機宣布獨立,這才是有使命感的領導者。然而,誤導台灣人相信,「中華民國是國家、台灣已經獨立、不必再宣布獨立」等等,不但會使台灣人民喪失危機意識,忽略被侵犯的危險性,也會對台灣建國運動形成阻礙,無法在時機成熟時或中共武力犯台時宣布獨立建國。所以「台灣建國學」不是認為應該立即宣布獨立,而是期待台灣人民,特別是軍公教人員,能對建國

理論與現實有正確認識，可以逐漸成長壯大，最後在時機成熟時，全體台灣人民團結一心完成建國目標。

六、獨立建國對個人的必要性

當我們面對各種反對台灣獨立建國，質疑其正當性、必要性，主張維持現狀、不急統、不急獨，有國家也好、沒國家也好，反正沒國家也是這樣過日子等言論時，應該如何回應。這樣只要個人的生命財產安全，不要國家的迷思，非常普遍。在台灣生存的兩千多萬人，其實沒有權利說自己不要國家，也沒有權利要求不統、不獨。因為目前人類社會沒有讓你有此選擇的空間。

現實是，目前的國際社會，有哪一塊土地有人在生活，而不屬於某一個國家的？沒有。如果你自己不想建立國家，那麼一定有其他國家來統治你。所以，在地球上的一塊土地上生活的一群人，絕對沒有權利選擇是否需要國家，或是認為即使沒有國家，自己的生命財產也可以有保障，可以無憂無慮平安過日子。如果你不選擇建立自己的國家，則必須覺悟將被其他國家所統治。如同台灣的現狀一樣，台灣人如果不準備建立自己的國家，那麼中國必然來統治，並可大膽地向國際社會主張台灣是其一部分，因為台灣不是國家，則必然屬於某一個國家所有。即使中國不來，其他國家也會來統治，到時候主人、傭人身分就要變動。世界上沒有一塊土地、一群人是和國家無關的。

目前的人類社會，國家與個人的關係，並非個人可以主動決定要不要國家。台灣人當然可以選擇要不要建國，但是若台灣人不建立自己的國家，則台灣必定被中國統治，或被其他國家統治。不論世界的何處，國家的統治必然存在。人類社會幾千年以來便一直是如此發展的，國家是如影隨形的存在，不是我們兩千多萬人可以選擇要不要的。所以，任何人都不能說不需要國家，沒有國家也可以平安過日子。

台灣人不要國家，則中國必來統治，即使假設中國討厭台灣，不願意統治台灣，則其他國家也必然會來統治台灣。目前是因為北京政府主張擁有台灣，使其他國家沒有機會來統治台灣。若北京政府放棄對台灣的野心，台灣人又不想自己建立國家，其他國家必然會主張台灣是其一部分，這時台灣仍然必須面對是否建國的問題。總之，台灣人沒有選擇「是否需

要國家」的權利，我們唯有選擇由自己主導建立國家，否則必然是被其他國家統治的命運。台灣與台灣人的未來發展，只有以下兩種型態：

被統治型（由其他國家支配型）

如上所述，即使中國不來統治，亦有其他國家會來統治台灣，這也就是為什麼過去獨派前輩，一直稱台灣為「亞細亞的孤兒」的原因所在。但是，如今大家好像都已經忘了這些道理，以為台灣是國家，不再是孤兒。台灣這個孤兒不可能存在不屬於任何國家的情況，一定會有一個國家來霸占、統治。過去也可能暫時交給聯合國託管，等待宗主國來統治，但是目前的國際社會，已經沒有聯合國託管的情況。所以，我們可以請主張「維持現狀」者說明，為何台灣目前做為中國的非法政府叛亂團體，可以有生命、財產、安全可言？如果真有安全，為何他們要將子女送到外國、拿外國籍？我們也可請這些人說明，如果繼續維持現狀，世世代代的台灣人是否也能像其他國家的國民一樣，安穩過日子？如果我們不建立自己的國家，則台灣人隨時必須面對中國或任何其他國家的統治，將來的命運必然是被殖民、被統治的被動狀態。

建國型（主宰自己命運型態）

這是以台灣這塊土地、以兩千多萬人為核心，獨立自主建立一個主權國家，是由自己主導自己命運的建國型。例如，很多政治人物接受外國媒體訪問時亦表示，台灣未來的命運，只有兩千多萬人才有權決定，其實這句話就和建國型的基本理論一樣，也是主張兩千多萬人要自己站起來主宰自己命運，就是一定要獨立建，應該是獨立派的一分子。只是他們有時候不知道自己在說什麼，仍會說出：「中華民國（中國舊政府、叛亂體制）也是活得好好的，何必建國」等等錯誤認知，前後互相矛盾的結論。

但是我們知道，要達成所主張的基本原點：由兩千多萬人自己決定自己的命運。那就必須先自己建立自己的國家，有國家兩千多萬人才能自己決定自己的命運，否則一定有其他國家來支配、統治、殖民台灣。這時兩千多萬人就不可能主宰自己的命運，也不可能繼續維持現狀，這個「不是國家的現狀」只是暫時的，不可能永遠存在。總之，如果台灣不想建立

自己的國家，則必須覺悟被中國或其他國家統治的命運，我們是不可能建立「無國家或無國籍的空間」。19世紀末，所謂無政府、無國家主義的主張，後來證明完全不可能實現！

所以說台灣人大多數想維持現狀，其實就只是夢想建立國際法與國際社會，不可能容許的「無國家或無國籍空間」。換言之，維護中華民國體制是沒有活路與出路，我們台灣的出路每況愈下，使「香港化」即將到來。今天因為台灣很多人不懂這些道理，被中國在台媒體、網軍、投降派灌輸錯誤資訊，反世界潮流，方便北京政府併吞，所以台灣的建國運動一直無法繼續發展下去。

因此，有關「國家必然存在」的觀念也相當重要。我們能否自己掌握命運建立國家，或只是任由一個我們無法掌握的外來殖民政權來統治，都是過去獨立建國運動者，一再強調的觀念和感覺。但是如今這些感覺都已消失，反而讓大部人誤以為今天我們在中華民國體制下，也可以自己選舉主宰自己的命運。甚至洗腦、宣傳未來人類社會國家會消失，獨立建國沒必要，親中發展經濟最實在。

試問，沒有自己建立的國家，在「一個中國」的中華民國體制下，有可能持續主宰自己的命運嗎？有可能不斷發展經濟保有財富嗎？這是不可能的。所以，問題的癥結在「我們到底有沒有自己的國家？」。台灣的公務員、軍人、一般民眾天天喊著「我們要愛國」的口號，可是你的國家在哪裡？你到底有沒有國家？這些也是我們必須探討的基礎理論範圍。總之，一群人生活在一塊土地上，一定會有國家的歸屬，不可能存在無任何國家歸屬的狀態。主張維持現狀、不急統、不急獨，有國家也好、沒國家也好，「反正沒國家也是這樣過日子」等言論，都是別有用心，企圖危害台灣的洗腦說法。

七、台灣不可能有三個國家

自從維持現狀成為選舉口號之後，好像已經變成台灣各界認同的主流。因此如何破解、說明維持現狀的矛盾性、危險性，對獨立建國運動很重要。

首先是，人類社會各式各樣的狀態，維持現狀事實上都是不可能。就以當年中華民國政府在台灣，還代表中國還是聯合國常任理事國，美、

法、日本等主要國家都在台灣設「駐中國大使館」，目前的現狀又如何？由此可知，所謂台灣要維持現狀根本不可能，面對中國的追殺、封鎖持續強化，繼續維持現狀將使台灣陷入「香港化」。何況，現狀的中華民國是不是國家，台灣是否已成為獨立國家等問題，都必須明確地依國際法理論自我反思，才能了解台灣維持現狀，到底是什麼現狀，是否正確、是否有矛盾性、是否有危險性。

台灣是否已成為獨立國家重要的是，一個國家對自己的國家地位、主權本質必須「一貫持續不斷的堅持」。只是偶然提一下「兩國論」、非正式的場合喊一下「一邊一國」，立刻又自認為是經貿體而非國家，面對中國恐嚇，又立刻說不會宣布獨立，如此則永遠無法以國家身分加入國際組織。

目前很多人主張台灣不是中國的一部分，但是卻支持維持現狀，這是很矛盾的。因為主張維持現狀，台灣就會繼續成為中國的一部分。「台灣建國學」都談過，但是多數台灣人就是不能認清這個事實。特別是，為什麼台灣目前維持現狀，就是維持「一個中國」，就不是一個國家？為什麼民進黨政府堅決反對「一個中國」、「九二共識」，自己卻是維持「一個中國」的憲法與外交現狀？很多人主張台灣不是中國的一部分，但是不知道維持現狀，台灣就會繼續成為中國的一部分。以下由最簡單、直接的兩項證據與事實，分析維持現狀，就是維持「一個中國」。

「中華民國憲法體制」下，維持現狀就是維持「一個中國」，台灣政權已經不能再代表中國，故不可使用中華民國或與中國有關的國名，當然也不能偽裝繼續施行「中華民國憲法體制」。維持現狀的中華民國的外交政策就是，停留在中國這一國家內部合法、非法政府之爭的「一個中國」、「漢賊不兩立」的模式。兩岸的外交戰仍然是維持「一個中國」原則，外交部還一直是要求世界各國承認，在台灣的中華民國是合法代表全中國的政府，自我認定是「一個中國」的內戰狀態。

基本上，獨立建國運動應該認清，依據國際法理論，目前在台灣的中華民國體制並不是一個國家；或者說，在台灣的中華民國體制是一個非法的中國叛亂團體。今日，何以大家不願意，或沒有熱情來參與台灣的獨立建國運動，主要是因為大家不知道中華民國的地位只是一個叛亂團體，不相信所謂的中華民國體制並非國家。中華民國政府只是中國的舊政權，是一個被新政權（中華人民共和國政府）打倒而敗退到台灣，並於台灣繼續

叛亂的一個叛亂團體。過去反攻大陸時代,大家都很清楚。

但是在民主化之後,被沒有使命感、責任感的政黨與政治人物欺騙,大多數的民眾,誤以為中華民國是一個國家,台灣已經獨立,以為維持現狀就是我們已經有一個國家。使中華民國在台灣人心目中,正當化、合法化,一起捍衛中華民國。並且誤認為國際社會不接受中華民國,不支持中華民國,是因為中國的打壓。國際社會不承認中華民國在台灣是一個國家,是因為他們害怕中國。諸如此類奇怪的想法,使台灣人認為,暫時讓「中華民國」這個國家保護我們,維持現狀也可行。

事實上,各政黨都說台灣是國家,只是用詞定義不同罷了。新黨、親民黨說「中國」是一個國家;國民黨說「中華民國」是一個國家;民進黨說「中華民國在台灣」已經是一個國家。很荒謬,總共有三個國家在保護著台灣人,分別是中國、中華民國、以及中華民國在台灣。所以大家能夠安定地過日子、做生意、投資股票,而很多政客則可以繼續地欺騙、賄選、貪污及舞弊。因為其他國家的國民,只有一個國家可以保護他們的生存,而台灣人卻有三個奇怪的國家在保護著台灣人。所以一般民眾不會感覺到沒有國家的危機,不認為自己沒有國家,這也就是為什麼以追求台灣獨立,建立台灣共和國為訴求的運動,總是沒有太多民眾支持的主要原因。

有關這一點,也是我們從事建國運動者所應該檢討的,為什麼明明沒有國家,而台灣的民眾卻沒有感覺到或不知道?最主要的原因,就是一般民眾和我們的認知不同,我們要如何拿回中國媒體霸占的台灣人公共財,運用公共媒體,以理論、以正確的常識、知識來說服一般民眾,使他們知道台灣還不是國家,台灣還不是台灣共和國,認知到獨立建國運動的重要性、迫切性。讓台灣民眾知道,國家是否存在比環保、治安、財經、社會保險、年金等問題都重要。因為,台灣的地位甚至不如香港,只是中國的一個叛亂團體所占據的地區而已,所以即使爭取再多的建設、再多的利益,把治安、環保弄好,都只是短暫的假象。當中國對台灣進行平亂、併吞、統一之後,所有過去用我們辛苦改革、納稅所做的一切建設、福利都將一無所有。

「台灣建國學」的任務很重要,因為從獨立建國運動的角度來看,認清事實,讓台灣人民知道現狀,台灣人沒有國家,才能產生堅定的建國意志。由於一般的台灣民眾並不了解這些問題,所以由推動獨立建國運動的角度來看,必須要促使台灣人認清,台灣沒有屬於自己的國家台灣共和

國,現狀的「中華民國在台灣」是一個中國的叛亂團體的事實。如此方能建立堅定的意志與熱情,來推動台灣的獨立建國運動。

試想,若是民眾認為我們已經有屬於自己的國家,「台灣」已經是一個國家,那麼大家就坐在家裡喝茶、聊天、看電視、看報紙就好,何必關心、探討獨立建國問題。又何必去參與以獨立建國為主要訴求的運動,何必投身於獨立建國理念的宣揚。如果我們已經有國家,甚至有三個國家在保護台灣,那麼當然大家就會想在家裡輕鬆地過日子。

目前,建國的聲勢愈來愈弱,是因欠缺宣揚正確的建國理論。所以我們必須要加以了解,為什麼國際社會不願意支持台灣,甚至是孤立台灣,使台灣成為國際社會的孤兒?為什麼世界各國把台灣的兩千多萬人當作是不存在,不和台灣往來?彷彿是台灣得了黑死病一般,沒有國家敢和台灣有外交關係。原因是沒有建立台灣共和國,只是中國的台灣,如何與各國有外交關係。大家才能知道我們此時的處境為何,才能知道「維持現狀」是使台灣處於怎樣的危機之中。譬如香港人,他們了解自己的現狀只是中國實施一國兩制下的一個香港地區,於是香港人便會對自己的前途加以打算並有所覺悟。台灣獨立建國運動的推動亦是如此,必須使民眾正確地了解自己所處的地位與危機。否則,連獨立建國運動的推動者都認為台灣已經是一個國家,那麼一般的民眾將無法理解,既然台灣已經是一個國家,為何還要推動獨立建國運動?

所以從運動的角度來看,我們更應該認清並強調,台灣目前維持中華民國現狀,就是維持「一個中國」,就不是一個國家,維持現狀台灣就會成為中國的一部分。「台灣」只是中國台灣,不是台灣共和國。建立台灣共和國才能阻止中國武力犯台,任意殘殺台灣人民。《國際刑事法院羅馬規約》第八條規定戰爭犯罪:故意殺害平民、戰俘、酷刑或使身體健康遭受重大痛苦或嚴重傷害、無軍事上的必要非法恣意地破壞人民住宅和侵佔財產等等38項規定,都使中國武力犯台無法任意殘殺台灣人民。然後再進一步地宣揚,使台灣民眾知道中華民國不是國家。更嚴重的是,中華民國根本是北京繼承的對象,很危險。如此大家才會知道自己所處地位的危險,獨立建國的運動才有可能獲得支持。

第十九章　解決台灣問題的保障

一、「和平」可以解決台灣問題？

　　《台灣關係法》的內容，雖然強調美國與台灣無外交關係與承認，但是也強調美國與中華人民共和國建立外交關係，是基於台灣的未來必須以和平方式解決。《台灣關係法》第4條指出，美國與台灣無外交關係與承認；第2條第3項則指出，美國與中華人民共和國建立外交關係，是基於期望台灣的未來以和平方式解決。所以台灣問題的和平解決意義究竟如何，是否對台灣有安全保障，以下由不同角度詳細探討。

　　首先，中國政府方面一再強調，《台灣關係法》只是美國的國內法，對其他國家沒有拘束力，中國政府推託並不了解美國的國內法，也認為美國的國內法對中國沒有任何拘束力，企圖對《台灣關係法》和平解決台灣問題的內容視而不見。所以，和平解決台灣問題，只是美國政府單方面對北京的期望而已，除非美國總統或外交部長（國務卿）與中國簽訂條約，約定中國必須和平解決台灣問題，這樣才有國際法的效力，才對中國有拘束力。

　　其次，再進一步思考，即使中華人民共和國與美國雙方簽訂條約，在條約中規定台灣問題必須和平解決，只是更加說明了台灣不是國家的事實，台灣沒有主權，所以可以被其他國家搬到談判桌上，任意決定台灣的命運。一方面也證明台灣屬於中國，所以中國可以向美國承諾，要與台灣的舊政府和談，以取代武力的戡亂，而台灣人只能等著被別人決定命運。

　　《台灣關係法》隱含「台灣屬於中國」的認定，所以依現狀來解釋，台灣問題的和平解決，應該是世界各國所承認的中國合法政府（北京）與中國的非法政府（台灣）之間，應該用和平方式解決內戰問題的約束。所以，世界各國一方面反對或是不支持台灣獨立，一方面施壓要求兩岸交流談判，就是這種和平解決論的實踐。

　　最後，台灣內部也不斷有這種兩岸和平交流談判的主張呼應，明顯投靠北京的政黨、組織，表現的特別積極。但是台灣人民站在台灣建國的立場，想要以和平、對等的方式解決兩岸問題，就必須主張先成為一個國

家，成為聯合國的會員國，才能符合《聯合國憲章》的當事「國」紛爭和平解決的原則，才有權利要求國際社會保障台灣的和平生存，這種和平保障才有效。台灣內部有這種兩岸和平交流談判的主張，如果不是以台灣建國的立場，使台灣先成為一個國家，就是企圖投降中國合法政府（北京）的勢力，假藉和平交流談判，實際是投降中國的行為。因此，要兩岸關係和平交流、兩岸一家親，一定要先主張台灣建國才正確。

　　總之，台灣必須先成為一個國家，加入聯合國成為會員國，才有可能適用當事國紛爭和平解決的原則，展開與北京的和平談判。目前台灣內部多數主張維持現狀，維持現狀下的台灣，真的可以確保和平解決兩岸問題嗎？甚至認為只要台灣不宣布獨立，中國就會保證不使用武力、不發動戰爭，兩岸可以維持和平。台灣內部甚至還有人主張，為了避免戰爭、維持兩岸和平，為了保障生命財產安全，應該委屈求全接受北京政府「一國兩制」。如此台灣必然成為中國對抗美、日、西方各國的最前線，台灣人還是要面對戰爭，無法確保和平。古代羅馬思想家早就說過：「若要和平，一定要有應付戰爭的準備。」

　　事實上，維持現狀下，中國不需武力犯台即可輕取台灣。因為中國要迫使台灣投降，未必採取武力犯台之手段，而可以其他各種的非武力方式解決台灣問題。譬如，以大量的偷渡犯、漁民登陸，我們的所謂國軍敢開火嗎？政府敢下令開火挑起戰端？近期「港澳台居民居住證」，不少台胞早就在當天早上搶頭香辦理，我們政府敢給予苛責嗎？以軍機、民航機飛越台灣的「所謂」領空，加上黨政要員進行會談的方式進行騷擾，台灣的經濟能不崩潰嗎？中國只要突然大規模地，以各項罪名逮捕在中國大陸的台商、留學生、探親或旅遊的台灣民眾，會有數萬件「李明哲事件」出現，他們的家屬馬上就會包圍總統府，要求政府向中國投降。

　　最大的威脅是，中國可以支持台灣的統一派，煽動民眾反對各式各樣的改革，號召榮華富貴被剝奪的黨政軍，在台灣製造動亂？這樣，各國的投資也會陸續撤出台灣，而台灣許多人也會因為不願被中國統一、不願生活在共產制度之下，甚至是害怕戰爭而逃避離開台灣。那麼台灣還剩下什麼？

　　即使中國保證不使用武力，不發動戰爭，但是只要台灣民眾沒有與中國對抗的意志與勇氣，中國仍然可以使用各種非戰爭手段和平解放台灣。這些策略都已經開始運作，最近的中國網軍與中國援助的台灣媒體，都公

然的分化台灣社會，這就是北京的「和平解放台灣」策略。如果有一天中國全面展開對台灣的和平統一攻勢，台灣主張維持現狀派如何對抗，國際社會和平解決方式有何保障。

中國現階段為什麼還不敢全面性這樣做？因為現階段的中國在經濟方面的實力還未能自立自主，內部還沒有完全掌控。如果哪一天，中國的經濟力夠強，不須再仰賴歐美時，或者中國已經全面獨裁掌控，不惜一切代價就是要解放台灣時，台灣要如何對抗中國的和平攻勢，國際社會的和平解決方式如何運作，能主張聯合國的爭端和平解決嗎？到時候，國際社會就會向台灣說：「抱歉，因為台灣不是國家、不是聯合國會員國，所以不適用聯合國當事國爭端和平解決的原則」。因為台灣人沒有建國的意志，寧願死守著中國的舊政府體制，不能以國家的名義加入聯合國，所以世界各國也不能干涉中國內政。

換言之，如果台灣人沒有建國的意志與行動，台灣不是一個獨立的國家，則面對中國的和平攻勢或非武力犯台手段時，國際社會想介入也欠缺正當性。反之，如果台灣明白主張要從中國分離獨立，或是已經建立國家，那麼即使在建國初期可能遭遇到中國的反對，國際社會也可以人民自決的原則，支持台灣的分離獨立。只有在國家建立後，中國才必須和平處理與台灣之間的關係。中國若堅持武力犯台，因為台灣已經是一個國家，國際社會就不可能坐視不理，否則由國際法所架構出的國際秩序將蕩然無存。譬如伊拉克入侵科威特，聯合國組織的聯軍攻打侵入科威特的伊拉克軍即是實例。

二、「自決投票」解決台灣問題

和平解決台灣問題的方式之一是舉行「自決投票」。目前全世界各國所採取的「國民投票」、「公民投票」或「自決投票」等，分為體制內與體制外。人民「自決投票」與體制內的公民投票、國民投票不同，台灣獨立相關議題的人民自決投票，應該是超越國家、憲法、公投法的國際法層次「自決投票」，是等同宣布獨立建國的人民意志表達。當然，不必遵守《中華民國憲法》或公民投票法。

國際社會超越憲法而存在的「自決投票」層出不窮，例如：波羅地海三國、加泰隆尼亞、魁北克、蘇格蘭等人民自決投票，當然不是

各國國內法可以阻擋。法國的南太平洋屬地，新喀里多尼亞（Nouvelle-Calédonie），最近也舉行脫離法國的獨立公投。當地「脫法建國」的獨派聲勢大幅成長，因此期待著在2020、2022年再次舉辦「自決建國投票」。

「自決投票」的內容與目的，必須有正確的意志表達，說明清楚才能獲得支持。前輩的建國運動領導者，在推動獨立建國時，都抱著堅定建國的意志，清楚地主張要建立新而獨立的國家，這才是自決的建國運動。因為運動的目標，清楚地主張是要建立新國家，所以必須堂堂正正的宣揚台灣獨立建國的理論，說服民眾認清建立自己國家的必要性。

台灣政府本來應該發起「自決投票」，鼓勵台灣人勇敢舉行「自決投票」宣布獨立。然而事實證據顯示，台灣政府卻不斷打壓「自決投票」，反而是外國人一再鼓勵台灣人，應該站起來獨立建國。沒有錯，台灣已實質的具備主權國家的充分條件，但是卻不敢以「自決投票」宣布獨立。

三、「自決權」獨立建國的意義

「民族自決權」與「人民自決權」差異何在，推動台灣的獨立建國運動，要以何者為基礎，國際法上是否明確保障「人民」有自決獨立的權利，當今國際社會對「人民自決權」的定位如何，以下分別說明之。

首先，受異族統治壓迫民族的「民族自決權」與同樣民族之內的一部分人民的「人民自決原則」，兩者之間有所差異，前者權利性較強，後者只是原則。國際法上關於自決權的理論主要分為兩種，第一種是在《聯合國憲章》及相關宣言明確揭示的「民族自決權」，此種自決權建立在要求自決的民族，與掌握國家權力進行統治的民族，二者在宗教、文化、語言、血統等方面均不同，是異族的對抗。兩者之間不但不是同一個民族，甚至還遭受另一個強勢民族的打壓、虐待、奴役。此時受壓迫的民族可以要求自決，世界各國也都認同受壓迫的民族有自決的權利。例如，美國、北約等世界各國都支持、介入科索沃的獨立運動，因為科索沃的條件完全符合上述的「民族自決權」。此外，「民族自決權」的主張，必須是該民族受到壓迫，譬如美國國內的黑人或印地安人，因為沒有普遍受到壓迫，所以不會發起「民族自決權」的主張。再者，如果一個民族是散居於各地，不是生活於一塊固定土地上，那麼也很難主張「民族自決權」。譬如

吉普賽人因為散居在歐洲各國，所以不可能主張「民族自決權」，因為沒有集中的居住地可建國。猶太人過去也是如此，所以才特別從世界各地群聚到以色列的迦南地，在那一塊土地上主張自決權建國。

第二種是，在同一民族的國家中，雖然具有同樣的宗教、文化、語言、血統等，但是某一地區的人民不願接受中央政府統治，而要求自決的就是屬於「同樣民族之內的一部分人民的自決原則」。今天的香港就是接近這樣的狀況，台灣是否也一樣，下面將進一步分析。

「民族自決權」與同一民族之內的「人民自決原則」，可以由中國實際存在的各式各樣的民族，以及「中華民族」是否是一個「民族」，使中國成為單一民族國家，「中華民族」與「中國國民」的關連等等，詳加說明、解釋。

1990年代以來，由於台灣自由化、民主化的進展，以及在中國北京的打壓與併吞野心之下，台灣人意識逐年增高。但是由於長期的黨國教育，台灣人對「中華民族」概念錯誤認知，導致對族群、民族、國族、國民等概念極其混亂，甚至錯誤百出。所謂「中華民族」，是孫文推翻滿清政府，建立中華民國新政府的前後，因為中國內部有漢、滿、蒙、回、藏等主要民族，及五十多個其他民族，為了解決國家認同問題，而被創造提出來的新名詞，把中國所有民族合成一個「中華民族」，企圖使中國成為單一的民族國家。

中國的民族問題，首先要從歷代王朝來看，中國統治者都是以「特定民族」為中心，所形成的統治異族的政權。例如，元、明、清，即分別由蒙古民族、漢族與滿清民族所主導統治，形成對異族的壓制、差別，所建立的民族帝國。然而，孫文推翻滿清政府，建立中華民國新政府之後，企圖化解各民族的對抗，使各民族融合在一起，形成一整體的現代「國民國家」。但是名稱上誤用「中華民族」，實際上應該使用「中國國民」才正確。因此使民族與現代國民的概念脫節，導致「族群」、「民族」、「國族」、「國民」等的中文概念，至今混亂使用，未能釐清意義，台灣目前也一直誤用。

四、「民族」與「國民」的意義完全不同

中國的憲法條文中提到的「民族」與「國民」是完全不同的意義。例

如，《中華民國憲法》第5條規定，中華民國境內各「民族」一律平等。現在中國的中華人民共和國也明訂，中國境內有五十六個「民族」。所以，依據現代國家的用語，以及中國憲法條文中的「民族」二字意義，應該與「國民」是完全不同的意義。若依照我們前面的說明，所謂中華民族的「民族」，應該是指中國「國民」才是正確的。例如，美國是多民族的國家，依據現代國家的理論，在建國之後就努力促進各民族形成命運共同體，經過兩百多年的發展，美國國民已經是一個整體，遇到威脅都會團結在一起。故常形容美國是民族的熔爐，是可以團結在一整體的美國國民。

中文若使用「中華民族」，應該是指希望結合中國各式各樣民族，成為命運共同體之後，而形成「中國國民」。否則，就無法解釋中國國家內部的各民族與中華民族的關係，還有國家內部各民族之間持續存在的矛盾、抗爭。如新疆的維吾爾民族，又是中華民族，又是維吾爾民族，到底民族的意義何在，必然混淆。

因為涉及「民族自決權」，在此要回到前面提到的，有關香港與台灣內部多族群的社會結構，為了解決國家認同的問題，是否有「香港民族」、「台灣民族」形成。台派團體裡面一直有所謂「台灣民族」的主張，但是這麼多年來，是否有台灣民族形成，可以與元、明、清，即分別由蒙古民族、漢族與滿清民族所主導統治，形成對異族壓制差別的帝國一樣，「台灣民族」是否可以與其中的各民族相提並列。甚至，在台灣內部是否有形成統治階級的「外省民族」（大陸來台族群），對「台灣民族」的壓制與差別統治？若是如此，台灣內部才可以區分成不同民族的對抗狀態。

但是目前事實上無法認定有「台灣民族」形成，沒有形成的主要原因是：如果是在日本殖民統治下，提出以「台灣民族」對抗日本大和民族，那麼條件很清楚，可以逐漸形成「台灣民族」。但是民族的形成需要相當長的時間，五十多年日本殖民統治下，是否可以形成與漢民族區別的「台灣民族」，不再受到漢民族認同影響，事實很困難。例如二二八事件之前台灣人的祖國意識，充分顯示並非如此。而且在中國國民黨政權於戰後統治台灣之後，要說是異族來統治台灣民族，事實並非如此明確。一方面，國民黨政權在台灣，一直是反其道而行，不僅完全沒有在台灣內部推動各族群形成與大陸漢族的不同的「台灣民族」。反而強制在教育、各式各樣的法律政策推動形成「中華民族」（等於是中國國民）的意識型態，不但

無法形成中國漢族與台灣人是異民族的狀態，反而使台灣人在國家定位認同中國，成為與中國人是同一民族，認同中華民族與中國國民，至今仍然如此。目前各政黨都繼續維持中華民國體制，憲法與外交政策都是「一個中國」之下的台灣，不論是國家定位、歷史、文化、宗教、教育都與中國密切連結的情況下，企圖形成台灣民族，主張「民族自決權」，實在無法想像要到何時何日。

五、阻礙台灣民族形成的原因

　　台灣民族無法形成的主要原因在於：文化、宗教、習俗與中國漢民族的認同一直無法切割，再加上傳統國民黨教育體系，灌輸中華民族觀念，最後是本土政黨與政治人物主張中華民國的台灣。目前，國際社會早已普遍承認，中華人民共和國是中國「唯一合法」政府。在此情況下，中華民族的定義，等同於「中國國民」。近來民眾黨等一群人與中國國民黨還企圖與中國人形成命運共同體，努力強調中華民族與兩岸一家親的主張，更是是非不分，與中華人民共和國相互唱和，繼續推動「中華民族」與「中國國民」的認同。如此一來，當然造成台灣民族，短期間不可能形成。

　　更嚴重的是，各黨的政權在台灣內部，都強調中華民國體制的情況下，當然更不可能形成「台灣民族」，追求以「民族自決權」獨立建國。長久以來由於中國國民黨政權誤導的中華民族、「一個中國」，使得我們居住的台灣，不斷被國際社會懷疑、誤解，甚至無法支持台灣成為國家。如此一來，使得台灣人民無時無刻要生活在沒有國家的恐懼與不安之中，對前途完全失去信心，對下一代的未來希望也無法承擔責任，幾乎與香港一樣。近來，中國國民黨變本加厲，甚至與中華人民共和國，隔海交流唱合，提出「一個中國、九二共識」的主張，等於鼓舞北京政府併吞台灣的企圖，造成過去反共時期台灣僅處於被國際社會孤立的情況，更進一步發展成面臨被中國同化併吞的危機。

　　雖然台灣1990年代之後的民主化，使台灣主體意識加深，似乎可以脫離中國認同，有希望建立台灣國民國家。然而，1990年代以前，台灣在國家定位與建國意識方面，在國民黨政權實施戒嚴體制下，號稱「法統」政府對抗「匪偽」政權，當然排除台灣脫離中國，建立現代國民國家的可能性。1990年代以後，國民黨的「第一位台灣人總統」李登輝，民進黨執政

也都繼續維持中華民國的「舊中國」政府體制，對外仍然不敢主張與中國是不同國家，從來未宣布獨立，未要求國際法上國家承認，也沒有提出建立台灣國民國家的規劃與理想。

更嚴重的是，中國國民黨馬英九政權八年間，完全揚棄「三不政策」，加速啟動兩岸的接觸與交流，台灣人為了利益前往中國，自願成為中國國民，向中華人民共和國政府申請中國台灣地區同胞證（台胞證事實上就是中國國民身分證），進一步融入中國國民體系，當然更進一步阻礙台灣民族形成的空間。國民黨與目前的民進黨政權，如果再繼續維持中華民國的中國舊政府、舊「中華民國憲法體制」，毫無意願建立新國家，繼續的「維持現狀」，必然導致「台灣民族」或「台灣國家」的創設與形成，雙雙陷於困境。

六、「人民自決原則」建立國家

因此，台灣人民要求自決獨立，由於無法建構「台灣民族」，而又與「中國國民」的身分盤根錯節，主張「民族自決權」可能無法獲得國際社會的認同與支持。今天自認是漢民族的台灣人如果要求自決獨立，依據國際社會的認定是，台灣人只有主張人民自決的原則。人民自決只是原則不是權利，所以國際社會沒有積極支持的義務，也不一定要介入。面對中國的武力犯台，國際社會若是要支持台灣，也不像支持科索沃那般地有立場，因為科索沃與南斯拉夫是不同民族，科索沃人有民族自決的「權利」。而台灣人與中國漢人為同一民族，因此台灣人民如果有勇氣要求自決獨立，只有自決的「原則」，只有靠自己的實力勇氣爭取獨立建國。例如西藏，為什麼世界各國會給予西藏較多的關心，甚至邀請達賴喇嘛到聯合國大會，各國國會演講，而台灣人卻未獲同等對待，甚至被拒絕發給簽證，這是因為西藏是一個與漢民族不同的民族。

所以，必須是不同的民族才享有自決權，同一民族的人民則無此種權利。何況，台灣人還自願維持中國國民、中華民族的現狀。這在聯合國大會通過的《賦予殖民地及人民獨立宣言》、《關於各國內政不容干涉及保護獨立與主權宣言》中均清楚揭示，不同民族才享有自決權。由此看來，台灣地區的人民不願接受北京中央政府統治，而要求自決的情形是屬於，「同樣民族內的一部分人民的自決原則」。今天的香港、台灣都是一樣，

是「同樣民族內的一部分人民的自決原則」。

台獨運動前輩史明先生，所提倡「台灣民族主義」與「獨立建國路線」，在其出版的《臺灣人四百年史》中，所要建構台灣人史觀的理念，就是要建立台灣民族以對抗中華民族。史明主張，台灣的獨立運動一定要形成台灣民族，形成一個與中國各民族不同的台灣民族，這是主張民族自決權的正確方向。因為只有不同民族，才能有獲得國際支持自決的「權利」。

但是，一個民族的形成並不是如此簡單，雖然四百年或五十多年來台灣的價值觀、經濟、社會等各方面都與中國有著很顯著的差異，但是國際社會卻未明確認定，所謂的台灣民族已經形成。除了國際間的認知之外，最主要的問題還是出在，台灣人自己的國家、民族意識、教育內容、自我認同，甚至當我們自己的民意調查，都還有七成的台灣人強調認同中華民國、中國體制的情況下，如何形成台灣民族。

人類歷史上大部分國家，都是先形成民族，再完成獨立建國。大部分的歐洲、中南美、非洲國家都是如此。但是也有不少國家，是完成獨立建國之後，再努力促進全體國民形成命運共同體，成為國民國家，產生新民族。雖然主張台灣民族主義，以民族自決權建國非常正確，只是台灣民族不知道何時形成，因此缺少有力的基礎支撐民族自決權。但是，我們即使不依靠民族自決權，也可以憑藉著自己的意志，以及為獨立建國犧牲的覺悟，依據人民自決的原則建立國家。例如，如過去很多單一的民族（日耳曼、盎格魯薩克遜）都經由分離獨立而建立不同的國家。北美十三州人民獨立建國，也是以不同的民主價值觀、經濟、社會等方面都與英國有著很顯著的差異，而分離獨立建立國家。並未主張是不同民族，而是以「同樣民族之內的一部分人民的自決原則」脫離母國建立國家。

所以，有關民族、種族、國民（nation）的定義與觀念，必須先界定清楚才能進一步探討自決權問題。但是最重要的是，台灣人民要爭取分離獨立，並不需要先證明自己是一個不同的民族。台灣人民可以憑藉著自己的意志，以及分離獨立的決心，依據人民自決的原則建立國家，建國之後台灣民族必然會形成。

何況，目前國際社會已經認為，必須尊重「人民自決原則」。目前的國際法可以分為：「人權國際法」與「國家權益國際法」，要求兩者必須取得均衡的國際法體系。特別是人權習慣國際法已經迅速的形成，自1967

年開始，聯合國與國際法院，針對巴勒斯坦問題與各地的分離獨立爭端，已經多次作出必須尊重「人民自決權」的決議。認定國家維護主權內政，應以尊重「人民自決權」為前提。特別是和平的自決運動與自決投票，國家更不應該以暴力鎮壓。各國都認定和平的自決運動，已經不再受內政不干涉原則的拘束。因此，加泰隆尼亞獨立自決投票運動與香港的自決運動，都應該得到尊重與聲援。台灣人民比各地的分離獨立運動，具備絕對優越的條件，在目前的國際法體系上，更應該有追求建立國家的權利。

　　但是問題是，台灣人民的獨立自決意志完全沒有表達。看到西班牙加泰隆尼亞的自治政府，全力支持並舉辦獨立自決投票。反觀，中國的中華民國台灣政府，卻與北京政府共同打壓、反對台灣人民的獨立自決投票。台灣還有很多人一再認同中華民國、中國體制，兩者對比實在令人遺憾。

七、人民自決投票之定義

　　「人民自決權」、「人民自決原則」、人民自決投票與一般國內的國民投票、公民投票、地方住民投票有何差別，其與國家的關係如何必須釐清。尤其是，「有國家才有公民與國民」、「人民自決投票權超越任何憲法、法律而存在」，是兩個重要的觀念。

　　首先，由國家與主權的觀點出發，一般談到的投票，應該分為三個層次。第一個層次是超越國家的，是否要建立國家的人民自決投票。獨立建國運動在運作的時候，就是人民自決投票，而不能說是國民或公民投票。因為這時候國家還沒有建立，所以沒有國民。公民是憲法之下的選舉法等，其他法律所定義的概念，所以不能用在超越憲法，位階較憲法、國家還高的「人民自決投票」。

　　否則，難道台灣的獨立建國自決投票，要由十三億中國國民或公民參與投票嗎？

　　其次，當國家已經建立，國民成為國家的一分子，可以自己決定國家的事務時，才能稱為國民、公民投票。但是在台灣，「公民投票」一詞都被誤用，例如民進黨主張修改黨綱，而進行黨員「公投」，這就是一個錯誤用法。試問，黨員怎麼可以舉行公民投票，頂多只能說是黨員投票，否則就變成由黨員進行公民投票的謬論。不知他們到底是開放給全國公民投票的普通投票，或是只有黨員才能投票的限制投票？所以「公投」一詞不

能亂用。

國家或國際社會如何定義各式各樣的「投票」？首先，公民投票在大陸法系國家亦稱為國民投票，如果中華民國體制是國家，自然可以舉辦公民投票。但事實上，中華民國體制下的台灣不是一個國家，國民有多少都不清楚？所以本質上沒有國民、公民投票運作的空間，制定公民投票法，談論公民投票都是欺騙台灣人。經由覺醒參加獨立建國運動的人民，只能作追求分離獨立的人民自決投票，這是與國民、公民投票完全不同更高層次的人民自決投票。但是在台灣公民投票長期被誤用，很多人去投票就是「公投」，也從來不提人民自決投票。

其次，如果台灣已經獨立建國，就不是舉辦人民自決投票，而是就國家內部重要政策，譬如更改國號、修改憲法等，確認國民意思的公民投票，這是投票的第二個層次。

投票的第三個層次則是地方住民投票。由地方上的住民自己參與地方事務，或者制定地方的特別法。譬如，日本京都關於大樓建築的特別法，為保存古都風貌，京都大樓限建的規定比其他地方嚴格，但是這只適用於京都地區，是由京都地方的住民來投票決定。住民投票與公民投票是不同的，前者是地方性的投票，後者是全國性的投票。台灣常常提到的核四公投、修憲、改國號公投等等，都一律說是公投，是對「公投」概念與法律意涵的誤用。

長期以來，台灣民眾都把貢寮鄉反核四的住民投票當作公投，也把修憲、改改國號稱為公投，或是把要建國稱作獨立公投，完全把這三個層次的投票混為一談，根本誤用「公投」名詞。如果要以人民自決投票方式，達成從中國分離獨立的目標，又說要公投入憲，那麼就應該把人民自決投票，寫入中華人民共和國憲法才是。否則，如果在中華民國體制下，寫入《中華民國憲法》或制定公民投票法，那麼既已承認中華民國是國家，卻又要追求獨立建國，不知是要從哪一個國家分離獨立？法理上是矛盾的。

何況，人民自決投票是高於憲法而存在，根本不需要入憲或是依法。今天要推動獨立建國運動，應該是要讓人民了解，台灣的中華民國體制是中國叛亂體制的事實，形成建國的意志並加以展現出來，是要推動人民自決獨立的投票，而不是主張中華民國體制下的公投入憲或制定公投法，依法投票來建國。本來應該是要否定中華民國體制才對，怎麼反而依據《中華民國憲法》、法律，舉行人民自決投票。譬如魁北克為了追求分離獨立

所進行的人民自決投票，並未列入加拿大憲法或依照加拿大的公民投票法投票，西班牙的加泰隆尼亞也一樣。

反過來說，沒有一個國家會在憲法中對人民自決投票作任何規定，因為沒有一個國家願意在憲法中保障，本國人民有分離獨立的自決投票權利，而導致國家可能分裂。一方面，即使憲法中規定人民沒有自決投票的權利，也不可能對比憲法地位更優越的人民自決投票產生約束力，部分人民只要有意志、實力，隨時可以發動人民自決投票，排除母國憲法的拘束力，制定新國家的新憲法。所以，人民自決投票不但不必入憲，而且由於是要否定現有的憲法秩序，當然更不需要制定公民投票法來「依法」舉行投票，分離獨立的人民自決投票是超越憲法的自然法。因此，體制內有沒有必要制定人民自決投票法，對人民自決投票的細節、程序加以規定，作為舉行人民自決投票的依據。人民自決投票不可能是國會立法或憲法的問題，而是由人民就可以自行決定，如何投票的方式、程序。

現階段的台灣，如果由立法院制定人民自決投票法，就變成把程序當作目標，把目標當作程序。建國運動的領導者、學者專家，應該向人民說明為什麼要舉行人民自決投票的法理。不應該推動公投入憲，或是認為制定公民投票法，人民才能自決投票，變成輕重、本末倒置。

最近民進黨政權修正《公民投票法》，使公投不能綁大選，也禁止獨立公投。建國的領導人學者專家，實在不必陷入公投綁不綁大選，或是禁止獨立投票的爭執中，因為這與人民自決投票完全無關，是不同層次的問題。我們看波羅的海三國從蘇聯分離獨立，當時就有許多建國志士到處演講，使人民了解維持現狀就是一個被蘇聯占領的地區、一個蘇聯的地方政府。如此才能鼓舞起人民的建國意志，以人民自決投票展現實力，所以他們終於建國成功。當時，從未聽說三國的獨立運動團體，要求蘇聯國會先制定公民投票法或人民投票法，如此他們才能舉行人民自決投票。

八、「自決權投票」的效果

今日台灣要行使人民自決投票，是不需要先制定法律，也不受憲法拘束，一旦台灣的人民自決投票多數通過，就是表明建國意志的獨立宣言。人民自決投票是一種宣示，即使投票結果贊成獨立者占絕大多數，也不表示國家就馬上可以建立，更不表示原來的母國不會鎮壓分離獨立運動。譬

如，西班牙加泰隆尼亞在舉行人民自決投票之後，當地官員宣稱八成人民支持獨立退出西班牙，主張分離獨立獲勝。但是至今仍然未能獨立，還被中央政府打壓。西班牙最高法院2019年10月14日宣布，對十二名在2017年10月的獨立公投中扮演要角，而被控煽動叛亂等罪名的前加泰隆尼亞政治人物、社運人士和主張加泰隆尼亞從西班牙獨立的分離主義者的判決，其中九人被處以九至十三年不等的有期徒刑，刑期最重的是加泰自治區政府前副主席渾克拉斯（Oriol Junqueras）的十三年。魁北克即使投票結果，魁北克人要從加拿大分離獨立，他們也未必能夠獨立成功，仍然要面對加拿大聯邦政府的經濟封鎖、各種打壓或抗爭。此時必須靠魁北克人本身的建國意志，迫使加拿大不得不放棄魁北克，魁北克建國才會成功。

只是，台灣的人民自決投票多數通過之後，台灣本身已經自主，也有武力，也沒有北京政府的統治權力在台灣運作，可以有效抗拒北京政府的打壓。這與加泰隆尼亞、魁北克、香港不同。台灣人民自決投票多數通過，除了對國際社會有宣示建國意志效果之外，台灣也有完成獨立建國的能力。

今天在台灣要推動獨立建國運動，應該是要讓人民了解台灣的中華民國體制是叛亂團體的事實，形成建國的意志並加以展現出來，有愈多人支持當然愈有力量。一般而言，台灣只要有十分之一的人有堅定的建國意志，建國就可以成功。因為台灣早已擁有土地、人民、政府、軍隊，是人類歷史上最強的獨立團體。當年印尼只憑幾百支步槍就脫離荷蘭獨立建國，如果像今天台灣這樣的條件都無法建國，那麼世界上其他地區的建國運動根本不可能成功。台灣人民比各地的分離獨立運動，具備絕對優越的條件，在目前的國際法體系上，應該有追求建立國家的權利。建國之後，再由國民投票決定採用怎樣的憲法，是要成為福利國家或自由經濟優先的國家等等，這一層次的投票才是公民投票。

台灣的大多數人都是無意見、隨波逐流的，尤其很多觀念被那些所謂專家學者扭曲之後，使台灣人民都陷入了沉默螺旋理論的狀態中。即使知道事實的人也都不願再多說些什麼，不願再爭辯。而一般大眾只要有電視看、有KTV唱就好了，對於推動人民自決投票，申請加入聯合國運動漠不關心。其實，建國意志不需要經過那麼公式化、複雜的投票過程來展示，只要讓台灣人了解中華民國體制是中國的叛亂體制，維持現狀就是讓中國有正當性來併吞台灣，台灣人的建國意志自然就會展現出來。香港的

反抗運動，本來可以對照喚醒台灣人，了解台灣維持現狀就是讓北京政府有正當性來併吞台灣，可是又被政客誤導，台灣已經獨立與香港不同，好像台灣是與中國無關的第三國。

我們看波羅的海三國，為什麼要採取人民自決投票展現實力。因為他們的土地上有蘇聯的軍隊，所以只能採取投票方式，悲壯的對國際社會宣示建國意志。反觀台灣，台灣地區沒有人民解放軍，台灣人要表達建國意志很簡單，只要勇敢地對國際社會說出來就可以了，不需要經過那樣複雜的投票程序。事實上，台灣沒有人不願意有自己的國家，民進黨、國民黨以及有些獨派團體都認為中華民國是國家，台灣已經是國家。可見台灣人要有一個國家的意志是百分之百，只是沒有認清，中華民國體制是叛亂團體的事實而已。由此可見我們獨立建國理念的宣揚做得還不夠，這才是重點。

至於有沒有在中華民國體制下，制定一部公投法，實在沒有特別意義，對人民自決投票也沒有影響。推動公民投票法與台灣建國也沒有直接關係，過去戒嚴體制下為了避免主張獨立建國被打壓，故以公投運動做為緩衝，也許有階段性意義，但是目前實在沒有必要。台灣已經民主化，民意代表是台灣人選出，台灣人要表達建國意志很簡單，要求民意代表不能違反民意，應該表達人民的建國意志。不一定需要經由人民自決投票，表達建國意志。台灣人不知道沒有國家，不知道必須表達建國意志，所以很多民意代表才能宣稱說：「已經有國家，不必表達建國意願」。由此可知，縱容民意代表可以違反民意的情況下，推動人民自決投票顯然很矛盾。重點在傳達理念，使台灣人想建國，知道要表達建國意志、宣布獨立。

第二十章　主權、國家、國民的整合概念

一、主權的觀念必須正確

　　常常可以聽到台灣主權獨立，但是還未建國，或是日本放棄台灣主權，所以台灣主權屬於台灣人民。台灣要建國，主權的觀念必須正確，符合國際法的主權國家理論，才能建國成功。一方面，台灣的獨立建國未能完成，台灣還不能成為國家，基本上也是因為一般人犯了一個錯誤，對「台灣主權」這四字產生誤解。

　　台灣建國運動何時開始強調「主權」這兩個字，目前沒有確實證據。但是，在1990年代學運的初期，我曾經在立法院廣場向抵抗運動的五千多位學生提出，主權國家的觀念，要求強調「主權」。指出過去大家都說「台獨」、台灣獨立運動、台灣獨立建國，完全不曾強調主權。這就容易對運動本身造成很大的阻礙，因為中國國民黨以諧音向台灣人民灌輸「台獨」即是「台毒」的觀念，污名化「台獨」運動，使台灣人畏懼台獨。所以必須強調我們追求的是「台灣主權獨立」、「國家主權」，才能正當化台灣獨立建國運動，以對抗中國國民黨的污名化「台獨等於台毒」的宣傳。

　　「台灣建國學」一直強調「主權」兩字不能亂用，否則會模糊「主權」的核心意義，也會使國家的觀念錯誤。另一方面，因為不提主權，就可以使中華民國體制冒充是國家，使一般人以為，像中國古代的地方割據、對抗中央的三國鼎立一樣，偏安台灣的中華民國體制也可以說成是國家，完全沒有現代國家的主權觀念。所以在1990年代台灣教授協會成立之時，我提出在章程中列入「追求」台灣主權獨立，並宣傳什麼是主權國家的提案。基本上主權和國家是密不可分的，是一體的兩面，現代國家一定要有主權，有主權才能成為現代國家，一個國家必須有主權，也只能有一個主權。

　　主權觀念對台灣獨立建國運動很重要。因此不能任意的使用主權，絕不可說家庭的主權就是由太太掌握，這就會鬧笑話，開玩笑或許可以這麼說，但是主權卻不可以如此定義。不能把主權當作權力，把Sovereignty

與Power混為一談。Sovereignty和Power不同，主權不是權力。所以，我們不能說大學的主權是由校長掌握，因為大學不是國家，所以沒有「大學主權」這種說法；公司的主權是由董事長掌握，公司不是國家，所以沒有公司主權，只有國家才能擁有主權，談到主權的問題，一定與國家有關。正確的國際法觀念，只有國家才能擁有主權。

二、使用「主權」的基本認識

　　「主權」應有的基本認識之一：主權和國家是一體的兩面，是不能切割的，一個國家只能有一個主權，現代國家一定要有主權，有主權才是一個國家。譬如，印度在獨立之前是受英國統治的殖民地，沒有主權，直到1947年才成為一個主權國家。越南、印尼也是如此。

　　同時，有國家才有主權，有主權才是國家的前提之下，在談論有關國家主權層次時，主權前面的名詞就應該是一個國名，不可能是一個名詞或是地名，只有國名才能夠與主權一起使用。譬如歐洲，因為歐洲不是國家的名字，所以不可能有歐洲主權一詞，沒有歐洲主權這樣的概念，也沒有歐洲主權這樣的事實，「歐洲」和「主權」不能連在一起使用，因為歐洲並不是一個國家的國名。如果說日本主權，那麼這就是合理的，因為日本是一個國家，所以「日本」可以與「主權」二字一起使用，「日本主權屬於日本全體國民」，就成為「日本主權」這個有意義的名詞。那麼有沒有中國主權呢？在北京的中華人民共和國政府，一天到晚都說要維持中國主權的完整，中國是一個國家，所以有中國主權這樣的用法。此外，國家的「領土主權」或「領域主權」的用法與意義也必須正確認識與使用。國際法是使用「領域主權」，處理國家的：領土、領海、領空，「領土主權」只是陸地的部分。

　　至於「台灣領域主權」與「台灣主權」之區別：（一）台灣共和國尚未建立，台灣尚未成為一個國家，所以無法用台灣主權，必須使用台灣領域主權。可以用台灣領域主權未定，但是不能用台灣主權未定。台灣領域主權不屬於中國，應該屬於哪一國，也可以使用。但是不能用台灣主權不屬於中國，這會有矛盾。等於是說台灣共和國主權不屬於中國，日本主權不屬於中國，這很奇怪；（二）如果台灣共和國已經建立，就可以用台灣主權。例如：台灣主權不可侵，台灣主權屬於全體國民，體制是共和國，

國名是台灣共和國。

「台灣主權」這樣的說法是否正確，前提是如果台灣共和國已經建立，才可能有台灣主權。在台灣共和國尚未建立前，台灣尚未成為一個國家之前，台灣主權不可能存在，所以只能說是「追求」台灣成為有主權的獨立國家，「追求建立台灣共和國」，希望台灣有一天成為一個主權國家、使台灣成為有主權的獨立國家。

但是，民進黨與一些學者本來是說要建國，追求台灣主權，「追求建立台灣共和國」，追求著追求著，卻不知於何時開始弄假成真，說成台灣已經獨立。真不知道這是自何時開始的，是誰提出來的？怎麼只有那些主張台灣已經獨立的人知道，而台灣民眾、北京政府、世界各國，都不知道台灣已經成為有主權的獨立國家，台灣共和國已經成立，那麼台灣的獨立紀念日是哪一天？何況每年雙十國慶的紀念是發生在中國的武漢，與台灣有何關係？這些都沒有弄清楚，如何說台灣已經獨立。

所以，我們可以主張要追求獨立建國、要追求台灣主權，但卻不能自我膨脹的認為，台灣已經獨立、台灣已經是有主權的台灣共和國。提出「台灣主權屬於台灣人民」也是一樣，因為這樣的說法必須以台灣已經是一個國家為前提，台灣已經成為一個國名，有台灣共和國這樣的國家存在於國際社會，才能提及「台灣主權屬於台灣國民」，是一個民主共和國。否則只能用「台灣領域主權，屬於獨立建國之後的台灣共和國全體國民」。所以說「台灣主權屬於台灣人民」這樣的說法必須以台灣已經是一個國家為前提。

如果去查世界各國的各項文件，包括歷史、地理、世界各國的國勢調查等，看看有沒有台灣這個國家。甚至台灣的公文書有沒有台灣共和國或是台灣國這樣的說法。例如，巴勒斯坦為什麼被稱為解放陣線、解放組織，因為巴勒斯坦尚未建國。巴勒斯坦只能主張某一塊土地是其日後所欲建立國家的土地，希望擁有該地的領域主權，以方便日後的建國。但是目前巴勒斯坦的領土主權並不屬於巴勒斯坦人，當然也不存在巴勒斯坦主權。譬如美國的加州、中國的福建，其地位都只是一個地方政府，所以並沒有主權，沒有加州主權或福建主權。但是可以說加州領土主權屬於美國。中華民國體制是一個叛亂團體的地位，所以不存在著中華民國主權。中華民國在台灣是一個主權獨立的國家，也是用來騙台灣人的，在國際上完全無法行的通，只是一個笑話。

　　台灣人對國家成立要件、主權觀念薄弱，甚至是誤解，直到今天都還不了解什麼是主權，然而主權的觀念必須正確，才能達成真正建國的使命。自從1990年代提出主權的觀念之後，雖然許多人努力地宣揚傳達主權的概念。但是卻被當時執政的國民黨、被一些沒有國家觀念的團體、被一些害怕台灣人了解中華民國體制是一個沒有主權的叛亂組織等等勢力，有系統、有計畫地扭曲主權意義，扭曲這一個獨立建國的重要概念。

　　中國國民黨的學者，甚至以兩岸「主權分享」來扭曲主權的意義。我們想想看，主權怎麼可能分享，一個國家就是一個完整的主權，國家完整的主權怎麼可能分享？主權如果可以分享，那就變成兩個國家了。他們又說主權與治權不同，但是，主權就是涵蓋著國家絕對的統治權，統治權一定是主權的基礎之一，所以不可能有主權及於中國大陸，而治權只及於台灣地區的現象，除非這是處於內戰狀態，是要戡亂反攻大陸。

　　所以基本上，主權就代表國家的統一性與一體性，是不能分割的，中國國民黨說我們在台灣可以分享中國的主權。這就是欺騙台灣人不懂主權這一概念，台灣人到今天都還不了解什麼是主權，所以現在各政黨才敢如此惡用主權來欺騙台灣人。

　　我們常常聽到「中華民國在台灣是主權獨立國家、台灣早已主權獨立」，或說「因為透過選舉，所以中華民國主權早就屬於台灣人民等」說法，欺騙台灣人。

　　舉凡中華民國在台灣是主權獨立國家、台灣早已主權獨立、因為有選舉，所以中華民國主權早就屬於台灣人民等等。諸如此類的說法，都是在扭曲主權的概念，使台灣人相信自己已經有國家，以為這個國家的主權就是台灣主權。

　　例如，日本是放棄的是台灣領域主權，不是放棄台灣主權，所以不能誤解，日本放棄的台灣主權屬於台灣人民，台灣人民可以擁有台灣主權成為國家。這些說法都是嚴重地扭曲主權的觀念，一般民眾聽不出此類主張的謬誤之處，但是在國際上是無法行的通。結果竟然連致力於台灣獨立建國運動的學者、專家也在大眾傳播媒體上亂用主權、扭曲主權。這樣子朝野各政黨同流合汙，就會讓一般人覺得頗有道理，以為台灣是一個國家，所以朝野各政黨才一致地使用「台灣主權」一語。本來沒有台灣主權，但是這樣講久了，卻變成了以訛傳訛，造成台灣人誤以為有「台灣主權」，與美國主權、日本主權一樣，而有主權就是國家，所以台灣是一個國家。

就是這樣一再地扭曲許多主權觀念，使得台灣的獨立建國運動遲遲無法獲得成功。

三、「國家」、「主權」的觀念

「主權」必須是「國家」才可以擁有，在語言修辭上才是所謂的「國家主權」，談論「國家主權」，前面的名詞必須是一個國家，是很重要的觀念。我們要認清，如果台灣不是一個國家，則台灣主權也不可能存在，因為台灣不是一個國家的名稱。我們可以主張台灣的法律地位、台灣的前途尚未確定、台灣地區還在叛亂對抗中央、台灣人民認為台灣應該不受中國的統治，所以要追求獨立建國等等。但是台灣主權絕對不可亂用。

譬如，彭明敏教授與黃昭堂教授撰寫的《台灣在國際法上的地位》，文中論述台灣法律地位未定時，不是用「台灣主權未定論」。他們絕不會主張已經有台灣主權，因為法律地位既然未定，那麼何來的台灣國家主權？

但是有一些所謂的專家學者，卻在報章雜誌上擅自將彭教授的主張更改為：「引用台灣主權未定，再轉化為國家主權的觀念」，最後變成台灣是一個國家。彭教授的主張明明是：「台灣這片領土的法律地位未定」，怎麼會變成是台灣主權未定呢？台灣成為國家才能有台灣主權，怎麼可能有一個國家的主權是未定的呢？

至於台灣法律地位未定論目前是否正確、對現階段的台灣獨立建國運動是否有說服力、有所助益，那又是另一回事。但是彭教授所主張的絕對不是台灣主權未定，只是說明台灣這片領土主權可能是未定。

主張台灣有事實主權，但是沒有法律主權這個觀點，與之前「台灣建國學」談到的「事實國家」與「法律國家」的謬誤相同，完全是主權二字隨意扭曲的論述。如果有台灣主權，台灣就是國家，在主權二字前面加上台灣二字，就是表示有一個以台灣共和國為國名的國家存在。但是這樣的國家還未建立，事實上在國際社會並不存在，只有少數的台灣人自己這麼認為而已，甚至連台灣共和國這塊招牌掛在哪裡都不知道？只有中華民國護照，沒有台灣共和國護照。過去我們印發台灣共和國護照，但那只是我們為了要推動台灣獨立建國的一個象徵行為，追求台灣主權的一個意志表現，並不是真正有效的國家護照。我們必須面對事實，不能只是用一些似是而非的主張來欺騙自己。

　　另外，在此也必須加以說明，主權就是主權，並沒有所謂的法律主權或事實主權之區分。一些學者、團體主張，台灣有事實主權，但是沒有法律主權。我翻遍所有與主權相關的理論、書籍中，都沒有所謂的法律主權與事實主權的區分或用法。這都是在台灣的一些所謂專家學者自己發明的。由於那些專家學者知道，自己的主權理論與台灣現狀是矛盾的、行不通的，為了自圓其說而創造出來的奇怪名詞、二分法。所以他們提出台灣有事實主權，只是因為還沒有獨立建國，所以沒有法律主權等等奇怪的主張。再轉變成台灣是事實國家，還不是法律國家。我們必須進一步說明，就算這是為了推動台灣獨立建國運動的策略、手段而刻意提出的主張，但也不能以訛傳訛、弄假成真，不能顛倒是非黑白，不能讓一般民眾誤以為台灣已經是一個主權獨立的國家。如果台灣是一個已經獨立的國家，那麼就不需要再追求事實主權或是法律主權了。

　　基本上，中華民國體制在台灣不是國家，也不是一個以台灣為名稱的國家，在國際社會出現一個以台灣為國名的國家之前，「台灣主權」的說法都不可能，也不應該存在。國家與主權是一體的，如果台灣主權存在，那麼台灣就是一個國家，如果台灣是一個國家，那麼就不需要再追求台灣主權，不需要再追求台灣的獨立建國了。

　　反之，台灣如果沒有主權，台灣就不是一個國家，就只是中國叛亂團體所占領的地區而已。我們只能努力來改變這個事實，追求台灣主權，但是不能感情用事的欺騙自己，說成台灣已經有事實主權，這對獨立建國是非常不利的錯誤觀念。「主權的觀念必須正確」，國家與主權是一體的，如果台灣主權存在，那麼台灣就是一個國家。

四、主權之定義、性質

　　現代國家最重要的組成要素即是主權，1933年《蒙特維多國家權利義務公約》指出，國際法的國家必須擁有以下條件：固定的人口、既定的國界、政府、與其他國家發展關係的能力，這就是主權。主權可以概略地由下列三點來說明：（一）主權的歸屬；（二）主權的範圍；（三）主權不可侵犯之最高性。

　　第一點，主權必有其歸屬。主權是國家政治權力運作的最終權力，何者掌握主權，就成為國家的最高權力者或最高機關，也是國家意思的最後

決定者。過去主權歸屬君主一個人，就使國家成為君主專制國家，由國王掌握國家的最高權力。社會主義國家主張主權應歸屬農民、工人階級，於是國家成為農工階級專政國家，農工階級成為國家權力的核心。民主法治國家，主權應歸屬於國民全體，所以稱之為國民主權。唯有由全體國民掌握國家主權，才是現代民主法治國家，國家權力的運作才具備正當性、合法性。

由此可知，主權的歸屬決定一個國家的本質，也決定國家的統治型態。現代立憲主義以國民主權為基本原理，才能架構出一個權力分立、民主法治的政府體制，成為一個以保障人權為目的的現代民主法治國家。

如果台灣已經建國，是一個主權獨立國家，那麼台灣的主權歸屬何在？還可以未定屬於哪一個國家嗎？假設台灣這塊土地上有主權，那麼它的國名是什麼？如果是叫中華民國，那麼這一主權就叫做中華民國主權，可是如同「台灣建國學」所述，中華民國不是國家，是中國的舊政府。中國的主權，不可能分配一部分給在台灣的中華民國，使它也有主權。如果說此一主權叫做台灣主權，那麼應該有一個以「台灣共和國」為國名的國家，但是這個國家事實上並未建立。

此外，一個國家的主權，如果是掌握在皇帝、國王的手裡，那麼就是一個君主主權的國家，皇帝可以割讓領土給其他國家，因為皇帝擁有該國的國家主權。民主國家中，主權則是由全體國民所掌握，所以這是一個國民主權的國家，國家的意思決定必須由國民作最終的確認。一般簡稱為「國民主權」，實際上是在形容「國民擁有主權」，這就是主權歸屬的另一個意義。在此應予注意的是，必須先有國家為前提，才能討論主權的歸屬問題。「日本放棄台灣主權，台灣主權屬於兩千三百萬台灣人民」的說法，就是把領域主權當作主權，忽略必須先有國家為前提的核心部分，完全切割主權與國家的誤解。

第二點，主權必有其範圍，這就是對國民的管轄權與領域主權。主權一定有範圍與界限，沒有範圍就不是主權，沒有界限也不能形成主權。因此，主權就是指國家行使統治、支配權力的範圍與界限。

國家的對人主權，就是指國家管轄權限所及的全體國民，必須有統治、支配權，即使國民到他國旅行，國家仍有對人主權，可以行使外交保護權。國家的領域主權，就是一般所稱的領土，是一種三度空間觀念，在此一特定範圍的空間內，國家的主權可以有效作用。所以如果有台灣共和

國，是獨立的主權國家，其領域就不會有大陸地區、蒙藏地區，對人主權也不能及於大陸人民，金門馬祖的福建省也不應該是領域。

如果主張主權無限大，及於全世界，那就是在吹牛。所以認同中華民國的人，說它主權所及範圍有多麼廣大，包括中國大陸、蒙古等地區，全部都是自己任意主張。這樣，反而顯示中華民國根本就沒有主權，只是一個叛亂團體而已。所以如果有主權，領土的大小、範圍應該是很清楚的。當然，在其領土邊界地區可能會有一些領土紛爭，但那並無礙。基本上，主權所要行使的範圍則必須清楚。譬如日本，日本所能行使主權的範圍就包括本州、四國、九州、北海道及其附屬島嶼。主權必須有一個範圍才可以有效的行使，沒有範圍的主權就變成是虛擬的。

另一方面，主權的範圍還包括了其所統治的對象，也就是國民。所以主權的範圍涵蓋了兩個概念：一個是統治所及空間的概念，也就是領土；一個是統治所及對象的概念，也就是國民。主權所及範圍必須非常清楚，有效對其行使統治權、管轄權。絕不能像中華民國所說的，它的主權所及於的對象不只兩千三百萬人，還包括中國的十多億人，甚至包括在世界各國的五、六千萬華僑，指稱他們是主權所及於的中華民國國民，只是流落在世界各國而已。這樣的主張是很荒謬的，反而證明是沒有主權。

我們看今天已經漸漸被各黨派政治人物所承認的中華民國體制，事實上並沒有明確的範圍，沒有明確的統治空間與對象，只是一個虛幻的，沒有主權的中華民國體制而已。更嚴重的是，北京政府已經下令，在中國就業或就學的台灣民眾，必須申請中國居民身分證。沒有主權的中華民國政府，只是勸告台灣民眾，申請中國居民身分證，可能會產生風險，民眾應多加注意。台商、台灣各行各業人士一窩蜂拿中國居民身分證，必然成為北京政府行使管轄權的對象，中華民國的對人主權將會消失無蹤，只能要台灣民眾自求多福，對在中國的台灣民眾根本無法行使外交保護權，還能說是有主權嗎？

第三點，主權必須具有可以實質表示的性質。主權對內是最高的權力，對外則與其他國家的主權平等。主權必須具備有對外不受任何權力制限的性質，是獨立自主的權力；對內則沒有任何權力可以與之對抗的性質，是最優越的權力。

現代國際法所規範的國際社會，國與國之間有各種條約必須遵守，國際組織對會員國也多少有拘束力，因此有人誤解國家的主權被外力所

制限。然而，國際法的條約都是簽署國之間所達成的「合意」，是國家自願要遵守的合約，並沒有任何外力可以強制國家簽訂條約。國際組織的憲章，也是國家在加入時自願表明要遵守的合意條約，因此對該組織依憲章所做的決議，國家自願遵守或執行，並不是國際組織可以強制國家的情形。由此可知，主權國家對外仍然是獨立自主，平等與各國往來，可以自我決定，並無任何外力可壓制國家主權。

　　主權對內應顯示最優越的地位與最高權力的性質。一國之內如果有另一股政治勢力興起，要挑戰主權的最高性，則主權者必須鎮壓之。如果該獨立的政治力挑戰成功，形成另一個可以對抗原主權的新主權，就是分離獨立建立新國家。此時，原來的主權國家必須容忍其分離獨立，才能繼續維護自己主權對內的最高性。由此可知，主權對外、對內都必須隨時維持其獨立、最高的性質，才是主權。

　　政客說中華民國在台灣，讓台灣置於中華民國之下，如果以主權的角度來說，這種說法再如何表述，都會使台灣不是獨立的主權國家。我們看香港有沒有主權？當然沒有！香港是中國的一部分，所以它的法律制定權、司法終審權都屬於北京政府。香港本身沒有主權，主權屬於北京，香港的特區政府是不具有主權的，特區政府對內不具有最高權力，因為在特區政府之上還有一個更高的權力北京政府。這就是一國兩制、「一個中國」兩岸關係之下的主權架構。譬如加州，加州有主權嗎？當然沒有，它的主權屬於華盛頓的聯邦政府。所以，從主權可以實質表現於外部的性質來看，能夠和其他國家擁有同樣平等的地位、在聯合國有一個席次，以國家的身分參與各個國際組織並擁有席次，才可以說是一個主權國家。

　　一個國家不可以讓自己附屬於某一個國家之下，絕對不是在加入國際組織之時還要先聲明自己不是一個國家，聲明自己只是某一個國家的經濟體，這麼作只是更加證明自己沒有主權。中國台北、中國台灣、經濟體、貿易區、觀察員，凡此種種都可以顯示，中華民國沒有主權，我們也沒有一個名為台灣共和國的國家，所以也沒有台灣主權。中華民國體制的存在，使台灣不能在國際社會上與其他國家享有平等的主權地位。

　　此外，憲法規定中華民國領土包括大陸地區、蒙古、新疆等地，憲法增修條文也提到為因應統一前需要，台灣只是中國的自由地區，這樣使中華民國在台灣的領域主權範圍與中國、蒙古衝突，根本無法顯示主權的性質。如果說台灣是一個國家，可是這個國家的領域範圍到底有多大，大家

卻都無法說清楚。到底有多少國民，沒有人能夠確定，政府也不知道。因此，只有對內說是兩千三百萬人，領土在台灣地區，這種說法與主張是沒有代表性的。

　　台灣這個所謂的國家到現在，都還是妾身未明，不曾明確宣示主權，表示要獨立建國，成為台灣共和國。所以台灣共和國的領域範圍到底有多大，到底有多少國民，沒有顯示主權實質意義。至於中華民國在台灣的政權，設有大陸委員會管理中國，甚至還設有蒙藏委員會管理西藏與蒙古，管理一個已經獨立且在聯合國擁有席次的蒙古，這樣是主權國家嗎？顯然不是，只是一個沒有主權的舊政府而已。中華民國如果是一個國家，怎麼可以不負責任的吹噓其擁有大陸主權，但沒有治權，這樣子怎麼可能成為一個國家？全世界也都不可能接受這樣的主張。

　　換言之，由主權的觀念來看，台灣與中華民國體制仍然是沒有主權、不是國家。所以，主張中華民國是主權國家，或台灣主權已經獨立，只是尚未建國等等，這樣的論點由主權性質觀之，都是矛盾的、欺騙的說法。

五、主權、國家、國民的整合定義

　　首先，「中華民國體制」下的台灣，依據自我制定修改的憲法，已經使台灣成為沒有主權的中國自由地區。因為「主權」必然有其範圍，無論是叫「中華民國」，還是叫「中華民國台灣」，「中華民國憲法體制」都無法解釋所謂自由地區、大陸地區、蒙藏地區、金門馬祖「福建省」的領域主權，到底如何定義。何況，「對人主權」也不能及於中國人民、蒙古人民、華橋。現代民主法治國家，最重要的是保障每一位國民的生命、自由、財產及追求幸福的生活，也就是保障國民的基本人權。國民在那裡，有多少都無法弄清楚，如何成為國家？

　　其次，國家權力必須經由權力分立的相互制衡，才能達到確保人權的功能。「中華民國憲法體制」下的大陸地區、蒙藏地區的政治組織，權力分立如何相互制衡，沒有人能說清楚？

　　最後，國民必須是主權者，掌握國家最高的權力。所以保障基本人權、權力分立、國民主權，是民主法治國家不可動搖的基礎與原理。研究現代民主法治國家的法律、政治或其他學問，都必須以國民主權、基本人權、權力分立為出發點。

　　現代民主法治國家，國民是主權者，主權（Sovereignty）、國家、國民等都是現代國民必須正確認識的概念。由於台灣長期以來的教育一向禁止，也忽視這一部分，導致多數人非但無法經由正常的教育體系或學術研究獲得理解。甚至還被扭曲與誤解為，有「中華民族」、兩岸都是一家人，實在令人遺憾。事實上，這樣的狀況也正是造成目前台灣兩千三百萬人民，面臨國家認同危機、政治混亂的主要原因。

　　有關主權與國家的理念之前已經詳加說明。然而，若將主權、國家、國民三者的定義加以整合，就是「國民主權國家」。自1776年《美國獨立宣言》及1789年法國大革命，所提出的「國民主權」理念發展至今，先進國家都認為，只有在國民擁有統治權力，現代國家才能具有正當性、合理性基礎。因此主權在與國家、國民結合之後，又形成「主權國家」、「國民主權」等概念，使其定義更為整體化。特別是國民已經取代血統、種族、民族等等，成為國家的構成要素。「主權國家」已論述之後，以下針對主權與國民結合之後的「國民主權國家」本質加以分析。

　　首先，主權與國民是構成現代國家最重要的基礎，因此國家對外必須強化主權，對內必然努力在自己的支配領域內，集結各式各樣血統、種族、民族等，形成國民命運共同體。例如，有美國國民卻沒有美國民族，其原因在於國民共同體已經取代民族，成為現代國家最重要的構成要素，這都必須由「國民主權」才能說明。

　　其次，國民主權也是在國民與國家之間，強化主權國家、形成國民命運共同體的連接點。所以說只有在國民主權運作下，才能使現代國家具有正當性、合理性。這就是現代國民國家，21世紀的人類社會中，先進國家已經不再提民族國家、種族國家、血統國家等等落伍觀念，而是以國民命運共同體形成「國民國家」。

六、「國民國家」的本質

　　現代國際社會之構成主體是國家，而國家主要性質可謂集中於「主權」的概念。主權與國家是一體的兩面，現代國家必然是主權國家，國家一定擁有主權，主權一定是形容國家，兩者是不可切割的。提到主權若與國家無關，那就不是「主權」而是「權力」，不應使用主權一詞來形容。

　　同理，「追求台灣主權獨立」是指，目前台灣還不是國家，台灣也

非國名,然而要努力使台灣獨立成為國家,所以有其意涵。但是「台灣主權」早已獨立,或「台灣主權」不屬於中國,這就是錯誤的用法。因為台灣共和國成立後必然有「台灣主權」,這時候說台灣主權早已獨立,不是多此一舉?反之,台灣共和國未成立就沒有「台灣主權」,這時候說台灣主權早已獨立,不是很矛盾?台灣共和國成立後,「台灣主權」應該屬於台灣人民,怎麼會屬於中國?應該用「台灣領域主權」不屬於中國才正確。台灣到現在還不是國家、國名,所以不可能有台灣主權存在。這樣使用就是根本不了解,主權與國家有著一體兩面不可切割的本質,也會造成誤解。台灣很多人對主權是較負面的認知,也因為缺乏對國家主權要素的理解,才對國家定位產生誤解。

　　提及國家若不談論主權,即無法說明國家的本質。國家與主權是一體之兩面,兩者相互結合形成國際社會最重要之基礎。現實國際社會也是以主權國家間,相互作用過程所架構而成的體系。國際社會中,國家是意志決定及行動之基本單位之外,國家對其內部人民與領域亦表現出排他的支配權,這就是主權。因此,一個國家要超越主權,直接影響其他國家的國民,事實上不可能也有其界限,否則就是霸權侵略。反之,一個國家必然致力於內部各民族、族群的統合,集結成一致的國民意志,以「國民國家」對抗來自國外之威脅。

　　另一方面,國際社會體系所面臨的問題,主要即是針對主權國家間的相互作用部分,探討如何對之加以規範的秩序。國際法有關國家平等、領土不受侵犯、內政不受干涉等主要原則,皆是以主權國家為前提而形成。台灣不是主權國家,因此沒有國際地位,也被國際組織拒絕排斥,並引來中國的武力侵犯野心。

　　因此提及國家若不談論主權,即無法說明國家的本質,一旦不具備主權,則國家即不成為國家。一方面,國民主權是現代「國民國家」權力運作正當化的基礎,如果未依據國民主權原理,就不是一個民主法治的「國民國家」,也無法成為先進國家。

七、主權的歷史背景與本質

　　「國民主權」原理中,所出現的主權意義為何,「國民」又是代表什麼,這兩個名詞實際上是理解國民主權的關鍵部分。以下分別說明主權與

國民的意義，最後再說明「國民主權」的意義何在。

　　主權的對抗本質是了解其概念的原點。主權是人類社會發展過程所產生各種對抗關係，逐漸形成的對抗概念（ein polemischer Begriff）。換言之，在歷史發展的各階段時期中，主權的概念時而用於表示國家權力與其他各種勢力之對抗關係，時而用於爭論國家權力應該歸屬於何者的對抗關係，因而有不同之內涵。

　　初期，布丹（Jean Bodin）之所以在《國家論》一書中提出主權理論，其主要目的是要確立國家的統一。此乃因當時法國國王的權力很脆弱，對內要與封建諸侯對抗，對外則要與羅馬教皇及神聖羅馬帝國皇帝對抗，故布丹希望形成絕對的國王權力，才提出主權理論，確立以統一國家為中心的主權，以對抗內亂外患，此即主權在此階段的主要意義。

　　主權理論使君主得以擁有絕對權力，比內部封建諸侯更高且強，否定封建勢力的挑戰，法國國王成為國家內部的最高權力。主權亦使法國國王擁有對等性權力，可與教皇及神聖羅馬帝國皇帝平起平坐，否定這些權威可以干涉法國內政。法國國王成為對內是最高權力，對外是可以獨立自主的權力，這是現代國家的肇始。因此，主權論在其成立初期，具有相當的進步性，具備反封建與反神權之性格，其目的在於對抗教皇、羅馬帝國、封建諸侯。

　　其次，在民權理念發達之後，主權又成為對抗國家內部，完全由君主掌握國家權力的民主概念。此時主權對抗的對象成為國家內部的君主專制體制，追求國民主權。1789年《法國人權宣言》第3條即指出，所有主權之本源應來自國民。但是與此同時，各種不同之主權歸屬概念也紛紛被提出。例如，國民主權、人民主權、市民主權、勞農階級主權等，進而引起各種主權歸屬與如何運作的論爭，實際上也形成各種政治體制。

　　最後，主權概念又因為國際社會逐漸複雜化，國與國之間的各式各樣的關係具體形成，故使得有關國家對外權力的作用，成為主權概念發展的重心。因此，國家主權平等、領域主權不可侵犯的概念，遂成為現代主權的對應重點。

　　主權的對抗本質，雖然由於歷史、社會之變遷，而使對抗的對象有所不同，內容有所差異。但時至今日，主權的意義仍然環繞著國家及國家權力運作的過程，探討主權所產生的各種對抗關係，此點始無疑義。

　　自從主權概念被提出後，由於其發展過程的變動性及抽象性，使得主

權的意義很難加以界定，過去一直認為主權是抽象的概念，或是有爭論的概念。然而，經過公法學者幾百年的研究，主權已逐漸成為實際且具體的概念。近代公法學對主權的本質與實質定義，主要可以由以下三種不同的角度來理解：

第一，主權是國家權力作用的總稱。包括統治權、領土支配權、行政權、司法權、立法權…，等各種各樣的國家權力的總合就是主權。因此絕對不可能有所謂主權可以與治權分開，或有主權可以沒有行政權、司法權、立法權等矛盾的說法。目前香港的一國兩制，已經顯示其矛盾，就是源自主權與治權都在北京政府的一國一制，不可能有兩制。御用學者所謂的有主權沒有治權，更是胡言亂語。

第二，主權是最高的國家權力，獨立不受支配的權力。所以主權不可能分享，如果可以分享就必定有一個更高的權力可以決定如何支配、分配、分享權力。如此，被分配權力的就不是主權，反而是主導分配的力量才是主權。因此，所謂「兩岸分享主權」的說法，也是完全誤解主權的本質。

學者談及歐盟時，會以國家彼此分享主權、主權被切割來主張主權可以分解。然而，唯有國家才有主權，歐盟是一個國際組織，歐盟會員國家初期由經濟合作開始，逐漸拓展到政治、農業、文化等各個層面，經過長達半個世紀的不斷發展與融合，形成目前世界上最大規模的跨國合作聯盟。會員國設置共同機構並賦予其部分權力，這裡要說明的是「權力」非「主權」，歐盟只是有「權力」以便能民主的做出有關共同利益的決策。這種權力交由歐盟運作被稱為「歐洲整合」，雖然歐盟在整合的發展過程中，也曾經一度朝著建立「超」國家組織的型態，草擬所謂歐洲「憲法」條約草案，但最終沒有成立，目前還只是一個國際組織，所以學界不可以混淆和錯用了主權的概念和意義。

國際法的條約、歐盟的條約，都是簽署國之間所達成的「合意」，是國家自願要遵守的合約，並沒有任何外力可以強制國家簽訂條約。國際組織的憲章，也是國家在加入時自願表明要遵守的合意條約，因此對該組織依憲章所做的決議，國家自願執行，並沒有所謂國際組織可以強制國家執行的情形。由此可知，歐盟的會員國對外仍然是獨立自主，平等與各國往來，可以自我決定，並無任何外力可強制國家主權。彼此分享主權、主權被切割的說法都不正確。英國可以脫離歐盟，證明英國主權沒有被切割或強制。

　　第三，主權是國家「所有事務」最後的決定權力。這也可以說明為何聯邦國家中，各州沒有最後的決定權。雖然美國各州有憲法、國旗、國歌、軍隊，也用國（State）的名稱，但是各州沒有主權，只有聯邦政府有主權，最後的決定權力在聯邦。

　　反之，邦聯則是各會員為主權國家，邦聯只是一個國際組織，其事務是由各成員國經由合意而共同決定，邦聯沒有最後獨立自主的主權。歐洲聯盟就是類似邦聯，還不是主權國家，原因在此。所以中國國民黨完全不了解主權的本質，一下子主張聯邦，一下子又主張邦聯。若由主權本質觀之就很清楚，主張兩岸關係成為聯邦，台灣就是一個省或州，沒有主權，主張兩岸關係是邦聯，則台灣必然是主權國家。

第二十一章　國際法之航行自由與內政干涉

　　本章針對北京政府經常叫囂的「禁止台灣海峽航行」與「內政不受干涉」，由國際法之「航行自由」與「內政干涉」等相關理論分析說明。

一、台灣海峽與航行自由

　　2019年4月25日法國葡月號（Vendemiaire）巡洋艦穿越台灣海峽，當時在歐洲國家中非常罕見，所以通過時曾遭中國軍艦尾隨。之後，加拿大軍艦也曾穿越台灣海峽。英國與德國都宣布將派航母打擊群及護衛艦前往亞洲部署，並稱將在航行途中穿越南海，這是2002年以來的首次。2021年9月17日英國海軍參謀長拉達金（Tony Radakin）指出：「南海與台灣海峽是國際水域，是各國軍艦可以自由利用的航路」。9月27日英國皇家海軍巡防艦「里奇蒙號」（HMS Richmond）宣布通過台灣海峽，並進行艦載直升機海空操演。當然，軍艦通過台灣海峽最多的是美國，2020年美國軍艦十三度通過台灣海峽，美國總統拜登（Joe Biden）上任以來至2021年9月17日，已經有九次穿越台灣海峽。

　　中國對各國軍艦通過台灣海峽一直強烈抨擊。2021年9月並施行新的《海上交通安全法》，要求通過領海的外國船舶包括商船、軍艦都要通報名稱、呼號、當前位置、目的地與船上貨物。中國定義的「領海」不僅是中國沿岸的領海，還包括東海、南海及台灣海峽。此法是中國政府進一步對自我認定的海域主張擁有主權，禁止各式各樣外國船隻自由航行。中國也一再抨擊美海軍軍艦通過台灣海峽是「公開挑釁」，是台海和平穩定最大破壞者、危機的最大製造者。

　　台灣是四面環海的島嶼，對於船隻自由航行的權利，是我們所必須要關注的問題。尤其台灣海峽一向是國際船隻往返的主要航道，國際法的航行自由也是國際社會非常重視的問題。中國企圖管制禁止台灣海峽的航行自由，更是對台灣的重大威脅，台灣的政府與人民必須充分了解法理，採取對應手段。美國與各國軍艦穿越台灣海峽，是否違反國際法，侵犯中國領海？到底台灣海峽是屬於航行自由的國際公海水域，或是中國專屬經濟水域或中國領海？相信這是台灣人民長期關注但不熟悉的議題。各國軍

艦、船舶是否有穿越台灣海峽的權利，這是台灣人民必須了解的知識。當然這也是與台灣國際法法地位有密切關聯的問題。

地球表面有70%以上是海洋，16世紀海洋強國開始主張對海洋的支配、領有權。17世紀時，荷蘭的「國際法之父」格勞秀斯（Hugo Crotius）於1601年發表《海洋自由論》（Mare Ciberum），主張海洋具有一種流動的性質，亦是人類交通、通商手段與資源再生之領域，故不應劃定界線，類似領土般的任由特定國家或私人獨占，而應屬於全人類所共有的海洋。從此國際社會確立「海洋自由與航行自由」，一直維持至今。「海洋自由與航行自由」是指，除了領海以外的公海海面上，各國軍艦、船舶都有航行自由，不受沿岸國的任何干涉與管轄。飛機的飛航也一樣。除此之外，「海洋自由航行」還包括公海之外的領海、國際海峽與專屬經濟區的航行自由：

（一）若是專屬經濟區（exclusive economic zone, EEZ），也就是說領海外側兩百浬以內的海域，海面上下並非國家領域，而是具公海性質的航行自由水域。對於此水域內的人、船、機等，沿海國之立法、司法、行政並無排他性「管轄權」，所有交通（包括上空飛行、水面航行、潛水航行等）與鋪設海底電纜等，各國均可自由為之。EEZ的水面上下，由「海洋自由與航行自由」角度觀之，可以說與公海並無兩樣。

（二）若是領海則是保障「無害通過權」的航行自由：依據《聯合國海洋法公約》（UNCLOS，以下簡稱《公約》）第17條規定，所有國家之軍艦、船舶在不危害沿海國之和平、秩序及安全的情況下，得享有對沿海國領海的無害通過權。軍艦的領海無害通過權，是否應該通知沿海國，或是還要得到許可，雖然尚有爭議，但是軍艦可以航行的領海無害通過權是毋庸置疑。注意，領海與陸地領土的主權性質完全不同，所以領土不可侵與領海不可侵，內容完全不同。

（三）國際海峽過境通行權：《公約》第41至44條規定，過境通行權係指外國所有繼續且迅速通過國際海峽之軍艦、船舶、飛機，沿海國均不能妨礙其過境通行之權利。就其自由程度而言，雖較公海航行自由為弱，但卻強於領海的無害通過權。特別是軍艦可以更自由行使過境通行權通過國際海峽，這也是海洋自由航行的一部分。

　　所以海洋自由航行，不是只限定在公海，還可以在領海、國際海峽、專屬經濟區自由航行。

二、中國領海的劃定嚴重違反國際法

　　中國於1992年2月25日發布「領海及毗連區法」，並將台灣海峽認定是中國內水。中國領海的劃定與規定，完全違反國際社會已經確立數百年的「海洋自由與航行自由」。第2條規定，「中華人民共和國領海為鄰接中華人民共和國陸地領土和內水的一帶海域。中華人民共和國的陸地領土包括中華人民共和國大陸及其沿海島嶼、台灣及其包括釣魚島在內的附屬各島、澎湖列島、東沙群島、西沙群島、中沙群島、南沙群島以及其他一切屬於中華人民共和國的島嶼。中華人民共和國領海基線向陸地一側的水域為中華人民共和國的內水。」

　　中國的領海規定有嚴重錯誤：錯誤一、中國把領海等同於有主權的內水水域，幾乎否認領海的海洋自由性質。錯誤二、中國把領海基線劃定基準誤用、惡用直線畫法，包括所謂南海九段線、渤海灣與台灣海峽，都任意以開玩笑般的領海基線直線劃定，成為中國的內水。如此依據國際法，各國船舶與軍艦在台灣海峽或是廣大的南海、渤海灣，都沒有海洋自由與航行自由，只是有中國領海的無害通過權，甚至要有中國許可的內水進入核准，類似進入河川的許可。這是嚴重的侵害各國的航行自由，當然引發各國的抗議。中國領海的規定嚴重違反國際法，侵害各國的航行自由。同樣的台灣政府1998年制定的「中華民國領海及鄰接區法」也有類似的錯誤，特別是領海基線的劃定，應該嚴謹的修正。

　　有關台灣海峽的航行問題，親中派立委在質詢行政院長和國防部長，有關美國軍艦通過台灣海峽的問題時，也認為美國是侵犯我國領海。中華民國的立委與政治人物，應該先確定自己的領土與領海何在，才能探討台灣海峽的問題。不過台灣海峽的國際法地位，不論是「一個中國」之下或是「一台一中」的兩國之下都是一樣，只是管轄權不同。

　　一般幾種穿越海峽的權利，都是基於國際習慣法上的「航行自由」（freedom of navigation）而來。第一種是，中央有公海海面的海峽，得依據公海航行自由穿越海峽。下面再說明為何台灣海峽屬於有公海海面的海峽。第二種是，海峽海面完全屬於國家的領海，又稱為國際海峽，則各國

船舶與軍艦可以依據「過境通行權」（right of transit passage）通過海峽。基本上，過境通行權係指外國所有之船舶、飛機，繼續且迅速通過，屬於國家領海的國際海峽，沿海國均不能妨礙其過境通行之權利。就其自由程度而言，雖較公海航行自由為弱，但卻強於領海的無害通過權。通常與航行或飛行在公海或專屬經濟區一樣，只要不對沿岸國造成安全威脅即可。其中最大差別是軍艦的無害規定，完全不同。

世界各國與美國認定台灣海峽屬於中央有公海海面的海峽，台灣海峽中線附近的一大片海面係國際公海水域，只要依國際法「公海航行自由」，就可以航行台灣海峽的公海水域，根本與「國際海峽過境通行」或「領海無害通過」無關，也不必先向沿岸國事先通知或獲得許可，而是自行判斷自由自在的航行通過。但是中國對世界各國與美國的認定不同意，因為中國主張台灣海峽是中華人民共和國的內水或是領海。世界各國與美國軍艦駛入台灣海峽時，不但沒有公海航行自由，也不適用「過境通行權」，只能使用領海的「無害通過」（right of innocent passage）。台灣海峽的中間水道可以讓美國「繼續不停、迅速」的「無害通過」。至於美軍要不要事先通報沿岸國，既然國際法沒有明文規定，美國可以自行決定。

由此可知，無論是「航行自由」、「過境通行」或「無害通過」，世界各國與美國軍艦都可以穿越台灣海峽。區別在，是中國領海，或是公海水域，軍艦的無害規定完全不同。例如：「無害通過」規定，「通過應繼續不停和迅速進行」，「不損害沿海國的和平、良好秩序或安全」，「潛水艇須在海面上航行並展示其旗幟。」，不可進行軍事演練。反之，內水與領土一樣，一定要事先通知且獲得許可，否則是侵犯領域主權，是非常嚴重的國際法違法行為。中國認定台灣海峽是中華人民共和國的內水或是領海，這與中國主張世界各國與美國軍艦是否可以駛入台灣海峽，兩者完全不同。

三、台灣海峽有國際公海水域

美國軍艦、潛水艦穿越台灣海峽非常頻繁，但是公開資料記載美國航空母艦穿越台灣海峽的紀錄共有兩次。1995年12月，台灣海峽情勢正因為中華民國台灣地區首次民選總統而緊張不已時，美國派遣尼米茲號（USS Nimitz CVN-68）航空母艦經過台灣海峽，而當時中國外交部稱，台灣海

峽屬國際航行的水道，美國可依國際法的規範「無害通過」，意味著中國主張台灣海峽屬其管轄的領海，不是國際海峽或是公海，當然也不是不可侵犯的內水。2007年11月，美國小鷹號（USS Kitty Hawk CV-63）航空母艦原欲停泊香港，因為政治因素而決定在抵港前折返日本橫須賀海軍基地，回程穿越台灣海峽。中國稱美軍以天候因素須通過台灣海峽為由，已先行通報中國，而中國以人道主義考量同意美艦駛經台灣海峽。但是，美方否認曾事先通報中國，就美國過去的表現而言，美方一定不會同意，在駛經其認定為國際公海水域的台灣海峽時，必須先行通報對其不甚友好的沿岸國。這樣等於自我否認台灣海峽是國際公海水域。

由此看來，中國自認現今的政治、軍事與經濟實力已非同以往，且發布《領海法》，在國內法層面將台灣海峽「內水、內海化」，企圖阻擾「台灣海峽的航行自由」。比較嚴重的是台灣政權因為主張「維持現狀」，維持中華民國舊中國體制，造成兩岸都屬於中國的問題。「維持現狀」等於配合北京政府的「一個中國」主張，認定各國軍艦穿越台灣海峽是違反國際法，是侵犯中國領海。

除此之外，如果中國以「一個中國」為基礎，主張適用《公約》第38條第1項「地理例外」原則，也是一種排除各國「台灣海峽航行自由」的方式。這裡所謂的「地理例外」指的是：如果海峽是由海峽沿岸國的一個島嶼和該國的大陸形成，而且該島向海的一面有一條同樣方便的公海或專屬經濟區航道，則該海峽就不屬於國際海峽，「過境通行權」就不適用。因此「一個中國」之下，台灣海峽全屬於北京管轄，則中國主張台灣東面海域，太平洋是符合前述規定的地理條件。如果中國堅持台灣海峽是其內海，也不是國際海峽，將要求各國不得有「過境通行權」，或者要求世界各國與美國的軍艦、商船，必須有合理請求並經其同意許可，才能穿越台灣海峽，否則只能繞行台灣東部太平洋海域航行。

「地理例外」的法理雖然具有主張的空間，但是台灣海峽的寬度最窄處仍有約七十海里寬，明顯超過兩方領海寬度二十四海里，依據《聯合國海洋法公約》在領海基線之外不是內海，也不是國際海峽，是有公海水域的海峽，依國際法可以行使「公海航行自由」權，所以目前的國際社會與美國根本無法接受「地理例外」的主張。

四、廣泛適用的「公海自由航行權」

　　20世紀末以來，中國成為美國與世界各國航行自由的重要阻礙。美國偵察軍艦長期在中國專屬經濟區內大範圍、高頻度的活動。1990年代以來，中、美在中國沿海發生了一系列海上摩擦，都和美國航行自由行動密切相關，包括2001年中、美在南海撞機事件，和2009年「無瑕號」間諜船對峙事件。美國2014年《自由航行報告》對中國「過度的主權聲索」的描述包括：領海基線直線劃法、對專屬經濟區上空擁有管轄權、對飛越防空識別區但無意進入中國領空的飛機實施限制、通過的國內法，將外國在專屬經濟區的活動定為非法。

　　不可否認，這些都是在中國國力崛起後，自認為有實力下的權力展現。儘管如此，在相關國際規範中，中國也不能自絕於國際社會，因為各國之所以會遵守國際法，是因為身為國際社會的成員，國際法乃是規範國家與國家之間大部分的關係，是各國在相互交往關係上的一種因應規範，來自各國的「合意原則」。姑且不論台灣海峽，世界上任何國家就算是要通過已被劃分成一國領海或國際海峽的水域，海洋法在其相關規定下，皆同時保障沿岸國權益與各國船舶通過的權利。所以如果今天台灣已經由中國領有，台灣海峽自由航行的問題也不會有變動。台灣的政府主張維持「一個中國」舊憲法的體制，也同樣不會讓台灣海峽自由航行有所變化。台灣海峽在扣除兩岸的十二海里領海之後，至少都有四十多海里以上寬度的公海海域，美國與及其他國家的商船、軍艦，都有權進行各種形式的公海航行自由，不受任何約束。軍艦、軍機、航空母艦不但有權通過台灣海峽，還可以在其間進行一切軍事航行活動，包括進行軍事演練、飛行，都是在合法範圍內。

　　儘管中國視台灣為自己的一個省，而台灣政府也自我「維持現狀」保有中國舊體制，讓台灣海峽的航行自由在認定上有疑慮，但就算如此，外國艦隊穿越台灣海峽也是有其國際法保障。台灣海峽最窄處為一百三十公里，換算約七十海里。根據《公約》第3條：「每一國家有權確定其領海的寬度，依據本《公約》確定的領海基線起不超過十二海里的界限為止」，所以沿岸國的領海寬度最大為十二海里。算上兩岸相加也只有二十四海里。故海峽最窄處，也有四十六海里是領海之外的公海水面海域。就

算放寬一步，根據第33條毗連區的規定，「毗連區從測算領海寬度的基線量起，不得超過二十四海里。」（其中十二至二十四海里之間是毗連區），兩岸一起計算也只有四十八海里，尚有二十二海里屬於確鑿無疑的「國際公海水面海域」。但是毗連區的主權性質、管轄權與軍事航行活動，包括進行軍事演練都無關，與軍艦在公海水面一樣可以航行自由。

所以在台灣海峽中間地帶至少有四十六海里的公海海域中，美國及其他一切國家船艦都有權進行各種形式的航行自由，不受任何約束，行使的是「公海自由航行權」，而不是行使限制較嚴格的「過境通行權」或「無害通過權」。

假設台灣海峽是小於二十四海里，也應該是國際航行的重要航道，外國船艦仍然可以適用國際海峽的「過境通行權」。「過境通行權」較領海的「無害通過權」更不利於沿海國的國防安全。因此，有些國家為了國防安全需要，反而對這類海峽採取三海里領海的縮小本國領海方式，如此即可使寬幅在六海里以上的海峽中間出現非領海的公海區域，以避免其所屬該海峽適用「過境通行權」。

例如，日本對於在《公約》生效下，將成為國際海峽之日本海峽（大隅海峽、宗谷海峽、津輕海峽等）就以《領海法》規定這部分海峽的領海僅採三海里。如此可保留海峽中央有公海部分，使他國船舶可適用公海自由原則航行，但在距岸三海里內的區域，則須適用較嚴格的無害通過權，使國防安全較有保障。反之，日本若在此等海峽採十二海里的領海規定，將使整個海峽成為適用「過境通行權」的國際海峽，如此一來核武軍艦行經此等海峽時無須事先通告、潛艇亦不必浮上，且對此等船艦完全沒有停止權與要求退出權，還可以非常靠近海岸線上航行，反而對日本國防安全更為不利，故乃有此自我縮小領海的奇怪特別法。

依據1998年頒布的《中華民國領海及鄰接區法》第7條規定「外國民用船舶在不損害中華民國之和平、良好秩序與安全，並基於互惠原則下，得以連續不停迅速進行，且符合本法及其他國際法規則之方式無害通過中華民國領海。」完全符合《公約》第17條，「在本《公約》的限制下，所有國家，不論為沿海國或內陸國，其船舶均享有無害通過領海的權利。」何況，台灣海峽中間不是領海水域，而是等同於公海自由航行的海面。所以即使台灣海峽窄於二十四海里，全部涵蓋在中國領海下，世界各國與美國軍艦依然可以運用國際海峽制度的「過境通行權」航行。國際海峽通過

制度，比領海的「無害通過」寬鬆。通過時雖然需要「毫不遲延」，「不對海峽沿岸國的主權、領土完整或政治獨立進行任何武力威脅或使用武力」等規制，但潛艇不需上浮，收集情報、宣傳、飛機起落等行為也未被禁止。何況，台灣海峽的寬度很大，所以不屬於國際海峽，而是有公海航行自由的中間部分，世界各國與美國軍艦完全有公海自由航行權。

　　海洋法航行自由享有的權利強弱，依序是：公海自由航行權→國際海峽過境通行權→領海無害通過權。值得注意的是，公海自由航行固然不需得到任何國家的同意，就算「國際海峽過境通行權」或是「領海無害通過權」，航行時也不必得到沿岸國同意。

五、北京政府違法制定的海洋規範

　　中國北京政府制定的《中華人民共和國領海及毗連區法》與相關的國內法，違反《國際海洋法》的部分很多，也衍生各式各樣的爭議。其中以劃定領海基線時不遵守國際法，任意把公海、領海劃定為「內水（主權性質等同陸地）」最為嚴重。例如，與台灣海峽類似的瓊州海峽，就被中國劃定為內水。實際上，根據地理特性，它最多只能被定為領海。但中國在雷州半島東、西各選取一個基點，又在對岸的海南島對應位置選取兩個基點，互相一連就「圈住」瓊州海峽定為內水。其實這種「直線基線」的方式在《公約》中是不允許的，也根本違反《國際海洋法》。

　　中國另一個不遵守《公約》劃定領海的例子是西沙群島。中國同樣在西沙群島採用直線基線，將西沙群島的最外沿，定義為領海基點。其實，這類用直線基線劃定群島的領海的方式，是顧慮群島國家（即菲律賓、印尼這些完全由島嶼組成的國家）的安全需要，只適用於群島國家，不適用於像中國這樣根本是大陸為主的國家所擁有的群島。況且，即便是群島國家的群島水域，也只能視為類似領海，而不是領海。但依據中國在西沙群島的劃法，把整個西沙群島水域都視為，不但不是領海，而且是內水，享有的權利比群島國家在群島水域內的權利更高，也完全違反了群島水域的法理。

　　中國對外國軍艦在台灣海峽通行的態度，也與中國自己軍艦在外國海峽通行的態度，顯而易見是採用雙重標準。中國軍艦進出日本琉球列島的水道已經是常事，近年來也高調通過日本大隅海峽、宗谷海峽、津輕海

峽、對馬海峽東水道、對馬海峽西水道。2016年6月更以「國際海峽過境通行權」為名，進入鹿兒島縣口永良部島以西的日本領海，該海峽不屬於國際重要航線的國際海峽，所以不適用「國際海峽過境通行權」。之後在日本媒體（不是政府）提出質疑後，中國還是堅持「有權通過」，而且還認定日本媒體應該改變心態，適應中國的航行權。中國軍艦在2015年通過美國阿留申群島之間的水道，也不屬於國際重要航線的國際海峽。

　　擁有航行自由與海洋資源的權利，是一般國家的主張，但是在主張權利的同時，也必須遵守相關的義務。中國在南海地區擴張軍事版圖，主張聲索的海洋的圈地運動，已經引起國際社會的反彈。所以美國常常以轟炸機接近中國所占有的島礁附近飛行，又以驅逐艦在中國的島礁附近海域執行自由航行權，核子潛艇的潛航更頻繁，以此來落實《國際海洋法》的航行自由。

　　如果依據中國在劃定領海基線時不遵守國際法，任意以直線把領海劃定為「內水」的方式，其他國家也模仿這樣的劃法之下，中國將無法進出太平洋、印度洋，中國船艦會被封鎖在中國沿海。例如，美國西岸加州、夏威夷、阿拉斯加連線，若依據中國劃定領海基線的方式，整個太平洋的東半部都將成為美國的內水，屆時中國如何對應。

　　16世紀海洋強國西班牙、葡萄牙，開始主張對海洋的支配，使地球表面的海洋，都成為兩國領有，形成所謂海洋領土化。若依據中國劃定內水、領海的方式，未來地球表面，應屬於全人類所共有的海洋，將由沿海國家獨占領有，沒有「海洋自由與公海航行自由」。未來中國若是不遵守《國際海洋法》，也不尊重其他國家的「海洋自由與公海航行自由」，違反人類長久以來的「海洋自由論」。這將是阻擾人類交通、通商手段與進步繁榮的霸權主義，閉鎖後的海洋，孤立下的中國更是最大的受害者。海洋不應劃定界線，任由特定國家或私人獨占阻擾人類交通、通商，而應屬於全人類所共有的自由海洋。

六、革命與新政府、新國家的關係

　　釐清新政府、新國家的關係，可以從中華民國的革命歷史、主張來論證。我們知道孫文革命時是要「推翻滿清政府」，中國國民黨並沒有要消滅幾千年的中國，或從中國分離獨立，建立另一個新國家。中國國民黨不

管其對外言論或歷史文件，都未曾有過要獨立建國的記載。所以，中華民國只是當時中國這個國家的新政府、新朝代。1912年亞洲也沒有新國家誕生的歷史紀錄。中國國民黨也不是主張分離獨立的政黨。

　　一方面，1949年建立的中華人民共和國也從來沒有主張要消滅中國這個國家，或從中國分離獨立。所以，一般所謂「10月1日建立『新中國』」的「新」，也只是1949年當時對內發表的形容詞，與分離獨立，建立新國家完全不同。目前中國共產黨都使用「建政」（建立新政府）來慶祝10月1日。這種「建政」（建立新政府），就是說明中國共產黨不是消滅中華民國這個國家來建立新國家，而是推翻中華民國這個「政府」。這點也可以由聯合國席次，以及南、北韓與東、西德等分裂的兩個國家來對比。

　　中華人民共和國政府對聯合國與其他國際組織，從來沒有以新國家身分，用申請的方式加入，而是以新政府的姿態，主張取代、繼承中華民國政府的方式，以爭取代表中國席位的方式，要求各國承認它是新政府，並一再拒絕形成「兩個中國」，分裂的兩個國家。這和過去的東、西德或現在的南、北韓的「兩個國家」型態，是完全不一樣的。中華人民共和國政府從未接受過這種「兩個國家」的體制，即使現在也未在理論上主張過「兩個中國」。在實例上，還一再拒絕形成「兩個中國」，一旦各國與中華民國建交，中華人民共和國政府立刻斷交，以免形成「兩個中國」。

　　一方面，如果是要建立兩個中國的體制（所謂「兩國論」），應該如何去做？中華民國在台灣有做嗎？宣布建立兩個中國，是否比建立台灣共和國更容易、更安全，或是更困難，或是絕對不可能等，這些都是比較衡量的問題，是可以討論的。「台灣建國學」也解釋過，建立國家與建立政府的區別，很多台灣民眾就是分不太清楚這兩者之間的差異，所以導致一些建國主張的矛盾。我們一定要分清楚，國家和政府有何區別，我們不能把政府模模糊糊地當作國家，或想利用中華民國政府體制，欺騙人民說台灣建國已經完成。一方面，一些獨派團體認為，要先消滅中華民國，才能建立台灣共和國，這也是完全沒有弄清楚中華民國不是國家的道理。中華民國不是國家，改名稱取代它或消滅它，都與台灣建立國家無關，建國仍然是要宣布從中國分離獨立。

　　所以目前兩千三百萬人是共同生活在叛亂的台灣地區這一條船上，要建國或是不建國都可以冷靜思考，互相消滅來消滅去都不能解決問題，

中國國民黨渲染台獨是要消滅中華民國，或是獨派高喊消滅中華民國根本無法建國，甚至與建國無關，只是徒增內部情緒性的紛擾罷了。更嚴重的問題是，政客、政府官員、學者連國家、政府概念都分不清楚，導致台灣的地位始終無法有效的突破。這些只會享受榮華富貴，連國家、政府都分不清楚的台灣官員、政客，要站出來說明白，中華民國到底是什麼，是政府、是國家或只是中國舊政府。

其實我們從小所受的教育也是一樣，例如要推翻萬惡共匪、匪偽政府、解救大陸同胞、反攻大陸等口號，都是以要推翻、取代中國共產黨政府的立場，是中華民國政府要復辟、恢復統治中國的主張，與中華民國是國家無關。但是，不知從何時開始，忽然間兩岸變成兩國，中華民國在台灣忽然間由舊政府變成一個主權獨立的國家？如果已變成一個國家，也必須將來龍去脈、所有理論講清楚，否則國際社會如何對此新國家加以承認，或知道你建立一個新國家。這就是今天在台灣的中華民國在國際社會被孤立、被打壓的重要原因。中華民國這些自稱為總統、外交部長、中華民國政府發言人、中華民國立法委員，他們連政府、國家都無法區別，成天說一些錯誤的言論，當然國際社會、國際媒體也無可奈何。

雖然如此，但是日本、美國、國際社會不須要指正我們這些理論，因為對各國並無任何利益可言。「台灣建國學」在此宣揚這些理論，為什麼我們要這麼做，不怕得罪中華民國這些政客。原因是為了台灣前途、為了台灣人民要有知識、有水準、有尊嚴。外國人不會管我們這些矛盾錯誤，最好我們繼續自以為，維持現狀就是國家，這樣他們才可從中謀利，讓他們在各種政經利益上予取予求，武器也可賣貴一點，結果只是使台灣變成世界各國的殖民地。

七、對比巴勒斯坦與台灣的宣布獨立

2012年聯合國大會《67/19號決議》，該決議將巴勒斯坦在聯合國的地位由聯合國觀察員實體，升格為「非會員觀察員國」（observer state），另一個「非會員觀察員國」為教廷。這裡有二個法效果需要說明：

（一）巴勒斯坦有沒有宣布獨立、從那個國家分離獨立？

（二）巴勒斯坦是何時成為國家？

聯合國是國際組織，沒有承認巴勒斯坦是國家的承認權。「非會員

觀察員國」是大會決議，既使大會認定巴勒斯坦是國家，對於尚未承認巴勒斯坦是國家的會員國而言，並無國際法上國家承認的效果與拘束力。何況，非會員國可以是國家也可以解釋為不是國家，與巴勒斯坦是不是國家無關。其次，巴勒斯坦早已宣布獨立，1988年11月15日巴勒斯坦全國委員會第十九次特別會議通過《獨立宣言》，且立刻獲得上百個國家承認。巴勒斯坦不是無主地建國，其領域目前在以色列主權統治下。巴勒斯坦若是成為國家，學理上應該是從以色列分離獨立。巴勒斯坦自我的立場是，1988年宣布獨立時成為國家。承認巴勒斯坦的國家，自給予承認日期起。對未承認巴勒斯坦的國家而言，至今巴勒斯坦不是國家。特別是領域的主權國以色列。

現代台灣與中國的關係，自戰後開始。第二次世界大戰結束，日本在《舊金山和約》放棄對台灣、澎湖之所有權利、權源與請求權之後，當時只有代表中國這個「國家」的中華民國政府，主張對台灣的領土主權。台灣這塊土地，目前還有哪些國家主張擁有對台灣的領土主權？或是主張台灣的地位未定？無論是目前受國際社會所承認、唯一合法代表中國的「中華人民共和國」政府；或是過去代表中國、目前繼續在台灣統治的「中華民國」政府，兩者都是代表中國這個「國家」的政府，或是與中國有關的政權。因為，世界上只有中國，主張對台灣的領土主權，並沒有其他國家主張對台灣擁有領土主權。因此，在國際法上，台灣領土主權歸屬並無爭議空間。

對比巴勒斯坦與台灣的建國或國際地位：巴勒斯坦沒有領土主權，巴勒斯坦還在以色列的統治下，缺乏國家要件，但是在聯合國或各式各樣的國際組織都有其代表與出席權，也得到至少一百三十七個國家承認。

台灣有強大的軍事力，自主統治的領域，然而不只是聯合國沒有台灣的代表出席，甚至台灣人進入參觀也受限制，也沒有一個國家承認台灣是國家。其中的主要原因是，巴勒斯坦堅定的發表《獨立宣言》，台灣卻至今不願意發表《獨立宣言》，甚至藐視發表《獨立宣言》。

對比巴勒斯坦與台灣的現實狀況，各種國家應具備的條件，台灣都比巴勒斯坦占優勢，但是台灣沒有積極主動的宣布獨立，發表《獨立宣言》，使國際社會也無可奈何，無法承認台灣是獨立國家。

附錄　「台灣國家定位論壇」之爭議

　　2009年1月4日，筆者參加台灣教授協會主辦之「台灣國家定位論壇」，地點在台大法學院國際會議廳。其論文〈中華民國之法定地位——兼論台灣之統獨爭議〉（全文由台灣教授協會出版，2009/12/01）之發表與現場簡要報告如下，盡量以當時的內容呈現，再對照目前台灣現狀，各位可以理解，為何這些年來台灣建國主張會進退失據。

　　當時參與者有主持人：薛化元教授、陳儀深教授、蔡丁貴教授，與談人：筆者、王雲程先生（民間研究者）、李鴻禧名譽教授（台大法律系）、沈建德博士（台灣國臨時政府召集人）、林成蔚主任（民進黨國際部）、姚嘉文總召集人（台灣國家聯盟）、許世楷教授（前駐日代表）、陳茂雄教授（台聯黨代表）、陳隆志董事長（台灣新世紀文教基金會）、黃居正教授（清華大學科技法律研究所）、劉重義副會長（台灣教授協會）。

　　筆者的報告如下：今天為什麼我會出席，先要簡單說明一下。在十幾年前我就沒有機會參與這種台灣地位的論議。各種主流媒體、電視、各種報導也不可能聽到我的聲音。為什麼？因為從1996年總統要直選前後，所有台灣獨立建國的主流意見、各政黨都認為：因為我們可以選總統，所以認定中華民國是一個國家，然後民進黨也說台灣早就獨立，台灣已經獨立，名字叫「中華民國」。在這樣的狀況之下，有很多人說：「許教授如果再說台灣還沒有獨立，再說中華民國就是中國叛亂政權，中華民國統治的台灣就是中國的叛亂地區，這樣對台灣的獨立建國，對民進黨的執政，對我們反對國民黨的力量會造成很大的傷害」。因此，我就被封口不能再講話，只是偶爾寫寫文章。今天在此發表的〈中華民國之法定地位——兼論台灣之統獨爭議〉是最新、最完整的一篇。

　　一個多月以前，在紀念林山田教授逝世一周年的紀念研討會上，廖宜恩教授要我出來再講台灣還沒有獨立這個主張。我說：這個研討會大家都在懷念或探討有關林山田教授對台灣建國的貢獻，跳出來講一些好像格格不入的台灣建國的理論不太好。但是主持的教授們都堅持我應該繼續談論台灣建國的理論，而且認為林山田兄也希望我們繼續走台灣建國獨立這條路。所以就在這麼熱誠的邀約之下，我就站出來講了四十分鐘。結果反應

很熱烈。所以才說我們再找個機會，就是在今天，大家再來好好面對已經遺忘十幾年的這些問題。我們要討論什麼問題呢？我想在我這篇文章中很詳細，各位都可以找到答案。在這邊只能簡單的講，我的理論主要有三個部分：中華民國是中國的舊政府、台灣還沒有獨立不是國家、沒有宣布獨立建立國家的台灣，還是中國的一部分。

一、台灣建國的三點主張與論述

第一點，台灣的「中華民國」體制只是中國舊政府的殘餘勢力，不是一個國家。依據是什麼？依據就是中華民國政府從北京政府成立以後，都一直和中共政權在爭「一個中國、漢賊不兩立」的外交地位與聯合國的代表權。中國一直是一個國家，未曾分裂。兩岸的政府在互爭中國的合法政府承認。台灣的中華民國政府，包括民進黨執政期間，我們自己的外交部所要求邦交國的承認，都是國際法上的政府承認，從來沒有要求過「中華民國是一個國家」的國家承認。我們在台灣只是在維持「一個中國」架構下的政府體制，代表中國的中華民國政府體制，包括民進黨執政其間外交政策也是一樣，是「一個中國」的「漢賊不兩立」政策。所以台灣的「中華民國」體制是政府，絕對不是一個國家。

昨天我經過總統府前面掛著「中華民國建國紀念日」，這個建國根本是在騙台灣人。但是台灣都沒有人站出來指責，總統府怎麼掛這個招牌？中華民國是改朝換代的政府，根本不是建國，怎麼會有建國紀念日？學者專家、各種媒體輿論也沒有人出來質疑，為什麼我們納稅建立的政府，敢說這麼大的謊言「中華民國建國紀念日」，還掛在總統府那麼大的招牌。難道台灣人都無知嗎？都受騙嗎？台灣人站不起來，被國際社會看不起就是因為這樣。

第二點，台灣還沒有獨立，不是國家。有人認為台灣已經獨立，它的國家名字叫「中華民國」，我認為這個論點是錯的。為什麼還沒有獨立？最大的原因就是台灣人自我安於現狀，維持中國舊政府即「中華民國」的體制。我們在選總統、選立委，甚至今年我們還要選中華民國的縣市長，這些都十分清楚的可以看出，「中華民國憲法體制」在台灣的維持不變。維持中華民國體制，那台灣怎麼會是已經獨立，怎麼會有台灣共和國這個國家？台灣共和國要成立，台灣要獨立，一定要宣布獨立。什麼叫宣布獨

立？不是說說而已，我也提出很多意見，詳見我的文章，各位都可以做一個參考。

第三點，台灣還是中國的一部分。中華民國體制是一個中國舊政府體制，台灣人自己願意維持中華民國體制，不敢宣布獨立，建立國家。所以今天的台灣還是中國的一部分。民意調查維持現狀都占很大的比例，大家都認為維持現狀最好，但是維持現狀的台灣就是中國的一部分，甚至說清楚一點，就是中國叛亂的一省。我們譏笑馬總統，說他是中國自由地區的區長。可見我們自己也有沒有反省，不知是我們自己願意維持這樣的體制，維持這樣的現狀。

我在1996年中華民國總統選舉之前，發現到台灣人民面對的最大危機是，台灣人要建國，卻一味模糊焦點，或是把還沒獨立說已經獨立。把中華民國當成國家，讓年輕人把尊重中華民國國旗當成捍衛台灣，這樣對嗎？為了要選中華民國立委、選中華民國的總統、選中華民國的縣長、或是要修改中華民國的公投法、集遊法在那邊抗爭，這樣能建國嗎？這都是浪費我們台灣人要建國的資源，因為如果要推動使中華民國的體制更加健全，以上做法也許有效。但是我們台灣人若是要建國，就要做更重大更根本的革命，我們一定要把中華民國體制踩在地上、踩在腳下，也就是要廢除中華民國體制，宣布獨立、主張獨立，這樣才能建國。

但是今天有這樣的力量嗎？沒有。所有的力量都在推動要怎麼使中華民國體制更公平、司法更公平、保障人權，這都是中華民國體制下的問題，這不能解決建國的問題。

時間限制下，以上是我今天提出的簡單說明（其餘詳見論文）。我想在座應該有很多人對我的意見不同意，或是要質疑，如果主辦的單位、主持人、各位容忍我有充分時間，我都可以一一用事實、理論來和大家交換意見，把這些問題說明清楚。

二、台灣定位爭議之回應與說明

第一，我剛剛說的「台灣不是國家，中華民國是叛亂組織」，這樣子的話並沒有多數的教授講過，發問者說很多教授也如此主張，我不知道多數的教授在哪裡？我覺得只是少數幾位而已。

第二，今天爭論的目的不是要來說服我許慶雄：「台灣人應該要團

結，台灣人不能說台灣不是國家」。如果我們有正確理論、證據認定台灣早就獨立，台灣已經獨立，名字叫「中華民國」，我們的資源應該用在去向北京政府、美國總統、日本首相、澳洲、世界各國等等國際社會遊說：「我們在台灣的中華民國是一個國家」，不要只是來說服我。說服我沒有用！我和你團結，每個台灣人都說在台灣的中華民國是一個國家也沒有用。如果台灣已經獨立，名字叫「中華民國」是正確，應該要向國際社會發聲。民進黨拿到政權，外交部、政府都不敢宣布獨立、不敢主張獨立，不敢對外主張在台灣的中華民國是一個國家，然後說我們這幾個教授在這邊扯後腿，這我無法理解。

主持人陳教授，在座的學者，各位關心台灣前途的朋友，第二階段我想針對和我意見不同或是剛剛有說過的一些觀點，提出我不同的看法或是分析說明。

主持人陳教授剛剛分成兩邊，一邊是已經獨立說或中華民國是國家，一邊是台灣未獨立說？我覺得其他被跟我分在同一邊的人，也有的是主張台灣不屬於中國，但是我是主張台灣現狀是屬於中國。台灣有機會不屬於中國，但是很可惜我們台灣人維持「中華民國憲法體制」，外交政策是「一個中國」的「漢賊不兩立」政策，不敢宣布獨立。這兩個前提很容易就證明現狀的台灣就是中國的一部分，不然為什麼不敢廢棄《中華民國憲法》，宣布獨立脫離中國，不敢推翻中華民國的體制，否定中華民國的體制，既然如此，台灣現狀就是屬於中國。

基本上，雖然表面看來，少數教授前面兩個觀點——「中華民國」體制是政府不是國家、台灣還沒獨立——是和我一樣，但是怎麼可以導引或是推論出第三點「台灣不屬於中國」？這就是我不瞭解的。當然分類是陳教授分的，但是我希望說明，只是中華民國是政府不是國家、台灣還沒獨立，這兩個前提怎麼推論出「台灣不屬於中國」這個結論。我有針對這些不同的意見，在這篇文章中很詳細做分析說明。

第一點、我希望大家瞭解，一群人在國際法不能當作主體，所以人不能擁有主權。我們常常在說兩千三百萬人因為日本放棄台灣，因為國際社會認為台灣地位未定，所以台灣兩千三百萬人擁有台灣這個主權。這是不對的，國際法中，人不可以擁有主權。你要擁有主權，就要先建立國家才能擁有主權，所以國家和主權是不可分的。關於這一點我們在座的學者，上午有說過為什麼我們是國家？因為我們自己選總統、自己有立法、

司法、行政權、有軍隊、國旗、國歌。但是這些種種都不能證明我們是國家。一個代表中國的中華民國政府也都可以有選總統這些東西。我們知道北韓或很多其它的國家獨裁，他們沒有選總統也是一個國家。所以直選總統與否，和是不是國家沒有直接的關係。國家當然有權可以決定我要總統直選，但是相反的，直選總統不能證明你一定是國家。國家可以直選總統，可以選國會議員、修憲，但是沒有建國意志，沒有站起來宣布獨立主張是國家，只是選國會議員、修憲、直選總統，不能證明你是國家，這是很簡單的一個邏輯。

三、廢除中華民國體制與宣布獨立是建國的核心

陳隆志教授說我們可以透過自決，漸漸變成一個獨立國家，沒有錯，但是目前還沒有任何自決建國的意志。新國家一定要宣布獨立，「中華民國」、台灣國或台灣共和國，從來沒有宣布獨立的事實。中華民國政府從1912年建立之後，自我主張是推翻腐敗的滿清政府取而代之的中國新政府。中國就是幾千年歷史的中國，中國繼續存在。「中華民國」不過是一個推翻帝制的民主共和新政府。現在總統府掛出「中華民國建國紀念日」，「中華民國」什麼時候建立國家，怎麼有建國紀念日？這是竄改歷史，完全不符合歷史事實。中華民國政府過去戒嚴的時代也沒有說我們要建立一個與北京政府不同的國家。基本上這是因為沒有宣布獨立，宣布脫離中國。

也有很多人提出，如果宣布獨立會造成危險。特別是民進黨國際事務部林主任，他說有很多需要考慮的問題，宣布獨立會有危險，國際社會對台灣不諒解，這對台灣不利。但是「有危險」不能作為是否國家的理由，台灣要建立國家就要宣布獨立。至於我們要建立國家時，要用什麼來完成，要面對什麼危險，以及我們是否有這個決心，那是第二層次的問題。因為考慮很多，所以我們不能清清楚楚的說我們是法律上的國家，我們只好當一個不正常、或是事實的國家種種，這些都不是今天我們要討論的。

不能、不敢宣布獨立建國，就要誠實負責面對，怎麼可以欺騙台灣人台灣已經獨立，或中華民國是國家。我們今天是要討論的是我們是不是國家？中華民國是不是國家？台灣是不是已經建立自己的國家？你不能把宣布獨立會有危險、國際社會對台灣的不諒解，這些第二層次問題拿來

說：「因為有這些原因，因此我們不能建立自己的國家，但是台灣已經獨立、中華民國是國家」，這樣前後根本矛盾。

第二點，上午陳隆志教授或其他學者也都說，陳水扁政權在最後有用台灣的名義申請加入聯合國。就此，我提出一些意見。第一、不是用台灣的名義申請，而是用「中華民國」政府名稱，現在中國在聯合國本來就是繼續使用中華民國，中華民國是聯合國常任理事國。現在中華民國就是讓北京政府在代表，在聯合國開會。所以在台灣若繼續維持中華民國體制，沒有宣布建立台灣共和國，要怎麼用在台灣的中華民國的名義申請加入聯合國？所以聯合國祕書長就以行政的方法退件，不予受理。國際社會也認為台灣的中華民國體制不是國家，完全不符合新國家建立申請加入聯合國的條件。

第三點最重要，我一再強調目前「台灣是不是中國的一部分」這樣的主張是沒有意義的。日本在《舊金山和約》放棄台灣，沒有任何國家來說台灣是它的，只有中國的新舊兩個政府主張台灣是它的，所以在國際上目前沒有爭論。聯合國和其他國際組織也沒有認定台灣的地位有問題，從來沒有就這個問題討論。

還有其他更強的證明，包括《中美共同防禦條約》、《中日和約》都證明，在台灣的中華民國政府是中國的政府。各國把駐中國大使館設在台北，那怎麼說明台灣不是中國的領土？所以美國、日本、澳洲、世界各國包括聯合國等等，都曾經認定台灣是中國的領土。即使說我們能夠證明台灣不是中國的，是日本放棄沒有人要的領土，但是目前我們台灣人還是自我以中國的憲法、外交政策，主張台灣是中國的，政府不敢正式站出來主張台灣不是中國的，也沒有宣布獨立建立自己的國家。

難道要讓國際社會再定一個條約說，台灣要還給中國嗎？國際社會也是可以這樣做。如果國際社會再做一個決議，台灣還給中國，我們就默默的接受，是不是這樣？如果不是，就應該要站出來宣布獨立建立國家，這才是很清楚的台灣已經獨立、是國家。

最重要就是我們自己的主張。到今天我們還維持中華民國體制，由中國的舊政權統治，那當然台灣是中國的一部分。台灣省也是到現在還繼續存在，還有台灣省政府種種體制，都是證明台灣是中國的一部分。

但是最後我還是強調，沒有做到宣布獨立和廢除中華民國體制這兩點，我們要說台灣已經獨立那是不可能的事情。宣布獨立的意義，我想已

經寫很多了，就是要一直堅持。不是說演講的時候一邊一國，結束之後，又說民意調查反對獨立多、贊成獨立少，所以不能宣布獨立。其他國家有在做這樣的調查嗎？如果台灣已經是獨立的國家，還做這種要獨立與否的民意調查做什麼？

　　各界應該要站出來指責：「要把我們當成笨蛋嗎？我們認為台灣已經獨立很多年，政府、台灣人都認為我們是獨立的國家，還要調查這些統獨爭議做什麼？」像民意調查這種我們日常的生活中發生的事，就可證明：台灣還不是國家，是我們自己決定、自己主張以憲法使台灣成為中國的一部分，我們自己主張不是一個獨立的國家。

四、是政府或是國家必須定位清楚

　　我不是來辯論，剛剛陳教授也說希望我說不一樣的意見，所以基本上就是這樣。姚嘉文兄所講的就是把政府和國家分不清楚，北京中華人民共和國政府就是目前國際社會承認代表中國的政府，我們不管他統治合法性或什麼的，一方面我們自己就是維持中華民國政府，在中華民國政府統治之下，台灣就是中國的一部分，所以北京可以繼承，這就是政府繼承的理論。

　　最重要的，民進黨執政的時候，外交部怎麼繼續要求做中國政府的承認，要求二十個邦交國，承認在台灣的陳水扁總統是代表中國十幾億人的總統，怎麼不要求國家承認？不主張：「在台灣的中華民國是和中國沒有關係的一個國家，陳水扁總統是代表兩千三百萬人在台灣這塊土地建立的中華民國呢？」民進黨執政拿錢給邦交國，花了這麼多的邦交費用，應該請邦交國承認，台灣是和中國不同的兩個中國，要求對在台灣的中華民國做國家承認。姚嘉文院長怎麼沒有這樣要求民進黨？這些普通的人可能分不清楚，但是身為黨執政要人、國際法學者，這些應該都知道，不要再維持中華民國政府體制，這是最重要的。

　　李教授說，我說台灣不是一個國家，只是中國領土的一部分，讓他有晚上睡不著覺的痛苦。這實在很不好意思，但是我已經十幾年封口不講話，有使台灣不屬於中國嗎？有讓你很好睡嗎？我因怕你操煩，今天的討論我本來也很不想出來再說這些。因為大家這麼的誠意，我才出來說。

　　講到團結，我即使團結，贊成你們的意見，也還是沒有辦法說服日

本、美國、歐洲國際社會、聯合國。我和你團結都沒有用。這十幾年來，我安靜不說話，但是台灣也是沒有什麼前進，也沒有建立自己的國家。所以基本上，我們要變成國家的前提就是，我們自己要宣布獨立。我一再強調，宣布獨立之後才有一邊一國。

李登輝主張「兩國論」只有兩、三天，或是馬英九前陣子也好像宣布獨立了，他說我們和中國一樣是國家，要加入國際人權條約。這就是兩個中國的主張，為什麼大家沒有追問他？問他是不是主張兩個中國？台灣人為什麼這麼害怕，連兩個中國也不敢主張？馬英九明明說：「要加入世界人權保障的有關條約，中國已經加入了，我們不可以輸它」，這就表示他是採取兩個國家的立場。這一點台灣人都不關心，也都不敢質疑，要怎麼叫國際社會承認我們已經是國家。我覺得不是國際社會的錯，是我們自己不知道自己到底是主張什麼。

五、台灣如何獨立建國

我本來準備了很多內容要回答質疑，但是等了這麼久，都沒有給我回答的機會，現在時間很少我盡量回答。

陳隆志教授提到策略，問我說台灣如果還沒有獨立，要怎麼獨立？我講過很多次，第一、廢除中華民國體制；第二、宣布獨立；第三、用新的國家身分申請加入聯合國。「宣布獨立」基本上不只是有時說說一邊一國，而是宣布獨立之後每一分每一秒都要堅持台灣是國家。不能說：為了經濟，因為要加入WTO，所以我不是國家，我是一個經濟體；要和中國談判和平，就說我不是國家，我是你的一區。「一個中國，各自表述」，也是否定台灣是獨立的國家。我想陳水扁總統上任的時候說「四不一沒有」，如果不怎麼樣，我就不宣布獨立，這樣我們怎麼是國家？所以宣布獨立是宣布以後你就要行動，每一分每一秒都堅持你是一個主權獨立的國家。人家來否定，人家來說你不是一個國家，你是中國的一部分，台灣總統就要站出來主張是國家，即使是每天招待記者會宣布獨立也應該如此。

日本什麼時候宣布獨立？我想李教授說他也不知道日本什麼時候宣布獨立，但是日本每一分每一秒都堅持它的獨立。什麼人會說日本不是一個國家？如果有人說日本加入WTO不可以用國家的身分，日本怎麼可能會忍受，不可能。日本一再的堅持，一再的宣稱：「你要和我建交就要做國

家承認」。

　　美國和中國建交的公報，日本東京大學的學者也有提出說，這個建交公報北京政府可能對國際法不太瞭解，所以把它當作是國家承認來寫公報，這是一個弱點沒有錯。但是，以後北京政府以更強的事實來證明，它不是建立新國家。北京政府每年的10月1日，都說是「建政紀念日」，建立新政府紀念日，它沒有說是建國紀念日。所以中華人民共和國政府是中國幾千年來最新的政府。

　　不管是民進黨或是國民黨執政，如果說中華民國是一個主權獨立的國家，就應該要求我們的外交部把建交公報寫清楚，說：「中華民國目前是在台灣兩千三百萬人建立的國家，和中國沒有關係的一個國家，請各邦交國做國家承認」。

　　國家承認有一個性質，就是一旦承認之後無法撤銷。所以，如果以前的邦交國都承認我們是一個國家，那我們就不用擔心邦交國減少了。但是目前我們的邦交國對中華民國的承認，都是做「政府承認」而非「國家承認」，是可以撤銷的。這是國際法很簡單的道理，一般人有注意國際法的理論都知道。以上是我對陳隆志教授的回應。

　　劉教授你問我問題，最後自己還做答案，所以我都不知道你要問我什麼？你知道，中華民國政府體制危害台灣，中華民國政府體制如果存在，我們就不可能建國，就會成為中國的一部分；台灣沒有宣布獨立就不能變成一個國家。剛剛民進黨林主任提到，手段上有種種的困難做不到，因此就要配合，就要面對現實。問題是，所有的領導者、所有的指導者、所有你請教的學者顧問，是否知道我剛剛在說的理論？如果知道，那我無話可說，要慎重的用什麼手段都可以。但是我的感覺是不知道，包括蔡英文主席，我覺得蔡英文對這些也都不知道。

　　所以不可以推卸說，我們有很多的困難做不到。你知道問題在哪裡嗎？理論上你有正確的認識嗎？如果有，我無話可說。你說現階段有什麼國際社會的困難，有什麼危險性，但是為了要爭取選票，把黨綱變來變去，欺騙人民說台灣已經獨立，名字叫中華民國。事實上是變到現在，台灣建國還是渺渺茫茫。

　　針對李教授，我只說一點。我剛剛說的宣布獨立不是只有宣布那一點，而是宣布之後要堅持。我要問的是，既然說已經獨立，為什麼外交政策還是用政府承認，要求邦交國承認在台灣的中華民國政府是代表全中國

的政府。台灣如果已經獨立，為何參加各種的國際組織時，人家說你們不是國家，你也接受？我們居然可以用否定國家的地位的方式，參加各種的國際組織。我認為這個不對。至於什麼時候宣布獨立，我沒有意見，但是宣布獨立之後必須堅持。

六、有使命感宣布獨立才能建國

至於要怎麼才能獨立建國？第一就是要否定中華民國體制。台灣的年輕人、一般社會大眾，甚至很有台灣意識，過去也一起打拼要建國的，現在都在那邊拿中華民國國旗和國民黨行動相同，都在捍衛中華民國體制，這樣台灣要怎麼獨立建國？所以我們一定要講清楚，維持現狀就是讓台灣面對很大的危機。香港、澳門之後就輪到台灣。在中華民國體制之下，台灣就是中國最後一個尚未統一的地區。沒有讓民眾知道現實的危險，就要推動什麼修憲運動或是階段性的手段，我覺得都不對，到最後都是一場空。

否定中華民國體制之後，台灣要怎麼樣獨立？只有分離獨立，宣布獨立。國際法理論講的很清楚，要建立國家只有四種方式：

（一）由無主地狀態建國。中國一再地強調台灣是它的一部分。台灣不是無主地。我們已經沒有這個機會了。

（二）二個國家合併成新國家。台灣不是國家，沒有機會可以合併建立新國家，何況要與哪一個國家合併。

（三）蘇聯瓦解方式，中國大陸不會同意和我們瓦解分裂，中國有幾千年歷史，崇尚大一統。怎樣可能同意分裂為中國大陸和台灣，製造兩個中國。以上都是被動。

（四）最後是分離獨立。

前面三種都必須要依靠他人的配合同意被動的建國。所以最後就是採取第四種台灣分離獨立的方式。如果在座的學者或專家說，國際法要建立新國家，除了這四種之外，還有其他方式，或認為國際社會還有另外一種方式可以建立新國家，那請指出有哪一種。這四種裡面，最簡單最合理的就是宣布獨立、分離獨立。宣布獨立、分離獨立以後我們才有資格說台灣是國家，申請加入聯合國。我甚至認為只要宣布獨立，用台灣共和國的名義申請，就是中國在安理會阻撓不讓我們加入，我們也已經是國家。這些都要將道理和原因說給台灣大多數的人知道，才可以產生力量來完成建國。

　　我坐了一整天，在這裡講不到半個小時，參加的教授很多，除了黃居正教授以外，都是反對意見，但是沒有給我充分的機會時間說明，所以我實在對這個會議無可奈何。我認為對現狀的認定很重要，尤其思想理論，如果沒有搞清楚，我們就沒有力量。主流的意見說，台灣已經獨立，我們是一個國家，叫做中華民國。這使人民沒有危機感。沒有危機感，就沒有使命感。沒有使命感，哪來的力量建國？

　　如果台灣已經獨立，中華民國這個名字要不要改，不是那麼重要。說「中華民國」四個字太長，我們要改成「台灣」兩個字嗎？用什麼理由說服人民改國名很重要，我想不通。因此，正名改國號的事情不會使人產生危機感與使命感。

　　如果台灣不獨立，我們的退休金、全民健康保險、國民年金，將來可能都拿不到。這會讓人有危機感。但主流的意見說：「有啊，我們已經是國家了，哪有什麼問題？」人民就沒有危機感。所以，即使是要在體制內，要用公投來獨立建國，也要讓台灣人民瞭解，為什麼我們不是國家？為什麼維持現狀很危險，為什麼我們是中國叛亂的一省？為什麼我們要宣布獨立？這些理由如果你沒有講，只是說要對外宣傳獨立建國，請問要宣傳什麼？

　　我對今天很熱心來參與的教授、民眾很感謝。但是我相信沒有幾個人完整的看過我寫的文章或是我所有建國理論的論文。有幾個人對這些理論很清楚？不需要來討論嗎？對這些問題不關心嗎？我很感謝台灣教授協會主辦這個研討會，但是我認為還是有很多人都對這個問題不關心，誤認為：想做什麼就去做什麼才實在，建國理論不重要。這樣，台灣要怎麼獨立建國？

《台灣建國學》基本理論與問題之章節索引

一、中華民國是什麼？

（一）中華民國是中國的政府不是國家，台灣維持中華民國體制，只是中國的舊政府，也是叛亂政府，自稱中華民國台灣非常危險：第一章六；第三章四；第八章三；第九章四、五；第十章；第十六章一、三；附錄三

（二）政府與國家的區別：第九章七；第十章；第十一章；第二十一章六；附錄四

（三）「國家承認」與「政府承認」：第三章一、三；附錄四

（四）中華人民共和國是建立新政府（建政）：第二章四；第三章一；第十一章二

（五）中華民國是被繼承的舊政府：第九章二

（六）中華民國不是流亡政府或被消滅：第四章九；第九章一

（七）中華民國憲法體制是一個中國：第五章四；第八章五

（八）中華民國外交政策是一個中國：第八章三、四、七、八、九；第十一章三、四

（九）邦交國與國家地位、建交與斷交：第十一章三、四；第十二章五；第十四章三、五

（十）台灣海峽與航行自由：第二十一章

二、台灣已經獨立的矛盾

（一）台灣不可能已經獨立：第二章二；第三章七；第五章一；第十三章一；第十五章五；第十七章五

（二）「統一、獨立」的意義：第二章；第六章一、二；第十章八

（三）「一個中國」與台灣建國：第三章二；第四章一、四、五、六；第十二章五、六

三、台灣建國的理論與策略

Do觀點71　PF0313

台灣建國學

作　　者／許慶雄
責任編輯／林哲安、尹懷君
圖文排版／陳彥妏
封面設計／王嵩賀

出版策劃／獨立作家
發 行 人／宋政坤
法律顧問／毛國樑　律師
製作發行／秀威資訊科技股份有限公司
　　　　　地址：114 台北市內湖區瑞光路76巷65號1樓
　　　　　電話：+886-2-2796-3638　傳真：+886-2-2796-1377
　　　　　服務信箱：service@showwe.com.tw
展售門市／國家書店【松江門市】
　　　　　地址：104 台北市中山區松江路209號1樓
　　　　　電話：+886-2-2518-0207　傳真：+886-2-2518-0778
網路訂購／秀威網路書店：https://store.showwe.tw
　　　　　國家網路書店：https://www.govbooks.com.tw

出版日期／2022年6月　BOD一版　定價／500元

獨立 作家
Independent Author

寫自己的故事，唱自己的歌

讀者回函卡

台灣建國學 / 許慶雄著. -- 一版. -- 臺北市：
獨立作家, 2022.06
　　面；　公分. -- (Do觀點；71)
　　BOD版
　　978-626-95869-2-9(平裝)

　1.CST: 國家　2.CST: 文集　3.CST: 臺灣

571.107　　　　　　　　　111004158

國家圖書館出版品預行編目